武汉市城乡规划年鉴

Wuhan Urban and Country Planning Yearbook

（2009）

主 编 张文彤

武 汉 出 版 社

（鄂）新登字 08 号

图书在版编目（CIP）数据

武汉市城乡规划年鉴. 2009/张文彤主编. —武汉：武汉出版社，2009.8

ISBN 978-7-5430-4414-2

Ⅰ. 武… Ⅱ. 张… Ⅲ. 城乡规划 武汉市 2009 年鉴 Ⅳ. TU984.263.1-54

中国版本图书馆 CIP 数据核字（2009）第 140787 号

主　　编：张文彤
责任编辑：黄伟华　楚　风
封面设计：武汉李桐广告设计有限公司
出　　版：武汉出版社
社　　址：武汉市江汉区新华下路 103 号　　邮　编：430015
电　　话：（027）85606403　85600625
http: //www.whcbs.com　　E-mail: zbs@whcbs.com
印　　刷：武汉安捷印刷有限公司　　经　销：新华书店
开　　本：880mm×1230mm　1/16
印　　张：22　　字　数：560 千字　　插　页：4
版　　次：2009 年 9 月第 1 版　　2009 年 9 月第 1 次印刷
定　　价：180.00 元

《武汉市城乡规划年鉴（2009）》
编辑委员会

《武汉市城乡规划年鉴（2009）》
编　辑　部

编　辑　说　明

一、《武汉市城乡规划年鉴（2009）》是由武汉市规划局组编的一部例行出版的行业资料性工具书。2003年，该局首次出版《武汉市规划国土年报》；自2004年起，将书名改为《武汉市规划国土年鉴》；2007年，武汉市规划管理与国土资源管理职能分开，武汉市规划局单设，该书组编工作一度中断；2008年，武汉市规划局再次组编该书，并将书名改为《武汉市城乡规划年鉴》。

二、《武汉市城乡规划年鉴（2009）》旨在全面、系统、翔实、及时地记录2008年武汉市城乡规划事业的发展情况，为社会各界人士和广大读者提供有关信息资料和数据，为各级领导决策及部门管理工作提供参考。

三、本书为了保持资料记载的系统性和连续性，秉承了《武汉市城乡规划年鉴（2008）》的编辑思路和体例特色。

四、本书正文共分八个部分：特载、分类记述、基层规划工作、重大项目规划选介、统计资料、重要文献、机构概况、附录等。

五、本书数据一般截至2008年底，因统计口径不同等原因，若有关数据与本书数据不一致，采用时请予以查证。本书文字资料编辑时力求客观准确，力避主观评述。

六、本书在编辑过程中，行文一般使用第三人称，有的单位名称采用规范化简称。例如，将武汉市规划局更名前后的名称统称为“武汉市规划局”；“武汉市人民政府”简称为“武汉市政府”；各分（区）局用简称，多次使用时用“该分（区）局”；各二级单位名称为全称，作者署名是二级单位时用简称；“《中华人民共和国城乡规划法》”简称为“《城乡规划法》”；“控制性详细规划”简称为“控规”；第五章重要文献基本按原文刊登。

七、本书的度量衡单位采用中文名称的全称表示。小数一般保留至小数点后两位。

八、本书的图、表均以章号、表号为序。例如，第四章第一个表为“表4-1-1”。

九、本书数字连接符用“~”表示，如“1~5”。

十、本书在正文前配有“工作剪影”，正文中配有“城市美景”、“规划蓝图”等专栏图片，还在表格后配有附图，文字资料编排时酌情配有插图。

十一、本书在编辑过程中，得到了有关领导及全市规划系统各单位的大力支持，图片由相关单位及编辑部周继林提供，在此一并表示感谢。由于水平有限，本书难免有疏漏之处，恳请批评指正，我们将不断改进和完善。

《武汉市城乡规划年鉴（2009）》编辑部

二〇〇九年九月

2008年4月28日，中共中央组织部副部长张纪南一行在湖北省委副书记、武汉市委书记杨松等陪同下，参观武汉城市规划展示厅

2008年4月11日，湖北省委副书记、武汉市委书记杨松，市委常委、秘书长彭丽敏到武汉市规划局调研

2008年7月9日，武汉市市长阮成发、副市长尹维真等到武汉市规划局调研

2008年8月22日，中国城市规划协会会长赵宝江、九三学社中央副主席赖明等领导到武汉市规划局考察城乡规划信息化与城市数字化工程示范项目

2008年8月19日，武汉市规划局举行武汉市基础测绘成果发布会暨地理信息数据共建共享协议签字仪式

2008年8月26日，武汉市委常委、纪委书记车延高检查武汉市规划局文明窗口创建工作

2008年5月17~18日，全国首届三维数字城市建设论坛暨第三届虚拟地理环境学术研讨会在武汉召开

2008年7月29日，武汉市副市长尹维真、湖北省建设厅副厅长占世良出席武汉市规划局执法监察支队、信息中心和机关后勤服务中心等事业单位揭牌暨“数字武汉—城乡规划网”开通仪式

2009年1月16日，武汉市2008年度规划工作总结大会在解放军通信指挥学院礼堂召开

2008年2月29日~3月1日，武汉市轨道交通线网规划修编国际合作成果专家评审会在香格里拉酒店召开

2008年6月6~7日，武汉天河国际机场航站区规划方案国际征集专家评审会在武汉召开

2008年5月23日，武汉市规划局召开全市规划系统绩效工作暨“双提”活动案例讲评大会

2008年5月23日，武汉市规划局召开“情系民生、勤政廉政”主题教育暨文明执法教育活动动员会

2008年9月2日，武汉市规划局召开2008年全市新农村建设规划工作会

2008年7月3日，武汉市规划局召开全市规划系统安全稳定工作会议

2008年12月9日，国家测绘局、国家安全局等国家八部委来武汉进行互联网地图和地理信息服务专项检查

2008年12月16日，武汉市规划局报建窗口获湖北省“青年文明号”荣誉称号

目　录

改革开放 30 年武汉城市空间格局演变研究

（1978~2008）

张文彤 刘奇志

一、城市空间结构研究概述

城市空间结构是城市社会、经济在城市空间的投影，不同时期城市的生活方式和生产方式决定了城市空间结构的不同形态。城市空间布局和功能结构的形成是城市社会、经济、文化、政治、环境等要素综合作用的结果，并反过来影响各要素的发展。一个良好的空间布局结构能提高城市运行的效率、增强城市魅力、提升城市竞争力，促进社会经济的进步。

城市空间结构总体而言可分为圈层式和轴向式两大类。圈层式空间结构是最基本的城市形态，城市用地按照功能的分异一层层向外圈状布局，通常会形成由核心区向外的“三、二、一”产业布局形态。这种空间结构的优点是各方向发展较为均衡，体现了一定的社会公平性。新拓展地区紧密围绕已经发展成熟的地区，可以充分利用其公共服务和市政基础设施，节约投资成本，可以很快形成规模效应。但是，当城市达到一定规模后，城市内部交通日益拥堵，自然环境与城市隔离越来越远，城内环境逐渐恶化，继续圈层

月湖文化艺术区

状摊大饼发展将使城市不堪重负而逐步衰落。

针对城市圈层式外摊的种种弊端，又出现了“主城+卫星城”的改良型空间结构模式。以霍华德的“田园城市”思想为源头，世界许多城市设计者提出了建设卫星城（新城）的概念，即在规模巨大的主城外围较远的地区，新建若干功能相对独立的新城市，形成反磁力点，从而抑制主城规模继续扩大，同时卫星城与主城间以生态绿地相隔离。然而，卫星城并没有起到反磁力中心的作用，主城仍然不可抑制的突破环城绿带的控制，规模不断扩大。

另一种城市空间结构形态是依托由快速交通干道、市政设施管道集合成的综合交通走廊向外轴状拓展。丹麦哥本哈根的“指状规划”是最具代表性的实例。轴向拓展通常采用“TOD”模式，即以轨道交通站点为依托布局功能组团，与主城有快速便捷的交通联系。这种布局结构的优点是城市沿交通走廊指状延伸，而各发展“指”间则保留有大量自然生态空间，保证了城市建设区与生态环境之间的平衡。同时，城市拓展体现了循序渐进的原则，从主城开始，逐步向外推进，新开发组团均可利用前一开发组团的基础设施，降低了建设难度，易于形成规模，比较适用于发展到一定阶段，但尚未具备大跨越发展实力的城市。但是，这种模式的缺点在于，发展“指”间的空间容易被侵蚀，尤其是缺乏明显环境制约条件的城市，需要有较强的控制和引导措施。

武汉是个具有 3500 年历史的文化名城，城市规模经历了从诞生之初方圆数里的军事城亘，到今天横跨两江、坐拥三镇的特大城市的过程，其空间结构形态变化按照一定的规律、伴随着深刻而特有的时代背景逐步变迁，并将继续不断演变发展。

1978 年，中共中央十一届三中全会做出改革开放的重大决策，开启了中国改革开放历史新时期，也开启了中国城乡建设的新纪元。2008 年，共和国迎来了改革开放 30 周年，回顾这 30 年的发展历程，武汉市城市面貌发生了翻天覆地的变化。研究这段时期城市空间结构形态，探索城市空间格局的演变规律以及历次城市总体规划对其演变所产生的影响，对城市未来的发展具有重要的意义。

二、改革开放前的武汉城市空间格局

武汉市的城市骨架虽在 1954 年、1959 年的总体规划中基本已经确定，但在随后的几十年政治动乱中，由于资金缺乏，城市建设基本处于停滞状态。

1960 年市区人口 258.46 万人，比解放前增加 1.50 倍，20 世纪 60 年代是武汉历史上人口增加最快的时期；但与此相反的是，住宅建设几乎停滞，在“先生产，后生活”的方针指导下，全市居住水平大幅度下降，人均居住面积由建国初的 4.06 平方米下降到 1962 年的 3.14 平方米。20 世纪 60 年代余家头、武东、关山、葛店、唐家墩、鹦鹉洲等工业区基本建成，城市建设有一定发展，但城市功能畸形，社会效益与经济效益无从发挥。

1974 年兴建的江汉二桥，从空间上带动了以江汉二桥桥头小区为始的内城居住区的发展；武钢轧机工程，武昌焦化厂等的建成，进一步完善了工业新区的空间发展；长江下游葛店化工工业区的建设，促进了武汉市城市空间进一步沿长江向下游拓展。

在 1962~1978 年的 16 年间，伴随着城市经济发展的基本停滞，除了外围工业区外，武汉市主城区空间基本没有大规模的发展。

三、改革开放以来武汉城市空间格局的演变

在经历了 20 世纪 60~70 年代中国特有的“文化大革命”后，武汉市的城市建设和中国绝大多数城市一样陷入了几乎停滞和基本无序混乱的困境中。当时国家的工作以政治为中心，城市的土地管理机构逐渐消失，从而失去了对城市土地的有效管理，规划思想更是无处体现。“一五”期间打下的城市框架中填入了太多的非理性、“见

缝插针”式的无序蔓延的元素，这为后来的城市改造和布局留下了沉重的包袱和制约。

（一）改革开放初期城市空间处于轴状发展阶段

1. 政治经济背景

随着1978年的十一届三中全会的召开，国家经济建设的发展，城市在国家经济建设中的地位日益突出。城市作为区域多功能的社会经济活动的中心，得到了新的建设和发展，城市聚集效应大幅度增长。

武汉市经济的快速增长也加速了城市总体规模和用地规模的扩展，随着国家对城市土地政策从无偿逐渐尝试收费，城市从单纯的满足生产生活的需求向综合性转变，城市功能逐步完善。

然而，由于担心出现西方建设史上的大城市病，这个时期中国的城市建设指导思想是限制大城市发展，所以武汉城市规模的发展被严格控制。这就使大量居住用地被消减下来，各种服务设施、交通无法配套。

2. 总体规划情况

根据当时的政治经济背景，1982年《武汉市城市总体规划》充分利用三镇的自然地形特点，规划达到三镇均衡发展，各成体系的局面。规划明显向武昌重点倾斜，试图在城市中形成多中心局面。规划提出加强运输设施和商业网点建设，使城市形成分区分片各项设施自行配套解决的格局，加强江南地区运输设施和商业服务网点的建设，使长江南北地区相对独立。规划兴建长江二桥、汉口火车站、武汉客运港、天河机场以及大批货运站场。将葛店、蔡甸、纸坊、金口、新沟发展为武汉的工业卫星城镇。

3. 实际空间发展情况

由于工业的持续发展和城市道路的修建，当时的城市形态变化更多的是以轴状发展为主导。武汉一方面继续以旧城为核心沿城市主干道向外轴状延伸，另一方面以各工业组团为核心逐渐生长，两者渐渐联结成片。

汉口地区由于地势和防洪的要求，城区的建设无法突破堤防，因此主要以旧城、堤角工业区和易家墩工业区为基础，在解放大道沿线向

月湖桥

两侧填充扩张和向两端轴向延伸，总体上形成从解放大道到长江、汉水之间狭长的沿江轴状空间形态。

汉阳地区由于水系纵横，“墨水湖”、“龙阳湖”、“太子湖”限制了汉阳用地的南扩，同时沿长江狭长带状的基础服务设施配套困难，所以选择沿汉江的十里铺西延，利用水运发展工业和居住，因此主要以旧城、七里庙工业区为基础，沿鹦鹉大道向南、汉阳大道向西，呈现出“L”形的沿江轴状形态。

武昌地区由于受众多湖泊的挤迫，因此主要以旧城、青山工业区、白沙洲工业区、关山工业区、石牌岭工业区等为基础，向东沿武珞路—珞瑜路大幅度推进发展，向南沿武咸、武金公路发展，向北沿和平大道形成余家头工业区，总体上形成“E”型轴状发展态势。

整体来看，武汉城市的发展处于无序蔓延的过程中，在自然地形地貌的影响下，三镇沿着可利用的建设用地逐步向外拓展，城市总体规划在这一阶段主要是对城市商业配套设施和基础配套设施布局作出安排，对城市空间格局演变影响不大。

（二）20世纪80年代中后期城市空间处于轴间填充阶段

1. 政治经济背景

20世纪80年代中后期随着市场经济发展，国家开始注重企业改革，加大企业的自主权。同时我国开始对城镇住房制度进行改革，从而企业和居民的经济主体地位逐渐确定起来，为城市聚集效应市场调节机制的恢复提供了动力基础。

1984年武汉成为经济体制综合改革试点城市之一，计划单列，这为武汉的城市发展留下了巨大的弹性和资助空间；随着武汉市的“两通起飞”等思想的提出，武汉市行政区划有所调整：洪山区由郊区调整为市区，此外加入了汉南郊区和武昌、新洲、黄陂、汉阳四个郊县，规划区域大大增加。

2. 总体规划情况

1988年的《武汉市城市总体规划》继续强化了1982年总体规划中提出的三镇鼎立的特点，强化和明确了三镇各片的主要功能，提出了中心城、卫星城、县城关镇、县辖镇、集镇5个层次的城镇网络。整个城镇网络布局以长江和京广铁路呈十字轴线展开：以中心城为轴心，以汉丹、武黄铁路、国道、汉水为放射线，在轴线上和放射线上分布不同功能、不同层次和规模的城镇群；同时，在延续1982年总体规划空间格局的基础上，按照新的形势进行了局部调整，规划新建长江二桥，形成城市内环；建设武汉经济技术开发区（沌口）和东湖新技术开发区（关山），使其发展成为城市重要的发展极；同时，规划还确定了武汉新的机场选址，城市空间格局骨架基本确立。

3. 实际空间发展情况

随着改革开放后第三产业的迅速发展，城市内部形成多处商业中心和大型居住组团，一批大型交通、市政基础设施相继投入使用，为城市内部的大规模建设提供了动力，武汉空间形态变化整体上呈现轴向变粗、轴间填充的趋势。

汉口地区旧京汉铁路外移为城市外拓提供了新空间。建设大道、发展大道、青年大道的相继建成，城市得以大规模沿路向纵深腹地发展，形成了鄂城墩、北湖、花桥等规模巨大的居住组团，站北、常青、古田等地区的建设呈一定规模，汉口沿江两轴之间的空旷地带被逐步填充饱满。

汉阳地区用地依然沿汉江拓展，向墨水湖以北、琴断口、升官渡地区发展，形成了大规模的江汉二桥居住组团，钟家村、墨水湖以北等地区建设密度变大，汉阳沿江两轴变粗；同时由于沌口优越的地理和交通区位，再加上汉阳的建设用地受限，城市必须选择这里作为城市发展新的突破点，于是武汉经济技术开发区开始建设。

武昌地区结合青山工业区修建了钢花居住组团，结合中北路工业区修建了东亭居住组团，另外中北路、徐东、杨园、关山、火车站、晒湖等地区建设规模不断扩大，原来的发展轴逐渐联结起来。同时，由于关山的用地发展仍有余地，南湖机场的逐渐转移，建设用地向白沙洲、关山、南湖地区发展，武昌东湖、南湖地区开始发展科技密集区（东湖新技术开发区）。

整体来看，随着三镇空间骨架的基本形成，武汉城市的发展逐渐由无序蔓延转变为有序扩张，依托城市内部已建成的基础配套设施，城市空间发展轴逐渐变粗变密。城市总体规划在这一阶段确定了建设武汉经济技术开发区和东湖新技术开发区，对城市空间在汉阳西南方向和武昌东南方向的拓展起到了决定性作用。

（三）20世纪90年代中期城市空间处于圈层布局和多方向蔓延拓展阶段

1. 政治经济背景

进入20世纪90年代，国际国内经济形势发生了深刻的变化。首先，世界范围内知识经济开始兴起；其次，社会主义市场经济体制初步建立，土地有偿使用制度开始全面实施。武汉相继被批准为沿江对外开放城市、开放港口，标志着武汉进入了新的重要发展阶段。

2. 总体规划情况

1996年《武汉市城市总体规划》确定的主城空间结构为：“两个核心区、10个中心片区、10个综合组团”的“多中心组团式”结构。意义在于充分发挥武汉滨水城市特色，考虑长江、汉水的分隔，主城已形成汉口、汉阳、武昌相对独立的城市格局：利用江、河、湖、山等自然条件分隔，规划江北、江南两个核心区，在核心区周围布局10个中心区片，在主城边缘布局10个综合组团，核心区、中心区片、综合组团之间以轨道交通线、快速路及主次干道相联系，形成“多中心组团式”的布局结构。同时，延续在城市外部开辟卫星城镇的思想，在武汉市外部重点建设阳逻、北湖、纸坊、金口、蔡甸、宋家岗、常福7个卫星镇，并提出了各卫星城具体的建设方向。

3. 实际空间发展情况

这一时期，空前活跃的经济刺激了城市规模

汉阳江滩大禹神话园

迅速扩大，但规划确定的主城和卫星城的空间发展模式，在实际发展中并没有能完全实现规划目标。

一是主城继续填充发展并向外蔓延。汉口地区沿发展大道两侧发展，并跨越张公堤形成规模巨大的常青组团；汉阳地区以汉阳大道和318国道为轴继续向西、向南发展；武汉经济技术开发区形成规模巨大的组团；武昌地区、东湖新技术开发区及其周边成为建设的热点，并带动城市向东拓展，形成了南湖居住区；青山组团与武昌旧城联为一体。

二是武汉市区域化趋势十分明显，主城周边地区发展迅速。吴家山金银湖地区、汤逊湖周边地区、黄家湖、谌家矶等临近主城的地区，依托交通干道，通过采取优惠政策招商引资推动了城镇建设。外框式扩展明显，组团跳跃式扩展趋势不十分明显，造成大多数新城发展滞后。

整体来看，随着三镇空间格局的不断完善，城市的发展逐渐由全面扩张转变为重点拓展，主城周边局部地区发展迅速。城市总体规划在这一阶段强调从区域范围内重新组织城市空间结构，提出了“1+7”城镇发展体系，但由于城市投资能力的局限和市域大交通基础设施建设的滞后，各城镇发展未能达到预期目标，城市建设依然围绕中心城展开。

四、新时期武汉城市空间格局

（一）新时期宏观社会经济背景

进入21世纪，在经济全球化进程加快的背景下，国家实施“中部崛起”战略、武汉城市圈“两型社会”建设综合配套改革试验。武汉作为中部地区最大的中心城市，在“中部崛起”中承担着辐射和带动作用。武汉要适应区域经济发展的要求，在构筑开放式的空间布局，发挥承东启西的作用，形成合理的区域发展格局。

2007年国家批准武汉城市圈作为资源节约型和环境友好型社会综合配套改革试验区，一大批国家型和区域型的基础设施将落户武汉，新时期的武汉迎来了巨大的历史发展机遇。

（二）城市空间结构选择

通过分析改革开放30年武汉城市空间拓展的脉络，结合实际情况，笔者认为武汉应采取轴向拓展、组团推进的空间发展模式，构筑形成若干条以复合公共交通走廊为依托的“TOD”发展轴，有机整合目前发展态势，引导居住、就业增长的统筹安排和布局，科学构建城市空间拓展的秩序，为各行各业提供资源环境允许的发展空间，促进经济社会可持续发展。主要原因有以下三点：

一是武汉主城的规模已经相当庞大，长期摊大饼式的发展已经在城市的交通、环境、人居、经济等方面产生了较大的负面影响，继续圈层扩张对城市的可持续发展极其不利。另一方面，从经济增长机制来看，城市规模还会随着经济增长而进一步扩大，采取强行抑制城市规模的措施不符合经济发展的客观要求，难以起到有效作用，采取轴状拓展是符合城市发展状况、具有可操作性的唯一选择。

二是武汉的自然条件适合武汉采取这一发展模式。武汉河流纵横、湖泊星罗棋布，生态环境敏感区域较多，对城市有很强的分割限制作用，这一点从主城外围较为破碎的城市形态即可反映出来。如果继续强行圈层状摊大饼式发展，不可避免的会将山体、湖泊等生态要素完全包围，对城市整体生态环境造成极大破坏。只有根据武汉的自然特点，采取轴向拓展、组团推进的模式才能最大程度的保护生态空间的连续性和完整性，实现城市与自然的和谐共生。

三是依托复合交通走廊组团式发展，有利于节约用地，符合集约发展战略。但必须重视的是，在采取这一发展模式时，一方面要切实制定生态保护措施和制度，防止生态环境被城市建设不断蚕食。另一方面还要采取积极的保护态度，对生态绿楔区域要规划赋予一定社会、经济功能，妥善兼顾保护与利用的关系，才能更好的调动各方面积极性，更有利于生态绿楔的维护。

（三）总体规划情况

2006 年修编的《武汉城市总体规划》将全市域划分为都市发展区和农业生态发展区两个功能发展区，并对其发展政策进行分类指导，建立集约型城市空间框架，引导城市空间有序扩展。采用“TOD”模式，构筑以大运量快速交通设施为主的复合公共交通走廊，引导城市多轴向组群式拓展，轴间布局形成以水环境为基础的大型生态绿楔。总体形成 “两江三镇、多轴多心”的都市发展区空间结构，力争打造有机生长、集约高效、协调有序的城市空间发展新局面。

总体规划在复合交通轴上布局一系列功能完善、人口在 20 万人左右、规模适中的城市组团。同时，将空间关系紧密、产业协作密切、交通便捷的若干组团以产业为纽带，相对聚集形成新城组群。包括东部、东南、南部、西南、西部、北部等 6 大新城组群，每个新城组群包括 4~5 个城市组团，新城组群之间控制大型生态绿楔，总体形成有机生长的轴向组群结构。

五、结语

改革开放 30 年来，尤其是进入 20 世纪 90 年代以来，武汉城市化进入了快速发展时期，城市的发展模式和发展速度发生了显著的变化。一方面，工业和科学技术高速发展，人口、资金和技术以更快的速度向城市及其周围地区聚集；另一方面，城乡之间交通高度发达，城市逐渐向相对分散的郊区发展。这种双向运动推动城市地域迅速扩张，城市功能空间不断分化和重组。

武汉市分别于 1982 年、1988 年、1996 年和 2006 年先后 4 次修编了城市总体规划，对城市重要基础设施配置、功能空间布局和城乡统筹发展等重要问题予以研究分析和确定，这对城市空间结构优化、城市经济发展都起到了至关重要的作用。但也应该看到，城市空间格局的演变还有诸多的不确定性，它受到了政治、经济、文化等多方面的影响，探索城市空间演变的规律，找出城市总体规划引导城市空间拓展的方法，实现城市空间优化升级，促进城市的快速发展，是规划工作者不懈追求的目标。

龙王庙公园

武汉城市圈“两型社会”建设空间规划

一、规划背景

2007年12月，国家正式批准武汉城市圈为全国资源节约型和环境友好型社会（以下简称“两型社会”）建设综合配套改革试验区。武汉城市圈地处长江中游，位于湖北省东部地区，包括武汉和周边的黄石、鄂州、黄冈、孝感、咸宁、仙桃、潜江、天门等9个城市行政区域范围，国土面积58051.90平方公里，2006年底户籍人口3131.20万人，亦称“1+8”城市圈。

2008年3月起，由湖北省建设厅、省发展和改革委员会、省国土资源厅、省农业厅、省水利厅、省林业局等部门组织开展《武汉城市圈“两型社会”建设空间规划》编制工作。

二、规划目标

武汉城市圈“两型社会”建设空间规划目标是：贯彻“两型社会”导向的发展理念，充分整合和发挥武汉城市圈的区位、资源和科教综合优势，利用后发效应，扬长避短，形成合力，推进武汉城市圈成为我国重要的新型工业基地和科教创新基地、中部地区的现代服务业中心和特色农业区，进而成为我国中部地区经济发达、社会和谐、生态优美、城乡融合、文明开放的核心区域。

根据不同区域的发展条件和潜力，统筹人口分布、国土利用和城镇化格局，建设布局合理的城镇体系、循环互补的产业集群、绿色高效的交通系统、特色鲜明的生态网络、集约持续的资源

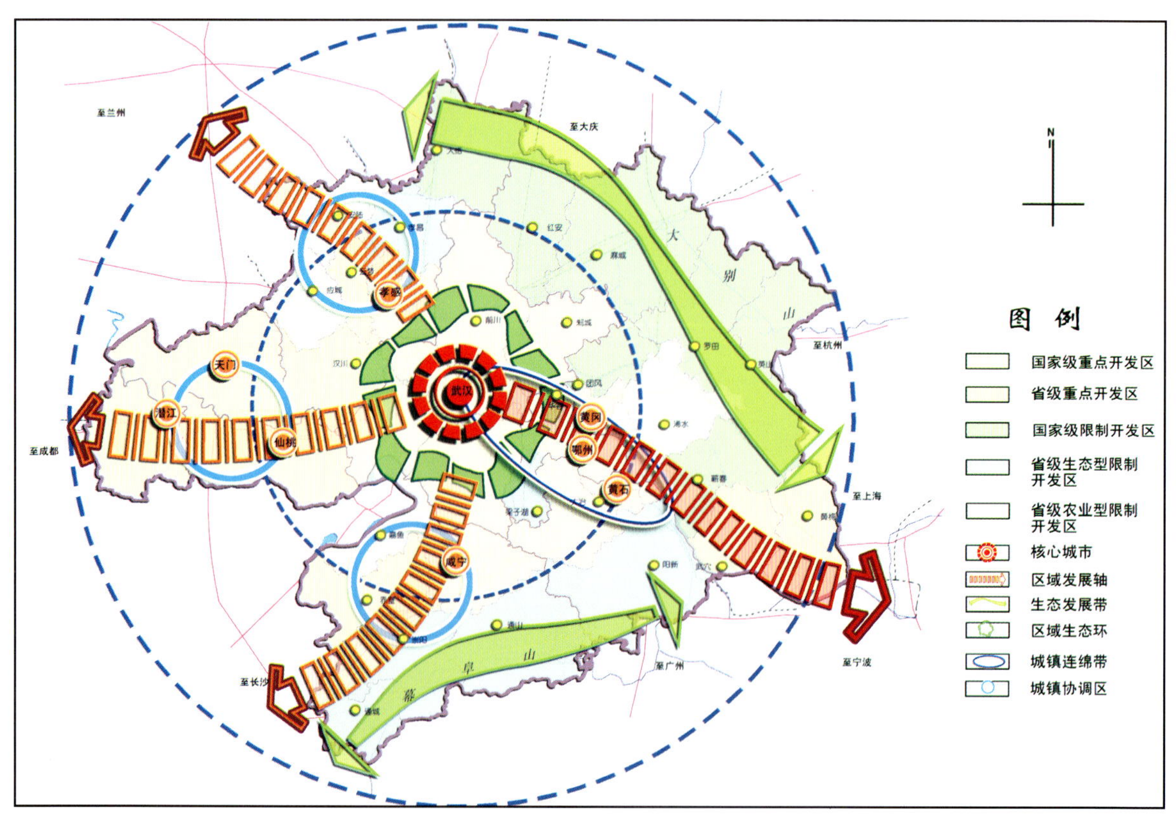

武汉城市圈区域发展框架图

载体、共建共享的设施体系。

以此为契机，通过15~20年的努力，把武汉城市圈建设成为我国具有明显优势地位的增长极和在亚太地区具有一定影响、经济实力雄厚、城市一体化程度高的新型城市群。

三、主要内容

（一）空间规划结构

1. 构建“一核、一带、三区、四轴”的区域发展框架

“一核”即作为城市圈发展极核的武汉都市发展区。“一带”即以武汉东部组群、鄂州市区、黄石市区、黄冈市区为主体，共同构成的武鄂黄城镇连绵带。“三区”即西部的仙桃、天门、潜江，西北的孝感、应城、安陆，南部的咸宁、赤壁、嘉鱼等3个城镇密集发展协调区。“四轴”即以交通为导向、以城镇为依托、以产业为支撑、以武汉为起点，按照方向分别为东部、西部、西北、西南发展轴。

2. 确立“一环、两翼”的区域保护格局

“一环”即距离武汉主城50公里左右的环状地带，以水系、山体、林地等为主要内容，形成一条环绕武汉的区域生态环。“两翼”即以大别山脉和幕阜山脉为基础的生态区域，是武汉城市圈的重要生态屏障。

（二）“三规协调”与规划整合

根据武汉城市圈空间规划结构，按照“三规协调”的规划布局思路，综合统筹城市圈主体功能区规划、城镇体系规划和土地利用规划等相关规划，在空间上协调落实城镇建设、产业园区、农林生产区、各类保护用地、交通与重大基础设施的规划布局，形成城市圈城乡空间的总体布局。

（三）主体功能区规划

依据主体功能区划指标与方法，根据武汉城市圈各县、市、区的资源环境承载能力、现有开发密度和发展潜力，形成武汉城市圈主体功能区划。武汉城市圈主体功能区划（2020年）见表1。

表1　　武汉城市圈主体功能区划（2020年）

地　区		重点开发区域		限制开发区域		
		国家级	省　级	国家级	省　级	
					生态型	农业型
武汉		江汉、江岸等13个区				
黄石		黄石港、下陆、铁山、西塞山、大冶			阳新	
鄂州		鄂城、华容			梁子湖	
孝感		孝南	汉川、云梦	大悟	孝昌	安陆、应城
黄冈		黄州	黄梅、武穴	红安、麻城、罗田、英山、团风、蕲春		浠水
咸宁		咸安	赤壁		通城、通山、崇阳	嘉鱼
直管			仙桃、潜江、天门			
小计	单元（个）	23	8	7	6	4
	面积（平方公里）	14302	13900	14174	10036	
	比例（%）	24.70	24.10	24.50	17.30	3.30

（四）城乡居民点布局

1. 规划将武汉城市圈内城镇分为六级：城市圈核心城市、城市圈副中心城市、地区性中心城市、县（市、区）中心城市、重点镇和一般镇。武汉城市圈城镇等级规划（2020 年）见表 2。

表 2　　　　武汉城市圈城镇等级规划（2020 年）

城镇等级		名　　称
城市圈核心城市		武汉市（武汉都市发展区）
城市圈副中心城市		黄石市（含大冶市）
地区性中心城市		鄂州、黄冈、孝感、咸宁、仙桃、潜江、天门、麻城
县（市、区）中心城市	县级市	安陆、应城、汉川、武穴、赤壁
	县城	阳新、孝昌、云梦、大悟、团风、红安、浠水、蕲春、黄梅、罗田、英山、嘉鱼、通城、崇阳、通山
	郊区城关	前川（黄陂）、邾城（新洲）、华容、太和（梁子湖）
重点镇		各县市范围内经济基础较好、区位优势明显、发展潜力较大的建制镇，共 40 个
一般镇		面向农村地区、连接城市和农村的桥梁

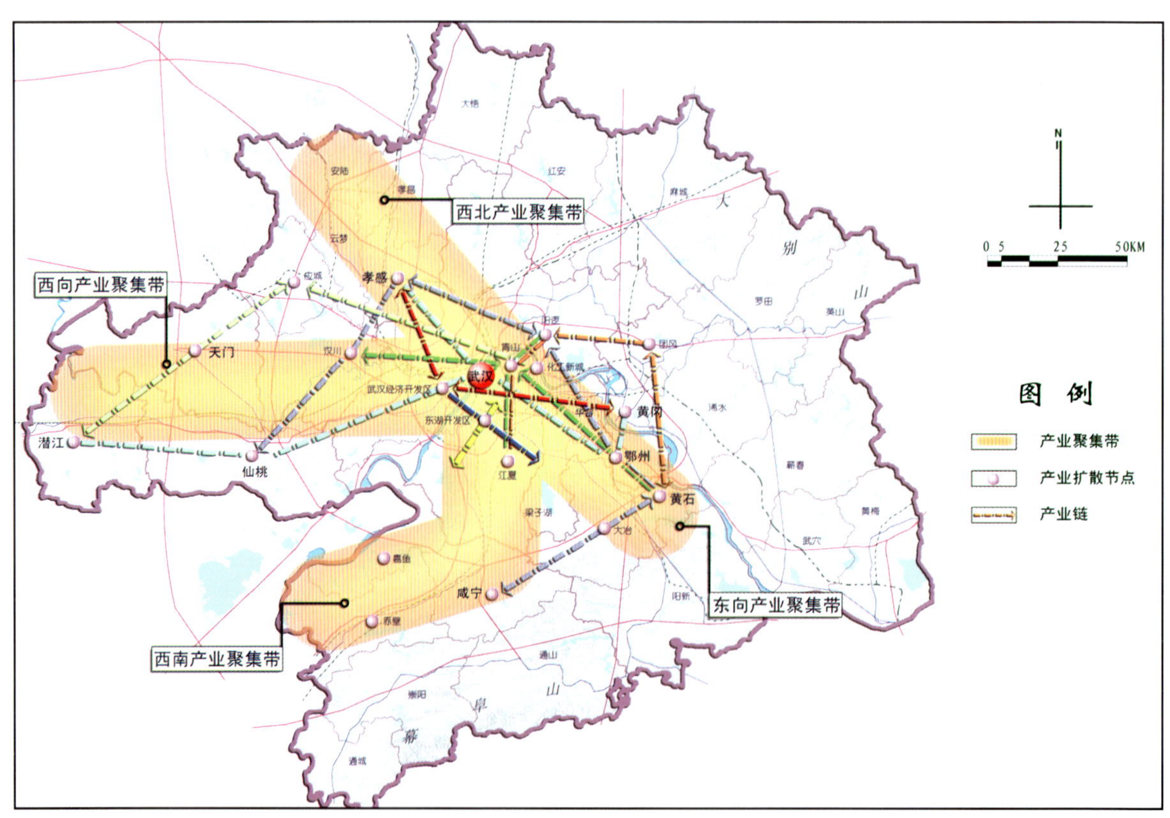

武汉城市圈产业布局图

2. 规划武汉城市圈将形成首位度较高、各规模序列完整的“一超一特七大十二中”为主导的城镇体系结构。武汉城市圈城镇规模等级规划（2020年）见表3。

表3　　武汉城市圈城镇规模等级规划（2020年）

等　级		城市（镇）	数量（个）
超大城市	＞500万人	武汉	1
特大城市	＞100万人	黄石（含大冶）	1
大城市	50~100万人	鄂州、黄冈、孝感、咸宁、仙桃、潜江、天门	7
中等城市	20~50万人	阳新、安陆、应城、汉川、麻城、武穴、浠水、红安、蕲春、黄梅、赤壁、华容	12
小城市	10~20万人	前川、郏城、云梦、孝昌、大悟、团风、英山、罗田、嘉鱼、通城、崇阳、通山	12
重点镇（微型城市）	3~10万人	小池、蕲州、张金、太和等重点镇	40
一般镇	＜3万人	安山、东沟等	334

3. 规划武汉城市圈将重点培育联合增长极，调整城镇空间布局，以“一核（武汉都市发展区）、一带（武鄂黄城镇连绵带）和三区（3个城镇协调区）”为重点，组织区域城镇建设，形成布局合理、结构有序的城镇布局体系。

4. 规划突出小城镇发展重点，优化小城镇发展布局，促进撤村并点、迁村腾地，促进村民建房逐渐向小城镇和中心村集中，乡村工业向小城镇工业园区集中。

（五）产业空间布局

1. 规划武汉城市圈第二产业发展主要依托通过武汉的沿长江经济带和沿京广经济带等两条国家一级经济发展带，强化以武汉为中心向外辐射的东向、西向、西北、西南4条产业空间聚集带，集聚产业发展区和综合性的工业城镇。同时，根据产业内在联系和城市圈内产业纵向分工模式，着力完善和延伸6条重点产业链、壮大5大产业集群，培育两个服务中心，构建区域一体化产业体系。

2. 规划武汉城市圈到2010年，初步建成6大优势农产品产业带、8大特色农产品基地和加工基地；2020年，上述优势农产品产业带和特色农产品基地进一步上规模、上档次，市场化程度进一步提高。

3. 规划立足主导功能，结合自然经济和社会条件，将武汉城市圈林地划分为两大发展区，并细分为5个功能区：林业空间重点发展区——包括大别山水土保持、工业原料林区，平原农田防护和工业原料林区，鄂东丘陵平原工业原料、果树林区；林业空间辅助发展区——包括湿地保护及城市环境保护林区，幕阜山低山丘陵工业原料、油料林区。

（六）综合交通网络布局

1. 规划武汉城市圈铁路建设将形成客货分离的双“十”字形布局；公路建设将形成由 3 条半环线和 12 条射线构成的公路快速通道；水运建设将形成以“武汉新港”为主，其余港口为补充的港口布局体系；空运建设将形成以天河机场为主的中国重要的国际航空换乘转运中心。

2. 与武汉城市圈城镇产业空间布局相适应，构建以武汉为中心，快速轨道交通系统、高速（快速）公路系统为骨干的城市圈双快交通系统。形成城市圈“123”交通圈，即地级市到武汉市 1 小时到达，“1+8”城市间 2 小时到达，县级市之间 3 小时到达。

（七）生态网络规划

规划以山脉、水系为骨干，以山、林、江、湖为基本要素，构建武汉城市圈“一线、两带、五核、网状廊道”的区域生态框架。“一线”即长江生态走廊；“两带”即大别山脉、幕阜山脉；“五核”即梁子湖地区、斧头湖—西凉湖地区、汈汊湖地区、野猪湖—王母湖地区和涨渡湖地区；“网状廊道”即利用入江支流和沿江大型湖泊，构建高效的区域生态系统网络。

四、规划进展

2008 年 6 月 30 日通过了专家评审会的审定，11 月 17 日，湖北省人民政府正式向全省各级政府及相关部门发布《武汉城市圈“两型社会”建设综合配套改革试验区空间规划》相关成果。2008 年底由湖北省委常委会、省政府常务会议审议通过。（熊　威）

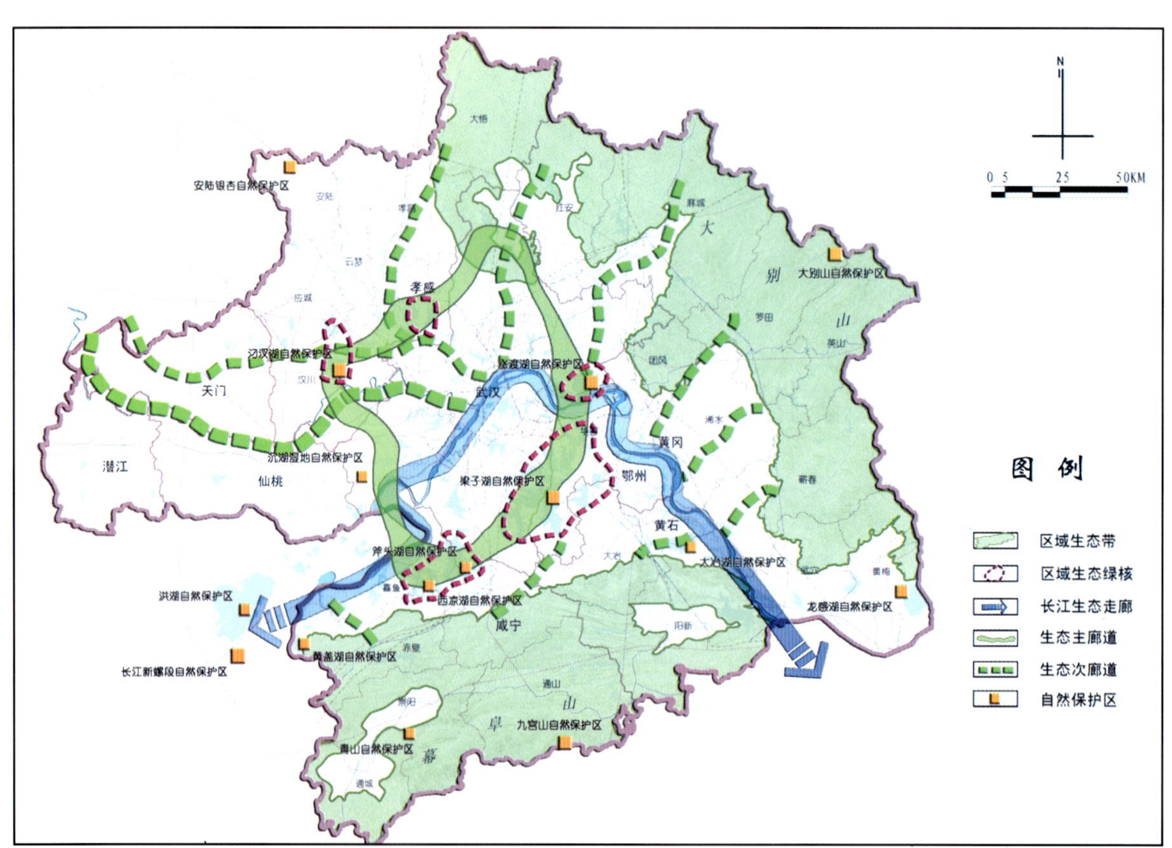

武汉城市圈生态规划布局图

第一章 分 类 记 述

第一节 综 合

【召开“双提”工作汇报会】 3 月 12 日、18 日，武汉市规划局副局长马文涵主持分片召开了全市规划系统“双提”工作汇报会。38 个参加“双提”活动的单位和处室负责人及局“双提”工作领导小组办公室全体成员参加了会议。

会上，各单位和处室分别汇报了上阶段“双提”工作的进展情况和下一步打算，查找了活动开展过程中存在的主要问题，提出了意见和建议。办公室主任黄伟华代表局“双提”工作专班通报了各单位、处室项目清理汇总分析情况，对下步工作作出了安排，提出了具体要求。

马文涵副局长对全市规划系统“双提”活动前阶段工作给予了充分肯定，就下步工作进行了部署。

（黄 玮）

【召开城乡统筹规划管理专题会】 3 月 20 日，武汉市规划局局长张文彤主持召开专题会议，听取了落实城乡规划统筹管理及该局综合业务处有关工作情况的汇报。马文涵副局长和综合业务处、规划编制处、法规监督检查处、监察室、武汉市城市规划设计研究院、武汉市城市规划信息中心负责人等参加了会议。

综合业务处负责人汇报了落实城乡统筹规划

东湖双湖桥

管理、行政审批制度改革、综合业务处自身建设等工作情况、存在的问题和下步工作思路。张文彤局长代表局领导班子对综合业务处的工作给予了充分肯定，要求各相关处室要按职责分工履职，并对综合业务处的管理相关工作提出了要求：一是窗口人员应对申报资料的真实性、合法性严格审查，处室应对项目进行严格高效审批，做到相互配合，相互促进。二是进一步做好行政效能电子监察有关工作，可将审批过程分段细化，分清项目办理过程的起始段落，加强电子监察，完善行政许可文书回执、送达等环节，规范行政许可行为，提高行政审批效能。三是要继续加强自身学习，努力提高业务素质。（邹　莺）

【武汉市委书记杨松到武汉市规划局调研】 4月11日，湖北省委副书记、武汉市委书记杨松在市委常委、秘书长彭丽敏，市委副秘书长袁希民，市委办公厅副主任丁雨等陪同下，到武汉市规划局调研。局领导张文彤、何艳、刘奇志、马文涵、刘锦智、袁海军及有关单位和处室负责人参加了会议。

杨松书记一行听取了武汉市城市总体规划修编和规划信息化工作的汇报，观看了武汉市三维数字地图、数字武汉地理空间信息平台以及“数字武汉—城乡规划网”的演示。听完汇报后，杨松书记对武汉市新一轮城市总体规划给予了高度赞赏，对武汉市规划局信息化建设尤其是三维数字地图的建设工作给予了充分肯定，希望继续在全国保持领先水平。同时，还对武汉市新农村建设规划提出了要求。他说，新农村建设规划要抓紧推进，村镇规划必须与现代农业经营模式、农村发展速度、土地规模经营前景以及土地集约节约利用等有机结合，要有超前意识，必须适当集中农村村落，建设有一定规模的社区，才能有助于方便和提供公共服务。（刘　俊）

【接待参加第三次中国中部投资贸易博览会市长论坛的住房和城乡建设部领导】 4月26日，武汉市规划局接待参加第三次中国中部投资贸易博览会市长论坛的住房和城乡建设部领导赵宝江等同志，局领导张文彤、袁海军，武汉市城市规划协会饶淑华等列席会议。（丁雅珊）

【农村小康建设】 2008年4月以来，武汉市规划局小康工作组根据武汉市委、市政府的统一部署和市委工作一队的工作要求，按照“一年打基础、二年抓建设、三年见成效”的思路和将李集村发展成为致富门道明晰、基础设施完善、社保体系建全、社会和谐稳定的“四到家园”3年总体规划，紧紧围绕农民增收这一核心，协助该村及时修缮因雪灾雨灾倒塌的房屋和损坏的桥梁，扎实开展了农村党员远程教育、村庄环境创新、违法建设整治、计划生育、贫困学生慰问、农村医疗合作保险、村集体经济建设等工作，总投入资金约20万元，圆满完成了“一年打基础”的工作目标，被武汉市政府评为“先进小康工作队”。（陈　胜）

【召开全市规划系统办公室主任会议】 7月4日，武汉市规划局组织召开全市规划系统办公室主任会议，学习传达湖北省、武汉市关于加强和改进新形势下党委办公厅（室）工作的文件和会议精神。局属各单位、各开发区分局、远城区规划部门的主要负责人以及办公室主任参加了会议。张文彤局长、马文涵副局长出席了会议。张文彤局长作了讲话。他指出，2008年是武汉市推进“两型社会”建设第一年，省市领导高度重视规划工作，在新形势下，办公室要进一步做好综合协调、服务管理。他强调，搞好办公室工作，一是要强化大局意识，当好参谋助手；二是积极开展调查研究，既谋事又谋政；三是增强统筹全局的能力，搞好综合协调；四是坚持广泛学习，提高工作水平；五是注重细节，增强工作实效；六是坚持关心爱护，搞好队伍建设。

（刘　俊）

【组织文明执法教育考试】 按照武汉市文明执法教育活动领导小组下发的《关于组织文明执法教育考试的通知》要求，7月5日，武汉市规划局组织对全局所有行政执法人员进行考试。全局系统共设9个考场，并分别由市局法规监督检查处、各分局纪检组有关人员监考。（马进军）

【市长办公会听取“30分钟畅通工程”汇报】 按照武汉市政府关于二环线以内“30分钟畅通工程”和快速进出城通道规划建设的工作部署，3月份以来，武汉市规划局编制了武汉市主城区道路交通系统战略规划。7月9日，市长办公会听取了项目汇报，阮成发市长充分肯定了项目研究成果，指出实施“30分钟畅通工程”是城市功能提升的要求，要加快进出城通道和二环线建设，尽最大努力在最短时间内缓解中心城区的交通拥堵压力。会议还对下一步工作进行了部署，要求相关部门进一步对项目提出反馈意见，抓紧时间编制交通发展白皮书，向社会公示并征求广大市民意见；同时要加强重大项目的督办、检查和协调工作，对建设项目、停车、环境整治等提出指导性意见。（戴义军）

【武汉市市长阮成发视察调研规划工作】 7月9日，武汉市市长阮成发到武汉市规划局调研规划工作，听取了工作汇报，观看了三维数字地图建设、政务交换平台和城乡规划网等规划信息化建设成果，还听取了用地建设强度管理汇报。武汉市副市长尹维真、秘书长谭仁杰、市政府办公厅、市政府研究室、市发展和改革委员会、市财政局、市国土资源和房产管理局等单位和部门有关同志参加调研。局领导张文彤、何艳、盛洪涛、刘奇志、马文涵、袁海军及局有关处室（单位）负责人参加了调研汇报会。

张文彤局长代表局领导班子向阮成发市长全面汇报了规划局的工作情况。阮成发市长作了重要讲话，他对市规划局在规划编制体系、规划管理、勘测管理、执法监察、信息化方面做的工作表示肯定，并就搞好规划工作提出了几项要求：一是要有强烈的历史责任感；二是要坚持原则，坚持追求；三是要坚持全局性、前瞻性、严肃性和公开性。同时，他提出了当前武汉市城市建设的几个需要规划部门重点研究解决的问题：一是城市节点的城市设计问题；二是城市特色问题；三是城市功能问题；四是城市建设的集中区问题。最后，阮成发市长还就规划局请求市政府支持解决的几个问题明确了意见。（刘思桥）

金银湖海口电力园

【举行“数字武汉—城乡规划网”开通暨相关事业单位揭牌仪式】 7月29日，武汉市规划局举行“数字武汉—城乡规划网”开通暨武汉市城市规划执法监察支队、武汉市城市规划信息中心和武汉市城市规划管理局机关后勤服务中心等3家事业单位揭牌仪式。武汉市副市长尹维真、湖北省建设厅副厅长占世良、市法制办主任倪子林、市信息产业局局长黄家喜、市编办副主任刘捷、市人事局副局长王裕华等出席了仪式，市规划局领导张文彤、盛洪涛、马文涵、刘锦智、袁海军及全市规划系统各单位（部门）负责人参加了仪式。

张文彤局长首先致辞。他说，城乡规划网是全面展示城乡规划工作的权威窗口，它的正式开通是武汉市规划信息化建设的又一重大成果，武汉市城市规划执法监察支队、武汉市城市规划信息中心和武汉市城市规划管理局机关后勤服务中心的正式揭牌，标志着武汉市规划局执法监察、信息化建设和后勤保障等职能全面到位。占世良副厅长代表湖北省建设厅对网站开通和3家单位揭牌表示祝贺。最后，尹维真副市长、占世良副厅长和张文彤局长共同为3家事业单位揭牌，出席会议的领导共同开通“数字武汉—城乡规划网”。

（刘思桥）

【武汉国际博览中心二期规划方案专家咨询会召开】 7月29日，武汉市规划局组织召开“武汉国际博览中心二期——会议中心、酒店及写字楼项目规划方案”专家咨询会。会议邀请了来自武汉市规划局、中南建筑设计院、华中科技大学建筑与城市规划学院、武汉市城市综合交通规划设计研究院、武汉市地产集团设计公司、武汉大学景观文化研究中心、武汉市建筑设计院的7位专家对方案进行了咨询。会上，建设单位及设计机构分别对项目的基本情况和具体规划方案进行了简要汇报。专家在听取汇报后，分别从功能布局、交通组织、生态景观及节能环保等方面对方案提出了建设性的意见和建议。该次会议的召开对武汉国际博览中心下一步建设工作起到了积极的指导性作用。武汉国际博览中心是武汉市市级重点工程，该项目的建设将使地块周边的功能配套得到进一步完善，带动区域经济得到进一步发展，使武汉市整体形象得到明显提升。

（杨　蒙）

【学习贯彻市委十一届五次全会精神】 8月14日，武汉市规划局组织召开全局大会学习贯彻市委十一届五次全会精神。张文彤局长、何艳书记传达了会议精神并结合实际提出了具体工作要求，全局系统副处级以上干部参加了会议。会议学习了湖北省委副书记、武汉市委书记杨松、武汉市市长阮成发在全会上的讲话和《中共武汉市委武汉市人民政府关于围绕“两型社会”建设完善城市管理体制的若干意见（讨论稿）》精神。为进一步贯彻落实好市委十一届五次全会精神，明确了以下要求：一是各单位（部门）要认真组织传达全会精神；二是根据市领导讲话和《若干意见》，围绕“两型社会”建设完善城市管理体制要求，开展实施细则的研究，为分局管理体制调整和承担更多的管理职能做好准备；三是进一步加强规划体系建立工作；四是按照市政府控制和查处违法建设暂行办法的要求，建立部门联动、网络完善的规划批后执法体系；五是加快对武汉市人民政府令第143号的修订工作，尽快出台指导武汉市规划管理的技术规定；六是加强城市交通、城市特色、城市功能等城市发展建设中重大问题的研究。会议要求，各单位（部门）要就贯彻落实市委十一届五次全会精神提出具体的措施和方案，并于8月底前报武汉市规划局办公室。

（刘思桥）

【中国城市规划协会等领导到市规划局考察】 8月22日，中国城市规划协会会长赵宝江，九三学社中央副主席、住房和城乡建设部科技司司长赖明一行来汉，考察了武汉市城乡规划信息化工作和武汉市规划局承担的建设部城市数字化工程示范项目并给予了高度评价。武汉市副市长尹

维真、副秘书长刘家祥，湖北省建设厅总工程师徐武建等陪同考察，局领导张文彤、何艳、马文涵等参加了汇报会。（丁雅珊）

【全面清理未完结业务档案】 8月，武汉市规划局综合业务处组织对该局历年规划审批完后未发“一书两证”的建设项目档案进行了全面清理。通过清理发现，市规划局成立30年以来，共有规划审批完后未发“一书两证”的项目1560项，其中审批完结留存处室的695项，审批处室退档留存窗口的865项。在清理的基础上，一是对未完结档案进行了妥善处理；二是制定下发了《市规划局专业档案管理规定》（武规发[2009]5号），进一步规范了业务档案工作。（邹 莺）

【召开2008年全市新农村建设规划工作会议】 9月2日，武汉市规划局召开2008年全市新农村建设规划工作会议。张文彤局长和该局综合业务处、规划编制管理处、武汉市城市规划设计研究院负责人，各开发区规划分局、远城区规划局、洪山分局局长及规划科科长参加了会议。会议传达了武汉市委书记杨松、武汉市市长阮成发、副市长张学忙在全市新农村建设暨村庄环境整治电视电话会议上的讲话精神，布置了2008年全市新农村建设规划有关工作。张文彤局长作了讲话，他首先要求大家要以高度的责任心和历史责任感做好2008年全市新农村建设规划工作，还对2008年新农村建设规划工作提出了具体要求：一是要加强组织领导，确保新农村建设规划工作各项任务落到实处；二是要坚持新农村建设中“规划先行”的理念；三是确保规划编制时间进度和编制质量。（邹 莺）

【召开文明执法教育工作总结会议】 9月26日，武汉市规划局召开文明执法教育工作总结会议。局机关全体人员、各分局、武汉市城市规划执法监察支队的党政主要领导和分管领导参加了会议。

武汉市规划局副巡视员袁海军对全局开展近4个月的文明执法教育工作情况进行了总结。何艳书记在讲话中对今后的文明执法工作提出了要求：一是要正确估计形势，进一步深化对文明执法工作重要性的认识；二是要巩固文明执法教育的成果，进一步抓好整改落实；三是要加强执法管理工作，建立文明执法长效机制；四是要坚持

汉口宗关水厂

廉洁从政，坚决杜绝违纪违法行为；五是要转变观念，练好内功，适应政府审批制度改革的需要。

（马进军）

【部署开展ISO9001质量管理体系贯标工作】 10月10日，武汉市规划局召开市局系统推行ISO9001质量管理体系动员大会，对全局系统开展ISO9001质量管理体系贯标工作进行动员部署。该局党组书记何艳、副总工程师刘立成，局机关全体干部、局属各分局、事业单位负责人参加了会议。会议宣读了《关于印发〈市规划局系统ISO9001质量管理体系贯标工作方案〉的通知》和《市规划局关于成立ISO9001质量管理体系贯标工作领导小组的通知》，从指导思想、工作目标、工作步骤、人员分工等方面对规划局系统体系贯标工作进行了全面部署。武汉市质量技术监督局、市行改办有关领导应邀出席会议，就该局如何高标准地开展体系贯标工作提出了指导性意见。

何艳书记作了重要讲话，她指出，开展体系贯标工作是落实中央实施中部崛起战略、加快武汉城市圈“两型社会”建设综合配套改革试验区的重要举措，是响应武汉市委、市政府号召，创新政府运行方式，建设服务型政府的必然要求，是全面落实“五个一”工程、建设全国一流规划局的具体行动，是全面规范规划管理行政行为，提升武汉市城乡规划形象的客观需要，各处室、各单位要进一步提高认识，上下配合，统筹协调，加强检查，确保体系贯标工作按计划落实。

（徐　中）

【市局机关节能降耗成效显著】 武汉市审计局于10月10日派出审计组，对武汉市规划局机关2007~2008年8月的水、电和车用燃油消耗情况进行了审计调查。经审计，局机关2008年1~8月用水量比2007年同期下降31%，用电量比2007年同期下降11%，车用燃油消耗量比2007年同期下降5%。

审计认为，2008年以来武汉市规划局认真贯彻武汉市人民政府关于建设“两型社会”的有关要求，节能降耗成效显著，主要表现在以下4个方面：一是制定了详细周密的《市规划局创建“两型”机关建设实施方案》，对全局节能降耗工作进行了全面部署；二是投入资金，全面更换节

白沙洲水厂

水节电设施；三是加强办公楼和机关用车管理，完善各项制度，通过加强管理取得了良好的节约效果；四是广泛宣传，增强节能降耗意识。

（陈晓达）

【对局属单位离任主要领导进行任期内经济责任审计】 根据有关法规的要求，经武汉市规划局领导同意，受市局政治处委托，财务审计处于3月24日~10月13日，对局属单位离任主要领导干部进行任期内经济责任审计。

该次审计工作采取内部审计机构和社会审计组织共同承办的方式进行，组成联合审计小组，对局属有离任主要领导干部的武汉市城市综合交通规划设计研究院、汉阳分局、青山分局、洪山分局、东湖分局等单位进行了经济责任审计。审计内容主要包括：单位预算执行和决算情况；财务收支情况；专项基金的管理和使用情况；国有资产的管理、使用情况；内部控制制度建立健全及执行情况等。审计完成后，对每个被审计单位出据了主要领导离任经济责任审计报告和单位财务审计专项报告。

该次审计工作，为促进领导干部勤政廉政，全面履行职责，加强干部考核和管理发挥了积极作用；也为实现局属财务管理工作、内部审计工作的制度化、规范化积累了有益的工作经验。

（张巧云）

【组织全市规划系统绩效管理暨公文处理知识培训】 为深入学习和全面贯彻执行武汉市规划系统绩效管理办法，交流公文处理工作的经验和做法，10月17日，武汉市规划局组织全市规划系统绩效管理暨公文处理知识培训。全市规划系统从事绩效管理、文秘工作的人员以及局机关各处室负责人参加了培训。袁海军副巡视员出席培训开班式。武汉市人民政府办公厅、市委督查室、市政府目标办的有关负责人应邀出席并授课。

袁海军副巡视员作了动员讲话。他重点强调了绩效管理和公文处理工作的重要性，要求参加培训的同志端正态度，认真学习，学有所获，进一步提高相关知识理论水平和工作技能。同时，在今后的工作中，结合实际，学以致用，推动规划事业迈上新台阶。武汉市委督查室副主任孙建萍讲授了全市绩效管理的有关知识。武汉市规划局办公室副主任黄宇介绍了全市规划系统绩效管理体系建立的背景、过程、目的和意义，详细分析和解读了《武汉市规划系统绩效管理暂行办法》的各项规定。武汉市人民政府办公厅处长张东风讲授了公文处理的有关知识。（刘　俊）

【召开全局党政干部大会】 10月23日，武汉市规划局召开全局党政干部大会，认真学习贯彻武汉市“两型社会”建设党政干部大会及全市重大项目推进工作会议精神。武汉市规划局领导张文彤、何艳、盛洪涛、刘锦智，局机关全体工作人员以及局属各单位党政负责人参加了会议。

张文彤局长首先传达了杨松书记、阮成发市长在全市推进“两型社会”建设党政干部大会上的重要讲话精神，并结合实际部署了当前的重点工作。一是将全局系统思想、行动统一到市委、市政府的会议精神和要求上来，针对涉及规划局的各项工作，制定具体实施方案，分解任务，明确责任，确保落实；二是深入推进市、区两级规划管理体制改革，创新机制。按照“优化市局、强化分局、服务发展”的要求，根据《中共武汉市委、武汉市人民政府关于围绕“两型社会”建设完善城市管理体制的若干意见》，制订完善理顺规划管理体制的实施细则，充分体现统一规划、分级管理、强化监督的原则，发挥各区的积极性，推动区级经济发展；三是全面深入总结实施“五个一”工程所取得的成绩，寻找差距，发现不足，重点推进规划体系建立、完善审批程序、加强批后管理、加强城乡统筹和业务培训等5项工作，再次掀起争创全国一流规划局的高潮；四是进一步加强全局思想作风建设，增强干部职工服务经济社会发展的主人翁意识。在新的形势下，全局要提高对推进“两型社会”建设和搞好投资及重大项目建设迫切性、重要性的认识，增强责任感、紧迫感，奋发有为，迎难而上，为实现武汉市新一轮大发展作出应有的贡献。

（刘　俊）

【接待浙江省余姚市党政考察团】 10 月 27 日，浙江省余姚市党政考察团一行 44 人来汉考察，参观了武汉城市规划展示厅。武汉市委副秘书长李占元、市委接待处相关领导、武汉市规划局副巡视员袁海军、武汉市城市规划协会秘书长饶淑华等陪同。

（丁雅珊）

【出席中国城市规划协会第三届代表大会】 11 月 14~16 日，中国城市规划协会在南京召开了第三届会员代表大会，会议选举产生了中国城市规划协会第三届理事会。武汉市规划局局长张文彤、副巡视员袁海军、武汉市城市规划设计研究院院长吴之凌、武汉市勘测设计研究院院长肖建华等当选为中国城市规划协会常务理事。会议组织开展了纪念改革开放 30 年的活动，发行了纪念改革开放 30 周年论文集。张文彤局长、刘奇志副局长合著的《改革开放 30 年武汉市空间格局演变研究》、汉阳分局张佳黎所著的《留住 30 年的工业文明记忆——改革路上的规划人、规划事》两篇文章入选。该大会还表彰了全国规划行业抗震救灾先进单位、先进个人。武汉市城市规划设计研究院、武汉市勘测设计研究院获先进单位称号；武汉市城市规划设计研究院刘益红、孙钊、欧阳旭东，武汉市勘测设计研究院官善友、孙卫林等被评为先进个人。在“改革开放与城市规划”摄影大赛中，武汉市城市规划设计研究院欧阳旭东拍摄的一组汶川抗震救灾照片获优秀奖表彰。武汉市成为当选本届中规协理事较多的城市之一。

（丁雅珊）

【文明创建工作】 2008 年，武汉市规划局按照市、区文明委（办）的要求和局党组部署，结合全市“四城同创”实际，围绕武汉市创建全国文明城市的目标，以构建和谐社会、和谐武汉为根本，积极推进诚信服务、优质服务和规范管理，开展以提高干部职工思想道德和科学文化素质为主要内容的文明创建工作，全局文明建设取得了新成效。该局的 16 个单位、部门（含局机关）中有 15 个为区级以上文明单位，其中市级以上文明单位 9 个。市局机关创市级文明单位工作已通过市直机关工委验收。

（张　颖）

【宣传工作】 2008 年，武汉市规划局扩大对外宣传，积极宣传有关规划编制、规划管理等方面的工作，全年通过各种媒体宣传报道达 24 期。

（张　颖）

【扎实推进行政审批制度改革】 2008 年，武汉市规划局扎实推进行政审批制度改革。一是按照《中共武汉市委武汉市人民政府关于围绕“两型社会”建设完善城市管理体制的若干意见》（武发 [2008] 17 号）要求，制定了《市规划局贯彻落实〈中共武汉市委武汉市人民政府关于围绕“两型社会”建设完善城市管理体制的若干意见〉的实施细则》（以下简称《实施细则》）。该《实施细则》按照“统一规划、分级管理、强化监督”、“下移管理中心，强化属地管理”的原则，进一步明确了市、区规划管理职责分工，将 83% 管理范围的建设项目规划管理事权下放到中心城区各规划分局。12 月 8 日，该《实施细则》被市委办公厅、市政府办公厅以武办发 [2008] 22 号文转发。二是按照《武汉市基本建设项目有限并联审批实施方案（试行）》（武办发 [2007] 20 号）要求，2008 年 7 月 8 日，市规划局制定印发了《武汉市基本建设项目规划环节有限并联审批实施细则》（武规发 [2008] 64 号），并及时召开有 24 家协办单位参加的工作会，协调落实并联审批制度。

（邹　莺）

【赴福州、厦门考察建设用地规划管理工作】 为了贯彻落实武汉市委、市政府提出的行政审批制度改革的决策，围绕武汉市规划局“五个一”创建工程，尽快实施“强化分局、优化市局、服务发展”发展战略。2008 年，武汉市规划局副局长盛洪涛带领市局相关处室和分局一行

14 人赴福州市、厦门市就城市用地规划管理等审批管理工作进行了学习交流和考察。

在与福州市规划局和厦门市规划局的座谈中，详细了解了两市的规划许可行政审批程序，规划公示、公众参与与行政效率，规划部门与发改、土地、建设等相关部门的衔接，主城区建设用地强度控制，市区规划管理体制等问题。武汉市规划局副局长盛洪涛介绍了武汉市城市用地规划管理审批管理工作情况，并表示将会借鉴两市的城市规划用地管理工作经验，进一步加强武汉市城市规划用地管理工作。（戴　霜）

【固定资产管理系统升级改造完成】 2008年，按照《市财政局转发省财政厅关于加快全省行政事业单位资产管理信息系统联网运行工作的通知》（武财行资［2008］352 号），武汉市规划局财务审计处和局属各单位对固定资产管理系统进行了升级改造。升级后的资产管理系统可以对局机关及局属各单位的固定资产进行动态管理，实时查询各单位固定资产总量、存量、变动情况及各类资产组成比例。该系统相对于升级前未能实现信息共享的版本而言，是一次质的飞跃。（王　婵）

【主动服务开发区、远城区重大项目】 2008年，武汉市规划局协调落实了湖北生猪期货交割中心选址定点郑店物流园，配合完成了江夏区巴登城项目的选址论证，支持推进了东西湖区水乡旅游城项目规划编制及相关工作，协调推动了江北高速规划建设等。（邹　莺）

【创新开发区、远城区规划管理机制】 2008年，武汉市规划局建立了武汉市开发区、远城区城乡规划监督检查及建设项目备案管理机制，明确了开发区、远城区规划督查的内容备案管理程序，推动了城乡规划的落实；全面启动了《武汉市规划测绘管理工作手册（开发区、远城区版）》编写工作，建立了全市规划系统一体化的信息平台，规范办事程序和审批标准。（邹　莺）

【局报建窗口获湖北省“青年文明号”荣誉称号】 12 月 16 日，武汉市规划局报建窗口被授予 2007 年度湖北省“青年文明号”荣誉称号。

湖北日报社新闻采编楼

共青团湖北省委、湖北省精神文明建设委员会办公室、湖北省建设厅在武汉市规划局举行授牌仪式。市规划局是全省建设系统获此殊荣的两家单位之一。省建设厅机关党委、规划编制处负责人出席了授牌仪式。（邹　莺）

第二节　规划编制与审批管理

【规划编制与审查工作完成情况】 2008年，武汉市规划局完成城市规划编制项目7大类、共60余项。其中，规划主干体系类重点建立了“城市总体规划—分区规划—控制性详细规划”3个层次的规划主干体系，包括都市发展区内分区规划、主城区控制性详细规划；专项规划类包括现代服务业空间布局规划、武汉市农业生态区城乡建设统筹规划、武汉市东西山系城市设计、“两江四岸”城市设计等；基础研究和技术标准类主要包括相关规划政策和规划技术标准的制定。同时，加强基础勘测、三维数字地图和规划信息汇交使用系统建设，为规划管理提供有力的支撑服务。

2008年，武汉市规划局共组织了17次技委会、4次重大规划项目审查会，共审议了72个议题。审查议题包括《青山“红房子”片历史地段保护与更新规划》、《武汉市轨道线网规划修编方案》、《王家墩商务区CBD区域轨道交通衔接规划》等，并组织编制单位进行了修改完善。截至2008年底，共有15项重点规划项目经武汉市规划局审查后上报武汉市政府，获得市政府正式批复的有12项，包括《泛金银湖地区概念规划及东方马城地区规划研究》、《武汉市主城控制性详细规划（编制单元A0512，王家墩地区）》、《武昌古城保护与复兴规划》、《武汉市都市工业园空间扩展规划》等。组织编制完成25片局部控规，经规委会审查、公示并正式批复，总面积约850万平方米，并已全部纳入全市规划管理“一张图”系统。（凌　利）

【构建武汉市城乡规划体系】 根据“十一五”规划编制的总体要求，武汉市规划局进一步明确了构建全市“1+6+1”的科学、系统的规划编制体系。“1”是指全市域“城市总体规划—分区规划—控制性详细规划”从宏观、中观到微观，结构完善，层次分明，可操作性强的规划主干体系；“6”是指开展各层次的专项规划编制，包括逐步完善交通市政、城市设计、历史文化名城和历史街区保护、旧城改造和城市更新、地下空间利用和其他各要素类专项规划，形成总体规划横向支撑体系；“1”是指战略性规划研究、基础性规划研究工作和地方技术标准研制。

（凌　利）

【重大规划项目的组织编制和审批管理】 2008年，武汉市规划局在重大规划项目的组织编制和管理方面主要做了以下几项工作：一是出台了《城市规划财政预算项目管理规定》（武规发[2008] 72号），进一步明确了财政预算项目的立项申报、项目下达、委托和招标设计管理、检查与验收等要求。对预算内重点项目实行全程跟踪制，并完善审查、审批程序；对一般项目实施阶段性检查制。同时，在项目任务书研制、中期检查和年终检查各环节，针对项目使用方的具体情况，以相关业务处室为业务指导，保障了规划项目的实用性。二是2008年组织开展的《武汉市主城分区规划》、《主城区控制性详细规划导则》已全面完成，并进入上报审查阶段。三是根据武汉市主城区控制性详细规划编制工作计划，已下达并开展了主城控制性详细规划细则编制，用地面积约 120 平方公里。这些重大项目为相关地区的城市建设和发展提供了较为明确的目标和规划要求，为下阶段规划实施行为提供了重要依据。

2008 年，武汉市规划局坚持规划先行，统筹城乡规划，除组织编制完成财政预算等重大规划项目外，还加强了重点地区的规划研究，如：组织编制了《汉口原租界风貌区青岛路片保护规划》等专项规划，并获市政府批复；加快了东湖生态旅游风景区规划修编，对《东湖生态旅游风景区总体规划》的纲要组织了多次技术论证，并上报市政府、省政府。根据市政府组织并推进二环线整体城市设计及二环线内重点地段城市设计的要求，已组织编制了二环线内整体城市设计、二环线内 12 个重点地段城市设计等成果。

（凌　利）

【推进规划编制的“国际化、市场化和本土化”】 根据武汉市委、市政府和规划编制工作的相关要求，武汉市规划局进一步坚持“开门规划”的工作思路，继续推进规划编制的“国际化、市场化和本土化”。在《武汉市城市规划设计项目招标及方案征集暂行规定》基础上，进一步健全重大项目的国内外招投标制度，对规划项目类别、操作流程、相关法律法规等内容做了进一步细化。既借“外脑”开拓思路，同时又通过与本土设计机构的联合，完成规划创意与武汉市实际相结合的“落地”规划，切实发挥了“国际化、本土化”结合的优势，同时也推进了规划的市场化进程。

2008 年，《武汉市生态农业区城乡建设统筹规划》、《武汉市生态框架控制规划深化》、《武汉市东、西山系景观轴线城市设计》、《首义南轴线及辛亥历史博物馆城市设计》，以及《武汉社区公共服务设施配套标准研究》、《武汉市历史文化特色与城市空间特点研究》、《城市生态绿地规划实施及补偿机制研究》、《武汉与国际化城市发展比较研究》等基础研究均采取了公开征集机构与本地机构合作或者分阶段工作的方式，既引进了国际国内的先进理念，又具有可操作性。

（凌　利）

【远城区规划编制“以奖代补”工作】 为有序推进远城区规划编制“以奖代补”工作，武汉市规划局于 2008 年 1 月草拟了《市规划局关于采取“以奖代补”方式支持远城区规划编制工作的管理办法》，并于 6 月组织召开了全局 2008 年远城区规划编制“以奖代补”工作专题会议。全年完成“以奖代补”项目 11 项，12 月中旬组织“以奖代补”项目评优，并评出 5 项优秀奖和 6 项合格奖，共发放奖金 240 万元。通过中期检查和评优工作较好的促进了开发区和远城区规划编制工作的开展。

（凌　利）

【积极推进 “武汉新港”规划工作】 2008 年，武汉市规划局组织专班对阳逻、北湖至鄂州、黄冈一带江南、江北总面积 2398 平方公里的区域从疏港系统、产业布局、土地适宜性及生态安全等方面进行了专项研究，规划形成一个亿吨级的大港，辐射中西部地区，初步确定了“一轴两心，两极四楔，四城八港”的新港城镇群空间结构。

（冯　原）

【加大对远城区规划编制支持力度】 2008 年，武汉市规划局支持远城区组织编制了《汉南城乡一体化空间规划》、《黄陂区综合交通发展规划》、《江夏区大花山地区用地规划》及《台湾农民创业园控制性详细规划》等一批重点发展地区的规划，有效引导了远城区规划体系的建立。

（邹　莺）

【武汉市居民出行交通调查】 5 月 19 日，武汉市政府批准武汉市规划局开展 2008 年武汉市综合交通调查工作。6~10 月武汉市城市综合交通规划设计研究院联合市统计局实施武汉市居民出行交通调查。该次居民出行调查对全市 13 个行政区、126 个街道、27 个乡镇的 37500 户、约

12万居民的一日出行情况进行了抽样问卷，印制了调查表格30万张、交通小区图2000多张、宣传海报2000余张，动用市、区、街、社区各级调查人员2000余人，一线技术人员近30人，调查实施和数据录入工作历时4个多月，收集了约100万条居民出行第一手信息。11月，《2008年武汉市居民出行交通调查》初步完成。市交通院将利用该次调查资料建立交通数据库，深化完善武汉市交通预测模型，为武汉市的交通规划研究工作奠定基础。（李建忠）

【2008年武汉市道路交通流量调查】 为配合2008年武汉市居民出行交通调查和综合交通规划制定工作，2008年9~12月，武汉市城市综合交通规划设计研究院对武汉市主城道路桥梁进行了交通流量调查。9月，该院项目组制定调查方案并进行点位踏勘、调查培训、表格印刷等准备工作；9月中旬至10月组织人员实施流量观测；11月完成调查数据录入校核；12月专门针对解放大道台北路沿线3个路口和长江隧道及周边进行长时间补充调查。2009年3月，最终形成《2008年武汉市道路交通流量调查》报告。

（王志强）

【编制完成《2008年武汉市交通发展年度报告》】 在武汉市发展和改革委员会、市交通委员会、市建设委员会、市统计局、市环境保护局、市城市管理局、市公安局交通管理局、武汉市城投集团有限公司、武汉地铁集团有限公司、武汉市桥建集团有限公司、武汉市城市规划设计研究院、武汉市交通科学研究所等相关单位的积极支持下，2008年3~8月，武汉市城市综合交通规划设计研究院组织编制完成了《2008年武汉市交通发展年度报告》（以下简称蓝皮书），并于9月正式对外公开发布。该蓝皮书是自2004年以来武汉市编制完成的第5本交通发展年度报告，全面介绍了武汉市城市社会经济、对外交通、道路交通、公共交通、交通管理等方面的情况，对确定武汉市近期交通建设项目提供了重要的依据，具有十分重要的现实意义。（佘世英）

【研究武汉市交通影响评价技术指标体系】 2008年，武汉市城市综合交通规划设计研究院在《武汉市交通影响评价技术指标体系研究》项目的研究过程中开展了大量的实际调查工作。8~10月，选取包括商场、超市、写字楼、公寓及居住等共计71个点位作为交通吸引点，进行了连续12~14小时的流量观测和停车调查，调查人员达3800人次；同时采用抽样问卷调查方式，进行出行方式调查，发放问卷共15000张。分析了在各种情形下的机动车、非机动车及行人交通设施容量与服务水平，最后提出了一套完整的交通影响程度评价体系。该调查对武汉市交通影响评价工作步入正式化、规范化起到了积极推动作用。（刘　金）

【长江隧道交通疏解方案获专家论证】 2008年6月，为解决武汉长江隧道通车后交通组织与疏解等相关问题，武汉市城市综合交通规划设计研究院就急需建设的疏解道路、交通管制措施进行交通预测及方案评价。该成果已于2008年7月获专家论证。（佘世英）

【论证二环线汉口段建设方案】 2008年，根据武汉市领导指示精神，武汉市城市综合交通规划设计研究院承担了二环线汉口段建设方案论证工作。该项目从二环线汉口段现状交通入手，全面分析现状主要拥堵点分布、路段流量、平均车速与延误、主要路口流量等交通问题；利用该院历年相关交通调查资料以及交通预测模型，分段预测了2020年二环线汉口段交通需求特征。在此基础上，制定二环线汉口段建设原则和建设标准，设计出了“节点高架”方案和“全高架”方案，并且从交通功能、交通运行指标、交通组织、建设难度、工程投资等多方面进行综合比较论证；同时，对推荐方案还从节点的立交方案、上下匝道设置、分期实施等方面作了进一步优化论证，通过综合比较分析，推荐采用“全高架”方案。（刘　金）

【《武汉市城市紫线专项规划（主城区）》编制工作】 2006~2007 年，武汉市城市规划设计研究院开展了《武汉历史文化名城保护规划（2006~2020 年）》编制工作。

2008 年 3~4 月，为配合《武汉市主城区分区规划》的编制，武汉市城市规划设计研究院进一步明确了主城区范围内的历史文化街区及历史地段、文物保护单位、历史建筑的位置和保护范围。

在以上工作的基础上，5~6 月，该院开展了《武汉市城市紫线专项规划（主城区）》编制工作，划定武汉市主城区范围内历史文化街区及历史地段、历史建筑、区级以上文物保护单位的城市紫线，并在武汉市文化局等相关部门的协助下，对其进行名录查新和现场踏勘工作。

7~11 月，该院在武汉市文化局和武汉市国土资源和房产管理局的协助下，划定了武汉市主城区历史文化街区及历史地段、历史建筑、区级以上文物保护单位的城市紫线，并形成了相关成果文件。

11 月 25 日，武汉市规划局规划编制处处长殷毅主持召开了“武汉市城市紫线专项规划（主城区）”专家咨询会，武汉市规划局、武汉市文化局、武汉市国土资源和房产管理局以及武汉理工大学等单位的 7 位专家参加了会议。会后，武汉市城市规划设计研究院根据会议精神对专项规划成果作了适当调整，将该成果提交武汉市文化局及武汉市国土资源和房产管理局征求意见，并根据反馈意见对该成果进行了相应调整。之后，该院将该规划成果在主城区分区规划和控规导则编制工作中给予落实，并提交武汉市规划局进行审议。（徐志红）

【经济适用房选址规划】 根据《国务院关于解决城市低收入家庭住房困难的若干意见》（国发 [2007] 24 号）文件要求和《武汉市“十一五”住房建设规划》确定的武汉市 2008 年经济适用房建设计划，武汉市城市规划设计研究院着手编制《武汉市 2008 年 200 万平方米经济适用房选址规划》。通过比选，在遵循《武汉城市总体规划（2006~2020 年）》、《武汉市土地利用规划》等上位规划和经济适用房选址原则的基础上，2008 年，共确定了汉口 2 处、汉阳 6 处、青山 2 处、洪山 3 处等 13 处为经济适用房选址点，总用地面积 106.22 万平方米，建筑总面积约 212 万平方米。1 月 4 日，该规划经武汉市规划局的专题会议审议并通过。（李　鹏）

【王家墩商务区综合商业区规划深化研究与城市设计】 王家墩商务区综合商业区位于王家墩商务区东部，范围是由青年路、建设大道、淮海路和宝丰北路围合而成的区域，总用地面积约 127.32 万平方米。

规划严格按照《武汉市主城控制性详细规划（A0512）》中综合商业区的规划布局，综合考虑军方用地、轨道线网及城市设计等因素影响，在确保总建设量不变的前提下，对部分规划用地布局作了适当优化和深化。并对综合商业区 53.80 万平方米范围内的用地功能、交通组织和建筑布局关系进行了深入的研究分析。通过对区域功能业态、土地价值及景观价值的分析研究，提出王家墩商务区综合商业区的发展定位和开发实施建议，用于指导将来各地块开发项目的设计和建设。2008 年 11 月，该方案经专家评审后，已获得王家墩商务区管委会的认可，并报市规划局进入控规调整程序，待调整程序完成后即可开展土地招商挂牌的前期工作。（汪波宁）

【《武汉理工大学珞狮路段城市设计》编制工作】 为更好地落实总体规划和分区规划要求，优化武昌街道口城市空间界面，提升该区域城市景观效果，武汉市城市规划设计研究院着手编制了《武汉理工大学珞狮路段城市设计》。规划以武汉理工大学入口广场为中心，北至街道口，南至武汉理工大学产业大厦，珞狮南路东西两侧一个街坊。规划用地面积29.20万平方米。规划确定了立足高等学校，依附都市商圈，提升整体层次，打造特色教育及创意产业用地的规划目标。完成对该地区用地功能的整合，并对该地区的建筑空间形态、地下空间利用以及交通组织等问题提出方案。该方案已编制完成，并通过武汉市规划局专题会议审查。（李　鹏）

【开展《武汉市村庄规划研究》工作】 武汉市自2005年开始实施“家园建设行动计划”，到2008年共有1180个村实施创建村建设，为总结武汉市家园建设的经验和教训，为下步工作提供借鉴，武汉市城市规划设计研究院于2008年8月开展了《“两型社会”指导下的武汉市村庄规划研究》（以下简称《研究》）工作。该《研究》从城乡统筹的角度，分析在工业化、城镇化快速发展背景下、在“两型社会”建设中，处于特大城市的武汉市农村建设面临的机遇和挑战，研究提出新农村建设的思路和规划对策，确定农业生态地区产业功能分区和村镇体系布局，合理安排农村地区生产生活设施，实现土地资源的节约集约利用。研究成果于2008年12月完成，已提交市规划局领导审查。（黄晓芳）

【禁限建区管制策略研究】 2008年，为进一步落实“城乡统筹”的科学发展观，践行“两型社会”建设的要求，协调城市发展与生态环境保护的关系，推进生态园林城市建设，武汉市规划局结合《武汉市生态框架保护规划》项目的编制进行了禁限建区管制策略研究。该研究是对新一轮城市总体规划及武汉市生态框架保护规划确定的“两环两轴，六楔多廊”的城市生态框架体系的深化，其核心是优先对全市山水资源进行保护，重点在都市发展区3261平方公里范围内划定禁建区、限建区、适建区，并以“三区”的空间管制政策制定为重点，从项目准入类别、分区管制要求、项目准入程序、实施保障机制等方面提出了禁、限、建区的管制策略。该研究为城乡空间管制的落实和规划管理的可操作性奠定了基础，同时也使城乡空间未来的发展有足够的弹性，在有效确保城市生态安全的基础上，满足区级经济发展的要求。该研究成果向市人大、政协等各界领导汇报后反响良好。（汪　云）

【《武汉市城市规划地域划分及编码规则》编制工作】 为做好构建“总规—分规—控规”为主干的法定规划体系的基础性工作，2008年1月，武汉市规划局组织开展了《武汉市城市规划地域划分及编码规则》（以下简称《规则》）编制，作为主城分区规划编制工作的6项相关技术文件之一。

在借鉴国内其他城市地域划分及编码成功经验的基础上，提出在都市发展区范围内确定“综合分区（主城区+新城组群）—综合组团—控规编制单元—控规管理单元—地块”五级体系的城市规划地域确定原则及编码规则，并在主城区范围内确定了分区规划编制单元和控规编制单元的地域划分及编码。地域划分包括19个分区规划编制单元和88个控规编制单元，其中控规编制单元包括中央活动区27片，城市综合组团60片，东湖生态旅游风景区1片。在此基础上，该《规则》还充分考虑到规划编制的系统性，以简便性与可扩展性相结合为原则，确定了相应编制单元的合理编码，确保每一地块的唯一性，为建立规划成果信息系统夯实了基础。

3月20日，武汉市规划局召开专题会议，审议通过了包括该《规则》在内的主城分区规划6项相关技术文件。4月8日，该《规则》的最终成果正式向武汉市规划局规划编制处提交，并在

本轮的主城区分区规划及控规导则编制中取得良好的使用效果。（刘 菁）

【《武汉市公共服务设施配套标准规划指引》编制工作】 针对现行公共设施配套标准覆盖面不全、市场经济活动的不确定因素增多以及社会需求的变化等原因，为构建“总规—分规—控规”为主干的法定规划体系提供主城分区规划和控规导则编制的前期技术标准，2008 年初，武汉市规划局提出编制《武汉市公共服务设施配套标准规划指引》（以下简称《指引》）。该《指引》在分析评价现公共设施的配置水准和对比国内其他城市相关标准的基础上，梳理各类公共设施现行规范、标准，对公共设施分级、分类，明确各类设施的配置标准。该《指引》提出武汉市新建地区公共设施按照 “市级（含副市级）—组团级（含行政区级）—居住区级—居住小区级”四级体系配置。鼓励同一级别、功能和服务方式类似的公共设施集中组合设置。公共设施按照使用功能分为教育设施、医疗卫生设施、文化娱乐设施、体育设施、社会福利与保障设施、行政管理与社区服务设施、商业金融服务设施、邮政电信设施等 8 类。2008 年 3 月，研究成果经过市规划局专题会审查同意后，已于 4 月 8 日上报市规划局，并用于指导主城分区规划和控规导则的编制。（夏 巍）

【《武汉市控制性详细规划编制规程》编制工作】 为加强城乡规划的科学性和规范性，提高城乡规划的执行力，指导控制性详细规划的编制，实现规划编制的标准化，依据《中华人民共和国城乡规划法》，结合武汉市城乡建设和规划管理要求，武汉市城市规划设计研究院编制完成了《武汉市控制性详细规划编制规程》（以下简称《控规规程》）。

该《控规规程》依据“分级编制、分级审批、分级管理、分级调整”的规划编制思路，按照控规编制单元和控规管理单元两个层次，确定了控规导则和控规细则两级规划体系，制定了各阶段的编制内容、控制要求和控制深度，提出了实线控制、虚线控制、点位控制和指标控制 4 种控制方式，明确了各阶段成果内容均应包括法定文件和指导性文件，以及对文件中文字、图纸的内容和要求进行了界定。

2008 年 4 月 8 日和 5 月 28 日，武汉市规划局两次组织召开了《控规规程》专家咨询会，审议了《控规规程》的控制内容；7 月 23 日，经市规划局专题审查会审查通过，并准许在市局内部试行；10 月，按照《控规规程》要求，主城区 85 片、514 平方公里的《控规导则》全部编制完成，已报市规划局审查。（商 渝）

【开展《武汉市主城区分区规划编制技术要求》工作】 为完善武汉市城乡规划主干体系，提高城乡规划的科学性、严肃性和分区规划编制的规范化、标准化，根据《城乡规划法》、《城乡规划编制办法》和武汉市规划局《关于〈城乡规划法〉实施后中心城区控规编制和用地规划管理实施方案》有关指示精神，2008 年 2 月，武汉市城市规划设计研究院开展了《武汉市主城区分区规划编制技术要求》（以下简称《技术要求》）的研究和制定工作。

该《技术要求》充分借鉴了国内城市分区规划编制的成果经验，明确了主城分区规划编制任务和规划编制内容，制定了现状调查与评价、功能定位与规模、规划用地布局、建设强度控制指引和分区管控要求等各阶段的控制要求和控制深度，确定了主城分区规划成果形式。

3 月 25 日，市规划局召开了分区规划技术性文件和各专项规划的检查会，审查通过了该《技术要求》；7 月，以该《技术要求》为指导，主城区 19 片分区规划全部编制完成；7 月 27 日，市规划局召开了《武汉市主城区分区规划及控规导则》专题会议，充分肯定了该规划成果。

（商　渝）

【武汉市主城区控规导则】 为进一步深化落实《城乡规划法》，按照武汉市规划局《关于〈城乡规划法〉实施后中心城区控制性规划编制和用地规划管理实施方案》三阶段工作要求，武汉市城市规划设计研究院全面开展了武汉市主城区678平方公里、85片控规导则的编制工作。

2008年9月16日，武汉市规划局召开专题会检查了控规导则编制工作情况；10月初，主城区85片控规导则全部编制完成；10月30日，主城区85片控规导则成果已提交市规划局审查。

（商　渝）

【中北路沿线城市设计】 为进一步推进武昌总部经济区建设，实现江南、江北现代服务业均衡发展，有效利用区域景观和可开发土地资源，重点促成中北路沿线存量地块挂牌交易，武汉市城市规划咨询服务中心成立专班编制《中北路沿线城市设计》。2008年7月12日，盛洪涛副局长组织召开《武汉市主干道景观设计导则研究》（以下简称《导则研究》）和《中北路沿线城市设计》专题审查会，武汉市规划局用地规划处、规划编制处、建筑管理处、武汉市城市规划咨询服务中心、武汉市城市规划设计研究院、武汉市城市综合交通规划设计研究院等相关处室及单位负责人参加了会议。按照武汉市规划局4月召开的专题审查会意见，结合《导则研究》成果，武汉市城市规划咨询服务中心修改完善了《中北路沿线城市设计》，对中北路沿线用地功能、空间景观、道路交通等方面进行了深入细致地设计，并从提高城市设计在规划管理中的作用出发，对沿线可开发用地提出了设计控制导则。会议认为，该项目从研究如何提高城市设计在规划管理中的作用出发，在设计内容、编制方法上有所创新，与《导则研究》内容衔接紧密，为全面开展中北路沿线建设提供了理论支撑和技术保障。

（规划咨询中心）

【局部控规及规划咨询编制工作方案】 为贯彻落实《城乡规划法》，解决好《武汉城市总体规划（2006~2020年）》正式成果批准前武汉市中心城区控制性详细规划编制和用地规划管理问题，根据武汉市规划局下发的《武汉市中心城区控制性详细规划编制工作计划》要求，武汉市城市规划咨询服务中心承担的局部控制性详细规划的编制工作全面展开。2008年3月19日，武汉市规划局领导及相关处室负责人审议了由该中心组织编制的"局部控规及规划咨询编制工作方案"，标志着过渡时期规划咨询编制纲领文件正式出台，相关规划编制工作同步全面展开。

（规划咨询中心）

【武昌滨江地区（长江一桥至二桥）概念规划】 根据武汉市委、市政府的指示精神，为全面塑造和提升武昌滨江地区空间景观形象，加快武昌滨江地区建设步伐，形成良好的城市滨水空间，2008年5月，武汉市城市规划咨询服务中心编制完成《武昌滨江地区（长江一桥至二桥）概念规划》，并向武汉市委副书记涂勇汇报。6月4日，该中心组织召开专家会，邀请规划、建筑、文化艺术、社会科学等方面的专家学者，对该《规划》进行了讨论，并进一步优化了规划方案。

8月30日，湖北省委副书记、武汉市委书记杨松、副书记涂勇对武昌滨江地区进行了现场踏勘，在听取武昌滨江地区规划情况汇报后，对规划方案予以充分肯定，要求尽快组织规划审批，按规划逐步实施。（规划咨询中心）

【二环线内重点区域、道路及节点城市设计】 2008年8月，为贯彻落实武汉市委十一届五次会议及阮成发市长到市规划局调研时的指示精神，按照武汉市规划局统一部署，武汉市城市规划咨询服务中心迅速全面启动了二环线内重点区域、道路及节点城市设计工作，确定了以“两江四岸”、“武昌东西山系”为重点的14项、70平方公里的城市设计工作。随着《城乡规划法》的实施和武汉市规划编制体系的逐步完善，城市设计将在引导城市建设有序发展、塑造城市特色等方面发挥更重要的作用。（规划咨询中心）

【《武汉市城市设计编制技术规程》和《二环线地区城市设计纲要》专家研讨会】 2008年10月15日，按照武汉市规划局的安排，武汉市城市规划咨询服务中心组织召开了《武汉市城市设计编制技术规程》和《二环线地区城市设计纲要》专家研讨会。会议由刘奇志副局长主持，马武定、段进、金广君、朱子瑜、张路峰、洪亮平、黄平等国内知名城市设计业内专家参加了研讨会，市规划局局长张文彤、相关处室和单位领导参加了会议。该次研讨会的圆满召开，拉开了武汉市全面开展二环线地区城市设计工作的帷幕。（规划咨询中心）

【制定《武汉市中心城区局部控制性详细规划编制技术规程》】 根据《市人民政府关于我市中心城区控制性详细规划编制和用地规划管理实施方案的批复》（武政2008［20］号）和武汉市规划局的要求，武汉市城市规划咨询服务中心配合市规划局用地规划处制定了《武汉市中心城区局部控制性详细规划编制技术规程》（以下简称《规程》）。

《规程》起草工作于2008年3月开始，围绕控规编制的技术要求和武汉市规划局用地规划管理的控制要素，经过多次讨论研究，确定了以用地性质、“五线”、公益性公共服务设施及建设强度等内容为核心要素进行控制的编制原则，同时对各类控制要素进行了详细的说明和解释，并且对武汉市中心城区局部控制性详细规划编制的总则、依据、范围确定及任务下达、成果主要内容及成果形式等作出了明确的规定。7月，《规程》开始在武汉市规划局局属各规划编制单位内开始试行，对武汉市规划局在过渡阶段规划编制工作和用地规划管理工作提供了极大的支持。

（规划咨询中心）

【《两江四岸滨水区城市设计》公众意见调查活动】 为进一步凸显滨江滨水景观特色，塑造宜居的城市环境，2008年，武汉市规划局组织开展了《两江四岸滨水区城市设计》编制工作。为了让市民参与到城市规划的前期工作中，缩小规划与市民的生活习惯偏差，使城市建设工作有更强的可操作性和指向性，该局于11月8日、9日、15日分别在汉口江滩一期兰陵路入口处、江滩二期三阳路入口处、西北湖广场、汉阳江滩大禹广场前、武昌江滩（长江大桥旁）、首义广场等6处地点开展《两江四岸滨水区城市设计》公众意见调查活动。同期，在“数字武汉—城乡规划网”和“武汉规划咨询网”上进行了为期两周的网上问卷调查。共收回纸质有效问卷千余份，网上参与人数约500人。该次调查问卷主要了解市民对于两江四岸滨水区的认知度和出行方式等，并就滨水区域的建筑形态、空间格局、环境景观、旅游和交通组织等提出建议。公众调查意见将被充分吸纳到两江四岸滨水区城市设计规划过程中，以便合理确定滨水区的用地功能、滨江天际线、环境景观、交通组织等规划。该次调查活动引起了社会各界和武汉市主流媒体的高度关注，“湖北电视台公众频道”进行了专题报道，“长江日报”也以专版形式刊登了该次活动情况及调查结果。该调查活动不仅宣传了城市规划工作，还再次掀起了社会各界知晓规划、参与规划的热潮。

（规划咨询中心）

第三节 建设项目规划管理

【局业务例会召开情况】 2008年，武汉市规划局共召开局业务例会28次，讨论研究规划选址项目、改变土地使用性质项目、新征建设用地项目、扩建项目、土地分割转让项目和土地交易收购储备项目等共计512项。（宋水生）

【“一书一证”审批工作】 2008年，武汉市规划局依法加快《建设项目选址意见书》、《建设用地规划许可证》、规划设计条件和“一书一证”延期审批工作。截至12月底，全市主城区共核发《建设项目选址意见书》300本，总用地面积2188.40万平方米；核发《建设用地规划许可证》318本，总用地面积2267.20万平方米；核发规划设计条件420项（含现状条件152项），总用地面积5819.70万平方米；办理“一书一证”延期审批145份。（宋水生）

【经济适用房规划选址及审批工作】 2008年，武汉市规划局完成经济适用房规划选址296万平方米（武汉市政府下达的任务为220万平方米）；完成“双限房”规划选址100万平方米（武汉市政府下达的任务为90万平方米）；完成青山老工业区安居房规划选址53万平方米（武汉市政府下达的任务为30万平方米）。（周　强）

【“城中村”综合改造规划编制及审批情况】 2008年，武汉市“城中村”综合改造工作领导小组和武汉市规划局下达的工作目标为审批7个村的综合改造规划，全年实际审批“城中村”综合改造规划12个。具体为江岸区平安铺村、朱家河村、先锋村、新建村；汉阳区五里墩村、陶家岭村、汉桥村、邓甲村；洪山区和平村、北港村、余家头村、园艺场。（闻新涛）

【服务重大市政项目建设】 2008年，武汉市规划局积极服务重大市政项目建设：一是完成了长江隧道、硚孝高速、机场二通道出口公路、二环线汉口段、三环线东段、杨春湖地区周边道路等重点道路的规划审批工作；二是大力推进铁路和轨道交通建设，对轨道交通4号线完成了《建设项目选址意见书》核发工作；三是对武汉至安康增建二线工程进行了调整，审批了武昌火车站站房方案、武汉火车站及武昌火车站地铁建设工程等；四是完成了三金潭公交枢纽站等公交设施的审批；五是加大城市电站建设规划选址及电力走廊规划控制，特别加大了对供电设施骨干线网建设的审批力度，促进变电站的建设，全年新建了500千伏变电站2座、220千伏变电站3座，缓解了武汉市用电紧张状况；六是积极衔接各个横向部门，为各个重点项目的推进创造了条件，促进了80万吨乙烯、武汉新港等一大批重点建设项目和武汉新区、王家墩商务区等重点功能区市政配套设施的规划建设。（梁　科）

【解决城市基础设施的建设矛盾】 2008年，武汉市规划局为落实“两型社会”建设的要求，缓解城市基础设施建设中的突出矛盾，做了大量的协调和服务工作：一是为缓解出租车加气难的社会矛盾，完成了对《武汉市主城区加油、加气站用地控制规划》编制及审查工作，办理了29项加气站、加油站等规划选址及用地手续，为合理引导和积极推进武汉市加油、加气站健康发展，进一步加强和规范加油、加气站建设的规划管理奠定了基础；二是积极协调解决武汉火车站建设中的电力设施新改建问题，多次参加市发改委等有关部门组织的协调工作，落实了武东变电站500千伏电力线路的建设，有力地缓解了武汉

市杨春湖地区电力紧张的矛盾，有效的促进了武汉火车站等重点工程的建设。（梁　科）

【构建滨江滨湖特色的水生态建设机制】 2008 年，为构建滨江滨湖特色的水生态建设机制，武汉市规划局加强了规划编制的审批力度，极力促进《武昌大东湖地区生态水网控制规划》列入重点项目，较快地完成了汉阳“六湖连通”和“大东湖”生态水网构建的规划审查工作。加快对黄金口、落步嘴、三金潭等中心城区污水处理厂及配套工程的审批工作；加强河流、湖泊岸线保护，完成了对扩大蓝线控制范围的审查工作。（梁　科）

【加强规划与消防横向联系】 为进一步提高行政效能，简化办事程序，11 月 7 日，武汉市规划局建筑规划管理处专程到武汉市消防局就“建设工程规划方案消防专项审查”相关工作与该局进行了探讨。武汉市消防局局长张兴辉、副局长宋树欣到会并讲话。

双方围绕新形势下如何加强横向联系、简化办事程序、提高办事效率等问题展开了讨论，特别是对原报建程序中存在的建设单位多次往返于规划、消防部门之间的问题反复征求意见，以及在违章建设项目处理中消防专项审查如何开展的问题进行了研究，对下一步的审查事项、具体衔接方式作了进一步调整和优化，并达成共识。两家单位领导表示，今后两个部门要进一步密切联系，共同营造良好的服务环境，为武汉市“两型社会”建设作贡献。（杨　蒙）

【编制完成《武汉市规划管理技术规定（草案）》】 根据《城乡规划法》、《武汉市城市规划条例》等相关要求，武汉市规划局编制完成了《武汉市规划管理技术规定（草案）》（以下简称《草案》）。

《草案》将《武汉市城市市政公用和其他工程设施规划管理技术规定》（武汉市人民政府令第 142 号）和《武汉市城市建筑规划管理技术规定》（武汉市人民政府令第 143 号）予以整合，保留原法规中部分规定与条款，新增用地规划管理章节，形成了一套完整的涵盖规划业务技术管理范畴的科学技术体系。《草案》是“实施‘五个一’工程，创建全国一流规划局”目标中的重点工作之一。《草案》更加科学、合理地对全市城、镇规划区内所有建设工程实行城乡统筹管理，并切实解决部分矛盾较为突出的民生问题，同时采用图、文、表结合的形式，更加有助于深化规划管理人员、报建单位、设计机构及广大公众等对条款的解读。

《草案》编制工作由武汉市规划局建筑规划管理处牵头，并从相关处室及单位抽调了部分技术骨干力量成立工作专班。

在编制过程中，工作专班广泛参考了上海、南京、杭州、郑州、广州等地的规划管理经验，反复征求武汉市各开发区、远城区、局属各分局及二级单位、开发建设单位及科研设计机构的意见，多次召开专家咨询会，并就法律条款与武汉市人民政府法制办公室进行了充分沟通。对基准容积率、建筑间距、建筑设计要求等规划管理中最常见、且与各方利益密切相关的核心问题进行了深入探讨与论证。（杨　蒙）

【加强建筑规划管理勘测信息化技术应用】 为加强建筑规划管理勘测信息化技术应用，进一步理顺建筑规划管理批前及批后办事流程，提高建筑规划管理质量，11 月 13 日，武汉市规划局建筑规划管理处和武汉市勘测设计研究院共同组织召开专题会议，就双方工作中存在的有关问题进行了研究。

会上，武汉市勘测设计研究院负责人对该院整体工作情况作了简要介绍，对建筑报建项目在批前及批后阶段，勘测方面遇到的一些问题及其原因进行了认真剖析。建筑规划管理处结合处室工作，对该院提出的有关问题进行了沟通和交流，并提出了具体的改进措施和工作计划。通过

该会议，双方均表示在今后的业务工作中要密切联系，加强沟通，共同把建筑规划管理批前、批后相关工作做好。（杨 蒙）

【建筑规划审批工作完成情况】 2008年，武汉市规划局建筑规划管理处进一步完善了建筑规划管理审批决策机制，审批效率和审批质量明显提高。该处全年共受理建筑报建项目153项，完成建筑核位红线600项，完成施工图审批120项，总建筑面积达550万平方米。（杨 蒙）

【规范审批、验收标准】 为统一建筑面积计算标准，加强建筑面积审核监管力度，11月28日，武汉市规划局建筑规划管理处会同局法规监督检查处、武汉市城市规划信息中心、武汉市勘测设计研究院等相关处室和单位，就统一建筑面积校核标准等问题进行探讨，结合实际工作中遇到的各种问题，进行了广泛沟通和深入研究，并就今后的工作达成了一致共识：一是对于规划方案审批阶段和竣工验收测量阶段中建筑面积的计算标准问题，统一以《建筑工程建筑面积计算规范》（GB/T50353-2005）（以下简称《规范》）为依据，如《规范》中未涉及或未明确的部分，均按照新修订的《武汉市规划管理技术规定》与《关于武汉市建筑面积计算有关问题的通知（试行）》的要求执行；二是建筑层数、架空层、设备管道夹层的标注，统一按自然层标注层数并注明使用功能；三是对于竣工验收阶段建设单位提供的设计图纸与规划审批图纸不一致的问题，统一要求建设单位在申请竣工验收时，应向竣工测量单位提供规划部门与监理单位共同盖章的建筑施工图原件。（杨 蒙）

【“一书三证”实现统一管理】 2008年，武汉市规划局组织了全市规划审批项目新版“一书三证”发放和培训工作，对武汉市规划管理电子审批系统进行了相应改造，规范了“一书三证”办公自动化信息录入、发放和统计工作，全面实施规划审批“一书三证”统一管理。全年全市“一书三证”信息实现了实时录入，提高了建设项目管理、查询、统计和监督效率。全年全市共核发《建设项目选址意见书》534本，总用地面积3110.88万平方米；《建设用地规划许可证》741本，总用地面积约3967.15万平方米；《建设工程规划许可证》1492本，总建筑面积2864.05万平方米，管线长度210万米；《建设工程规划验收合格证》672本，验收建筑面积2211.64万平方米。（邹 莺）

第四节 勘察测绘与管理

【基础工作完成情况】 2008年，武汉市规划局完成国家基础地理信息成果提供使用的初审和审批工作22项，完成全市行政区所辖的3家测绘单位申报丙级测绘资质、1家测绘单位申报丁级测绘资质、1家丙级升乙级申报材料和1家丁级升丙级申报材料初审，完成全市52家测绘单位的测绘资质年度登记注册的初审工作，完成1家市属测绘单位更名和增加业务范围的初审工作。（张 勇）

【制订《关于加强测绘成果使用管理的通知》】 1月14日，为加强测绘成果的提供、使用、保密和监管，正确处理新形势下测绘成果保密与社会需求的关系，深入贯彻测绘成果合理利用的有关指示精神，根据《中华人民共和国测绘法》、《中华人民共和国测绘成果管理条例》、《湖北省测绘管理条例》、《湖北省测绘成果管理办法》、

《测绘管理工作国家秘密范围的规定》(国测办字[2003] 17 号)、《公开地图内容表示若干规定》(国测法字 [2003] 1 号)等规定，结合武汉市实际，武汉市规划局制订并下发了《关于加强测绘成果使用管理的通知》(武规 [2008] 3 号)。

(张　勇)

【启用 1985 国家高程基准】 根据国家测绘局有关指示精神，为更好地满足城市规划、建设的统一管理、统一技术标准的要求，进一步提高测绘保障能力和服务水平，更好地为经济社会发展服务，武汉市规划局向武汉市政府报送了《关于在我市启用 1985 国家高程基准成果的请示》(武规 [2008] 8 号)。市政府办公厅于 3 月初发布《关于在我市启用 1985 国家高程基准成果的批复》(武政办 [2008] 47 号)文件，同意从 2008 年 3 月 1 日起，在全市范围内正式启用 1985 国家高程基准，取代原用 1956 年黄海高程系统，作为全市统一的城市高程基准系统。(张　勇)

【基础测绘的检查与部署】 3 月 5 日，武汉市规划局勘测信息管理处、市政管理处、财务审计处组成联合检查组，对武汉市勘测设计研究院 2007 年基础测绘计划完成情况及专项资金使用情况进行了检查验收，并于 3 月 18 日下发了《2007 年基础测绘计划完成情况及专项资金使用情况检查验收报告》(武规发 [2008] 20 号)。5 月 16 日，在武汉市发展和改革委员会组织的武汉市“十一五”基础测绘规划中期评估专题会上，武汉市人大主任肖长谷、武汉市发展和改革委员会主任池少华均对市“十一五”基础测绘规划的实施情况给予了充分肯定。5 月 21 日，根据武汉市发展和改革委员会《关于下达我市 2008 年基础测绘计划的通知》(武发改区域 [2008] 203 号)和《武汉市基础测绘“十一五”规划》(武政 [2006] 46 号)，结合武汉市规划局 2008 年工作要点，武汉市规划局制订并下发了《关于下达 2008 年基础测绘计划的通知》(武规发 [2008] 49 号)。

(张　勇)

【召开“加强测绘基础研究和能力建设”专题研讨会】 4 月 18 日，为贯彻落实政府工作报告和国务院 2008 年工作要点中提出的“加强测绘基础研究和能力建设”的要求，武汉市规划局组织召开了“武汉市加强测绘基础研究和能力建设”专题研讨会。武汉大学校长刘经南院士、中国科学院（武汉）测量与地球物理研究所许厚泽院士等专家，以及武汉市发展和改革委员会、武汉市科学技术局、湖北省测绘局等领导出席并参加了会议。会议就武汉市如何加强测绘基础研究和能力建设以及武汉市“十二五”基础测绘规划听取了各位院士、专家及相关领导的意见。还就面向老百姓的信息化服务、城市经济与测绘的关系、加强行业顶层设计、拓展基础测绘服务模式和提高创新能力、推进基准体系建设、创新地理信息共享应用新模式等方面进行了研讨。(张　勇)

【召开第一届武汉城市圈测绘信息化论坛会议】 为增强测绘在城市经济发展中的保障能力，更好地为武汉城市圈“两型社会”建设服务，武汉市规划局于 2008 年 7 月 25 日组织召开了第一届武汉城市圈测绘信息化论坛预备会议。10 月 23 日，武汉市规划局组织召开了第一届武汉城市圈测绘信息化论坛。湖北省测绘局领导及有关处室负责人，武汉市规划局领导刘锦智、局办公室、勘测信息处、法规监督检查处等处室负责人，武汉城市圈各城市测绘局负责人，武汉市各中心城区、开发区规划分局负责人，各远城区规划局负责人，市勘测设计研究院、市城市规划信息中心、市各测绘单位负责人等 100 余人参加了该次论坛。该论坛为加强测绘信息化建设，构建城市圈信息化测绘体系，加快测绘事业发展，促进武汉城市圈“两型社会”建设迈出了坚实的一步。

(张　勇)

【召开武汉市 2008 年测绘工作会议】 10 月 9 日，为贯彻落实《省人民政府关于进一步加强全省测绘工作的意见》和省测绘工作会议精神，有序开展全市测绘管理工作，进一步提高测绘管理水平，武汉市规划局组织召开了武汉市 2008 年测绘工作会议。湖北省测绘局局长张健仁、政策法规与测绘管理处负责人出席了会议，武汉市规划局领导张文彤、刘锦智，局办公室、勘测信息处、法规监督检查处、市城市规划协会、市勘测设计研究院及市城市规划信息中心等处室和单位主要负责人，各远城区规划局，东湖、武汉开发区规划分局，中心城区各分局分管领导，市属 40 余家测绘单位负责人和技术负责人参加了会议。（张　勇）

【监督检查涉密测绘成果】 11 月 13 日，由湖北省测绘局有关处室负责人和武汉市规划局勘测信息管理处有关人员组成联合检查组对武汉市燃气热力规划设计院、武汉市城市规划设计研究院进行了涉密测绘成果使用情况跟踪监督检查。12 月 30 日，武汉市规划局又组织对武汉市防洪勘测设计研究院进行了涉密测绘成果使用情况跟踪监督检查。通过该次监督检查，进一步提高了各单位的保密意识，促进了各单位对涉密测绘成果的保管工作。（张　勇）

【检查地图市场并召开国家版图意识宣传教育和地图监管研讨会】 11 月 14 日，武汉市规划局邀请湖北省测绘局，联合武汉市工商局、市新闻出版局和市勘测设计研究院对武汉市部分公共场所公开展示、销售的地图及地图产品进行检查，并举办了国家版图意识宣传教育和地图监管研讨会。在该次检查中，未发现漏绘、错绘、粗制滥造和“三无”等问题地图。研讨会上，省测绘局质量监督与地图管理处负责人传达了国家测绘局 9 月 18 日在新疆召开的国家版图意识宣传教育和地图监管联席会议的精神。武汉市规划局表示，将在省测绘局的指导下，同其他有关部门紧密协作，把地图市场监管检查纳入日常工作日程，进一步规范武汉市地图市场秩序。（张　勇）

【抽查测量标志保护情况】 11 月 26 日，武汉市规划局组织抽查了汉口、汉阳、东西湖等区域的 11 个国家等级测量标志。抽查发现，大部分测量标志维护情况良好，根据《中华人民共和国测量标志保护条例》要求，在测量标志旁设立了警示标牌，并与测量标志义务保管员签订了测量标志委托保管书。检查组还与义务保管员进行了沟通交流，在表示慰问的同时，也进一步增强了保管员的责任心与主动保护意识。（张　勇）

【开展测绘质量抽查】 12 月 1~3 日，武汉市规划局、湖北省测绘产品质量监督检验站组成联合检查组，对武汉市国土房产信息测绘中心（乙级资质）、汉阳区房产管理局测绘队（丙级资质）、东西湖区房产交易管理所（丁级资质）等 3 家市属房产测绘单位进行了测绘质量抽查。12 月中旬，组织了部分市级测绘专家对蔡甸区勘测设计研究院等 3 家测绘单位进行了质量抽查。该工作进一步提高了各测绘单位的质量意识和保密意识，促进了各单位对干部职工的教育和培训，增强了以优质的测绘产品为经济建设提供可靠测绘保障的意识。（张　勇）

【组织专题知识讲座】 12 月 5~9 日，为普及现代测绘基础知识，提高全市测绘水平，武汉市规划局组织了由武汉大学张祖勋院士、武汉市勘测设计研究院院长肖建华、武汉市城市规划信息中心主任李宗华授课的 3 场专题知识讲座。另外，组织有关专家对远城区测绘人员进行了专题培训。（张　勇）

【参加全国测绘行政执法培训】 12 月 5~9 日，武汉市规划局组织参加了国家测绘局在海南文昌测绘职工培训基地举办的 2008 全国测绘行政执法人员岗位培训。通过学习培训，使大家更深入理解了测绘行政执法工作的内涵以及加强测绘行政执法工作的重要意义，系统学习了依法行政的理论与我国现行行政执法制度，进一步增强了自身综合素质，为切实提高测绘行政执法水平，做好测绘行政执法工作，提供了强有力的保障。（张　勇）

【再度荣获湖北省勘察设计企业综合实力 10 强】 2008 年，武汉市勘测设计研究院以“机制改革优化年”、“内部管理深化年”和“信息化建设提高年”为主题开展全年工作，完成4222项勘测工程项目。其中，规划类测量752项；土地类测量1308项；市政管线检测和竣工测量167项；建筑红线定位526项；管线红线定位270项；GIS开发及数据处理提供33项；地图编制与图件销售812项；岩土工程勘察75项；地质灾害工程业务46项；岩土工程设计、施工、监测64项；其他类工程项目169项。2008年再度被湖北省人民政府授予“湖北省勘察设计企业综合实力10强”称号，这也是该院连续第三次获得此项殊荣。 （杜 斌）

【超额完成年度基础测绘任务】 2008年是“十一五”基础测绘规划实施的第三年，武汉市勘测设计研究院根据年度基础测绘计划，全面并超额完成了包括基础航空摄影、市域范围基础控制网施测、连续运行卫星定位服务系统建设、数字地形图测绘、数字正射影像图及数字高程模型、城市地下管线普查整测、基础地理信息系统建设、信息系统建设及课题研究与测绘立法调研在内的9个大项、29个子项工作任务，完成的工作量为年度工作计划的100%~148%。8月19日，武汉市基础测绘成果发布会暨地理信息数据共建共享签字仪式在武汉市规划局举行，武汉市规划局与市建设委员会、市环境保护局等部门签订了共建共享协议。 （杜 斌）

【武汉市地理信息公共服务平台建设项目】 武汉市地理信息公共服务平台以地理信息的生产、建库、集成管理、分发利用流程为主线进行系统建设，为武汉市地理信息集中、开放的公共平台和其他各种专题信息的定位基础与信息载体，是湖北省2006年建设科技研究示范工程、2007年武汉市信息化专项资金项目和建设部城市数字化工程示范项目，也是2008年武汉市科技成果推广应用计划项目。该项目经过近3年的建设，平台框架基本建成。2008年12月29日，武汉市科学技术局主持召开了武汉市地理信息公共服务平台建设项目技术成果鉴定会，由武汉大学校长刘经南院士等4位院士及省测绘局、市信息产业局组成的鉴定委员会对武汉市地理信息公共服务平台建设项目进行了鉴定。鉴定委员会认为：武汉市地理信息公共服务平台建设项目完成了预期目标，建立了武汉市地理信息公共服务平台，实现了地理信息一站式服务，整体上达到了国际先进水平。鉴定会结束后，市规划局立即召开成果发布会，武汉市各级政府及各委办局相关领导和负责人参加了发布会。 （杜 斌）

【武汉鄂州联建基准站投入使用】 2008年4月，武汉市勘测设计研究院与鄂州市国土局联合建设的武汉城市圈连续运行卫星定位服务系统鄂州基准站正式启用，该基准站的启用，使武汉卫星定位服务系统覆盖范围达到1.30万平方公里。 （杜 斌）

【《武汉市地理信息蓝皮书（2008）》出版】 12月29日，《武汉市地理信息蓝皮书（2008）》公开发布。这是继2007年《武汉市地理信息蓝皮书》问世以来的第二版，其信息内容由2007版的4大类11小类扩充到4大类15小类，信息覆盖范围由2007版的中心城区扩展至全市域。 （杜 斌）

【精密工程与工业测量国家测绘局重点实验室揭牌】 精密工程与工业测量国家测绘局重点实验室的前身是“精密工程测量与测量机器人国家测绘局重点实验室”，于2000年6月由国家测绘局批准组建，依托单位是武汉大学。2008年6月27日，国家测绘局组织专家对实验室进行论证，并将实验室更名为“精密工程与工业测量国家测绘局重点实验室”，其依托单位是武汉大学、湖北省测绘局和武汉市勘测设计研究院。11月28日，在武汉大学举行的精密工程与工业测量国家测绘局重点实验室揭牌暨第一届学术委员会上，湖北省副省长段轮一和国家测绘局副局长李维森颁发了“精密工程与工业测量国家测绘局重点实验室”牌匾。 （杜 斌）

【参加抗震救灾重建规划工作】“5·12”汶川特大地震发生后，住房和城乡建设部组建了“抗震救灾规划工作组”，武汉市勘测设计研究院副总工程师官善友、高级工程师孙卫林作为第一批援建专家入选，参与了抗震救灾重建规划工程地质工作。先后主持、参与编制了《四川省绵阳市北川新县城选址工程地质调查报告》、《四川省绵阳市灾后重建城镇体系规划地质适宜性评价报告》、《北川县灾后恢复重建总体规划地质适宜性评价报告》等8个专题报告，为北川新县城选址和灾后重建规划提供了地质和安全决策依据。专家的工作受到了北川县、绵阳市领导及有关部门的赞誉，官善友被评为“绵阳市抗震救灾先进个人”。

8月20日，绵阳市人民政府专门寄来感谢信，感谢该院对绵阳市城镇体系规划、北川新县城灾后重建规划等多项工作的支持与帮助。8月底，官善友作为住房和城乡建设部专家，再赴四川、甘肃两地参与灾后重建空间布局考察工作。武汉市勘测设计研究院被中国城市规划协会授予“抗震救灾先进集体”，官善友、孙卫林被评为“抗震救灾先进个人”。（杜　斌）

第五节　法制建设及执法监察

【制定、修改规划法律法规】2008年10月，武汉市规划局起草的《武汉市个人建设住宅管理规定》经武汉市人民政府第50次常务会议审议通过，并于2008年12月1日正式施行。《武汉市地下空间开发利用管理暂行规定》、《武汉市规划管理技术规定》和《武汉市城乡规划编制审批管理办法》被列入了2008年武汉市政府规章制定计划。《武汉市地下空间开发利用管理暂行规定》报市政府常务会审议后，按照常务会意见正在进行相关规划的编制工作；《武汉市城乡规划编制审批管理办法》和《武汉市规划管理技术规定》已上报武汉市人民政府法制办公室审查。对《武汉市控制和查处违法建设办法》、《武汉市轨道交通管理办法》、《武汉市地名管理办法》等武汉市人民政府法制办公室及有关部门转来的19件政府规章、规范性文件进行了认真研究，并对其中涉及规划管理部门的有关规定从规划管理的角度提出了合理的修改建议。（张　琳）

【深入推进行政执法责任制】2008年，武汉市规划局下发了《武汉市城市规划管理局关于下达2008年行政执法责任制考核目标的通知》，在2007年目标的基础上，结合工作实际，进一步细化执法责任制考核目标，对局机关各处室及分局确定了不同的行政执法责任制考核通用目标及专用目标，将行政执法责任制工作分解量化，为各部门和各单位依法行政、规范执法提供了检验标准，明确了执法目标。同时，强化执法责任，认真总结执法责任制相关工作，向湖北省建设厅报告了武汉市规划局2006~2008年执法责任制工作情况，并于2008年9月圆满通过了武汉市人民政府法制办公室的检查。（张　琳）

【《武汉市城市规划条例》实施情况自查】2008年，武汉市规划局根据武汉市人大常务委员会《关于对我市现行地方性法规开展评估的工作方案》的要求，对《武汉市城市规划条例》（以下简称《条例》）的实施情况开展了全面自查，总结了《条例》执行的基本情况、实施中存在的问题及原因，提出了修改完善《条例》的意见和建议，并按照市人大常委会办公厅的要求上报了《关于〈武汉市城市规划条例〉执行情况的报告》。

此外，还就执行《武汉市旅游条例》、《武汉市全民健身条例》、《武汉市城市绿化条例》、《武汉市人民防空条例》等其他地方性法规的情况向武汉市人大常务委员会进行了专项汇报。（张 琳）

【法规、规章和政策清理】 2008年，按照武汉市委办公厅《关于对全市重要法律法规等开展清理的通知》要求，武汉市规划局对自身制定和负责实施的法规、规章和政策规定进行了清理，对需要保留、废止或修改的，提出清理意见报武汉市委办公厅。此外，还按照武汉市人民政府法制办公室《关于清理有关促进中小企业和民营经济发展、扩大就业的地方性法规、规章和规范性文件的通知》和《关于开展“两型”社会建设的地方性法规、政府规章清理的通知》要求，就相关的法规、规章和规范性文件进行了清理。

（张 琳）

【行政复议与行政诉讼】 2008年，为创建全省建设系统行政复议工作示范单位，武汉市规划局成立了专项领导小组，制定了工作方案，加强了创建工作的组织领导和部署；强化能力建设和队伍建设，提高复议案件办理质量和水平。进一步畅通行政复议渠道，在“数字武汉—城乡规划网”上开设行政复议专栏，公布行政复议受理电话，公示行政复议流程示意图；完善制度建设，形成了《武汉市规划局行政复议办法》等行政复议办案制度体系；依法公正办理行政复议案件，切实履行行政职责，采取多种手段有效化解行政争议，受到当事人的好评。

全年收到行政复议申请21起，其中，受理10起；受理前，申请人撤回申请1件；收到申请不予受理1件；收到申请告知相关部门9件。受理的10起案件中，9起为不服行政处罚，1起为申请人请求履行法定职责，复议结果为：维持9起，责令予以答复1起。武汉市规划局作为被申请人的案件有4起，审理结果为维持3起，驳回1起，4起案件均与行政许可相关。

2008年，武汉市规划局行政复议工作得到湖北省人事厅和湖北省人民政府法制办公室的表彰，被评为“湖北省行政复议工作先进单位”，是武汉市除武汉市人民政府法制办公室外唯一被评为先进单位的政府职能部门，通过了湖北省建设厅“创建全省建设系统行政复议工作示范单位”的验收。

2008年，武汉市规划局共办理行政诉讼案件10起，其中，市局应诉案件7起，各分局应诉案件3起。涉及行政许可6起，请求依法履行职责、查处违法建设案件有3起，其他行政行为1起。审理结果为：原告撤诉4起，中止1起，驳回1起，在审4起。（张 琳）

【普法工作】 2008年，武汉市规划局根据住房和城乡建设部及湖北省建设厅的统一部署，结合局“五五”普法规划，有针对性的面向政府领导、行政执法人员、建设单位以及社会群众加大《城乡规划法》宣传教育力度，组织开展了系列《城乡规划法》宣传培训活动。

一是组织全市规划系统140多名干部职工参加了住房和城乡建设部在武汉举办的《城乡规划法》培训班学习。

二是全年面向基层领导干部和建设单位在规划展示中心共举办了3次城市规划知识系列讲座，向全市各大设计机构、开发建设单位宣传讲解新的《城乡规划法》、武汉市总体规划和规划行政审批流程。武汉各大设计机构、开发单位、各区（含远城区）规划分局、部分会员单位的管理高层、技术骨干约600人参加了讲座。4月15日，在创意宾馆举办了1期全市街、乡、镇、农场负责人《城乡规划法》培训班。洪山区、东湖新技术开发区、武汉经济技术开发区及各远城区街、乡、镇、场共88位负责人参加了培训，强化了基层领导干部和建设单位城乡规划意识。

三是组织局机关干部和局属事业单位1200多人参加了全市干部法律知识考试，通过以考促学的方式，加强了《物权法》、《人民防空法》、《道路交通安全法》、《信访条例》等基本法律、法规的学习，有效促进了规划系统行政执法人员依法行政水平及能力的提高。

四是为提高和加深全市规划系统执法人员对《武汉市控制和查处违法建设办法》的认识和理解，9月4~6日，武汉市规划局在武汉职工疗养院举行了全市规划系统执法人员法规知识培训。武汉市规划局法规监督检查处、武汉市城市规划执法监察支队中心城区各分局、远城区局和武汉市勘测设计研究院约170人参加了培训。

（钟　春、赵德亮）

【建立和完善批后管理制度】 根据武汉市控违查违工作的新要求和新情况，武汉市规划局进一步加强了对建设项目的批后监督管理，制定出台了《武汉市城市规划执法监察建设工程批后管理实施细则（试行）》，构建并强化了市、区执法监察管理网络，进一步明确了市局及分局执法部门与审批处（科）室之间的项目批后管理衔接程序，以及执法部门对建设工程的监管程序，强化了执法部门的监管手段。加强了对放线、验线、正负零以上底层及标准层建设、结构封顶、规划验收等各个节点的控管，强调了批后监管责任人的监管责任，力求全方位、有效地遏制违法建设行为的发生。（吴　冬）

【规范行政处罚自由裁量权】 为规范行政处罚行为，武汉市规划局制订了《武汉市规划局深化规范行政处罚自由裁量权工作方案》，确定了梳理行政处罚依据、制定行政处罚自由裁量权细化标准、建立健全配套程序和制度规范等5项工作任务。组织对涉及规划、测绘行政处罚权的15件法律、法规进行了清理，制订了《关于规范行政处罚自由裁量权的若干规定（试行）》，明确了实施“三步式”执法程序违法行为的范围，规定了行政处罚从重、从轻、减轻或者不予处罚的情形和处罚幅度。（吴　冬）

【加强批后查违管理】 2008年，武汉市规划局紧紧围绕武汉市委、市政府关于控制和查处违法建设的工作部署和要求，以贯彻落实《城乡规划法》、《武汉市城市规划条例》和《武汉市控制和查处违法建设办法》为核心，大力推进批后违法建设的巡查和控管查处工作。全年共对全市范围内689个批后建设工程实施跟踪检查，共发现违法建设项目59起，查处违法建设项目57起，规划批后违法建设的发现率达100%，批后违法建设的查处率达97%。（吴　冬）

【开展批后管理大清查工作】 为全面掌握武汉市建设工程批后管理工作情况，及时查找工作中的薄弱环节，武汉市规划局于2008年5月启动了建设工程批后管理大清查工作，集中对自2007年1月以来取得“一书一证”直至竣工验收阶段的304个建设项目（不含市政管网工程）进行了一次全面清查，清查出未严格按审批建设的项目9个，提前开工的项目14个，提前开工和批后违建项目均呈大幅下降趋势。

（吴　冬）

【对部分重点地区违法建设进行专项清查】 2008年，武汉市规划局按照湖北省、武汉市领导指示精神，以武汉市城市规划执法监察支队为主，组织执法力量对部分重点路段违建情况进行了专项清查：6月中旬，集中对东湖南望山公路沿线（舟桥旅—东湖东路）各类建（构）筑物建设情况进行了全面清查，共清查出未经规划审批的各类建（构）筑物108栋，总建筑面积1.06万平方米；7月中下旬，对湖北省高级人民法院周边各类建（构）筑物建设情况进行了全面清查，共清理出各类建（构）筑物72栋，总建筑面积6.42万平方米。

清查工作采取上门调查、分片包干的方式勘测摸底，对当地生产、生活、经营、办公、养殖、空置等各类建（构）筑物进行详细统计，查清建筑物形成的时间、户主身份、是否办理相关手续，逐户实地勘测并拍照，核查占地及建筑面积，详细情况均列表上图，形成了当地违法建筑的完整资料，并将情况形成专题报告上报市政府。同时，积极配合相关部门开展了对上述重点

地区的查违拆违工作。（吴　冬）

【进一步推动停建工程复工工作】 2008年，在武汉市人民政府领导下，武汉市规划局充分发挥武汉市处理停建工程的政策和机制优势，进一步推动停建项目启动复工工作。截至2008年底，经市政府同意受理的140个停建项目已复工116项，占停建工程总量的83%。停建项目的复工，化解了社会矛盾，清偿了部分银行债务，激活了沉淀资金，盘活了存量土地，使武汉市的城市形象也得到了明显改善。（丰　巍）

【加强对市政工程的批后监管】 2008年11月，武汉市规划局组织召开了全市市政工程批后管理工作会议，将市政建设工程首次纳入了批后管理工作。武汉市城市规划执法监察支队以深入贯彻实施《武汉市控制和查处违法建设办法》为契机，全面启动了市政工程批后监管。规定市政项目在规划审批阶段，要依法到规划管理部门申请办理《建设工程规划许可证》。在批后管理阶段，规划执法部门按程序对所有市政工程项目进行施工前定位放线、灰线检测、验线、竣工验收，对验收合格的发放《建设工程规划验收合格证》；对未取得竣工验收合格证的市政建设工程，责令不得投入使用，并要接受规划执法部门的处罚。经市规划局加强宣传和严格执法，主动申请办理规划验收的市政工程项目明显增多。

（吴　冬）

第六节　信息化与档案管理

【规划管理协同办公平台建设】 2008年，武汉市城市规划信息中心在整合原有业务审批系统、电子政务信息交换平台、档案管理信息系统、地理空间信息平台等规划信息化成果的基础上，研制开发了集业务审批、公文处理与督办、信访管理、档案管理、信息发布和机关综合事务管理于一体的武汉市规划管理协同办公平台，实现了市局机关各处室、各分局、各远城区局、开发区分局及局属相关事业单位的电子化协同办公。平台于2009年1月4日正式上线运行，大大提高了工作效率和服务质量。（黄　河）

【三维数字地图系统建设】 2008年，武汉市规划局全面推进武汉市三维数字地图系统建设，形成了一套科学、实用和系统的工作思路和技术线路，率先建立了全国特大城市级的城市三维现状模型并在规划管理中广泛使用。其中，建成了武汉市域8549平方公里的三维框架模型和重要基础设施模型，更新了“第一张图”管理平台数据，建成了主城区210平方公里现状三维精细模型，开发完善了武汉市三维数字地图集成管理与发布平台和规划审批三维决策支持系统功能，集成了规划成果数据和部分三维模型数据，成功地辅助了30余项重大规划项目的策划和审批，开展了地下空间三维模型的试点片建设。（江丕文）

【《城市三维建模技术规范》编撰】 5月4日，住房和城乡建设部标准司正式批复武汉市规划局申报的国家城镇建设行业技术标准《城市三维建模技术规范》的标准制定立项。市规划局成立了以张文彤局长为主任的规范编制委员会和起草工作专班。9月，完成了规范大纲；10月，基本完成了初稿；11月，进行了第二次集中起草，对初稿进行修改完善；12月25日，武汉市规划局城市三维建模技术规范编委会对初稿进行了审查并认可。负责该项工作的武汉市规划局副局长盛洪涛向住房和城乡建设部标准司进行了汇报，并得到了肯定。（王　劼、江丕文）

【信息资源整合管理】 2008年，武汉市规划局开展了全局信息资源清理，组织了专题调查研究，初步建立了武汉市城乡规划信息资源目录体系。对电子政务系统进行了升级改造，开展了系统间的功能整合和信息整合，集业务审批、公文督办、公文处理、信访管理、档案管理及综合事务管理于一体，实现了信息数据在统一界面体系下集成和综合应用；将分散的信息资源整合到一个集中统一的资源管理中心中，并按照基础信息、规划编制、审批信息、政务图层等类别进行梳理和规整，已集成了130多层各类数据，供全局系统共享使用。（姚春晖）

【数字武汉地理空间信息平台升级改造】 2008年，武汉市规划局按照《市委办公厅、市政府办公厅关于加快推进电子政务建设的通知》要求，继续深化数字武汉建设的研究，开展了数字武汉空间数据基础设施二期工程建设，对数字武汉地理空间信息平台进行了升级，建立了具有普遍共享性的政务地理信息图层，包括政府机关、教育机构、医疗机构、城市管理、交通管理、金融机构、公共基础设施、交通设施、娱乐休闲设施、自然名胜古迹等100多层政务图层数据，并研制开发了政务地理信息共享平台软件系统，于11月在武汉市政务专网上向各委办局提供浏览查询服务，通过该门户向市领导提供决策支持服务。（彭明军）

【数字武汉地理空间信息平台支撑数字化城市管理】 武汉市数字化城市管理系统在武汉市规划局地理空间信息共享平台的基础上进行软件开发，缩短了系统开发周期，在市规划局数据中心实现对7个中心城区807平方公里范围内的88个街道、939个社区、8430个网格，206万个部件的集中统一管理，通过在线服务模式向市、区两级平台提供地理信息服务。住房和城乡建设部在验收武汉市数字化城市管理工作时，把信息中心提供的地理空间信息平台服务作为重要创新点给予了高度评价，认为武汉市在全国首次实现了基于一个集中统一的平台，由职能部门管理维护空间数据，对全市7个中心城区、乃至各委办局统一提供地理空间信息在线网络服务模式。（彭明军）

【承办全国首届三维数字城市建设论坛】 5月17~18日，武汉市城市规划信息中心联合测绘遥感信息工程国家重点实验室、数字城市联合实验室承办了全国首届三维数字城市建设论坛暨第三届国际虚拟地理环境学术研讨会。会议先后举行了16场学术报告，李德仁、林珲等院士作了专题报告。大会介绍了武汉市三维数字地图建设取得的重要成果及成功经验。与会专家学者围绕虚拟地理环境理论与方法等13个专题，共同探讨了该领域的前沿理念、成功经验和先进技术。会议期间，与会代表观摩了武汉市三维数字地图建设成果演示，还就三维城市建模的实践与虚拟地理环境学术发展问题进行了座谈。（黄　玮）

【与武汉大学共建数字城市联合实验室】 2008年5月，武汉市规划局和武汉大学共同组建了数字城市联合实验室，其宗旨是本着优势互补、共同发展的原则，集中双方科研和人才资源，充分利用武汉大学在地球空间信息学领域的综合学科优势和测绘遥感信息工程国家重点实验室等教学科研基地长期的知识积累优势，发挥武汉市规划局在城市规划和建设中的应用经验和创新能力，提高科技水平、深化成果应用，走“产学研”科学发展道路，共同进行数字城市关键技术攻关，联合培养高级专业人才，并积极参与数字城市建设实践。在5月17~18日召开的全国首届三维数字城市建设论坛暨第三届国际虚拟地理环境学术研讨会上，武汉市副市长尹维真，武汉大学校长、中国工程院院士刘经南教授，中国科学院院士、中国工程院院士李德仁教授和武汉市规划局局长张文彤共同为“数字城市联合实验室”揭牌。（彭明军）

【“数字武汉—城乡规划网”开通】 2008年，武汉市规划局对原有网站进行了升级改造，历经

7个月时间，建立了“数字武汉—城乡规划网”，新网站于2008年1月1日上线运行，7月29日，武汉市副市长尹维真等领导亲自开通网站。网站以“两室两厅一窗一园”（规划展示室、网上会客室、申报大厅、公示大厅、世界之窗、美好家园）为主线，“两室两厅”主要体现规划管理与服务特色，“一窗”主要表达城乡规划面向世界、走向世界的理念，“一园”主要展现城乡规划的过去、现在和未来。“数字武汉—城乡规划网”是全面展示城乡规划工作的权威窗口，网站内容丰富，覆盖面广，是全面反映武汉市城乡规划编制、规划管理和勘察测绘管理等工作的唯一官方网站和贯彻落实《城乡规划法》要求的全新公众服务平台。“数字武汉—城乡规划网”的正式开通，是武汉市规划信息化建设的又一重大成果，将积极推动城乡规划各项工作。（姚春晖）

【政务公开与规划公示】 2008年，武汉市规划局利用“数字武汉—城乡规划网”网站共发布各类信息10558条，其中相关行业信息2652条，审批进度查询1909项，批后公示4379项，红线图316幅，回复局长信箱来信254封，批前公示368项（收到反馈意见509条），美好家园图片560幅，世界之窗摄影作品120幅。网站年度访问量达到134万人次，比2007年增长50%，总访问量464万人次，总浏览量1738万次。市规划局还加强了城乡规划批前公示工作，组织公布规划草案、总平面规划、规划设计条件（调整件）、《建设项目选址意见书》、《建设用地规划许可证》等批前公示368项，并通过现场公示、网站公示、固定场所公示等多种公示方式，广泛征求群众意见，切实保障公民知情权。通过书信、电话、网站收集各类意见509条。批前公示工作对提高建设项目审批透明度，加强城市规划的管理起到了积极作用。（姚春晖、周　松）

【行政效能电子监察】 2008年，武汉市城市规划信息中心加强了行政效能电子监察协同建设工作，完善了系统功能，扩大了行政效能电子监察的范围，将规划验收项目和分局核发建设工程规划许可证纳入电子监察的范围，在全市率先推出了短信督办机制，及时编发12期《电子政务信息与效能监察专报》，通报行政效能情况。全年市规划局办理的行政许可和审批事项，无一项超时。（黄　河）

【规划管理“报建通”系统建设】 2008年，为规范统一城乡规划管理业务的电子报批标准，实现各类文本和图档等资料从受理、预审、审批到发证各环节的电子化管理，加强电子报批数据的量化分析处理，建立统一的图形规范标准和指标审核体系，武汉市城市规划信息中心完成了武汉市规划管理“报建通”系统建设。研制开发了“报建通”系统及与数据接口，制定完善了电子报批相关技术规定，并从建筑规划管理工作入手，开展应用试点。规划管理“报建通”系统的建设与应用，提升了武汉市规划局公众服务能力和行政审批水平。（黄　河）

【城乡规划数字档案馆建设】 2008年，武汉市城市规划信息中心共完成市规划局机关档案扫描数字化82万页，馆藏档案扫描数字化率达到80%，为城乡规划数字档案馆的建设奠定了坚实的基础。此外，在东湖分局开展了市局、分局一体化的数字档案馆工程建设试点，数字档案馆软件系统逐步完善。（张　萍）

【市局机关档案管理通过省特级复查评审】 根据市规划局业务主管部门要求，对照《湖北省机关档案工作目标管理考评标准》，武汉市城市规划信息中心起草了市规划局机关档案工作目标管理省特级复查评审情况汇报及自查报告；完成了材料汇编，续编了大事记、全宗介绍、组织沿革等资料；制定了《武汉市规划局电子文件归档与管理暂行规定》、《市规划局档案扫描数字化技术要求》、《武汉市规划局未完结项目文件材料归档暂行规定》等系列制度和规范性文件。2008年4月顺利通过了湖北省档案局、湖北省建设厅、武汉市档案局对市规划局机关档案工作目标管理省特级的复查评审。（张　萍）

【档案管理与服务】 2008年，武汉市城市规划信息中心完成了业务、文书、财务、声像、实物等9类1651卷（份）档案的整理接收组卷、编号及相关信息录入工作。对2001~2007年“一书一证”共3490宗项目文件材料进行了整理，对历年371项未完结档案进行了建库。采集局系统相片资料93次5411张，网上发布图片新闻42次291张；采集声像资料117条，总长1247分48秒，网上发布视频新闻19条，上传规划业务专业授课视频14次共589分钟。全年共接待查询1867人次，调阅案卷11162卷次。其中，为市规划局系统提供查询641人次，调阅9771卷次（含为各专项工作提供档案服务，共提供档案查阅84人次8069卷次）；为社会公众提供查询1226人次，调阅1391卷次（含为个人购房提供查询26人次，调阅28卷次）。（张　萍）

【规划信息化制度建设】 2008年，武汉市规划局加强了全局信息化工作的规范与指导，完善了一批规范性文件和规章制度。其中，修定了《武汉市规划局信息化建设管理规定》、《武汉市规划局计算机网络管理规定》、《武汉市规划局计算机安全管理规定》、《武汉市规划局局机关计算机及配套设备管理规定》等信息化建设规范性文件；开展了全局信息资源清理，初步建立了武汉市城乡规划信息资源目录体系；草拟了《武汉市城乡规划信息汇交与共享使用管理暂行规定》；进一步完善了政府信息公开制度，印发了《武汉市规划局网站管理规定》、《城乡规划公示制度》、《城乡规划听取公众意见制度》，修定了《武汉市城市规划管理局政府信息公开管理规定》、《武汉市城市规划管理局政府信息公开指南》、《武汉市城市规划管理局政府信息公开目录》、《武汉市城市规划管理局网站局长信箱回复制度》、《武汉市城市规划管理局政府信息依申请公开处理规定》等。

（姚春晖、朱继鸣）

【VRGIS在城市规划中的应用研究】 为了解决虚拟现实技术在城市规划编制、项目审批中的应用问题，武汉市城市规划信息中心开展了“VRGIS在城市规划中的应用研究”。该项目的主要任务是研究城市现状三维建模的方法和技术流程，结合武汉市规划管理需要，研究城市现状和规划设计方案三维空间数据的集成管理方法，开发规划审批三维决策支持系统。经过多年研究探索，项目提出了VRGIS在城市规划设计与管理中的应用解决方案，以及建设工程规划的三维空间评估方法；采用先进的GIS和VR技术开发了规划审批三维决策支持系统，提供了多屏多方案比较、交互式方案调整、日照分析、视线分析等功能；针对城市规划管理的需要，提出了国内第一个实用的城市三维模型建设规程和实施细则。2008年，该项目通过了武汉市科技局组织的技术鉴定，鉴定意见认为：项目成果丰富，软件系统设计合理，技术先进、应用效果好、可推广性强，项目技术成果总体上达到了国际先进水平。（江丕文）

【利用卫星遥感技术进行土地利用变化研究】 2008年，武汉市城市规划信息中心开展了“利用卫星遥感技术进行土地利用变化研究”，该项目主要借助卫星遥感技术、GIS技术，以TM、ETM+、Spot、Quickbird等不同时相、不同分辨率、多源遥感影像为基础，构建了多尺度影像构架，对利用遥感影像进行变化信息提取的技术方法进行了研究，制订了土地利用变化信息提取的技术方法与流程。针对武汉市卫星遥感影像的纹理特点，建立了一套多波段遥感指数融合技术与面向对象技术相结合的土地利用变化信息提取规则，提高了工作效率和识别的准确性。提出的武汉市多时相、多分辨率、多源遥感影像用于土地利用变化分析的工艺流程和方法，保证了不同层次分析结果的全面性、准确性。基于武汉市1986~2007年的多源遥感影像，借助于RS和GIS

技术，多层次、多角度分析了近20年来武汉市土地利用变化情况，研究了城市发展和土地利用变化之间的关系，提炼出了武汉市的城市土地利用变化特征。项目研究成果在城市规划、国土资源管理、森林资源管理、城市建设等领域得到广泛应用，减轻了工作量、节约了工作成本、提高了工作效率，具有很好的推广应用前景。

（周海燕）

【远城区、开发区信息化和电子政务建设】 2008年，武汉市城市规划信息中心按照市规划局的要求加强了与开发区、远城区规划管理部门的联系，支持、指导和推进其信息化和电子政务建设，以黄陂区、武汉经济技术开发区为试点，开展了远城区、开发区地理信息平台应用和协同办公系统建设。一是在完成计算机网络改造，开展办公自动化系统、数字开发区地理空间信息平台等系统建设和数据建库的基础上，指派专人驻武汉开发区分局，协助开展了系统维护和日常数据更新工作；二是印发了《黄陂区国土规划管理局信息化及电子政务建设工作方案》，推进了区局版业务办公自动化系统、数字黄陂地理空间信息平台等系统开发，对该局信息中心2名技术骨干及相关人员进行了系统操作培训，成立5人工作组派驻区局开展数据集成建库工作，帮助推行电子政务信息交换平台和公文督办系统。武汉开发区分局和黄陂区局均已实现规划管理日常业务审批的计算机管理，以及地理空间数据的集成管理。

（欧阳汉峰）

第七节　机构改革及队伍建设

【事业单位机构改革】 2008年初，根据《武汉市机构编制委员会关于同意调整划分市城市规划管理局所属事业单位机构编制的批复》（武编[2008] 4号）文件精神，按照分管市领导和市机构编制委员会办公室（以下简称市编办）批准的《事业单位人员划转总体方案》，武汉市规划局迅速推进局属事业单位机构改革工作，较快确定了事业单位的划转人员，局属10家事业单位的164名在编干部职工于4月29日顺利划转。7月29日，武汉市城市规划执法监察支队、武汉市城市规划信息中心和武汉市城市规划管理局机关后勤服务中心等局属事业单位正式对外挂牌，标志着局属事业单位机构改革工作顺利完成。（曾晓明）

【武汉市城市规划管理局更名】 2008年，按照武汉市委主要领导关于要尽快启动更名工作的指示要求，武汉市城市规划管理局迅速组织调研，在充分借鉴外地同类城市经验的基础上，向市编办上报了名称更名的正式申请。8月，根据《武汉市机构编制委员会关于同意市城市规划管理局更名的批复》（武编[2008] 32号）武汉市城市规划管理局正式更名为武汉市规划局。该次更名是适应《城乡规划法》实施的需要，能更好地体现城乡规划与国民经济和社会发展规划、土地利用总体规划、主体功能区规划的衔接；有利于进一步突出规划工作综合协调、服务保障的特点和理念；有利于改变过去规划工作侧重于关注“城市”或“建设用地”的思维，突破传统意义上“城市”所定义的空间范畴，进一步加强对远城区、开发区、生态绿楔的规划管理，用区域统筹的新视野，城乡一体的新思路，禁、限、适建区协调发展的新方法，服务区域经济、社会、环境可持续发展。

（曾晓明、刘　俊）

【加强领导班子建设】 2008年，武汉市规划局按照创建“学习风气好、团结协作好、作风形象好、勤政廉政好、工作业绩好”的“五好”领导班子活动要求，积极探索开展经常性思想工作的新办法、新举措，运用集体谈心、个别沟通等方式，及时、准确的掌握干部思想、学习、工作和生活动态情况，加强领导干部作风状况的考察考核。结合局属单位领导班子2007年度考核的情况，对班子现状进行了深入分析，有针对性地提出了班子改进意见，促进了领导班子思想作风建设的进一步加强。（曾晓明）

【干部选拨与调配】 2008年，武汉市规划局深入贯彻“满足工作需要、优化班子结构、促进干部成长”的工作思路，严格执行《党政领导干部选拔任用工作条例》，不断提高干部选拔任用工作水平，努力实现干部工作的规范化和科学化。选配了青山分局、武汉市城市综合交通规划设计研究院、武汉市城市规划执法监察支队、武汉市规划局规划编制管理处、勘测信息管理处等11家单位和机关处室的主要负责人。为支持远城区规划管理工作，按照进一步加强全市规划干部队伍建设的思路，从局系统选拔1名正处级领导干部到蔡甸区城市规划管理局负责工作。

2008年，共选拔正处级领导干部5名、副处级领导干部3名、副调研员3名，平职调整正处级领导干部4名、副处级领导干部4名，局系统干部队伍建设得到进一步加强。（曾晓明）

【加强组工干部队伍建设】 2008年5月，按照武汉市委组织部的统一部署，武汉市规划局在全局范围内组织开展组工干部“讲党性、重品行、作表率，提升满意度、公信度、认可度”活动。围绕提升组织工作服务满意度、选人用人公信度、组织人事干部形象认可度，创新制度，改进作风，加强组织部门自身建设，使组织工作更好地为创建全国一流规划局服务，为党员、干部和各类人才服务，为人民群众服务。（曾晓明）

【开展事业单位清理】 2008年，按照市编办的统一要求，武汉市规划局结合事业单位机构改革工作进程，组织各事业单位对自身基本情况进行认真清理。从机构编制、历史沿革、主要职责、资产评估、经济效益等方面收集和整理资料。同时，组织各单位对业务范围、发展方向等情况进行分析研究，为局系统事业单位的未来发展进一步明确了具体工作思路和努力方向。（曾晓明）

【引进高素质人才】 2008年，武汉市规划局面对社会公开招聘城市规划、交通规划、勘测信息等专业的本科以上学历人员26人，对外公开招录4名公务员。（曾晓明）

【新录用公务员任前培训】 2008年12月，武汉市规划局组织新录用的4名公务员进行了为期1周的公务员任前培训。邀请相关处室介绍全市规划编制、规划审批、勘察测绘等业务工作基本情况、业务条文以及党风廉政建设相关规定；组织新录用公务员参观武汉市城市规划成果和部分重点建设项目，帮助加深对武汉市的重要规划内容和重点建设项目的了解和认识，为其适应今后的工作奠定基础。（曾晓明）

【专业技术人才队伍建设】 2008年，武汉市规划局根据“进一步增加专家总数，努力提升高层次专家人数，努力改善专家队伍结构”的总体思路，积极开展各类专家选拔工作，1人获评“享受国务院政府特殊津贴专家”称号。同时，1人被评为“优秀留学回国人员”，1人被授予“国家引进国外智力贡献奖”称号。积极开展职称评审工作，及时调整职称评审委员会，召开局系统年度职称评审会，向上级职评会推荐17名中级职称和21名高级职称申报人员。

（曾晓明）

【“双拥”工作】 2008年，武汉市规划局按照武汉市委、市政府关于巩固和发展军政军民团结的要求，坚持把拥军优属工作作为一项重要政治工作来抓，定期深入部队走访调研。在涉及驻军部队建设发展的相关审批工作上，组织相关分局局长召开现场办公会，各处室专门设立“绿色通道”，坚持“特事特办”原则，主动协助解决工作中的各种矛盾和困难，为巩固和发展军政军民团结营造了良好的政治氛围，“双拥”工作受到了市委、市政府领导和驻军部队的一致肯定和好评。2008 年底，武汉市规划局被市委、市政府评为“拥军优属先进单位”。（曾晓明）

【民族团结工作】 2008 年，武汉市规划局继续加大对少数民族地区的经济对口支援力度，结合西藏自治区乃东县城市发展需要，武汉市城市规划设计研究院、武汉市城市规划咨询服务中心帮助其编制了《乃东县总体规划》、《乃东县控制性详细规划》，武汉市城市规划信息中心为乃东县搭建起政务工作网站。同时，该信息中心还为新疆自治区独山子市对口援建了政府政务网站，为这些地区的经济建设和发展作出了贡献。2008 年底，武汉市规划局被市委、市政府评为“民族团结先进集体”。（曾晓明）

【国家安全工作】 2008 年，在武汉市国家安全工作领导小组的指导下，武汉市规划局以保证国家安全为重点，加大测绘管理保密力度，对可能出现国家安全问题的测绘单位进行了清理和审核，对基础地理信息系统等重要数据库的建设采取各种技术措施，强调保护和防范。进一步加强对出国人员的国家安全教育，作好出国（境）人员的出国教育和回访工作。全年局系统出国（境）人数为 30 多人次，全部安全返回。（曾晓明）

【规范组织人事制度管理】 2008 年，武汉市规划局根据《劳动合同法》颁布实施的要求，进一步加强对事业单位和分局聘用人员的管理，积极宣传法律规定，要求各单位在保障工作需要的同时，注意做好深入细致的思想政治工作和稳定工作，进一步规范劳动用工方式。同时，为进一步促进组织人事管理的规范化，结合实际，草拟了《新提拔干部挂职从事信访工作制度》、《借用人员管理规定》、《干部试用期制度》、《干部离任审计制度》、《干部监督联席会议制度》等一批干部工作管理规范，其中《新提拔干部挂职从事信访工作制度》已正式颁布实施。（曾晓明）

【加大干部培训力度】 2008 年，武汉市规划局以局继续教育基地为依托，认真制定《2008 年继续教育培训安排计划表》，对机关各处室培训学习的内容、范围、时间和负责人进行了详细安排。全年共组织学术讲座 11 期、各种培训班 16 期，参加培训人数 923 人。先后举办了局系统新录用公务员培训、安全生产工作、会计从业资格培训班，重点进行了规划管理业务、绩效管理与公文处理等培训。7 名市管副局级以上干部顺利完成市管干部菜单式选学培训。

（曾晓明、曾召笃）

第八节 党风廉政建设

【落实党风廉政责任制】 2008 年初，全市反腐倡廉工作会议召开后，武汉市规划局及时召开反腐倡廉工作会议，印发了《市规划局 2008 年反腐倡廉工作报告》，对反腐倡廉工作进行了部署，对全年的党风廉政建设责任目标进行了分解，年终组织了党风廉政建设的检查。（邹　涛）

【开展反腐倡廉教育】 2008 年，武汉市规划局组织开展了以“情系民生、勤政廉政”为主题的党风廉政教育活动，内容包括“五个一”（即收看一场廉政电教片，编印一本廉政手册，观看一部廉政电影，上一堂廉政党课，组织一次参观中共“五大”会址）。（邹　涛）

【参加“行风连线”活动】 武汉市规划局以“行风连线”为平台，坚持“纠建并举”，狠抓政风行风日常建设，成效明显。制发了《“行风连线”上线工作实施方案》，进一步明确了责任分工，参与了两期电台版《行风连线》节目，共回复了15件群众诉求，实现了规划管理工作与群众的互动，扩大了群众参与度，并以此作为行风建设的一个窗口和平台接受群众评议与监督，取得了较好的社会效益。（邹　涛）

【行政效能电子监察工作】 2008年，武汉市规划局将《城乡规划法》实施后审批程序的调整与电子监察系统及时对接，建立了月通报、年考核制度，做到了每月在局内通报一次，年底将每月情况综合后作为重要指标纳入各单位、各部门的评先和绩效考核。在实现行政审批项目短信预警提示系统的基础上，又开发了短信办结告知的系统，进一步完善了对建设单位的服务措施，受到了好评。（邹　涛）

【信访投诉和案件查处工作】 2008年，武汉市规划局受理并办结武汉市纪委、市行政投诉中心转来的信访件9件、行政投诉件4件，协助市纪委办理市委主要领导批示件1件，均按时按要求办理完毕。在认真抓好信访件调查核实的同时，市局纪检组、监察室还积极配合省、市、区纪委及检察机关进行有关案件的调查取证20余次。（邹　涛）

【源头治腐工作】 武汉市规划局坚持反腐败工作“必须标本兼治，逐步加大治本力度”的方针，强化措施，切实加大了从源头上预防和治理腐败的力度。一是认真开展行政审批事项清理，按照武汉市监察局的要求，对行政审批事项和社会公共服务事项进行再清理，按要求报送了行政审批事项清理成果；二是进一步规范财务管理，严格执行《关于规范统一市直机关工作人员津补贴管理的纪律规定》，杜绝滥发钱物，认真落实了《武汉市关于规范公款接待用餐的有关规定》，市局机关坚持做到每季度在局内网上公示公款接待情况，各分局也实行了公示制度；三是严格执行中央纪委和湖北省、武汉市纪委关于领导干部因公出国（境）的有关规定，杜绝了领导干部借出国（境）学习、考察之名而行出国（境）旅游之实的问题；四是大力推进政务公开工作，积极落实城乡规划公示制度和城乡规划听取公众意见制度，加大网站政务信息公布力度，在“数字武汉—城乡规划网”网站发布各类信息2884条，各类审批项目信息2522项。（邹　涛）

【加强监督工作】 武汉市规划局进一步加强了党内监督工作，2008年，对11名领导干部进行了任前廉政谈话，66名领导干部进行了述职述廉。在2008年体制改革期间，制定印发了《关于强化纪律确保局属事业单位体制改革顺利进行的通知》，多次深入局属单位了解和掌握工作人员的思想动态、劳动纪律执行及国有资产监管等方面的情况，维护局属事业单位正常工作秩序，确保“思想不散、秩序不乱、工作不断”。（邹　涛）

【开展文明执法教育活动】 2008年，根据武汉市委、市政府和湖北省建设厅的统一部署，武汉市规划局开展了文明执法教育活动。该局紧紧围绕服务于加快城市经济和社会发展，全面建设和谐社会的大局，以提高广大行政执法人员的素质和单位文明执法程度为主线，抓住“效能”这个关键，突出“整改”这个重点，走访建设单位，听取建设单位和社会的意见、建议，对存在的问题进行整改，把文明执法教育活动与充分履行职能相结合，扎实开展工作。通过开展文明执法教育活动，全局执法人员在“端正执法理念、改进执法作风、规范执法行为”等方面发生了比较明显的改变，取得了良好成效。（邹　涛）

第九节　协　会　工　作

【举办学术讲座】 2008 年，武汉市城市规划协会与武汉市规划局联合举办了 7 次学术讲座。分别如下：

1 月 8 日，邀请纽约城市学院建筑系教授 Michael Sorkin 先生就城市规划中的可持续性发展问题作学术讲座。

5 月 23 日，邀请华中农业大学包满珠教授就城市园林、生态问题作学术讲座。

6 月 17 日，邀请荷兰 Alterra 公司亚洲区总裁波特·海姆先生和荷兰阿纳姆市规划局高级规划师弗伟先生就城市农业生态园建设、控制城市发展规模等问题作学术讲座。

9 月 4 日，邀请东南大学建筑学院副院长、博士生导师董卫教授讲授历史环境中的城市设计方法问题。

10 月 16 日，邀请哈尔滨工业大学深圳研究生院常务副院长金广君教授以《城市设计——从理想到现实的行为过程》为题作学术讲座。

11 月 14 日，邀请同济大学马武定教授以《后现代城市与城市文化》为题作学术讲座。

11 月 27 日，邀请美国洛杉矶市规划局资深规划师黄铁屿博士作题为《洛杉矶市中心城区的复兴》的学术讲座。（丁雅珊）

【参加全国《城乡规划法》座谈会】 2008 年 1 月 19~20 日，武汉市规划局副巡视员袁海军、法规处副处长杨丹、市规划协会秘书长饶淑华等人应邀参加了中国城市规划协会在深圳召开的贯彻实施《城乡规划法》座谈会，全国部分省市建设厅、规划局领导、法规处处长参加了该会议。

（丁雅珊）

【召开协会工作会议】 2 月 20 日，武汉市城市规划协会 2008 年工作会议召开。会议总结了协会 2007 年工作，研究部署了 2008 年协会工作计划。会议强调：要以科学发展观为指导，认真贯彻落实国务院办公厅《关于加快推进行业协会商会改革和发展的若干意见》精神，全面创建全国一流规划局的工作目标，进一步履行协会职责、健全机制、创新工作、发挥优势、强化服务，为全市规划行业的进步与发展作出新的贡献。

（丁雅珊）

【举办《城市规划系列讲座》】 2008 年 3~5 月，武汉市城市规划协会共举办了《城市规划系列讲座》三讲，具体内容如下：

3 月 12 日，武汉市城市规划设计研究院规划二所所长程明华介绍了“王家墩地区规划”。武汉市城市规划协会部分会员单位及规划展示中心工作人员 40 余人参加了讲座。

5 月 8 日，邀请武汉市城市规划设计研究院市政所所长刘东兴介绍了《武汉市轨道交通及重大交通站场建设规划》，武汉有关规划设计机构、开发单位、各区（含远城区）规划局（分局）、部分会员单位的管理高层、技术骨干约 100 人参加了讲座。

5 月 29 日，武汉市城市规划设计研究院副院长何梅介绍了《城市总体规划及重点建设项目规划》。武汉市有关规划设计机构、开发单位、各区（含远城区）规划分局、部分会员单位的管理高层、技术骨干及规划行业部分离退休老领导、老专家约 80 人参加了讲座。（丁雅珊）

【参加住建部组织的规划执法研讨会】 5 月 8~11 日，武汉市城市规划协会组织部分会员单位参加了住房和城乡建设部在珠海召开的“规划执法中《城乡规划法》具体适用及存在问题解析研讨会”。武汉市规划局法规处、武汉市规划土地监察大队等单位也派人参加了该次讨论会议。

（丁雅珊）

【开展2007年度武汉市优秀城乡规划设计评选活动】 6月18日，武汉市城市规划协会会同武汉市规划局组织开展了2007年度武汉市优秀城乡规划设计评选活动，完成了设计成果的征集、筛选以及资料的规范完善工作，召开了“2007年度武汉市优秀城乡规划作品评审会”，经行业规划设计、管理及大专院校等专家精心评选，评出2007年度武汉市优秀城乡规划作品一等奖《武汉城市总体规划（2006~2020年）》等13项、二等奖14项、三等奖12项、表扬奖6项，并推荐一、二等奖及部分有代表性的规划项目共31项参加湖北省、全国优秀项目评比。评选活动对提高武汉市城市规划设计水平起到了很好的示范和推动作用。（丁雅珊）

【增补中国城市规划协会专家库名单】 4月16日，武汉市城市规划协会推荐武汉市城市规划设计研究院院长吴之凌、武汉市规划局用地规划处处长吴俊勤增补入中国城市规划协会专家库。

8月18日，武汉市城市规划协会推荐武汉市规划局局长张文彤、副局长盛洪涛、武汉市城市综合交通规划设计研究院院长何继斌、武汉市城市规划咨询服务中心主任杨维祥等增补入中国城市规划协会专家库。（丁雅珊）

【参加“2008年全国城市规划协会秘书长联席会议”】 9月4~5日，武汉市城市规划协会负责人参加了在沈阳召开的“2008年全国城市规划协会秘书长联席会议”。会上，中国城市规划协会秘书长王燕作了题为《审时度势，以服务体现价值》的工作报告；中国城市规划协会规划设计专业等5个专业委员会进行了专题发言；天津市、上海市等城市的代表针对当前抗震救灾大背景下，如何发挥社团组织的资源优势、规划行业的热点问题交流了协会工作经验，并对行业协会在不断发展中遇到的问题和解决途径进行了探讨。武汉市城市规划协会向会议递交了书面交流材料。（丁雅珊）

【规划设计项目获省级奖】 9月16日，武汉市城市规划协会评选推荐的45个武汉市优秀城乡规划设计项目经湖北省规划协会组织评选，共有24个项目在全省获奖，其中：《武汉城市圈“两型社会”建设综合配套改革试验区空间规划》等8个项目获一等奖；《中共五大会址周边历史地段综合规划》等7个项目获二等奖；《武汉市小城镇发展战略研究》等6个项目获三等奖；《城乡规划信息化发展战略研究》等3个项目获表扬奖。

武汉市获省优秀城市规划设计一、二等奖共15个项目被推荐参与2007年度全国优秀城乡规划设计评选活动。（丁雅珊）

【参加中国城市规划协会年会】 9月19日，武汉市城市规划协会组织会员单位参加了在大连召开的中国城市规划学会2008年年会。住房和城乡建设部副部长仇保兴发表主题演讲，来自国内外的专家学者就土地利用和交通问题、城乡统筹与环境友好、灾后重建规划、生态城市建设与城市安全等问题进行了学术交流。

武汉市规划局局长、市城市规划协会会长张文彤应邀参加大会，市规划局副局长刘奇志在大会专题报告会上发言，武汉市城市规划协会规划设计专业委员会主任吴之凌在举行的国际规划论坛上宣读论文。武汉市10余篇论文入选大会论文集，该次盛会，为各会员单位提供了一个互相学习、沟通和交流的平台。（丁雅珊）

【举办专题讲座】 11月28日，武汉市城市规划协会新技术专业委员会与武汉市建设委员会市政基础设施专家委员会共同举办了专题技术讲座，新技术委员会主任李宗华以《数字武汉地理空间信息公共平台建设与应用》为题作学术讲座。武汉市规划局机关、局属二级单位以及协会相关会员单位百余人聆听了讲座。

（丁雅珊）

第二章 基层规划工作

第一节 武汉市规划管理各分局工作情况

江 岸 分 局

【驻区概况】 江岸区位于长江北岸，东邻黄陂区武湖农场，南临长江与武昌区和洪山区天兴乡隔江相望，西沿江汉路、三眼桥路与江汉区接壤，北接东西湖区。

江岸区土地总面积（版图面积）77.90平方公里，占武汉市版图面积的0.91%，扣除区域内长江、府河等过境河流及滩涂（黄孝河除外）后，全区土地面积64.24平方公里。江岸区处于长江中游江汉平原东南部的边缘地带，除东北部有一低山丘（岱家山）外，地形属于残积性河谷冲击平原和湖积平原，海拔平均高度为23.40米。区辖上海街、大智街、一元街、车站街、四唯街、永清街、西马街、球场街、劳动街、二七街、新村街、丹水池街、台北街、花桥街、谌家矶街、后湖街等16个街道办事处、166个社区和22个村委会。全区总户数240215户、户籍667144人。

（张 涛）

【规划工作完成情况】 2008年，江岸分局共审批建设工程项目28项，建筑面积121.56万平方米；办理规划选址定点项目5项，用地面积1.96万平方米，审批合格率100%；共立案查处违法建筑18起，建筑面积3.15万平方米。

（张 涛）

世纪家园

【信息化建设】 从 2008 年年初开始，江岸分局与市局相关单位密切配合，大力推进三维数字地图研发工作，实现了三维数字地图的全区域覆盖，并在后湖地区的东方恒星园、晋申大厦等项目审批和招商引资中进行运用，取得了较好效果，为规划管理水平的提升提供了有力的支撑。

完善了电子政务和信息平台的建设。为适应规划国土管理的新形势和新任务，分局投入 20 万元与武汉市城市规划信息中心共同研发，将原来分散的规划审批、执法监察、地籍管理、土地利用、征地拆迁等信息系统进行整合，建立了分局业务管理信息平台及相关子系统。该系统不仅能满足分局业务管理和辅助决策的信息需求，还极大地提高了分局的业务管理效率和水平。

（徐　晖）

【为江岸区“两型社会”建设献策】 2008 年 2 月，根据上级“两型社会”建设精神，江岸分局对江岸区“两型社会”建设和改革提出了建议。分局在分析江岸区发展现状时认为，该区经济社会发展不均衡，低质粗放、无序的小规模经营，既冲击或消耗了市场需求，又造成城市功能混乱，挤占社会服务设施功能空间，影响了社会事业的进一步发展。基于上述分析，向区政府提出如下发展建议：一是科学合理地制定经济社会集聚发展规划；二是调整和优化经济社会空间集聚体的功能类别结构和空间布局结构；三是整合和集约利用市场资源、土地空间、楼宇设施等发展资源；四是建立自由经济与政府调控相结合的发展体制机制，将个体市场主体效益最大化与集聚系统总体效益最大化的目标相整合；五是制定和规范企业经营行为、标准和方式，设定市场准入门槛，规范经营标准，转变粗放经营方式；六是制定政府调控措施，加强空间用途管制和强化规划调控引导作用，打击违反规划和非法改变规划用途的经营活动。

（高成喜）

【召开“武汉·上海时尚创意园”规划专家咨询会】 为促进“武汉·上海时尚创意园”建设的迅速展开，使之符合城市整体功能和创意产业自身生产活动的要求，科学合理的提高容积率。2008 年 5 月，江岸分局组织召开了“武汉·上海时尚创意园”规划方案专家咨询会，就创意产业园用地的合理容积率——创意产业功能特征与建筑空间形态的适宜性进行了多方面的技术咨询论证。该专家咨询会的召开，对于解决后湖新城 30 万人口就地就业问题、减少当地居民的出行距离和城市区间交通流量问题、促进堤角都市工业园区经济建设发展及美化亮化城市具有积极意义。

（张文倩）

【对“江岸区现代服务业空间布局规划”进行评审论证】 2008 年 5 月，江岸分局组织相关部门对“江岸区现代服务业空间布局规划”编制方案初步成果进行评审论证。专家学者就规划编制提出如下意见和建议：一是从加强武汉市现代服务业整体格局出发，科学界定江岸区现代服务业的总体发展规模、空间格局，并妥善处理现代服务业布局与城市总体规划布局的关系；二是规划应进一步明确旧城区、过渡区、新区等不同区域现代服务业的发展定位、产业空间重组及控制策略；三是要注重江岸区现代服务业聚集与分散发展优劣势分析，适度加强现代服务业规模聚集及空间聚集，强化现代服务业的特色化发展；四是要充分利用江岸区所具有的租界区、滨江带优势，着力打造滨江现代服务业带，使之具有鲜明的特色和强大的吸引力；五是对三环中心商务区发展要进一步论证，对京汉大道、二七片物流商务中心发展前景、发展定位应具有超前的眼光；六是要注重江岸区交通条件的改变对现代服务业的带动作用，注重现代服务业布局与交通的协调发展。

（刘晓辉）

【开展文明执法教育活动】 2008 年 6 月，根据武汉市规划局要求，江岸分局从三个方面入手开展了文明执法教育活动，一是明确重点、划分责任、分片包干，落实了领导干部责任制；二是以外聘人员为教育重点，针对其他单位外聘人员在执法中发生的问题和教训，开展了一次以“树形象、维声誉、保满意”为主题的教育活动，要求他们克服临时观念，树立主人翁意识，不断提高服务质量和办事效率；三是加强政策法规的学习，组织各科室学习《文明执法教育活动学习资料汇编》，要求在集中学习的基础上，人人做到学习有笔记、思想有提高，同时还要求围绕执法理念、执法作风和执法行为，认真查找薄弱环节，分析存在的不足，写出自我剖析报告，提出改进措施，努力提高规划国土人在人民群众中的形象和声誉。 （谢合献）

江 汉 分 局

【驻区概况】 江汉区位于长江以北武汉三镇汉口一方中部，东以三眼桥路、建设大道、江汉北路、江汉路为界，与江岸区毗连；西以航空路、民意四路为界，与硚口区交错为邻；南临长江、汉水交汇处，分别与武昌区、汉阳区隔江相望；北抵张公堤，与东西湖区接壤。全区土地总面积33.43平方公里，辖13个街道办事处，116个社区居民委员会。 （梅邵树）

【主要业务工作】 2008年，江汉分局核发《建设项目选址意见书》3本，《建设用地规划许可证》6本，用地面积4.48万平方米。核发建筑规划方案审批7项，建筑施工图审核5项，公房《建设工程规划许可证》5本，建筑面积4.33万平方米。核发私房《建设工程规划许可证》28本，建筑面积0.25万平方米。合格率100%，按时办结率100%。在全年办理的21个建设项目中，有8个获得了规划审批效能电子监察加分，占全年办理项目的38%。批后管理工作中受理规划验收项目33项，按时办结率100%，提前办结30项，提前办结率91%。违法建设查处率100%。行政处罚档案合格率100%。 （梅邵树）

【“双提”活动】 围绕武汉市规划局争创全国一流规划局的目标，江汉分局积极开展以“提高办事效率、提高服务质量”为主要内容的“双提”活动，将工作出发点和落脚点放在区属重点工程项目上。在全局干部职工大会上，分局领导作动员，要求大家做到以下几点：一是要深入基层项目调查研究，针对实际，组织专人主动上门为部分重点项目提供优质服务，解决疑难问题。二是要增强主动服务意识，多深入项目，尤其是区属重点项目，不要等问题反映上来才解决，而是要下去找问题，把问题解决在基层。同时，要及时向市规划局汇报，加快项目的审批进度。三是要提高为项目服务的本领，做到五个坚持：坚持终身学习，提高服务技能；坚持真抓实干，改进工作作风；坚持以人为本，服务基层项目；坚持勤奋廉洁，提高工作效率；坚持顾全大局，提高执行能力。 （马进军）

【改进作风】 2008年，在“双提”活动中结合工作实际认真剖析存在的问题，采取具体措施，提高行政效率：一是上门服务，主动上门为建设单位解决实际问题，进一步提高行政审批效率；二是在项目选址定点阶段就先期介入，对项目的方案进行预审，做到超前服务；三是与建设方和设计方进行沟通，对建设方案做到心中有数；四是加强对报建方案和施工图的预审，避免因修改图纸挂起；五是要熟练掌握电子监察信息系统的操作程序，准确录入审批信息，及时在电子系统中将办结的建设项目录入。 （梅邵树）

【上门服务】 2008年，江汉分局坚持“管理就是服务”的宗旨，长年坚持为区域经济服务，经常深入基层，解决实际问题。在区域重点项目汉口饭店的规划建设中，该分局领导主动带队上门，就如何将该项目打造成为区域内集商业、办公、休闲、娱乐为一体的大型主题商务活动中心，城市重点景观亮化工程等问题与建设方进行了交流研讨。多次带领相关干部到江汉经济发展区现场办公，经常就具体业务工作深入到一线为群众排忧解难。全年，该分局对武商量贩连锁有限公司、中百便民超市连锁公司、小蓝鲸健康美食公司、三五醇酒店公司、银河鞋城等30多家企业进行了走访，关心企业的具体发展状况，了解企业经营方面的有关问题，听取企业的意见和建议，及时给予帮助和指导。（梅邵树）

【规划编制和调查工作】 2008年，江汉分局积极参与多层次、多类别的规划编制工作，结合江汉区的经济发展战略，协助有关部门编制了江汉区现代服务中心区空间布局规划、江汉区地下空间利用规划、武汉市分区规划、武汉市主城区控制性详细规划导则、武汉市个人住宅管理规定规划管理实施细则。此外，调查了江汉区普通中小学布点规划的落实和实施情况，拟定提出了江汉区“双限”商业住房建设项目，对江汉区三环线内化工厂搬迁整治提出了规划意见，积极推进江汉区两个“城中村”改造重点项目建设工程进展。（梅邵树）

【制止违法建设】 2008年，江汉分局认真贯彻落实武汉市人民政府颁布的《武汉市控制和查处违法建设办法》（武汉市人民政府令第189号），强化批后管理，坚决制止违法建设。6月，三新横街两户居民因火灾造成房屋烧毁，经分局审批同意，对原住宅进行改建。8月15日，分局执法人员发现2户业主在审批的局部3层部分违法扩建，立即依法管理，下达了违法建设拆除通知书。江汉分局法规执法科先后3次召集建房户对其宣传政策法规，商讨安全稳妥的拆违方案。经反复做工作，拆违行动得到了住户的理解。8月22日，由江汉分局、江汉区城管执法局、水塔街城市管理办公室联合组成的综合执法队准时进入拆违现场，顺利拆除了违建部分。（李新民）

千禧园

【加强私房批后管理】 2008年9月，江汉分局会同民权街城市管理办公室、江汉区城市管理执法局驻街中队对洪益巷5户已竣工的私人住宅联合进行了规划验收。经现场勘察，参加规划验收的各方一致认为：该5户私房改建项目符合规划审批要求，无违法建设行为，同意对其进行规划验收。该5户私房是江汉分局贯彻武汉市人民政府令第189号，拓宽思路、创新模式，与街道办事处密切配合，控制违法建设行为的一处成功范例。在对这5户私房改建项目中，江汉分局从第一个环节开始即采取了全新的管理手段。通过“四个公开”（审批意见公开、管理要求公开、批后管理责任人公开、举报电话公开）、“三个细化”（管理责任细化、巡查制度细化、验收环节细化）、“一个更新”（更新了“管理”就是“管你”的理念，实行人性化的管理，在不违反政策法规的前提下，尽可能为建房户解决实际困难）。

（李新民）

【参与北京奥运安保工作】 2008年，为做好北京奥运会期间稳定工作，江汉分局召集相关单位，传达学习中央、省、市维护稳定会议精神，提出了坚决贯彻落实“两防止、一确保”（即防止进京非正常上访，防止发生群体事件，确保北京奥运会成功举办的工作目标）。该分局要求各相关单位一定要把维护北京奥运会期间的稳定工作作为压倒一切的头等大事来抓，筑牢维护稳定的第一道防线：一是建立健全严格的包保责任制，确保被保对象在控制的视线范围内；二是进一步排查矛盾纠纷，对有可能引发群体性上访或可能引发严重社会后果的矛盾纠纷及时上报；三是加大解决问题的力度，做好矛盾纠纷的化解、缓解和稳控，做好息诉罢访工作；四是加大接访宣传教育工作力度，做好应急准备，落实防范措施。

（胡　阳）

【信访工作电子化】 2008年，在信访工作中，针对少数经办人未及时办理而缺少监督提示等问题，江汉分局专门开发了一套“信访督办软件”。该软件集电子化、信息录入、分类、提示等功能于一体。提示功能分设两个时间段，到第40天开始亮黄灯，到第45天开始亮红灯，即45天内必须完成信访的回复；上传图片、文档快捷、省时、高效。该软件的启用，使分局领导对信访情况能适时跟踪，对办理情况一目了然，并能及时做出决策。“信访督办软件”自实行以来，消除了漏回复、超时回复的现象，收到了较好效果。

（胡　阳）

【请专家讲党课】 2008年，在“情系民生、勤政廉政”党风廉政建设主题宣传教育活动中，江汉分局邀请武汉市市委党校常务副校长王观松教授讲党课。王校长以“党员先进性三要件”为题，提出了共产党员应具备的思想品德（德）、业务技能（才）、清正廉洁（廉）三要素。

（梅邵树）

【向四川地震灾区捐款】 5月15日，江汉分局紧急动员全体人员，举行了向四川地震灾区遇难同胞默哀和捐款活动，该分局领导带头捐款，干部职工积极响应，迅速行动，共有57人捐出10820元。其中法规执法科党员干部董元生的爱人双目失明，家庭负担比较重，却毫不犹豫捐款500元。分局全体党员缴纳特殊党费共计8000元。

（马进军）

【立足本职工作，建设“两型社会”】 2008年，江汉分局认真贯彻落实武汉市委十一届五次全体会议，及时组织干部职工传达学习会议精神，围绕加快“两型社会”建设，提出了具体实施意见：一是要有效提高工作效率，建设项目选址意见书、建设用地规划许可证、规划方案审批、建筑施工图审核的按时办结率达到100%，10%的项目争取提前办结；二是要配合编制江汉区现代服务中心区空间布局规划；三是要加强批后管理工作，逐步完善批后管理工作程序，严格按制度开展巡查，做好与相关部门的沟通协调工作，整合资源，形成合力；四是要加大法规宣传、培训力度，开展多形式、多层次、多渠道的法规宣传工作；五是要按程序搞好已竣工项目的规划验收，严格按标准验收，在法定时间内为竣工项目颁发《建设工程规划验收合格证》；六是要加强信访接待维护稳定工作，实行首问负责制，坚持热情、公正、高效的原则，形成通畅、便捷的信访渠道。（梅邵树）

【所获荣誉】 江汉分局自2003年以来，一直保持省级文明单位荣誉称号，连年被江汉区委、区政府表彰为最佳文明单位、绩效管理工作先进单位、信访稳定工作先进单位、人大政协议提案办理先进单位、社会治安综合治理工作优胜单位、计划生育先进单位、对外开放招商引资先进单位、机要工作先进集体。该分局党支部被评为江汉区先进基层党组织；共青团工作被团市委授予“青年文明号”称号；档案管理工作被湖北省档案局评定为省一级；办证窗口连续5年被评为江汉区政务服务中心红旗窗口。该分局2008年被武汉市政府办公厅表彰为查处违法建设工作先进单位，奥运期间信访稳定工作先进单位，廉政小品大赛组织工作先进单位。（梅邵树）

硚口分局

【驻区概况】 硚口区位于武汉市西北部，东以青年路、航空路、民意四路、满春路为界，与江汉区为邻；西至舵落口、额头湾；北至张公堤与东西湖区接壤；南滨汉水与汉阳隔水相望。全区土地面积41.46平方公里。辖易家墩、韩家墩、宗关、汉水桥、宝丰、汉正、崇仁、汉中、荣华、六角亭、长丰等11个行政街道；有社区居委会130个，总户数18.46万户，人口53.59万人。（江　波）

【规划管理工作】 2008年，硚口分局共受理审批建设项目7项，核发《建设项目选址意见书》7本，核发《建设用地规划许可证》5本，总用地面积20.34万平方米，核发《规划（建筑）方案批准意见书》16本。全年审查建筑施工图18项，总建筑面积为48.44万平方米；完成了硚口地区41.46平方公里的分区规划和控规导则的编制工作；完成硚口区化工企业搬迁的现状调查工作。全年共办理经济适用房项目选址3项，总建筑规模为87.96万平方米；规划审批合格率100%。（江　波）

【信访工作】 2008年，硚口分局共接受上级督办件22件（其中武汉市规划局批示件4件，硚口区政府批示件14件，市长、区长信箱转办件4件），信访件8件（武汉市规划局转办4件，武汉市国土资源和房产管理局转办1件，区信访局转办2件，个人1件），均按时限要求进行了回复。受理群众来信50封，接待群众来访及政策咨询4000余人次。（江　波）

【执法监察工作】 2008年，硚口分局共受理批后管理项目26项，面积78.86万平方米。验收公房26起、私房3起，验收面积34.17万平方米。共查处违法建设17起，面积5.57万平方米，其中公房16起、私房1起，拆除违法建设1起，面积110平方米。发现率和查处率均达100%。共收取各类费用2066.72万元，其中罚没款1501.45万元，配套费562.42万元，其他规费2.85万元。全年配合硚口区城市管理执法局等有关部门综合执法28次。接待群众来信来访99件（次），回复98件（次）。组织上街宣传法规3次，征求40个建设单位意见2次。

（江　波）

【信息化工作】 2008年，硚口分局深入开展行政效能电子监察工作。根据武汉市规划局行政效能电子监察工作的要求，硚口分局指定1名工作人员负责监督分局电子审批的办理时限、及时预警和催办工作，保证审批的项目录入及时、数据完整，严格杜绝超期办理的现象。同时，将电子效能监察的结果纳入科室、个人年度考核范围，进一步提高行政审批效率。

根据武汉市规划局“一书三证”的改版要求，硚口分局积极配合武汉市城市规划信息中心“一书三证”换证改版工作，安排专人负责落实新版证书的换证、日常领证、登记和发证上报统计工作，规范了分局“一书三证”的使用流程。

在信息化建设方面，硚口分局还作了以下工作：一是严格控制网络使用，确保硚口分局信息安全；二是稳步推进信息公开和局内文件共享工作；三是认真落实分局各项系统管理软件的更新与数据收集上报工作。（江 波）

【教育活动】 2008年，硚口分局根据上级的统一部署，开展了以下教育活动：一是开展了以“五个一”工程为载体的争创全国一流规划局的活动；二是以“提高办事效率、提高服务质量”为重要内容的“双提”活动；三是进一步开展解放思想大讨论活动；四是以“情系民生、勤政廉政”为主题的党风廉政建设宣传教育活动；五是以“依法行政、执政为民”为主要内容的文明执法教育活动；六是为汶川大地震、冰雪灾区献爱心活动；七是争创全国文明城市迎检活动。

（江 波）

【“两型社会”建设工作】 2008年是武汉市全面推进资源节约型和环境友好型社会建设综合配套改革试验工作的开局之年。为做好该项工作，硚口分局抓了以下方面工作：

一是提高认识，加强领导。广泛开展宣传教育活动，成立了专班，制定方案，明确责任，并多次召开专题会议，研究、解决建设中遇到的困难和问题。

二是认真完成硚口分局承担的“两型社会”建设任务。首先从加强作风建设入手，营造“两型社会”建设的氛围。根据该分局职能，进一

东方花城

步规范行政权力，减少行政权力对微观经济活动的直接干预，为服务对象提高良好的投资环境、创业环境和优质高效服务。缩短建设单位和个人的项目办理时间。其次，发挥规划的引导作用。2008年以来，该分局结合分区规划的修编工作，突出解决热点、难点、焦点问题，以合理配置资源，加强空间管治为基础，以落实辖区重大项目、设施的布局为突破口，以打造滨江滨水城区为目标，着力彰显硚口城市特色和魅力。同时，认真进行硚口城市风貌与特色研究，挖掘地域历史文化资源，打造滨江带和城市节点、出城口的城市形象。第三，以规划指导土地出让为条件，规范建设用地程序。通过控规和规划设计条件对土地出让进行指导，作为土地出让的依据。在规划管理过程中，加强规划强制性控制指标的监管。在操作程序上，通过"一书两证"的法律制度，把规划设计条件作为土地招、拍、挂的必备前置条件。第四，加快推进"城中村"综合改造工作，全面推进硚口城乡一体化。（江　波）

【主要获奖情况】 2008年，硚口分局党组坚持以绩效管理和"三项治理"为抓手，全力推进武汉市规划局和硚口区委、区政府下达的各项工作目标的实施，该分局上下形成了争先创优、积极奋进的局面。在全体干部职工的共同努力下，该分局被武汉市人民政府办公室评为"市查处违法建设工作先进集体"；被硚口区委、区政府评为"硚口区第三届中国中部投资贸易博览会优秀单位"、"2007年度硚口区招商引资优质服务单位"；被硚口区委、政办评为"信访稳定工作先进单位"；被硚口区政府评为"2007年度全区依法行政工作先进单位"；被硚口区直机关工委评为"先进基层党组织"。

（江　波）

汉　阳　分　局

【驻区概况】 汉阳区位于武汉市中心城区西南部，东临武汉长江大桥与武昌相接，北依汉水，以5座桥梁与汉口贯通，南与武汉经济技术开发区接壤，西与蔡甸区毗邻，独处武汉三镇一方。全区土地面积108.41平方公里。辖11个行政街道，1个管委会，122个社区居民委员会，15个村民委员会，常住人口41.14万人。

（刘　勇）

【规划编制】 2008年，汉阳分局配合研究编制武汉新区重点规划：一是完善新区规划编制体系，开展汉阳地区分区规划和控规导则及各层次专项规划编制工作；二是适应武汉新区阶段发展要求，突出规划编制重点，开展重点地段的城市设计和概念规划；三是完成了《黄金口都市工业园拓展区控制性详细规划》编制工作；四是根据汉阳区委、区政府《关于对口支持东西湖区共建新农村工作的意见》和《关于对口支持东西湖区共建新农村工作的方案》的分工及要求，与华中科技大学共同编制《武汉市东西湖区辛安渡办事处辖区汉宜大队发展建设规划》。（张佳黎）

【规划审批】 2008年，汉阳分局共办理"一书一证"项目22项，总用地面积53.30万平方米；共办理《规划（建筑）方案批准意见书》36本；审查建筑施工图35项，总建筑面积为137万平方米；全年共办理武汉市土地整理储备中心及新区土地分中心土地储备项目31宗，总用地面积869.60万平方米；核发规划设计条件11项，总用地面积86.50万平方米；办理土地分割项目5项，核发现状条件3项；办理个人建房项目98项，总建筑面积3675.18平方米，无增容面积。

（张佳黎）

【村镇（含城中村改造）规划】 2008年，汉阳分局完成汉阳区19个村（含向阳、汉城、太山寺村）的综合改造规划编制及审批工作，其中二环线以内16村已全部完成规划编制、审批等工作。审批二环线内城中村各类项目总建筑面积78.69万平方米。其中还建项目建筑面积约74.31万平方米（前进村还建房3.17万平方米，鹦鹉村还建房0.70万平方米，龙阳村还建房5.24万平方米，汉城村还建房16万平方米，江堤乡向阳村、界牌村、太山寺村还建房49.20万平方米）；开发项目建筑面积约1.55万平方米，主要为铁桥村C地块开发项目；产业项目建筑面积约2.83万平方米，主要为五里墩村红光商厦项目和铁桥村铁桥酒店项目。（张佳黎）

【批后管理】 2008年，汉阳分局对43起审批项目按批后管理程序进行了跟踪管理。查处批后管理违法建设7起，规划验收19起。（李为民）

【信息化建设】 2008年，汉阳分局信息化建设方面主要开展了以下工作：一是大力推进办公自动化系统应用，分局所有项目全部进入业务审批系统。全年共受理规划业务方面项目33项、建管类项目75项、执法类业务15项，全部按时办结。二是率先试用公文督办信息系统。三是将该局制发的简报和文件及时上传到电子政务信息交换平台，上传简报54期，公文39份。（李 伟）

【行政效能电子监察】 2008年，汉阳分局以“廉洁、务实、规范、高效”为服务宗旨，按照“服务态度最好、办事程序最少、办事效率最高、办事成本最低、对外形象最好、群众最满意”的要求，大力推进行政效能电子监察工作，严格执行市局《行政效能电子监察绩效考核办法》，受理审批的项目全部利用市规划局业务办公自动化系统进行办理。其中按市局要求进入武汉市监察局行政效能电子监察系统的项目，至今未出现红、黄牌现象。（李 伟）

【“两型社会”建设】 2008年，汉阳分局召开职工大会传达上级有关文件精神，进行动员部署，强化“两型”机关思想观念、价值取向及行为方式，提高参与“两型”机关建设的自觉性。制定《汉阳分局创建“两型”机关建设实施方案》，在分局内开展内容丰富、形式多样的创建“两型”机关建设活动，营造创建活动的氛围。同时建立、健全相关规章制度、标准和办法，进一步规范管理。充分利用网络资源，推行无纸化办公，节约用电、用水，并对公务用车做出了每周少开一天的工作安排。（胡 蓉）

【议提案办理】 2008年，汉阳分局承办市、区人大、政协议提案14件。走访率、按时办结率和一次满意率均为100%。（胡 蓉）

【精神文明建设】 2008年，汉阳分局积极开展“四城同创”和文明创建工作。一是加大宣传力度，提高该分局干部职工“四城同创”知识的知晓率；二是服务对口社区，为社区创建出谋划策；三是开展“文明过马路”劝导工作，分局干部职工自觉做到文明出行，自觉遵守交通法规；四是开展创建市级卫生先进单位工作；五是分局干部职工为四川汶川地震灾区群众捐款捐物，采取多种方式奉献爱心，先后向灾区捐款4600元，捐缴“特殊党费”11350元，捐送急需生活物资7箱（计人民币1400元），捐献棉衣43件，棉被25床；六是参加市、区组织的“纪念改革开放三十周年”系列活动，为汉阳区纪念改革开放三十周年图片展提供了详细资料。

（胡 蓉、胡玉蓉）

【“五五”普法】 2008年，汉阳分局调整“五五”普法工作领导小组，指定专人负责普法依法治理工作，编写了《汉阳分局2008年普法依法治理工作要点》、《2008年行政执法责任制工作方案》，对深入推进依法行政各项工作提出了具体要求。采用多种方式开展法规学习、宣传、培训活动，重点组织了《城乡规划法》、《物权法》、《档案法》、《保密法》、《劳动合同法》等学习培训，并开展了相关法律法规考试。通过规范管理、理顺程序，切实推进行政执法责任制落实。5月，湖北省国土资源厅领导对汉阳分局“五五”普法和依法行政工作给予了高度评价。10月下旬，汉阳区人大领导认为该局的依法行政工作安排周密、措施有力、成效明显。12月中旬，汉阳区普法教育工作领导小组办公室对该局年度普法和依法治理工作也给予了好评。（胡　蓉）

【机关作风建设】 2008年，汉阳分局为加强机关作风建设，主要开展了以下工作：一是修改完善了业务审批流程，促进分局各项管理工作规范化；二是按照《行政许可法》及其相关法律的规定履行职责，依法实施规划国土行政审批，严格规范执法程序，加大对执法行为监督力度；三是完善窗口服务制，全面推行区政务中心“一个窗口对外”；四是定期深入辖区基层组织和企事业单位开展现场办公，为企业排忧解难，全年共开展现场办公6次；五是认真开展文明执法教育活动，采取多种方式广泛发动，进行层层动员，组织学习规划国土管理相关法律、法规；六是深入开展了“基层评议机关活动”。9月24日，区机关作风建设领导小组召开了汉阳分局2008年度“基层评议机关”、“背靠背”满意度测评会，辖区30家服务对象参加了测评，会上，武汉勇立经贸发展有限公司专门送来了“一心为民，尽职尽责”的锦旗，对该局的工作表示感谢；七是认真开展规范清理行政处罚自由裁量权、反渎职侵权等各类专项活动，把专项治理活动同加强政风行风建设有机结合起来。

（胡　蓉）

【督办件、信访件办理】 2008年，汉阳分局办理上级督办件137件，办理信访件147件，处理区行政投诉中心转办件4件。按时办结率为100%。（胡　蓉）

【机要保密】 2008年，汉阳分局组织学习《保密法》，收看保密教育宣传片，进一步制定完善分局各项保密制度。（周　娟）

【信息报送及公文处理】 2008年，汉阳分局制发、上报各类工作信息简报54篇，被武汉市规划局《城乡规划动态》采用26篇，被汉阳

朝阳星苑

区区级机关采用5篇。按照公文处理规定，制发分局行政文件48期、党组文件6期、纪检组文件2期、纪检组工作函件45期、会议纪要5期、要情通报17期，并组织编写了2008年《汉阳年鉴》规划国土篇。（胡　蓉）

【档案管理】 2008年，汉阳分局认真落实《湖北省档案登记办法》，对分局档案依法进行了登记。完善库房设备，做好档案整理。全年按要求整理6880卷，利用档案资源为社会提供利用服务805次。5月，顺利通过武汉市档案局组织的省一级档案复查验收。（徐丽霞）

【党风廉政建设】 2008年，汉阳分局为加强党风廉政建设，主要开展了以下工作：一是以“宣教月活动”为主线，开展党风廉政建设宣传教育，坚持每周学习日不动摇，认真开展党风廉政建设宣传月活动，开展“情系民生勤政廉政”主题教育活动，组织全体党员干部观看反腐教育片《真水无香》和开展观后感心得交流活动；二是按照市局统一部署和安排，继续开展城乡规划效能监察工作；三是继续开展“两个坚决纠正”工作；四是加强节日廉政教育，学习市、区有关节日期间严格执行廉洁自律规定的通知，做到了警钟长鸣；五是继续开展治理商业贿赂工作；六是坚持干部廉政建设报表制度。（刘　勇）

【所获荣誉】 2008年，汉阳分局被汉阳区委、区政府授予“全区绩效管理工作先进单位”、“企业服务年活动先进单位”、“拥军优属工作先进单位”和“大调解工作先进集体”等荣誉称号；被区政府授予“行政执法责任制先进集体”、“安全生产工作责任目标先进单位”等荣誉称号；被区委办、区政府办授予“信访工作绩效管理先进集体”、“四城同创达标单位”、“《汉阳区志》编纂工作先进单位”等荣誉称号；被武汉市规划局授予“武汉市城市规划系统先进集体”、“全市规划系统信息化工作先进集体”荣誉称号。继续保持“省级文明单位”和团市委授予的“青年文明号”荣誉称号。（胡　蓉）

武　昌　分　局

【驻区概况】 武昌区位于武汉市东南部，西傍长江，与江岸区、江汉区和汉阳区隔江相望，北与青山区毗邻，东南与洪山区接壤。武昌区是武汉市的中心城区，是文明古城、首义之地、科教中心、旅游大区，也是交通通讯枢纽，工业制造业基础雄厚，商贸和金融业发达。同时，也是中共湖北省委、湖北省人民政府所在地，是湖北省政治、经济、文化中心。全区常住人口117.80万人，有汉、回、满、藏等40个民族，全区土地面积81.22平方公里。武昌区下辖积玉桥、杨园、徐家棚、粮道街、中华路、黄鹤楼、紫阳、白沙洲、首义路、中南路、水果湖、珞珈山、石洞、南湖14个街道办事处，191个社区居民委员会。（郑　海）

【规划编制与审批情况】 2008年，武昌分局配合武汉市规划局规划编制管理处、武汉市城市规划设计研究院、武汉市城市规划咨询服务中心，编制完成了19项专项规划。其中，武重四街坊、6803厂、武汉市七医院等重点区域局部控规13项；中北路、首义南轴线、武昌火车站周边地区城市设计3项；东湖路沿线景观综合整治规划1项；武昌临江区域概念规划、武昌古城保护与复兴规划2项。同时，还进行了分区规划控规导则的校核；参与完成了武汉市规划局《关于个人建房规划管理实施细则》的起草工作。

该分局全年核发《建设项目选址意见书》10本，核发《建设用地规划许可证》6本，用地面积3.74万平方米；核发《建设工程规划许可证》64本，建筑面积56.67万平方米。审批个人住宅改建项目60户，建筑面积4104.43平方米；审批

公房24项，建筑面积68万平方米；受理公房报建项目26项、个人建房报建106户。（李国荃）

【建设项目批后管理】 2008年，武昌分局共受理批后管理项目83项，面积62.96万平方米，其中，公房20项，面积62.53万平方米，私房63项，面积4234.26平方米。共验收建设项目32项，建筑面积51.93万平方米，其中，公房21项，面积51.77万平方米，私房11项，建筑面积1599.51平方米，核发《建设工程验收合格证》32本。

根据武汉市人民政府令第189号和武昌区政府查控违“四项机制”的要求，对2008年审批的建设工程项目全部进行了跟踪巡查，共发现违法建设48起，违建面积1.87万平方米，其中，私房45项，违建面积2025平方米；公房3项，违建面积1.67万平方米。该分局严格按规定进行了全部查处，其中，对11项违建项目实施了30余次拆违行动，拆除违建面积6500平方米（私房10项，拆除面积500平方米；公房1项，拆除面积6000平方米）；处罚2项（公房），建筑面积1.07万平方米，其余35起均按要求下达执法文书，并交由街道办事处及武昌区城市管理执法局进行拆除，查处率和办结率均为100%。

（李国荃）

【信访工作】 2008年，武昌分局共承接、办理各类信访件71件，市、区人大政协议提案12件。（郑　海）

【综合管理】 2008年，武昌分局共完成行政事业性收费7712.95万元，其中，城市基础设施配套费2913.30万元、土地出让金4330.24万元、罚没收入460.69万元。（付多梅）

【党风廉政建设】 2008年，武昌分局根据武汉市规划局《2008年度党风廉政建设责任书》、《2008年纪检监察工作要点》的要求，结合实际，制定了2008年度党风廉政建设工作责任状和工作目标。3月13日，该分局召开反腐倡廉工作动员大会暨2008年工作部署会。5月7日、10月9日，该分局分别召开全体干部职工大会，主要围绕深化廉政责任、强化行政执行力和推进绩效目标完成等内容，集中组织学习，传达市、区党风廉政建设和纠风工作会议精神，并开展了“宣教月”活动、组织参观“中共五大会址”，开展网评活动、创作廉政广告活动，以及“我与改革开放30年主题征文”活动等。

（李国荃）

【“双提”活动】 3月25日，武昌分局根据武汉市规划局《进一步推进“双提”活动的指导意见》，召开“双提”活动案例剖析讲评会。该分局规划科科长按照案例讲评要求，选取了5个具有代表性的建设项目，分提前办结、按时办结、超时和挂起等不同情况逐一进行了剖析。同时，讲评会对规划国土管理过程中存在的3类12个问题进行了剖析，并提出了初步改进措施。

4月2日，该分局召开“双提”工作案例讲评汇报会。武汉市规划局领导和机关部分干部参加了该汇报会；星辰公司、中大公司和区教育局的代表应邀与会并发言；分局、市局领导分别从分局、市局的角度就“双提”活动作了总结性讲评。（郑　海、李国荃）

【信息化与电子政务】 2008年，武昌分局信息化与电子政务工作得到了进一步加强。一是办公自动化及电子效能工作得到了全面推行；二是深入推进政务公开与网站建设，使政务公开更加便捷、全面；三是规划国土审批速度和效率进一步提高，基本实现了项目审批电子化；四是政务信息交换平台得到了充分运用，综合统计工作更加及时，并基本实现了无纸化办公；五是开辟了公众对城市规划、土地资源有关信息的查询服务。该分局网页点击率累计达79430次。编辑《信息简报》47期，被武昌区政府、武汉市规划局、武汉市国土资源和房产管理局等单位相关期刊采用26条。5月16日，该分局组织召开由政务公开专班成员及副科级以上人员参加的政务信息公开工作会议，对《分局信息公开工作暂行方案》进行了讨论，并征求了网页修改和更新的意见。 （李国荃、伍迪辉）

【心系汶川】 为表达对四川汶川地震灾区人民的慰问之情，5月15日，武昌分局自发开展了一次全员抗震援灾捐赠活动。领导带头，退休干部积极参与，当天募捐善款人民币7200元，并及时转交给武昌区救灾办公室。 （郑 海）

【召开征求建设单位意见座谈会】 2008年6月20日，武昌分局举行“情系民生、勤政廉政”征求意见座谈会。武汉延铭房地产公司、七〇一研究所、湖北省电力公司、油料研究所等16家建设单位分别派代表参加座谈会。会上，建设单位一致认为该分局在依法行政、服务管理等方面都做得比较好，但也有不足，主要是供地环节周期过长，报批材料重复准备较多，项目验收程序不够清晰等。该分局针对建设单位提出的问题表示感谢，并分别进行了阐释。同时，表示要积极整改。 （李国荃）

【法规宣传】 2008年6月25日是第18个全国土地日，武昌分局根据武汉市国土资源和房产管理局《关于开展第十八个全国土地日宣传活动的通知》要求，在该分局大门处设点开展土地日宣传活动。该分局领导和各科室负责人在宣传点接受群众咨询，解答相关问题，面对面地进行交流和沟通。

2008年8月29日是《中华人民共和国测绘法》修正后的第7个全国测绘日。武昌分局与武汉市城市规划信息中心在武昌中南商业大楼门前举行“8.29《测绘法》宣传日”活动。该分局科级以上干部、武汉市城市规划信息中心、武汉市勘测设计研究院部分领导等30余人参加了活动。湖北省测绘局副局长郑永益亲临现场指导工作。参加活动的人员向群众发放湖北省地图和武汉市地图500余张、测绘宣传画册350余本、江城江滩DVD光盘200余张、规划测绘信息资料400余份。

梦湖水岸

12月4日，按照武昌区普法领导小组办公室统一部署，武昌分局选派4名精通法律业务的干部，到武昌汉阳门法律宣传站进行普法宣传，为群众介绍城乡规划、国土资源法律知识。活动期间，共发放《城乡规划法》、《土地管理法》、《测绘法》及《行政许可法》等法律、法规手册300多份，并现场解答了群众咨询的30多条法律问题。（杨　萍、李国荃、伍迪辉）

【安全工作】 6月27日，武昌分局组织召开安全生产工作会议。会议对上半年的安全工作进行了总结，同时，部署了下半年的安全和综治工作。进一步明确了各项工作的任务和要求，明确了责任分工，要求在做好本单位安全生产的同时，结合规划、地籍、拆迁和执法工作，深入做好社会安全工作，维护社会和谐稳定，增强公共管理和服务意识，为武昌区发展建设尽职尽责。该次专题会议，还请湖北省消防局和武昌交通大队的领导作了安全常识讲座。通过摆案例、找问题、讲利害、明事理，使全体员工受到了极大的教育。（伍迪辉）

【召开查控违工作总结会】 7月2日，武昌分局在东湖碧波宾馆召开查处、控制、违法建设"四项机制"工作总结调度会。武昌区各街道办事处主任、分管主任及城管科长，区城管执法局、区房产局、区财政局、区城管协调办、区建管站、武昌交通大队等单位和部门共60人参加了会议。会议对全区落实查控违"四项机制"工作进行了阶段性总结。7月3日，武昌分局组织传达学习东湖研讨会精神，按会议要求，对下一步审批、查控违建工作进行了部署。（胡晓宏）

【政风行风评议】 8月20日，武昌分局组织召开2008年民主评议政风行风工作动员会。武昌区监察局及武昌区纠风办民主评议政风行风工作领导小组等一行10人出席会议。武昌分局所有成员均在政风行风承诺书上进行了签名，该分局局长作了动员。最后，行评组组长强调了该次民主评议政风行风工作的目的，介绍了武昌区开展政风行风工作的情况。同时，对该分局民主评议政风行风的准备工作给予了充分肯定，对评议活动为武昌区的城市建设和经济发展所作出的贡献给予了高度的评价。

11月5日，该分局举行政风行风集中评议大会。武昌区"第一行评代表组"7位行评代表、区纠风办主任、监察局出席会议。该分局局长作了2008年民主评议政风行风工作总结报告。行评小组根据报告，结合行评期间行评代表的明察暗访情况，进行了实事求是的集中点评，总体评价良好。（李国荃）

【主要获奖情况】 2008年，武昌分局被湖北省建设厅评为"2008年全省建设系统先进集体"；被武汉市人民政府办公厅评为"2008年度武汉市控制和查处违法建设工作先进单位"；被武汉市规划局评为"2008年度信访稳定工作先进集体"；被武汉市国土资源和房产管理局评为"全市国土房产系统信访稳定工作先进单位"；被武昌区委、区政府评为"2008年度绩效管理工作先进单位"、"先进基层党组织"、"2008年度武昌区信访工作先进单位"、"2008年度重大项目管理工作先进单位"和"武昌区'农改超'保障有力先进单位"；被武昌区社会综合治理委员会评为"2008年度社会治安综合治理优胜单位"。（李国荃）

青　山　分　局

【驻区概况】 青山区地理位置为北纬30°37′，东经114°26′。境域地处武汉市区内长江南岸，西起罗家港，经和平大道与武昌区相连；东至洪山区建设乡；南与洪山区和平乡接壤，傍东湖生态旅游风景区；北临长江，面对天兴洲，隔江与江岸区堪家矶相望。建成区面积48.87平方公里，其中，工业用地面积约27.52平方公里，钢铁、石化、造船、能源、机械等工业用地相对集中，主要分布在工人村路、企业路、冶金大道、王青路一线以东，部分厂矿、仓库散布于西部生活区与沿江一带；居住用地面积约8.47平方公里，主要集中在工人村路的西部；道路广场用地6.26平方公里、仓储用地0.36平方公里、公共设施用地0.80平方公里、绿地1.61平方公里、对外交通用地1.75平方公里、市政公共设施用地2.10平方公里。常住人口45.27万人，下辖10个街道办事处和钢都花园管理委员会。境内驻有武汉钢铁集团公司、中国第一冶金建设公司、武汉石油化工厂、中冶集团武汉钢铁设计研究总院等10多个大型企业和科研机构。

（胡林海）

【规划编制】 2008年，青山分局完成了青山地区中心城区的分区规划编制工作，并着手开展控规编制工作；积极推进工人村片拆迁改造和武汉石油化工厂卫生防护隔离带的规划编制工作；为协助青山区争创“全市先进教育区”工作，组织力量完成了全区中小学布点规划的调整工作；积极推进深化特色街区保护及利用研究工作，协助武汉市城市规划设计研究院完成了“红房子”保护片规划，已上报武汉市政府审批；完成了青山经济开发区扩园规划编制等工作，为青山区委、区政府科学决策当好参谋，发挥了规划的综合调控作用。

（胡林海）

【建筑规划管理】 2008年，青山分局严格按照市、区分工原则和分局项目办理程序受理项目，无超标准、超范围越权收费的现象发生。全年，共受理“一书一证”10项，办结10项，审核用地面积91.92万平方米，提前预审3项，退档1项；办理用地许可证调整及延期3项；办理规划方案审核13项，完成审核建筑面积77.26万平方米；发放《建设工程规划许可证》10本，完

绿景苑

成审批面积59.19万平方米。分局紧紧围绕青山区关系国计民生的重大建设项目主动服务，主动参与青山区循环经济研究工作，并就土地利用和规划建设提出专业意见；大力支持驻区大型企业的发展建设，积极推进471厂房、医院和一冶农民工公寓项目，启动红钢城、红卫路及冶金街地区部分街坊的整体改造。（胡林海）

【批后执法管理】 2008年，青山分局完成批后管理项目29项，批后在巡项目21项，建筑面积120.88万平方米；验收8项，建筑面积31.43万平方米；解决历史遗留项目2项。规划验收按时办结率100%，全部验收项目提前办结。查处公房违法超建1项，超建总面积为1801.52平方米，行政处罚档案合格率100%；规划批后违法建设查处率和批后违法建设案件办结率达100%。3月，与青山区城市管理执法局联合执法，对本溪街违法建筑进行拆除，拆除违章建筑面积3000平方米。（胡林海）

【效能建设】 2008年，青山分局在窗口管理方面，建立了统一协调、并联审批、相互衔接流转和许可证件统一发放的管理工作流程；在时限效率方面，制定了规划审批的限时工作要求，明确划分了各科室工作人员办理的时间；指派1名工作人员任监督员，对在办项目办理时限进行监督、提醒督办。同时，将电子效能监察的结果纳入对公务员年度考核的范畴，促进了依法行政，提高了整体工作效率和管理水平；在电子政务建设方面，运用新版办公自动化电子审批系统，实施层级管理，规范各个环节和工作人员的职责、权限和工作范围；在民主决策方面，坚持业务例会制度，吸收相关人员广泛参与，群策群力研究重大业务项目。坚持政务公开制度，在窗口电子大屏幕和网上公开所有规划、国土方面的政策和法规，对重大项目进行批前公示、批后公布等；坚持项目全程监督机制，法规监察部门提前介入规划审批环节，从选址通知书发放之时，就对建设项目实施全程监督管理。（胡林海）

【信息化建设】 2008年，青山分局利用窗口电子大屏幕全面、及时公示《建设项目选址意见书》、《建设用地规划许可证》、《建设工程规划许可证》、《建设工程规划验收合格证》的审批发证情况，切实做到应主动公开的政府信息无一疏漏、应申请公开的政府信息无一推诿。努力深化分局网站综合信息服务，逐步加大了信息采集和更新力度，扩大信息来源，及时收集资料。结合自身情况和特点，自主研发了青山分局办公平台收文系统和督办系统，为完善办公自动化系统建设、规范文件管理奠定了良好的基础，为无纸化办公提供了技术保障。应用办公自动化系统辅助管理，应用武汉市空间地理信息平台开展项目决策，取得了良好的效果。（胡林海）

【获奖情况】 2008年，青山分局先后被湖北省文明建设委员会评为“文明创建先进单位”，被武汉市“巾帼建设”领导小组授予市“十佳巾帼文明岗”称号，被青山区社会治安委员会评为“2008年北京奥运会信访维稳先进单位”。

（胡林海）

洪山分局

【驻区概况】 洪山区位于长江南岸，武汉市东南部，全区自东向西呈半圆形环抱武昌、青山两区。东抵鄂州市，西南与江夏区接壤，东北与新洲区隔江相望，辖区面积401.58平方公里。下辖珞南、关山、狮子山、红旗、和平、洪山、张家湾、葛化8个行政街道办事处，花山、左岭2个镇，建设、青菱、九峰、天兴4个乡。

（李清拯）

【建筑规划管理】 2008年，洪山分局核发“一书一证”3项，用地面积12.88万平方米。完成规划方案审批 18 项，完成施工图审核 24 项，总用地面积 30.92 万平方米，总建筑面积 57.62 万平方米。办理公房竣工验收项目 17 项，面积 28.80 万平方米，私房竣工验收项目 124 项，面积 1.90 万平方米。（李清拯）

【依法收费】 2008 年，洪山分局收取市政基础设施配套费 1743 万元，罚没款 342 万元。（李清拯）

【政务信息报送】 按照 2008 年武汉市规划局和洪山区委、区政府政务信息工作部署，洪山分局积极做好政务信息报送工作，全年共向市、区报送各类信息 198 篇，采用 89 篇。（李清拯）

【绩效目标动员会】 3 月 27 日，洪山分局组织全体干部职工召开 2008 年度绩效管理工作动员大会。会议传达了洪山区《关于表彰 2007 年度绩效工作先进单位和先进个人的通报》，洪山分局、杨平等 6 人分别获先进单位和先进个人称号。文应华局长作了动员讲话。（李清拯）

【开展“六查六看”活动】 2008 年 4 月，根据湖北省、武汉市关于加强廉政建设，提高政府执行力电视电话会议精神，为了落实武汉市规划局关于在全局系统深入开展“六查六看”活动的整体部署，洪山分局及时组织学习传达，制订学习计划，以科室为单位开展“六查六看”大讨论，并在解决突出问题上下功夫，制定“十二要和十二不要”整改标准，要求干部职工严格执行。（李清拯）

【行政诉讼与行政执法论坛开讲】 4 月 8 日，洪山分局与洪山区法院联合举办的行政诉讼与行政执法论坛在该分局开讲。洪山区人民法院、区城市管理执法局、区房产管理局、区工商分局、区法制办公室等单位负责人参加论坛会。该次论坛主要邀请武汉市法院行政庭庭长就行政诉讼与行政执法等内容作了辅导报告。报告结合规划国土等行政执法部门典型案例，对行政行为的概念、内容、要件和法律效力以及行政诉讼的资格审查等内容进行了深入浅出的讲解。通过讲解，进一步深化了与会人员对行政法律法规的理解，强化了依法行政意识。（李清拯）

【“双提”活动案例剖析会】 4 月 11 日，洪山分局根据武汉市规划局“双提”工作的部署，组织召开了“双提”活动案例剖析会。

会议对洪山分局“双提”活动工作方案进行了再学习，并简要回顾了分局开展“双提”活动的基本情况以及 2007 年受理规划审批项目清理核查情况。与会建设单位代表结合具体案例肯定了分局的办事效率和服务质量，并对全市规划系统“双提”工作提出了建议和意见。（李清拯）

【赴左岭镇现场服务】 4 月 16 日，洪山分局局长文应华率相关科室负责人赴左岭镇现场调研，了解左岭化工都市工业园、农民拆迁还建和私房规划管理等方面的情况，并就落实重点项目建设和解决当前面临的困难进行了商讨。左岭镇镇委书记刘旺林、镇长刘旭及土地管理办公室相关人员参加了现场调研。

在听完左岭镇镇委书记刘旺林详细介绍左岭镇规划建设和土地管理的基本情况后，洪山分局局长文应华表示将加大支持力度，尽快解决左岭镇在规划编制、项目审批和建设管理中存在的困难，并就下一步的工作提出了具体要求：一是认真贯彻执行《城乡规划法》，按照“先规划后建设”的原则，积极组织协调推进左岭镇总体规划和村镇建设规划等规划编制工作，并在编制过程中协调解决左岭镇空间功能布局、产业结构调整和公共设施配套等问题；二是按照市规划局“双提”活动的要求，主动上门跟踪服务，支持左岭镇建设发展；三是结合左岭化工都市工业园、农民还建等重点建设项目，安排专人负责，加速办理，提高办事效率。

（李清拯）

【洪山区政府领导到分局调研指导】 5月14日，洪山区区长刘涛、副区长黄开峰带领区政府相关职能部门的主要领导到洪山分局调研指导工作。分局局长文应华、调研员雷金水、副局长邓国伏以及各科室负责人参加了调研汇报会。

会上，区政府领导对分局规划国土管理工作与洪山区的城市建设、区域经济发展提出了指导意见：一是区内开发的土地要科学布局，合理利用并适时召开联席会议，由分局在运作上给予专业咨询和跟踪服务；二是区政府每季度召开一次招商引资会议，便于各部门及时掌握招商动态，跟踪服务；三是结合洪山区城乡二元结构，由政府出资，分局协调配合做好洪山区总体规划和分区规划，对建设项目以科学定位，走出一条符合洪山区特色的创新之路。

刘涛区长要求分局近期做好三件事：一是拟在五月下旬举办《城乡规划法》和《土地管理法》培训班，组织乡镇主要领导和政府经济部门的主要负责人参加法律法规培训，分局要制定好工作方案；二是协助做好洪山区总体规划的修编和控规的编制工作，不仅覆盖主城区，还要延伸到外环线，同时协助做好土地利用规划的修编工作；三是积极创造条件向湖北省建设厅申报，将洪山区作为湖北省迁村腾地，增减挂钩的试点单位，促进洪山区城乡一体化进程，为建设“两型社会”而努力。（李清拯）

【召开信访稳定工作会议】 5月14日，洪山分局紧急召开局长扩大办公会，及时传达武汉市规划局、武汉市国土资源和房产管理局信访稳定安全工作会议精神，研究安排洪山分局落实措施。会议要求当前集中精力抓好四件事：一是进一步明确信访稳定工件的分管领导和联络人员，要求各科室认真排查不稳定因素，对各类信访件5月底前回复到位；二是针对5月12日下午四川汶川发生8.0级地震，要求干部职工情系灾区，捐款救灾，以实际行动与灾区人民共渡难关；三是加强安全检查，再次对辖区矿山、砖厂和地质监测点进行全面巡查，对内部水、电、煤气、车辆和食堂卫生进行严格检查，确保安全稳定；四是加强值班，落实24小时值班制度，保持通讯畅通。（李清拯）

【召开人大政协议提案办理座谈会】 6月5日，洪山分局召开人大政协议提案办理暨开展文明执法教育活动座谈会。洪山区人大副主任邹子堤、区人大代工委、区政协提案委领导以及人大政协议提案部分代表委员参加了座谈会。

分局向与会代表委员介绍了洪山规划编制情况。文应华局长汇报了分局2008年人大议提案办理情况和开展文明执法教育活动的情况，2008年分局承办议提案15件，其中市级1件，区级14件。

分局汇报后，洪山区人大副主任邹子堤作了重要讲话，他充分肯定了该分局邀请人大代表、政协委员召开座谈会，主动征求意见的作法，同时要求分局要一如既往地关心支持洪山区经济发展，要把贯彻法律法规与洪山实际结合起来，坚持原则性与灵活性的统一，尽心尽力为洪山区经济建设又好又快发展作出新贡献。（李清拯）

【启动“三条街”规划编制工作】 根据武汉市委市政府提倡的“全民创业”和“争创全国文明城市”的精神，洪山区拟沿珞瑜路东起卓刀泉西止街道口建设“科技一条街”、东起湖滨花园西止卓刀泉建设“奥林匹克一条街”及东起鲁磨路西止旺谷公园建设“珠宝一条街”（以下简称“三条街”）。洪山分局按照洪山区委、区政府的统一部署和总体要求，负责组织“三条街”的规划编制工作，并制定了《科学定位，合理规划，建设洪山区科技一条街》规划编制工作方案。经过前期准备，分局于2008年7月18日召开了

“三条街沿街单位规划编制工作动员大会”，万磊副区长进行了动员，提出通过整体规划，使“三条街”达到感觉时尚、环境改观、体制理顺、政策优惠、服务到位的初步目标，要形成华中地区最大的数码高科技产品、体育用品及珠宝商品集散地。与会单位高度赞扬区委、区政府的该项决策，一致认为编制“三条街”规划符合洪山区的经济发展需求。2008 年 8 月，“三条街”的规划编制工作正式启动。（李清拯）

【开展测绘法宣传活动】 8 月 29 日，洪山分局在湖北省出版图书广场宣传测绘法规知识。分局局长文应华等领导带领宣传骨干 10 余人，开展现场宣传服务活动。活动现场悬挂着“充分利用测绘成果，保障经济健康发展”等宣传标语，排列着 6 块测绘知识宣传展板。现场多媒体演示、武汉市公共交通图等宣传资料，引来大批路人观看和咨询。湖北省测绘局副局长郑永益等领导莅临宣传现场检查指导工作，并对分局测绘宣传活动给予了充分肯定。整个测绘法宣传活动分局共发放宣传资料 300 多份，接受咨询服务 500 余人，收到了较好的宣传效果。（李清拯）

【强拆批后违法建筑】 11 月 10 日，洪山分局执法人员在巡查中发现两用户进行违法扩建，执法人员当即对该两户下达《违法建筑拆除通知书》，责令其立即停工并限期自拆，多次前往现场制止并上门做工作，该两户口头答应整改，但并未实际行动。2008 年 11 月 13 日上午，分局组织 50 余名执法人员，对洪山区武珞村 49 号李茶花和 53 号黄汉东批后违法建筑进行了强拆。2008 年 11 月 17 日，分局巡查发现该两户将 13 日强行拆除部分重新复原并继续建至第二层。分局于 11 月 18 日上午再次组织执法人员对该两户进行强拆。

两户违章户一面承诺严格按审批要求绝不违建，一面抱着侥幸心理，继续违建施工，分局于 11 月 24 日上午第三次组织执法人员对该两户批后违建部分实施强拆，有效地遏制了批后违法建设行为。（李清拯）

青菱乡园艺村

东　湖　分　局

【驻区概况】 2006年6月1日，东湖生态旅游风景区管理委员会挂牌成立，管辖范围由原来的73.24平方公里调整为81.68平方公里。其中：中国地质大学北校区（原湖北机床厂）、湖北省委接待处东湖宾馆划出管辖范围。调整后的东湖风景区主要包括洪山、和平、九峰3个乡共21个村、场和50余个单位。（陈建华）

【东湖总体规划修编工作】 按武汉市政府领导指示精神，经建设部和湖北省建设厅批准，2006~2008年，东湖生态旅游风景区管理委员会和武汉市规划局共同组织开展《东湖风景名胜区总体规划》（以下简称《总体规划》）修编工作。成立了由武汉市政府主要领导任组长，各相关部门为成员单位的修编工作领导小组和办公室，东湖分局作为办公室成员之一，承办了大量具体工作。自2006年11月《总体规划》修编正式启动以来，相继开展了现状调查、上轮规划评估、前期课题全国招标以及概念规划国际招标等多项工作，在5家概念规划承担单位中遴选出上海同济规划设计研究院和武汉市城市规划设计研究院共同承担《总体规划》编制工作。2008年2月，两家编制单位开始联合编制《东湖风景名胜区总体规划实施纲要》（以下简称《总规纲要》）；5月，总规修编办公室组织专家对《总规纲要》初步成果进行了论证；8月，修编办公室审查同意上报《总规纲要》；10月，省建设厅组织专家评审会对《总规纲要》进行了审查；11月，省建设厅批复同意《总规纲要》。在此基础上，编制单位深化完善形成了《总体规划》。12月中旬《总体规划》通过市规划委员会审查，2009年1月上旬，《总体规划》正式成果编制完成并上报省建设厅。2009年4月16日，省建设厅组织专家评审会审查并通过《总体规划》。（罗彦青）

【构建景区规划编制体系】 为建立完善的景区规划编制体系，科学引导景区健康长远发展，有效支撑其具体建设，东湖分局研究制定了《武汉东湖生态旅游风景区2008~2010年规划编制计划》。该编制计划以“整体谋划、突出重点、先急后缓、支撑建设”为原则，以新一轮《总体规划》为依据，突出建立以总体规划—详细规划为主干的风景区规划体系，同时针对建设热点区域，开展多层次的专项规划和规划研究，力争3年内实现景区范围规划全覆盖。规划编制计划制定37项规划编制任务，经东湖生态旅游风景区管委会领导审议后，2008年按计划开展了道路交通、旅游服务设施、村民还建点等规划的编制工作。（罗彦青）

【创新管理机制】 为贯彻落实武汉市委、市政府关于围绕“两型社会”建设完善城市管理体制的重大决策，按照武汉市规划局事权下沉工作要求，结合日常管理工作实际，东湖分局明确提出以发展促保护，对核心区、外围协调区采取不同管理方式的分区管制工作思路，在此基础上核划分局分区管制“一张图”。对景区内需要严格保护的核心区域，探索提出建立风景区生态保护补偿机制，以进一步提高公众保护好、维护好景区自然生态环境的主动性和自觉性。（罗彦青）

【支持重点建设项目】 2008年，东湖分局充分发挥专业优势，积极为景区重点建设项目提供技术支撑，先后开展了东湖华侨城项目选址研究、团山水厂省开发银行后台服务中心的选址研究、市结核病医院用地调整研究、省人寿培训中心选址研究以及武昌“六湖连通”工程大东湖生态水网修复之环境整治建议等工作。（罗彦青）

【日常规划管理及相关工作】 2008年，东湖分局配合分区规划的编制工作，制定《东湖风景区分区规划建议书》；配合武汉市城市规划设计研究院开展《东湖风景区听涛南部地区建设规划》、《落雁路两侧改造规划》、《东湖天鹅池休闲一条街修建性详细规划》等规划的编制工作；协调办理了500千伏输变电站和输电线路在景区内的选址工作；协助确定220千伏青关二回高压线改线东迁方案。2008年，该分局共办理"一书一证"审批项目9项，批准用地面积22万平方米，建筑面积26.30万平方米。办理个人《建设工程规划许可证》13本，审批用地面积940平方米，建筑面积1344平方米。（罗彦青）

【农民还建住宅规划管理工作】 因武广高速铁路建设需要，拆除东湖生态旅游风景区新武东、龚家岭两个村农民住宅约27万平方米。2008年1月，东湖分局依据东湖生态旅游风景区管理委员会对《武广高速客运专线还建选址规划》的审查意见及洪山区发改委计划立项，向其核发了农民还建住宅项目的"一书一证"，两个村还建选址在龚家岭村的肖家铺湾，规划设计条件为：用地18.25万平方米，容积率1.50以内，建筑密度30%以下，建筑高度控制在18米以内，总建筑规模不超过27.38万平方米。该项目的规划方案按照分局的要求进行了多次修改、完善，获市局分区域联审会审议通过。（李　毅）

【批后管理工作】 2008年，东湖分局审批建设项目进入批后管理程序共13宗，个人建房13宗，建筑面积1344平方米。批后监管发现5宗个人建房擅自扩建500平方米，现场依法及时制止，并下达《批后管理整改通知书》和《违法建筑拆除通知书》。全年受理公房验收申请4宗，建筑面积3.40万平方米。（聂增荣）

【查处违法建设】 2008年，东湖分局查处违法建设18处，建设面积约2.37万平方米，根据《武汉市城市管理相对集中行政处罚权试行办法》和《武汉市控制和查处违法建设办法》的相关要求，全部移交东湖生态旅游风景区城管执法局。12月9日、19日，分局对武汉林泽实业有限公司擅自改变地下车库使用性质及个人建房擅自违法扩建部分，联合公安、城管依法进行拆除，拆除面积约3200平方米。（聂增荣）

【处理历史遗留问题】 根据武汉市规划局第4期"违法建设案件会审会纪要"精神，东湖分局对东湖生态旅游风景区管理委员会历史遗留的5个项目进行立案查处，查处违法建筑面积5877.14平方米。（聂增荣）

【完善各项规章制度】 2008年，东湖分局从建立完善规章制度入手，狠抓制度建设。修订完善了《局长办公会制度》、《民主生活会制度》、《业务例会制度》、《晨会制度》、《请销假制度》、《车辆管理使用制度》、《计算机使用管理规定》等一系列规章制度。在落实上下工夫，规范了办事流程，用制度管人，用制度管事，形成了有章可循、按章办事、遵章守纪、人人有责的良好态势。（高遵凯）

【安全工作】 2008年，东湖分局始终把安全工作放在首位，实行安全工作一票否决，成立了安全生产工作及处理突发事件领导小组并组织演练，每逢节假日和重大节日都安排干部值班，全年安全检查10余次。（高遵凯）

【争创"学习型"机关】 2008年，东湖分局注重干部职工素质教育，提升干部队伍的综合素质。利用周四集体学习、干部平时自学和集中培训等形式进行培训教育，先后邀请武汉市城市规划设计研究院、国土资源部武汉督察局的领导讲授有关业务知识和法律法规，并购买了相关的理论书籍发放到干部职工手中。结合分局工作的实际，组织干部职工深入学习讨论领会十七大报告和十七届三中全会精神，并就农村土地流转等新问题、新政策组织了专题讨论。全年组织业务培训、法规宣传、专题研讨20余次，干部队伍的政策法律水平和专业技能明显提高，执政为民意识进一步增强，形成了崇尚学习、钻研业务、争先创优的良好氛围。（高遵凯）

【宣传工作】 2008年，东湖分局按规定起草各类计划、通知、方案、总结、汇报材料48件，公文处理符合有关规定。全年向武汉市规划局和东湖生态旅游风景区管理委员会报送信息52条，被《城乡规划动态》、《楚天都市报》、《武汉东湖》等刊物采用20余篇。（高遵凯）

【档案复查换证工作】 2008年，东湖分局对2002~2008年的业务档案进行了归集整理，共整理档案4314卷（宗），顺利通过了武汉市档案局对分局档案目标管理省一级复查换证工作。

（高遵凯）

【深入开展“五个一”工程和“双提”活动】 为贯彻落实武汉市规划局创建全国一流规划局的目标，东湖分局以“双提”活动为抓手，认真组织实施“五个一”工程。一是及时传达学习，领会精神，提高思想认识；二是制定目标，明确任务，狠抓落实，分阶段组织实施；三是结合工作实际认真进行案例剖析，边整边改。活动期间该分局走访、座谈征求辖区15个建设单位的意见，服务满意度有所上升，有效提高了办事效率和质量。（高遵凯）

【文明创建工作】 2008年，东湖分局积极参与全国文明城市和全国文明风景旅游区创建工作。在东湖生态旅游风景区管理委员会迎接全国文明风景旅游区检查中，分局政务信息交换平

东湖·香榭里

台、业务审批系统、数字武汉空间地理信息平台以及东湖三维数字地图等数字景区工作内容作为迎检窗口接受国家文明委、国家住房和城乡建设部、国家旅游局等三部委的检查，并受到好评。分局被东湖生态旅游风景区管理委员会评为先进单位。积极开展市级文明单位创建工作，2008 年分局被武汉市文明委员会评为市级文明单位。

（高遵凯）

【信访工作】 2008 年，东湖分局信访工作按照武汉市规划局的要求，妥善处理了各种情况：在奥运会及“两会”期间，分局上下一盘棋，杜绝了非正常进京上访事件的发生；全年办理领导的批示件、督办件 52 件（其中武汉市政府 2 件、武汉市规划局 16 件、武汉市国土资源和房产管理局 7 件、东湖生态旅游风景区管理委员会 24 件、青山法院 1 件以及来访 2 件），按时办结率为 100%；接待群众电话或上门来访 100 余人次，均给予认真接待和答复，回复率达 100%。

（廖　威）

【党建工作】 2008 年，东湖分局按照计划对党员开展经常性的学习教育和培训，开展了《党章》的再学习；5.12 四川汶川地震发生后，广大党员积极响应中组部的号召，21 名在职及离退休党员共交纳“特殊党费”达 9500 元；在党员带领下，分局干部职工发扬“一方有难，八方支援”的精神，慷慨解囊，踊跃捐款捐物达 6100 元；“七一”前夕，分局组织党员参观了抗震救灾图片展，加强了党性教育，增强了党性观念；邀请了东湖生态旅游风景区管理委员会组织部领导到分局上专题党课；党、工、青、妇联手共同商定工作计划开展活动，相继组织了迎奥运长跑赛、“五四”团员青年登山赛、乒乓球赛、羽毛球赛，参加了该管委会组织的长跑接力赛、龙舟赛及迎新春文艺汇演等。通过一系列活动的开展，增强了党支部的凝聚力和向心力，激发了干部职工的工作干劲和热情。

（高遵凯）

【反腐倡廉工作】 2008 年，东湖分局狠抓党风廉政建设，从源头上治理腐败。深入贯彻落实《建立健全教育制度监督并重的惩治和预防腐败体系实施纲要》，成立领导小组并制定实施方案，明确工作责任，分局纪检组与各科室签定了廉政责任状，组织开展了“情系民生，勤政廉政”等主题活动，重申了廉政纪律及规定，全年没有发生违纪现象。

（高遵凯）

【财务管理】 强化财务管理，严格按预算使用各项资金。2008 年完成原东湖分局局长肖诗韬的离任审计；完成 2009 年预算上报工作；规范各类津补贴发放，严格控制公款接待、公费出国；制定分局支出月报分析制度，适时对分局各项支出进行监控；严格执行政府采购制度，公示公开分局重大开支项目，从源头上、制度上治理腐败。

（高遵凯）

【办公自动化】 2008 年，东湖分局围绕中心工作，积极推进信息化工作，将规划审批、批后管理、验收全过程纳入电子监察，使分局行政审批效率大大提高，方便了信息的沟通。与武汉市城市规划信息中心合作开展了东湖生态旅游风景区三维数字地图建设工作，2008 年已完成东湖风景区的第一张图及听涛景区南部的精细建模工作，为景区规划编制及规划管理提供了良好的技术支撑。分局全年共投入 8 万余元更换购买机器设备，购置了投影仪、交换机和无线路由器等设备，更新了一批落后电脑，确保了分局信息化工作的正常开展，满足了分局工作的需求。

（廖　威）

第二节 开发区、市郊各区规划管理工作情况

东湖开发区分局

【东湖新技术开发区概况】 东湖新技术开发区正式成立于1988年，位于武汉市东南部的三湖六山之间。1991年被国务院批准为国家级高新技术开发区，2000年被科技部、外交部批准为APEC科技工业园区，2001年被原国家计委、科技部批准为国家光电子产业基地，即“武汉·中国光谷”。

“武汉·中国光谷”已建成国内最大的光纤光缆、光电器件生产基地，最大的光通信技术研发基地，最大的激光产业基地。2000家高新技术企业分类聚集，以光电子信息产业为主导，能源环保、生物工程与新医药、机电一体化和高科技农业竞相发展。“武汉·中国光谷”已成为我国在光电子信息领域参与国际竞争的标志性品牌。（魏海波）

【目标任务完成情况】 2008年，东湖开发区分局共发放“一书一证”135项，规划用地1570.30万平方米；发放《建设工程规划许可证》130本，建筑面积3169万平方米；完成建设项目规划验收66项，总建筑面积167万平方米；完成市政道路修建规划编制40条，涉及道路长度100公里,完成各类市政管道红线审批100条，涉及管线长度180公里；完成11803亩征地任务，供地27宗，面积2721.04亩，成交金额9.83亿元，收入6.35亿元；登记发证72宗，登记面积达660万平方米，收取土地契税6400万元；受理房产登记36637件，建筑面积494万平方米，收取相关税费6777万元；受理人防工程报

阳光海岸

建项目 20 个，竣工项目 5 个，面积 3.86 万平方米，依法收取易地建设费 1479.89 万元，对辖区 6 个住宅小区物业实行物业管理招投标，人防物业无安全生产事故。（魏海波）

【推进武汉国家生物产业基地功能区建设】 自 2007 年湖北省获批“国家生物产业基地”称号以来，为发挥规划先导作用，引导武汉国家生物产业基地快速、有序建设。东湖开发区分局先后编制了 6 平方公里范围的《武汉国家生物产业基地概念规划》，11.70 平方公里范围的《武汉国家生物产业九龙基地概念规划》，60 万平方米范围的《武汉国家生物产业九峰创新基地概念规划》。为配合武汉国家生物产业基地建设，完成了《豹澥新镇概念规划》，启动了《豹澥地区控制性详细规划》和《国家生物产业九峰创新基地及九龙产业基地控制性详细规划》。

（魏海波）

【完善武汉科技新城规划体系】 2008 年，东湖开发区分局积极开展规划研究，依照《城乡规划法》编制了多种类型、多个层次的规划。主要有：《武汉科技新城现代服务中心概念规划》、《武汉金融港概念规划》、《光谷广场地下空间概念规划》、《武汉国家生物产业九龙基地概念规划》、《武汉国家生物产业九峰创新基地概念规划》、《豹澥新社区概念规划》、《节能减排示范园概念规划》、《生态农业园概念规划》、《武汉科技新城电力设施专项规划》、《武汉科技新城排水专项规划》、《武汉科技新城教育设施专项规划》等。并配合武汉市规划局完成了《武汉市东南组群分区规划》和《武汉市控制性详细规划导则》的编制。制定了“武汉科技新城控制性详细规划编制计划”，率先推进急需建设地区控规的编制。

（魏海波）

【重点项目配套及新城配套设施建设】 2008 年，东湖开发区分局大力推进重大产业项目的配套工程，包括中芯国际项目和富士康产业城尾水排江管道的管道红线审批；规划富士康铁路专用线；完成华工、周店、钢铁村变电站的选址以及光谷步行街变电站选址的前期工作。

同时推动新城配套设施建设进度，包括完成高新热电扩建选址、官桥湖截污工程修规审批、卓刀泉立交工程建设，推动光谷同济医院建设、汤逊湖污水处理厂扩建项目进程。

为优化城市功能，提升城市品质，该局还积极促进武汉金融港和创意产业园的规划建设。

（魏海波）

武汉开发区分局

【武汉经济技术开发区概况】 武汉经济技术开发区于 1991 年 5 月 16 日破土动工，1993 年 4 月经国务院批准为国家级经济技术开发区，管理范围 192.70 平方公里。2000 年 4 月，经国务院批准同意在开发区内设立武汉出口加工区，规划面积 2.70 平方公里。开发区实行“小政府、大社会”的管理体制，工委、管委会代表武汉市委、市政府统一管理开发区经济与社会各项事务。

该开发区位于武汉市区西南，濒临长江，地处市区中环线和外环线之间，东临长江黄金水道，西靠后官湖，北以升官渡与汉阳区相接，南与蔡甸区、汉南区相邻。318 国道横穿该开发区东西，北京至珠海的高速公路纵贯南北，具有独特的区位和交通优势。该开发区湖泊环绕，景色秀美，是一处创业、居家、旅游、休闲的理想之地。（李　文）

【军山组团总规报批】 2008 年，武汉开发区分局紧抓军山组团总体规划的报批。经跟踪协调，该总体规划获得了武汉市政府批准。

（李　文）

【控制性详细规划设计工作】 2008年，武汉开发区分局启动了军山黄陵片区控制性详细规划及市政专项修建性详细规划，红江社区及通融公司用地、华苑及周边用地局部控规及供地规划咨询（局部控规面积165.19万平方米，规划咨询8.83万平方米），11R2地块局部控规及供地规划咨询（局部控规面积32.84万平方米，规划咨询2.45万平方米），小半岛地块项目策划及规划咨询（用地面积49.40万平方米）以及三角湖周边控规设计。根据征地工作要求和建设发展需要，完成了4个规划咨询方案：武汉经济技术开发区红三角用地规划咨询方案（用地面积20万平方米），武汉经济技术开发区红升村储备咨询方案（用地面积20.25万平方米），武汉市商业服务学院校园规划咨询方案（用地面积52.44万平方米），湖北科信科技开发有限公司用地规划咨询方案（用地面积2.21万平方米）。

（李　文）

【规划审批工作】 2008年，武汉开发区分局为上海纳铁福传动轴有限公司等15个建设用地项目办理了《建设项目选址意见书》，为武汉加多宝饮料有限公司等37个建设用地项目办理了《建设用地规划许可证》，总用地面积为2392.96亩；为神龙汽车有限公司等163个建设工程项目发放《建设工程规划许可证》，总建筑面积为292.15万平方米；为名幸电子武汉有限公司等69个建筑工程项目发放《建设项目规划验收合格证》，总建筑面积85万平方米。监督完成65项建筑红线，29项市政红线核位放线工作。审批了15个人防建设工程，总建筑面积为3.03万平方米；对6个建设项目收取人防易地建设费共189.23万元，对6个人防建设工程实施验收，总建筑面积为2.48万平方米。督促人防物资库开工建设，解决了建设中的大量问题。发送违建停工通知10份，处罚江汉大学文理学院、武汉湘隆房地产开发有限公司、凯润服饰有限公司等4个项目违章建设。（李　文）

薛峰社区

【沌口地区总规的局部调整和启动重点基础设施建设】 2008年，武汉开发区分局抓住武汉市政府将要批复西南组群城市总体规划的机遇，争取武汉市规划局的支持，对沌口组团的总体规划进行了局部调整。完成了三角湖北路、江城大道万家湖段的设计并启动了该两项工程建设。

（李　文）

【推进军山地区和汉阳共建区基础设施建设】 2008年，武汉开发区分局完成了军山第一大道（朱山湖北路—官莲湖大道）道路排水修建规划，全长约6.90公里；完成了军山第二大道（朱山湖大街—滨江路）道路排水修建规划，全长约9.30公里。完成了军山第一大道的施工图设计并已开工建设，完成了共建区江城大道以西1400亩地块的吹填，完成了共建区神龙三厂二期2400亩吹填场平设计，南太子湖北路的施工图设计已完成并已开工建设。（李　文）

【房地产业规划研究工作】 2008年，由华中科技大学初步编制完成的《武汉开发区房地产发展规划（2008~2012年）》已全部完成。该规划对开发区房地产业发展现状做了全面的评价并对存在的产业问题提出了合理化的建议，对军山组团未来的发展作了合理的预测，将有效地指导开发区未来房地产行业健康、合理、和谐地发展。

（李　文）

【基础工作完成情况】 2008年，武汉开发区分局完成了武汉市规划局布置的各项工作，并及时反馈情况。深入开展“双提”活动，认真总结工作经验，探讨改进作风、提高服务质量的新方式，深入剖析典型案例，进一步理顺办事流程、简化审批程序，提高办事效率；领导批示件、督办件按时办结率100%；积极参加武汉市规划局组织的《城乡规划法》培训和其他各种相关培训，组织《城乡规划法》宣传活动2次，在该分局办公大楼门口两侧挂横幅宣传标语，在政务大厅电子滚动屏幕上滚动播放《城乡规划法》。

（李　文）

东西湖区局

【东西湖区概况】 东西湖区地处长江北岸，武汉市的西北近郊，汉江、汉北河及府环河汇合之处。位于北纬30°34′~30°47′，东经113° 53′~114° 30′之间，是古云梦泽的一部分。境域自姑嫂树向西沿张公堤至舵落口接汉江干堤至新沟，再接旧府河堤至辛安渡，东北沿沦河、府河（又名捷泾河）经北泾嘴、黄花涝、大李家墩至戴家山，全境东西长38公里，南北宽22.50公里。国土面积499.71平方公里（勘界后的幅员面积）。东西湖区辖19个街道、办事处（园区），2008年末，在册户籍人口26.20万人。

（夏早富）

【“三城一新”战略规划研究】 2008年，按照“产业集聚、布局集中、资源集约”和可持续发展的原则，东西湖区形成了“三城”（吴家山新城、泛金银湖新城、台商产业新城）“一新”（新农村建设发展区）的发展构架。《泛金银湖新城概念规划》已通过了武汉市政府的批复，全区中心村布点规划在东西湖区第八届人大常委会第13次会议上审议通过，《吴家山新城概念规划》和《台商产业新城空间布局概念规划》成果已经完成。上述规划成果，将为全区经济建设、社会发展起到至关重要的宏观指导作用，成为今后一个时期全区“两型社会”建设、土地集约利用的重要依据。（李　青）

【规划编制】 2008年，东西湖区局组织编制全区城市总体规划、详细规划及中心村规划共76项，其中概念规划3项，总体规划11项，控制性详细规划46项，家园建设行动计划规划16项。完成规划专题研究32项。完成了《东西湖区土地利用总体规划》修编工作的资料收集、《东西湖区土地利用总体规划大纲》的编制并办理了选址项目的上图工作。配合武汉市规划局完成了武汉市西部新城组群、保税物流中心、台商密集区等的相关规划，为全区争取发展空间和优惠政策起到重要支持作用。东西湖区金银湖、吴家山等重点发展地区控制性详细规划覆盖率达到100%。（李　青）

【城乡规划管理】 2008年，东西湖区局依法依规进行“一书三证”审批。全年审查项目落户选址43项；对14个用地项目进行了预审；办理规划选址项目272项，其中核发武汉市中小学校外教育活动中心等《建设项目选址意见书》65本；核发《建设用地规划许可证》65本，办理土地转让用地规划审核项目41项；受理和审查各项规划方案、建筑核位共124项；受理规划验收120项，已办理118项；受理市政管线、道路工程核位34项，办理28项；核发《建设工程规划许可证》145本、总建筑面积391.30万平方米；核发《建设工程规划验收合格证》116本、总建筑面积262.80万平方米；全年按规定共收取城配费6371.90万元。鼓励企业加大投入强度，对工业建设项目原则上只进行最低容积率的控制，对兴建标准厂房、多层厂房的企业实行优惠政策，通过规划建设中小企业城、小贩中心等方式既满足了各类创业主体的需求，又实现了土地节约集约利用。

（李　青、冯善德）

【基础测绘】 2008年，东西湖区局将基础测绘工作列入年度考核目标，组织编制完成了东西湖区辛安渡农场107国道以西、柏泉农场沿东柏线两侧、巨龙湖及杜公湖以东1：2000的数字化地形图测绘工作，面积约126平方公里。

（冯善德）

新港苑

【城乡规划执法】 2008年，东西湖区局查处违法建设案件23件，查处率达100%，罚款金额为180万元。通过加大批后管理力度，发挥群众举报和监督作用，违法案件的数量与往年相比呈逐年递减趋势。（涂锦健）

汉 南 区 局

【汉南区概况】 汉南区位于武汉市西南部，地处江汉平原。东南面临长江与嘉鱼县隔江相望，西南与仙桃市、洪湖市接壤，北倚通顺河，与武汉经济技术开发区、蔡甸区毗邻。区内地势平坦，海拔高程（吴淞）20.30~26米，江湖交错。汉南区属北亚热带东南亚季风湿润气候，年平均气温16.80℃。2008年，汉南区下辖纱帽、邓南、湘口、东荆4个街道办事处，东城垸、乌金、汉南、银莲湖4个国营农场，1个省级开发区、1个农业科学研究所和1个畜牧养殖场，8个社区居委会、55个村（队）。国土面积287.07平方公里，耕地面积10500万平方米，总人口14.88万人，常住人口10.71万人，总户数4.13万户。（姚继文）

【规划编制】 2008年，汉南区局编制完成武汉市第四批“家园建设行动计划”汉南区9个试点村建设规划；完成了兴业大道景观控制规划编制工作，着力打造纱帽新城新的发展轴线和城市名片；及时启动了杜家台分蓄洪区大军山闸和泄洪道规划调整；开展了纱帽新城总体规划编制工作前期课题研究。（姚继文）

【规划管理】 2008年，汉南区局完成建设用地规划审批项目37项，用地面积13.84万平方米，建设工程规划审批项目18项，建筑面积47.69万平方米，发放《建设用地规划许可证》25本、《建设工程规划验收合格证》19本、《建设工程规划许可证》18本。（姚继文）

【勘察测量】 2008年，汉南区局完成工程勘察设计项目29项，工程地质勘察面积35万平方米，工程测量项目86项，实现勘察测量产值241万元。（姚继文）

兴业佳园

【拆违执法】 2008年，汉南区局按市局统一部署，完成全区违法违章建筑调查摸底工作，制定方案并成立领导小组和工作专班。全年共查处规划违法行为79起，建筑面积5626平方米，拆除71起，拆除建筑面积5146平方米，另外8起移交汉南区城市管理执法局处理，均已依法处理，结案率达100%。（姚继文）

【信息化建设】 2008年，汉南区局在硬件方面投资40余万元，新购置了财务、档案和人事管理等专业软件，同时加大业务工作信息化管理，认真实施“一书三证”网上审批，全年通过“武汉城乡规划网电子政务平台业务审批系统”发放《建设项目选址意见书》27本、《建设用地规划许可证》25本、《建设工程规划许可证》18本。（姚继文）

【《城乡规划法》宣传】 2008年，汉南区局认真组织《城乡规划法》宣传。一是加强领导，精心组织，制定方案，成立领导小组和工作专班，确保《城乡规划法》的顺利贯彻实施；二是多措并举，广泛宣传，印发宣传单3000余份，悬挂横幅10余幅，制作展板20多块，设置咨询点4个；三是加强学习培训，举办了1期《城乡规划法》法律知识培训班，参训人员达到100多人，发放培训教材100余份，同时选派了部分街道办事处一把手和分管领导到武汉市规划局参加学习培训。（姚继文）

【信访工作】 2008年，汉南区局认真贯彻落实国家《信访条例》，建立、健全了信访工作制度，设立举报电话和信访接待室，建立了信访台账，全年接待群众21人次，受理信访件5起，已全部办结和答复，回复市长专线督办单3份。（姚继文）

【党风廉政建设】 2008年，为加大治理商业贿赂和预防职务犯罪活动，从源头上预防腐败现象的发生，结合汉南区局实际，狠抓了党风廉政建设。一是健全和完善各项制度；二是落实领导责任制；三是加强培训教育，全年未发生违纪现象。（姚继文）

蔡 甸 区 局

【蔡甸区概况】 蔡甸区位于武汉市西南部、北临汉江与东西湖区隔江相望，东连汉阳区，东南邻武汉经济技术开发区，南达汉南区，西临汉川市。蔡甸区下辖11个街、镇、乡、场和沌口经济开发区、姚家山工业园、常福办事处、文岭办事处。该区总面积1093.53平方公里，其中城镇面积30平方公里；总人口49万人，其中城镇人口22万人，规划到2010年城镇面积将达到50平方公里，城镇人口将达到48万人。（胡正奎）

【分析研究区域性“规划环境”】 2008年，武汉都市发展区的统一规划，使蔡甸区域的“规划环境”进一步明晰：蔡甸区城镇体系呈现“以主城为核心，新城为重点（蔡甸、常福），街（侏儒、永安、大集、张湾）和镇（玉贤、索河）为基础的网格状格局。蔡甸区的东部地区属武汉都市发展区范围内的西南新城组群和西部新城组群。西南新城组群中心为常福、沙帽，常福定位为发展汽车和零配件制造、机电制造等主导产业及汽车展示、销售、服务等第三产业，配套居住、商业等服务设施；西部新城组群中心为蔡甸和吴家山，蔡甸发展定位为西部的轻工业发展区和农副产品集散地，依托良好的自然山水条件，建设宜居新城。后官湖绿契由索河风景区、九真森林公园、后官湖郊野公园、龙阳湖—墨水湖风景区等组成。（胡正奎）

【规划编制情况】 2008年，蔡甸区局在服务重点项目工作中，完成了以下规划：一是编制了南湖半岛控规导则初步方案，作为管理参考；

二是编制了常福新城启动区重点地区控规调整方案及服务项目的引进；三是调整了姚家山工业园控规，指导项目布局；四是编制了蔡甸经济开发区工业布局规划，促进园区产业定位和布局；五是加强后官湖生态新区规划研究，为领导决策提供依据。（胡正奎）

【编制村庄规划】 2008年，蔡甸区局编制完成了以下村湾规划：一是完成了全区64个家园创建村村湾规划，启动了2009年68个村村湾规划；二是基本完成了全区10个街镇、镇域村庄布局规划；三是编制了奓山星光、红焰、玉贤蝙蝠等3个新村规划。（胡正奎）

【用地规划审批实施情况】 2008年，蔡甸区局根据用地规划管理工作职责要求，制定完善了用地规划审批工作流程及相关表格。在日常规划审批工作中，一是严格依据蔡甸城关总体规划、常福新城总体规划及各乡镇总体规划的要求，严格执行法律、法规，认真审查审批项目规划方案，核发《建设项目选址意见书》和《规划设计条件》；二是认真按照武汉市规划局对过渡期用地规划审批的规定，要求建设单位对控规未覆盖地区的用地编制规划咨询报告，并采取业务例会、专家咨询会、重大项目签报区政府等多层面集体决策机制审批规划。

全年办理《建设项目选址意见书》16本，批准选址用地面积1044.60亩，办结率100%；核发《建设用地规划许可证》50本，用地面积1702.20亩，办结率100%。办结的储备用地总面积为7001亩，已办结土地储备占拟储备的88%（件数）。办结的招、拍、挂出让用地总面积3337.70亩。（胡正奎）

【建筑规划审批实施情况】 2008年，蔡甸区局在建筑工程规划管理方面，针对原来粗放化规划管理中存在的具体问题，如规划方案审批过程中公示问题、技术校核报告及档案管理等问题，认真加以完善与改进。一是组织相关工作人员到武汉市规划局建筑规划管理处、市政规划管理处等处室专题学习，结合该区实际，从建筑方案审批、建筑施工图审查到《建设工程规划许可证》的发放，制定了一套科学的建管程序和规范的审批表格。新启用了建筑规划方案审批专用章和建筑规划施工图审批专用章。二是在规范建筑

奓山街星光村

规划方案及施工图的审批过程中，严格按照《城乡规划法》及相关法律、法规、规章和技术规范的要求执行，重点把握了消防、道路红线、水体蓝线、绿地绿线、人防、公建配套等环节，特别是蔡甸区规划局单设以后，尽量杜绝了在建筑间距不够时以协议形式确认的审批方式。2008 年，共审批项目规划建筑方案 81 起，核发《建设工程规划许可证》77 本，总建筑面积 55.63 万平方米，基本做到了严格按相关法律、法规审批。

（胡正奎）

【勘查测量工作】 2008 年，蔡甸区局努力拓展勘测市场，积极完成经济目标：一是完成莲花湖治理工程相关测量工作；二是完成市政设施建设工程相关测量工作；三是完成创建家园行动计划新农村建设相关工作，蔡甸区勘测院全年完成了 68 个行政村测量工作，整个测区面积达 80 平方公里；四是蔡甸区勘测院完成了丹江口移民点地形图测量工作，测区面积达 4500 亩；五是受蔡甸区发展和改革委员会委托，蔡甸区勘测院与武汉市勘测设计研究院合作完成了京珠公路以西，汉蔡公路以南 14 平方公里 1∶2000 基础图的测量工作；六是按照蔡甸区政府有关指示精神，蔡甸区勘测院配合武汉市勘测设计研究院历时 3 个月完成了《武汉市蔡甸区地图》编制工作。

（胡正奎）

【勘测工程完成情况】 2008 年，蔡甸区勘测院积极开展日常业务工作，先后完成了污水处理及污水收集系统勘察、蔡甸区公安局建管中心 1∶500 地形图测量、和记黄埔地形图测量、长江大学 1∶500 地形图测量、后官湖 1∶500 地形图测量等 70 项测量工程。完成武汉鑫家地产、碧云宾馆、丽水新城、西岸百合春天等竣工测量工程 47 项。完成东方天燃气有限公司、华泰植物油（武汉）有限公司、武汉天润工业园、武大绿洲等放线项目 65 项。完成了污水处理收集系统、光华欣居、武汉中博置业有限公司等地质勘察工程 30 项。

（胡正奎）

【基础工作完成情况】 2008 年，蔡甸区局共检查办证建设项目 23 项，建筑面积 17.29 万平方米（其中 5 处未开工），检查率达 100%；查处违法建设项目 3 项，其中两处私人建房已处理结案；检查证前违法建设项目 20 项，均函告区城管执法局查处；规划验收建设项目 21 项，建筑面积 32.32 万平方米，其中有 2 个建设项目涉及违章，均作出了相应处罚；配合武汉市勘测设计研究院放线 33 处、验线 29 处；及时办理回复督办件 7 起，其中市级 1 起，区级 6 起。（胡正奎）

【法律、法规学习和宣传】 2008 年，蔡甸区局认真开展法律知识学习培训和宣传活动。3 次组织派员参加省、市主管部门举办的《城乡规划法》培训 20 人次；在局内举办综合学习培训活动 2 次，参加培训 60 人次，重点学习了《城乡规划法》及规划强制条文；利用法制宣传月、宣传周、宣传日，在 1 月、4 月、9 月共分 3 次在蔡甸城关设置宣传点，进行了《城乡规划法》及相关法律、法规的宣传活动，共发放各类专业法律、法规宣传资料 2000 余份，接待群众咨询 200 余人次，布置各类宣传展板 20 多块。在电视台滚动播放规划管理方面的法规政策，曝光违法建设行为，使社会各界和广大市民更加理解、支持、配合规划工作。 （胡正奎）

【规划管理与执法工作】 2008 年，蔡甸区局在规划管理与执法工作方面主要作了以下工作：一是建立和完善批后管理相关制度，制定了《武汉市蔡甸区规划执法监察建设工程批后管理实施办法（试行）》，初步建立了强有力的批后监管机制，规范了行政处罚自由裁量权，明确了行政处罚的具体处罚幅度；二是加强与区城市管理执法局配合，对巡察过程中发现的未取得《建设工程规划许可证》的违法建设行为（批前）主动制止、责令停工，及时文字函告区城市管理执法局查处；三是加大查处力度，严厉打击违法建设行为，加强巡查，加强与相关部门配合，及时发现和制止违法建设行为，提高办案效率和处理结案率；四是研究制定城乡个人建房规划审批与批后管理规范性文件。（胡正奎）

江　夏　区　局

【驻区概况】 江夏区位于武汉市南部，东与东湖新技术开发区相连，南与咸宁市毗邻，西临长江，与蔡甸区、汉南区隔江相望，北接洪山区。版图面积2018平方公里，下辖6街、4镇、2乡，总人口64.38万人。区域范围内基础设施建设良好，人文底蕴丰厚，经济发展迅速。

（邓咏彬）

【基础工作情况】 2008年，江夏区局编制了14个城乡规划，其中总体规划3项，控制性详细规划8项，专项规划3项。获批复各类城乡规划14项（含2007年上报）。配合“家园建设行动计划”编制新农村建设规划116项；办理建设项目规划选址59宗，用地面积276.39万平方米，核发《建设用地规划许可证》69本（含往年项目），用地面积338.27万平方米；完成建设项目规划预审11宗，面积94.10万平方米，其中农用地72.57万平方米。根据土地利用总体规划，全区已划定基本农田保护面积75727.77万平方米。同时，因建设需要，局部调整土地利用总体规划4处，调整面积25.42万平方米。核发各类土地证书3251本，发证面积939.32万平方米。其中，核发《国有土地使用证》3120本，登记面积477.78万平方米；核发《土地他项权利证书》75本，抵押土地面积231.45万平方米；核发《集体土地使用证》7本，登记面积0.08万平方米；核发《储备土地通知书》49本，面积230.01万平方米。同时，成功调处土地权属纠纷1宗，勘界审查168万平方米。受理新增建设用地138宗，面积1150.94万平方米，涉及农用地925.73万平方米，耕地598.37万平方米。其中，44宗已获湖北省政府批准，审批面积326.16万平方米，涉及农用地253.49万平方米，耕地191.81万平方米。供应建设用地并核发《建设用

富丽奥林园

地批准书》38宗，面积175.50万平方米。

完成矿山企业采矿许可证年检注册58个，征收矿产资源补偿费240万元，向中央财政上缴15万元，按照《江夏区矿产资源总体规划》关闭了禁采区内矿山企业3家，督促矿山安全隐患整改9家、15处，完成3个矿种、9个矿区、23个矿山的资源整合工作。对28个地质灾害易发点进行了监测，共发放"地质灾害明白卡"和"避险卡"各50份，有效防止了地质灾害的发生。（邓咏彬）

【建设项目审批】 2008年，全区共审批建设项目63个，建筑面积196.85万平方米（其中管线10035米，立交桥330米×28.50米），收取城市基础设施配套费2220.10万元。其中，纸坊城区审批项目45个，建筑面积113.90万平方米，管线8公里，收取城市基础设施配套费1065.37万元；庙山经济开发区审批项目12个，建筑面积43.19万平方米，收取城市基础设施配套费1154.73万元；藏龙岛经济开发区审批项目6个，建筑面积39.76万平方米（其中管线2035米，立交桥330米×28.50米）。（邓咏彬）

【勘察测绘】 江夏区土地勘察测绘队和规划勘测院合并后，共完成各类测绘项目598项。其中：地形测绘30项，面积6930亩；竣工测绘46项，面积123万平方米；拨地钉桩46项，共335组（件）；勘界101项，面积12610亩；地籍测绘217项，面积10153亩；土地储备测绘119项，面积15936亩；违法用地查处测绘39项，面积4512亩。（邓咏彬）

【城乡规划】 2008年，江夏区局共办理建设项目规划选址61宗，总用地面积276.89万平方米（其中东湖新技术开发区8宗，用地面积63.74万平方米）。核发《建设用地规划许可证》73本，总用地面积345.09万平方米（其中东湖新技术开发区8本，用地面积63.74万平方米）。

共出具土地储备规划要点或规划设计条件93宗，其中，东湖新技术开发区25宗，江夏区68宗，总用地面积473.37万平方米。

完成纸坊街河头片旧城改造储备地块的规划设计条件，规划用地总面积8.85万平方米，其中净用地面积8.25万平方米，道路控制用地面积0.60万平方米。（邓咏彬）

【信息化建设】 9月22日，江夏区局开通了武汉市江夏区国土规划管理局网站（www.jxtd.gov.cn）。并投入一定资金，在原有30台计算机的基础上又新增8台，并购置了服务器扫描仪、刻录机等信息化设备。

截至2008年12月，江夏区局累计主动公开信息46条，网站发布信息总量214条。

2008年，江夏区局审批核发"一书三证"275本，其中：《建设用地选址意见书》50本，《建设用地规划许可证》45本，《建设工程规划许可证》95本，《建设工程规划验收合格证》80本。在武汉市规划局局域网发布信息157条，其中：新闻动态59条，规划公示35条，土地市场13条，公告4条，数据资料4条，批后公示17条，机构设置3条，办事指南18条，执法监察4条。（邓咏彬）

【新农村规划】 截至2008年底，江夏区305个行政村建设规划编制工作完成289个，位居全市前列。（邓咏彬）

【中国南方机车集团武汉基地项目规划】 中国南方机车集团武汉基地（以下简称"南车武汉基地"）项目于2006年8月16日由南车集团与武汉市人民政府及江夏区人民政府正式签约落户江夏区大桥新区。2007年4月23日，江夏区城市规划管理局下发了《关于南车集团长江公司武汉基地厂区规划方案的批复》（夏规技字[2007]5号），同意《关于南车集团长江公司武汉基地厂区规划方案》，"南车武汉基地"项目进入建设阶段。

项目计划投资30亿元人民币，利用两年时间建成，建成后销售收入38亿元，利税2亿元。

2008年12月28日，首辆新造货车下线，同时，金口码头项目正式奠基。（耿　武）

【武汉·龙泉山文化生态旅游区总体规划】 《武汉·龙泉山文化生态旅游区总体规划》于2008年2月25日经武汉市旅游局和武汉市发改委（武旅［2008］44号）批准。（耿　武）

【武汉市巴登城项目选址论证报告】 4月26日，江夏区政府、武汉巴登城项目公司、华侨城国际酒店公司共同签订了投资管理意向协议书，策划实施“武汉巴登城”项目。

“武汉巴登城”选址于以江夏区五里界街介子山庄为基础的五里界南部地区，拟控制用地范围667万平方米，其中开发用地413万平方米，包括规划建设用地233.54万平方米和规划旅游用地170万平方米。

该项目得到湖北省、武汉市各级领导的关注和支持。4月27日，省长李鸿忠接见了华侨城国际酒店公司和武汉巴登城项目公司的领导，并对武汉巴登城项目的规划建设作出了重要批示。6月20日，市长阮成发召开专题会议，就巴登城项目建设有关问题进行了专题研究，并提出要将项目建成湖北省甚至整个中部地区最具品味、最高水平的温泉度假项目。6月21日，湖北省委常委、武汉市委书记杨松实地考察参观深圳东部华侨城后，听取了武汉巴登城项目有关情况汇报，并指出武汉巴登城项目首先要做好交通基础建设，要求加快武汉巴登城的开发建设，市委、市政府以及各相关部门要大力支持，争取尽早动工，为武汉市经济发展作出积极贡献。（耿　武）

【区域控规编制】 5月22日，《武汉江夏区梁子湖风景区北咀控制性详细规划》经江夏区政府（夏政土字［2008］70号）批准实施。

9月，江夏区局委托华中科技大学规划设计研究院编制《纸坊城区城北片控制性详细规划》。

9月12日，《江夏区郑店集镇（街）控制性详细规划》经江夏区政府（夏政函［2008］67号）批准实施；《江夏区黄金工业园控制性详细规划》经区政府（夏政函［2008］67号）批准实施。

（耿　武）

【大花山地区用地规划】 10月24日，《大花山地区用地规划》经武汉市规划局（武规函［2008］508号）批准实施。（耿　武）

【廉政建设】 帮助领导干部算好“廉政三本账”（即经济账、政治账、亲情账），从经济、政治、亲情三个方面，阐述违纪违法的不合算性，教育领导干部廉洁奉公，遵纪守法。全局领导干部自觉上缴礼品、礼金折合人民币3.80万元；2008年共查处违纪案件3起，涉及违纪人员6人。

（邓咏彬）

【机关作风建设】 5月8日，江夏区局启动以“双整双简双提”为主要内容的机关作风整顿工作。按照“两个基本、两个简化”的总要求，加强和改进机关作风建设，强化国土规划管理和服务，优化审批流程，提高服务效率。

精减业务办理流程，规范了规划的评审程序；严格审查单位建房用地；整合机构，精简人员，清退富余临时工作人员43人；职能和业务相似的单位归并，整合资源，关闭被精减的企业管理单位，提高办事效率；规范车辆管理，对全局公务用车进行了全面清理，上交13台超标车辆，其中，按照规定移交财政公开拍卖9台，调剂使用4台，节约了行政成本。（邓咏彬）

【法规宣传】 自“五五普法”工作开展以来，江夏区局先后举办20余期各种形式的培训班，邀请法律专家为干部职工授课，选派20余人参加上级主管部门举办的各类培训班，组织人员参加各类考试，开展各类法律知识竞赛活动；实施“法律六进”，并与区党校（行政学校）共同编印教案，利用重大活动日（“4·22”地球日、“6·25”土地日、“12·4”法制日）上街宣传；通过江夏区委、区政府组织的“三下乡”活动，开辟宣传橱窗、设置固定宣传栏、制作宣传展板、在建筑土地储备地块的围墙上刷写宣传标语以及在新闻媒体上传递信息等方式向广大群众宣传，展示国土规划工作风貌，提升国土规划法律法规的社会知晓率，提高全社会依法保护、合理利用国土资源和增强城乡规划意识的自觉性，真正使国土规划的法律法规知识渗透到社会的各个层面和每个角落。（邓咏彬）

黄陂区局

【黄陂区概况】 黄陂区位于武汉市北部，东与黄冈市红安县、武汉市新洲区接壤，南与武汉市江岸区、江汉区毗邻，西与孝感市相连，北与大悟县交界。全区国土面积2261平方公里，总户数36.70万户，总人口111.85万人。全区设2个乡，6个镇、8个街，1个原种场，1个风景管理处，1个经济开发区。黄陂区国土面积和人口数位列武汉市远城区第一，在武汉城市圈发展战略的带动下，黄陂区充分发挥区位、交通、资源等优势，推进工业化和城镇化进程，形成了5大发展板块：南部经济发展带、中部前川卫星城、北部生态旅游区、东部都市农业区、西部庄园农业区。该区正在由传统的农业大区向现代新型城区迈进。（王先明）

【规划编制工作】 2008年，黄陂区局以构建科学的规划体系为目标，强化规划编制及其衔接与整合。一是积极配合武汉市规划局和武汉市城市规划研究设计院编制《武汉新城组群（北部）分区规划》，在资料收集、征询反馈意见等不同阶段，积极主动配合，提出合理化建议；二是根据区域发展现状与发展趋势，编制完成了《黄陂区综合交通规划》、《泛武湖地区产业发展规划》、《武汉临空经济区制造业基地控制性详细规划》等一批规划成果，通过与相关规划的衔接，确保其与总体发展目标的一致性；三是积极推进城乡规划一体化进程，编制完成了蔡店乡等15个乡镇场镇域村庄布局规划和172个家园建设创建村规划。在湖北省建设厅组织的2007年度优秀村庄规划评选中，该区有3个创建村规划获一等奖，1个创建村规划获二等奖，分别占一、二等奖总数的3/4和1/8。通过积极开展规划编制，加强规划整合，全区城乡规划体系日臻完善，规划内涵日益丰富。（王先明）

【规划审批】 2008年，黄陂区局严格按“一书三证”审批流程办理规划审批事项，全年共核发《建设项目选址意见书》24本，用地面积257.23万平方米，其中，市政工程3项，用地面积219.88万平方米，农村《个人建房规划选址意见书》2472本；核发《建设用地规划许可证》38本，用地面积25.74万平方米；审批市政工程管线方案7项，总长41.70万米；办理规划验收项目43项，建筑面积106.49万平方米。（王先明）

【规划咨询】 2008年，黄陂区局积极开展项目规划咨询，重点地区和重点建设项目在提交审批前，先由规划设计部门编制建设项目规划咨询研究报告，提出规划设计控制要求和参考方案，促进了项目审批结果的科学性与合理性。坚持项目审批分级决策，按照规划专业例会、局务会、区政府规划用地审批会3个层次，对不同规模和级次的建设项目进行审批，保证了规划决策的科学化与制度化。（王先明）

【规范商住项目建设】 2008年，黄陂区局切实贯彻国家宏观调控政策，落实国务院关于调整住房供应结构、稳定住房价格的精神，在商品

住宅项目的审批过程中，严格按规定控制户型面积比例；严格依据城市总体规划和居住区规范落实公共服务设施的配套。（王先明）

【控违拆违工作】 2008年，黄陂区局认真落实《武汉市控制和查处违法建设办法》，配合全区控违拆违工作，及时提供城乡个人建房规划审批情况，为全区控违拆违工作提供了可靠依据；安排区局执法人员参与全区组织的拆违大行动10次，配合强拆违建项目63处，建筑面积4.14万平方米，督促自拆132处，建筑面积1.96万平方米。（王先明）

【服务重点项目建设】 2008年，黄陂区局从服务项目出发，成立了重点项目协调服务专班，区局一把手挂帅，总工程师具体负责。在项目运作过程中，加强与建设单位的联系沟通，主动介入项目前期策划与规划研究，实行全程跟踪服务，保障项目建设按规划顺利开展。先后参与服务的重点产业项目有：汉口北商贸城（市场群）、台湾农民创业园、武汉临空经济区制造业基地；重点公共设施项目有：前川污水处理厂、人民医院整体迁建、黄陂区客货运中心、公交换乘站、天然气和城乡供水管网规划选址；旧城改造项目有：前川中心区旧城改造、黄陂一桥及双凤亭公园改造、前川文体广场和市政广场改造等。与此同时，积极配合新增建设用地报批和地块供应，加强对地块规划条件审查，完善规划设计条件，协助完成了用地报批和土地出让出具规划条件工作。（王先明）

【信息化建设】 2008年，黄陂区局大力推进信息化建设，投资近200万元，与武汉市城市规划信息中心合作，开展了计算机网络改造、办公系统自动化、数字化地理空间信息平台和地籍管理四大网络信息系统建设，对推进电子办公，实现空间数据信息资源共享，提高行政审批效率发挥了较大作用。（王先明）

【加强容积率管理】 2008年，黄陂区局根据项目审批中发现的突出问题，以完善建设项目规划设计条件为重点，堵塞管理漏洞，规范项目建设。由区局拟定，以区政府名义先后制发了《黄陂区城市建设用地容积率管理暂行办法》、《关

武湖高车村

于严格商品住宅用地管理的意见》、《进一步规范商品住宅管理规定》等3个文件。擅自改变土地规划用途、擅自提高建设容积率的违法行为明显减少。（王先明）

【人才引进与交流】 2008年，黄陂区局加强人才引进与培养，面向社会公开招聘专业技术人员6名，充实到规划、建管、测量、信息中心等技术岗位；通过以老带新、岗位交流等措施，让新手在实际工作中得到锻炼，迅速成长。（王先明）

【《城乡规划法》宣传】 2008年，黄陂区局在《城乡规划法》颁布之际，借助黄陂区电视台、区局政务网等平台加强对该法的宣传，向区领导呈送宣传资料，通过流动宣传车、设立咨询点等途径向社会宣传该法，营造了良好的社会环境。（王先明）

【《黄陂区综合交通规划》征求意见会】 1月9日，黄陂区局召开《黄陂区综合交通规划》征求意见会，黄陂区区委书记袁堃、区长徐进，区政府等20多个部门（单位）主要负责人出席了会议。《黄陂区综合交通规划》是区委、区政府为加快推进临空经济区建设，构建全区综合交通体系而委托武汉市城市综合交通规划设计研究院编制，于2007年8月正式启动规划编制，在完成了对全区交通现状调查和相关资料搜集的基础上，编制并形成了规划中期成果。

会上，规划编制单位汇报了规划中期成果，区局等部门负责人对该规划提出了部分修改意见，徐进区长从战略性和全局性的高度发表了意见。金国发副区长要求与会部门和有关单位就《黄陂区综合交通规划》进一步结合实际提出修改意见，经区国土规划局收集汇总后，将综合修改建议报编制单位，以便对该规划进行修改完善。（王先明）

【《武汉新城组群（北部）分区规划》征求意见会】 7月21日，《武汉新城组群（北部）分区规划》征求意见会在黄陂区政府会议室举行。根据工作安排，武汉市规划局于2007年初启动了《武汉市新城组群分区规划（2007~2020年）》编制工作，在完成初步成果的基础上，规划编制单位——武汉市城市规划设计研究院于2007年9月在黄陂区召开了成果汇报会并征求了区政府的意见和建议，在此基础上，对新城组群（北部）分区规划进行了修改完善。按全市安排，该次由武汉市规划局与黄陂区政府共同举办的征求意见会将是该规划正式报批之前的最后一次征求意见会，对北部分区规划的最终成果十分重要。汇报会由区国土规划局局长杨枫主持，区人大、区政府、区政协领导，市规划局、市规划院领导和专家，区相关部门和街镇负责人参加了会议。（王先明）

【武汉市规划局到黄陂区现场办公】 10月28日，武汉市规划局局长张文彤带领该局相关处室、武汉市城市规划设计研究院、武汉市城市综合交通规划设计研究院等单位负责人到黄陂现场办公，就黄陂区近期和远期建设中的规划问题进行研究和解决。黄陂区区长徐进主持了会议，副区长孙江、吴俊勤，区委办、政办、国土规划、建设、交通、商务、经委等部门负责人参加了现场办公会。

黄陂区局局长杨枫汇报了近两年规划工作情况，提出了规划工作中面临的问题，黄陂区副区长孙江、吴俊勤结合全区重点产业建设中的发展规模与空间问题提出了建议与要求，武汉市规划局相关处室、武汉市城市规划设计研究院、武汉市城市综合交通规划设计研究院负责人就以上问题分别进行了解答。张文彤局长进行了归纳性讲话，他认为，黄陂区近两年城乡规划管理工作进一步规范，未来发展的空间规模可以多途径解决，相关规划要进一步深化和衔接。并表示将在规划技术规程的制定、人才交流培训、规划编制经费等方面给予黄陂区大力支持。徐进区长最后

作了总结讲话，他认为，黄陂南部地区的汉口北市场群、临空经济区等重点产业项目是黄陂的优势所在和未来发展的希望。（王先明）

新　洲　区　局

【新洲区概况】 新洲区土地面积1479平方公里，人口94.80万人。现有重点城镇14个，城镇户籍人口21万人，常住人口35.25万人。小城镇用地面积25平方公里。全区设立9个街道办事处（邾城、阳逻、仓埠、汪集、李集、三店、潘塘、旧街、双柳），3个镇（辛冲、徐古、凤凰），2个国营农场（涨渡湖、龙王咀），2个开发区（阳逻经济开发区、道观河风景旅游区）。（杨响华）

【规划编制】 2008年，新洲区局完成152个"家园建设行动计划"创建村建设规划和15个街镇场村庄布局规划编制。编制完成阳逻长盛行工业园（387.09万平方米）、阳逻国际物流园区（354.85万平方米）、阳逻粮食物流加工园（704.35万平方米）以及武钢钢材深加工基地控制性详细规划；编制完成《阳逻核心区控制性详细规划》、《邾城龙腾大道街景规划》，并经专家评审；编制完成《阳逻市政专项规划》、《七龙湖旅游规划》以及《道观河风景旅游规划》；编制完成江北快速路、粤港工业园、湖北平煤基地等项目选址规划。委托武汉市城市规划设计研究院编制完成阳逻老城区9.20平方公里的区域编制控制性详细规划和此区域内的"城中村"改造规划，该控规中道路系统规划方案已通过武汉市规划局技术审查委员会评审，高潮村渣家山改造规划在该控规的指导下已编制完成，将组织相关专家进行评审后报新洲区政府审批；编制完成阳逻街、邾城街、汪集街工业园控制性详细规划，面积501.68万平方米，其中邾城街、汪集街工业园控制性详细规划已经专家评审；编制完成徐古镇120万平方米消防规划、二炮指挥学院两个还建点4.05万平方米的修建性详细规划。已向武汉市规划局申报了6个"以奖代补"规划编制项目，其中《新洲区城镇体系规划》、《阳逻新城核心区控制性详细规划》获市优秀奖，《邾城城区龙腾大道沿线街景规划》获市合格奖。（杨响华）

【规划审批】 2008年，新洲区局共核发"一书三证"140本，其中《建筑项目选址意见书》、《建设用地规划许可证》58本，面积274万平方米；《建设工程规划许可证》59本，面积250.53万平方米；《建设工程规划验收合格证》23本，面积42.35万平方米。（杨响华）

【法规宣传】 2008年，为贯彻实施《城乡规划法》，新洲区局利用广播、电视、报刊等新闻媒体以及公示栏、印发宣传材料、组织干部职工上街宣传等形式加大宣传力度，增强广大人民群众的规划意识和法制观念，提高履行《城乡规划法》的自觉性。（杨响华）

【议、提案办理】 2008年，新洲区局共承办区人大建议、区政协提案4件。为做好议、提案办理工作，新洲区局及时成立领导小组和工作专班，制定实施方案，明确任务，落实责任，深入开展调查研究，认真拟定回复意见，狠抓提议案办理落实，并提前完成办理任务，办理率、答复率、满意率均为100%。（杨响华）

【执法监察】 为维护规划管理工作的正常秩序，2008年4月初，新洲区局经过严格考试和考核，在系统内公开择优聘用70余名执法监察人员，组建区国土资源城市规划综合执法大队（下设3个中队），配备了6台执法监察车，具体负责全区国土资源、城市规划执法工作。在此基础上，着力从建立动态巡查工作制度、完善动态巡查工作体制、创新动态巡查工作方法等方面下功夫，积极开展动态巡查工作，及时发现和处理违反规划的行为。全年共巡查发现违反规划行为265起，立案查处违规建设案件13宗；拆除城乡违法违章建设203起，面积2.38万平方米。（杨响华）

【行政效能建设】 2008年3月，新洲区局以强化服务、简化程序、规范行为、改进作风、提高效率为重点，全面加强行政效能建设，编印《行政审批服务指南》1500余册，将规划行政审批事项所需提供的资料、办事流程、收费标准向社会公开，方便群众办事。印发《新洲区国土资源（规划）管理系统开展文明执法教育活动工作方案》、《2008年纠风工作实施方案》、《深入推进国土规划系统依法行政工作的实施意见》等文件，加强政风行风建设，不断规范执法行为，提升行政执法水平。（杨响华）

【新洲区第二人民医院规划方案通过专家评审】 4月1日，新洲区政府主持召开新洲区第二人民医院规划方案评审会。来自华中科技大学、武汉市规划局、武汉市医院协会等部门的专家以及该区政府分管领导和区直有关部门负责人参加了会议。会议原则同意该规划方案，并提出修改完善意见。（杨响华）

【邾城街、汪集街工业园控规分别通过专家评审】 11月26日，新洲区局召开《邾城街工业园控制性详细规划》、《汪集街工业园控制性详细规划》专家评审会。与会领导及专家原则同意该规划，并提出修改完善意见。（杨响华）

【邾城龙腾大道街景规划、阳逻新城柴泊湖东南组团控规通过专家评审】 12月4日，新洲区政府在阳逻山庄主持召开《邾城龙腾大道街景规划》及《阳逻新城柴泊湖东南组团控制性详细规划》专家评审会。区政府分管领导及华中科技大学、武汉市规划局、武汉市城市规划设计研究院的专家参加了会议。专家组原则通过上述两项规划，并提出修改完善意见。（杨响华）

【党风廉政建设】 2008年，新洲区局印发了《关于春节期间进一步严格执行廉洁自律规定的通知》、《2008年党风廉政建设和反腐败工作任务责任分解》等一系列文件，组织全体党员干部60余人赴汉阳监狱参加警示教育现场会，与新洲区检察院开展预防职务犯罪廉政共建，邀请专家进行法律知识讲座等。通过上述系列活动，引导党员干部始终保持清醒头脑，增强反腐倡廉意识，构筑拒腐防变坚固屏障。全年无一例领导班子成员及干部职工违纪违规案件发生。（杨响华）

新洲区西湖村

第三章　重大项目规划选介

第一节　专项规划及研究

武汉市主城区地下空间综合利用专项规划

一、规划背景

为进一步推进武汉市“两型社会”建设，集约利用土地，提高城市公共空间开发利用效率，完善城市基础设施配套，结合武汉市发展需要，武汉市城市规划设计研究院经过近两年的研究，编制完成了《武汉市主城区地下空间综合利用专项规划》（以下简称《专项规划》）。

二、规划目标

结合我国节约、集约用地的大政方针，从土地的综合利用、立体开发入手，深化落实城市总体规划战略目标。近期紧密结合轨道交通建设，大力促进轨道站点周边地下空间的连通和重点地区的规划建设，形成地下空间网络框架；远期形成以地下轨道交通线为骨架，由地下公共设施、地下交通设施、地下防灾减灾设施和地下市政设施组成的系统性、现代化的城市地下空间综合利用体系。

三、主要内容

（一）总规模预测

至2020年，规划武汉市主城区地下空间开发利用规模控制在建筑面积2000万平方米，人均约3.70平方米（道路地下设施和市政管线设施不包括在以上规模内）。

（二）总体布局

规划形成以市级商业中心、城市副中心、行政中心等城市重点功能区为核心，以轨道交通网络为骨架，以地下市政设施系统为支撑，以地下综合防灾系统为基础的空间格局。

（三）公共空间布局

地下公共空间的布局形态与主城区“圈层发展、组团布局”的城市空间布局相适应，以轨道交通为基础，形成“一轴、三带、多片”的规划布局形态。

“一轴”：沿轨道2号线垂江轴，以中央活动区内轨道站点为重点，轴向滚动发展，形成武汉市地下空间发展的主导轴线。

“三带”：地下公共空间分别于汉口、武昌、汉阳形成3条发展带。其中，汉口发展带为建设大道—黄海路—新华路—解放大道西段沿线，连接汉口站、王家墩、航空路、江汉路和永清街等地下重点片区；武昌发展带为和平大道—徐东路—中北路—中南路沿线，连接首义、积玉桥、徐东路、岳家嘴、水果湖、街道口、杨春湖、鲁巷和武昌站等地下重点片区；汉阳发展带为汉阳大道沿线，连接王家湾、钟家村等地下重点片区。

“多片”：地下公共空间发展的重点区域，总占地面积约40平方公里，地下空间总需求量约为600万平方米。共包括王家墩、航空路、江汉路、永清街、汉口火车站、积玉桥、徐东路、岳家嘴、杨春湖、首义、水果湖、街道口、武昌火车站、鲁巷、王家湾、钟家村、四新、国博等18片。

（四）道路及市政

至2020年，规划布局地下道路共36处，总长约55公里。其中现状地下道路11处，长约11.80公里；规划新增地下道路25处，长约43.20公里。远期形成“五轴多点”的地下道路布局。规划主城区共控制95处结合绿地公共停车场，泊位约2.92万个。

《专项规划》提出在王家墩商务区、商业服务区、城市副中心区以及部分组团中心区等重要区域布置管线综合管沟。

（五）防灾体系

《专项规划》提出建立完整的地下空间防空工程防护体系以及重要目标和基础设施的防护系统，完善地下空间抗震系统，形成健全的城市地下综合防灾体系。

四、规划进展

2008年12月16日，该规划成果通过全国专家评审会审查。

（万　昆）

江岸区现代服务业空间布局规划

一、规划背景

（一）商贸文化繁荣

中国近代时期，在汉的外国租界地大都集中于现江岸区内。租界区汇集了众多国际金融证券机构。沿袭历史，该区域过去和现在仍发挥着武汉三镇金融中心的作用。同时，江岸区所具备的商贸、餐饮等传统优势和近几年形成的建设大道金融一条街，为其依托现有资源，实现城市滨水地区的功能复兴提供了良好的基础。

（二）文化底蕴深厚

江岸区历史建筑的文化特色明显，系全国唯一集聚五国租界的城区。保留了原首善堂、巴公大楼、美国领事馆、法国领事馆以及宋庆龄故居等一批融中西方文化于一体的优秀历史建筑。现黎黄陂路已整旧复旧，形成江岸历史建筑街头博物馆。

（三）自然水景特色明显

江岸区水文化优势得天独厚，依沿江大道长达15.60公里，江滩宽阔，岸线平直。整治一新的全国最大江滩——汉口江滩均在辖区范围内，江岸区天然的滨江文化特色日益显现，具有独特的标志性空间景观形象，其整体空间、娱乐休闲、人文景观、生态环境和文化品味都具有明显的特色和很强的吸引力，是武汉都市形象的“世纪风景线”，为域内外客商提供了良好的休闲娱乐场所。

（四）发展空间广阔

江岸区发展思路立足于“三个一体化”（社区经济、城乡建设、治城育人一体化），充分依托区域资源，着力开发建设“三区一带”（建设以中国珠宝首饰博览基地为重点的黄浦科技园区，以现代制造业为重点的谌家矶工业园区，以华中服饰基地为龙头、多园组团的都市工业园区和以沿中环线为布局重点的现代物流带），为域内外客商投资江岸提供了良好的发展空间。

特色路街经济充满生机。沿江大道、中山大道、香港路、友益街、台北路和建设大道经营特色各异，形成了大智路通信电子市场、南京路摄影市场、二七塑料市场、建设大道汽车市场、丹水池地区生产资料市场和汽车交易市场等一批规模大、专业性强、辐射面广的市场群和吉庆街民俗餐饮文化特色街、台北路台湾风情街。

工业园区初具规模。黄浦科技园已引进“田田”保健品公司、丰国汽车展销、正远电气公司研发中心等一批项目。占地1600亩的珠宝首饰加工博览基地在黄浦科技园启动。华中服饰基地、畜产制革工业基地和天马公司工业小园区建设稳步推进。近3000亩的谌家矶现代制造业园区加紧策划运作。组团式工业园区为发展都市工业提供了良好的条件。

楼宇经济成为承接江岸区发展经济的重要场所。天恒大厦、港澳中心、数码港主题市场等一批楼宇为投资者提供了发展金融、电子、科技、通信、咨询等服务业的良好空间和条件。竹叶山创业大厦、三阳广场、金冠大厦、互联网大厦等楼宇已成为全区科技孵化基地。

（五）行政、科教优势明显

武汉市党政中心集聚于江岸区，区域物质文明和精神文明建设具有一定优势。

江岸区把科技与教育、科技孵化与成果转让、科技实业与技术开发、科技创新与体制创新有机地结合起来。每年发展民营科技型的企业40余家，其中具有较高技术的企业达70%。实施推广“星火计划”、“火炬计划”，形成一批电子信息、网络及通信、计算机软件、生物制品和光机电一体的科技实业和科技产品。

教育事业日益发展，育才空间不断拓宽。实施教育体制创新，大力改善教育环境，推行公办、民办教育新模式，教育硬件设施，软件应用得到空前提高。二中、六中、育才高中、七一中学和解放中学成为全省、全市知名的重点中学。七一寄宿学校等民办学校得到较快发展。

（六）交通条件优越

江岸区交通网络四通八达，水陆空运输十分便捷：黄金水道得天独厚，长江二桥横贯南北两岸，武汉客运港、汉口火车站、武汉国际机场、阳逻深水港、京珠—沪蓉高速公路交汇点毗邻周边，天兴洲长江大桥、武汉中环路、金桥大道不日兴起。中山大道、解放大道、建设大道及发展大道等5条主干道与沿江大道平行；江汉路步行街、南京路、大智路、一元路、三阳路、黄浦大街与沿江大道垂直，武汉迎宾大道—天梨路畅达便捷，新荣客运中心将建成为武汉长江北岸最大的公路客运交通枢纽。

随着长江隧道、二七长江大桥、天兴洲长江大桥的修建，江岸区与武昌地区的联系将更加紧密，江岸区的交通区位条件将得到进一步加强，优化了其现代服务业的发展条件。

二、规划目标

壮大现代服务业特色优势，增强区域综合服务功能，显著提升现代服务业对区域经济的贡献度。到2011年，全区服务业年均增长14%~15%，达到230亿元左右。服务业占国民经济的比重进一步提升，由2006年的73%提高到76%。金融、文化旅游和科研、信息通讯、房地产、现代物流、专业服务业等现代服务业占服务业增加值的比重达到42%左右，提高3~5个百分点。基本形成金融、信息通讯、文化旅游、房地产、现代物流、专业服务等服务业优势明显的现代服务业格局。

发展定位：规划以建设大道金融商贸和滨江商贸为核心，以租界文化、滨江旅游、创意产业为特色，以商业商贸和现代物流为基础，推动整个服务业的发展。

三、主要内容

江岸区服务业围绕“一心、一带、三区、多点”进行空间布局。

（一）“一心”——三环中心商务区

三环中心商务区：依托武汉城市发展轴的延伸，结合江岸区自身空间布局的优势，大力发展金融商贸、商务服务、创意产业、专业服务业、出版物流业等，联合塔子湖体育休闲中心，打造整个江岸区，甚至是武汉市的服务业中心，成为武汉市主城区北部经济发展新的发动机。

（二）“一带”——沿江现代服务业发展带

沿江现代服务业发展带：充分利用江岸区拥有汉口江滩的优势，再集合一元片悠久的历史文化及未来多条过江隧道所形成的旺盛人气，在沿江集中设置金融、商贸、商务，并利用相关资源发展文化旅游与特色餐饮娱乐服务业，积极促进汉口活力岸线的形成：

由于江岸区沿江岸线长达 15 公里，所以在建设沿江现代服务业发展带的时候，需进行分段建设。依据沿江现状建设情况与规划目标，主要分成以下几段：

1. 特色商贸带：江汉路—长江二桥段。该段结合租界区、行政办公机构搬迁的契机，完善汉口江滩，重点发展商贸、商务服务业，充分发掘该段的城市服务能力。

2. 总部商务带：长江二桥—二七长江大桥段。该段结合汉口天地的建设，铁道线路的清理改线，二七长江大桥的建设，利用腾迁出的用地，重点发展总部经济，提升江岸区沿江的地位。

3. 文化旅游休闲带：二七长江大桥—天兴洲长江大桥段。该段结合未来天兴洲的开发，自身保有一定量的滩涂及谌家矶的武汉市传媒出版中心，发展文化、旅游服务业，充分发挥江滩的旅游优势。

（三）“三区”

1. 老城特色综合服务业片区：打造为江岸区乃至武汉现代服务业的中心区。利用沿江优势建设形成商贸商务、休闲旅游为重点的沿江休闲商务带和沿京汉大道开发建设以联想融科数码城、老汉口火车站文化休闲为重点的文化时尚动感街。

2. 港澳台路、黄孝河路特色服务业片区：以香港路、澳门路、台北路三路为载体，以全市最大休闲公园——解放公园为依托，打造三路连片、组团发展的集港澳台商贸商务特色于一体的商贸商务休闲旅游新区，重点发展大型综合市场、文化旅游产业、金融服务和证券、信息、中介等现代服务业。

在黄孝河路上建设以家乐福、百佳超市、易初莲花超市以及拟建的浙商大厦、华中竹叶山国际广场等楼宇为基础，整合现有资源，改善黄孝河路沿线及周边商业购物环境。

以竹叶山商贸城为依托，力争形成 2900 亩，拥有汽车服务、钢材交易、粮食佐料、花卉盆景等 4 大主体市场，构成立足武汉、辐射中部的商贸新区。

3. 二七、新村旅游商贸服务业片区：二七长江大桥的建设与开通，对整个江岸区的服务业布局产生影响，通过对工业用地、部队用地的置换与利用，建设新型服务业，包括总部办公、创意产业、金融商贸等，在江岸区形成服务业集群，给江岸区现代服务业的发展带来创新和活力。

（四）“多点”——各级中心点

在中心与发展带的辐射下，江岸区现代服务业根据级别和功能差异，形成多个不同级别的中心与中心点，其中区级中心包括青岛路商务中心、永清商务中心、香港路金融中心、竹叶山商贸商务中心、二七物流商务中心和后湖新城商业中心。其他集中的还有塔子湖体育中心点、三环物流带中心点、丹水池商业中心点和黄浦新城中心点等。

四、规划进展

（一）打造沿江发展带

近期建设以滨江自然资源为基础，借助汉口江滩已经聚集的人气与租界区的文化气息，着力打造沿江发展带，积极引进金融商贸业，商务服务业项目。加强休闲旅游，特别是一元片的文化旅游项目、文化创意产业、永清片的商务功能、二七的物流商务功能、谌家矶的传媒出版中心，并配合其发展相关特色餐饮业，在近期加强沿江地区的各项建设，提升江岸区整体功能与形象。

（二）建设三环中心商务区

随着城市发展轴线向北发展，城市功能区也积极向外拓展。近期需要启动建设三环中心商务区，对近期不能启动的项目要主动控制用地，为未来的发展留足空间。近期主要实施金融商贸、商务服务业项目，联合塔子湖体育中心发展休闲娱乐、体育创意等项目，为形成中心商务区打下良好基础。

（三）提升重点片区服务能力

近期江岸区主要提升老城区片区的金融服

务、文化旅游、创意产业的功能和港澳台路、黄孝河路片区的特色餐饮娱乐、金融商贸服务功能。集中在香港路金融中心与竹叶山商贸商务中心引进金融商贸、商务服务业项目，提升片区的服务能力。

（张　涛）

武昌滨江商务区规划

一、规划背景

长江与汉江贯穿武汉市城区，形成了“三镇鼎立”的城市格局。武昌滨江地区是武汉近、现代工业发源地之一。“一五”、“二五”期间，布局有国家重点建设的传统制造业基地，随着产业结构的调整，滨江地区工业、企业逐渐外迁，土地的腾退为该地区带来了新的发展契机。根据武汉市委、市政府的指示精神，为全面塑造和提升武昌滨江地区空间景观形象，加快武昌滨江地区的建设步伐，形成良好的城市滨水空间，在武汉市规划局的领导下，武汉市城市规划咨询服务中心组织开展了《武昌滨江商务区规划》编制工作，对武昌滨江地区的总体规划结构、规划布局、空间形态等展开了深入研究。

二、规划目标

1. 强化区域特色以及功能的复合化、综合性，增强区域活力。

2. 塑造开放、大气、豪迈的武汉现代临江都市形象。

3. 优化路网结构，建设集轨道交通、过江隧道、立体交通等为一体的交通体系。

4. 挖掘景观资源，提升临江土地价值，带动武昌地区经济、社会、城市建设的高速发展。

三、主要内容

（一）规划范围

武昌滨江地区规划范围西临长江，东临和平大道，南起中山路，北至武汉长江二桥，沿江长度约5680米，总用地面积约277.90万平方米。

（二）功能定位

将武昌滨江地区建设成为武汉市主城区以高端服务业为特色，集商务办公、商业服务、文化娱乐、高档居住为一体的标识性、多元化滨江综合发展区。

（三）用地布局

明确功能分区，提出积玉桥高档居住片区、裕大华商住复合片区、车辆厂商务核心片区、长江二桥桥头生态居住片区等4个功能区段；重构区域功能结构，以临江大道、和平大道为脊梁，搭建武昌滨江地区的整体骨架，强化垂江通道，建设6大各具特色的功能景观轴；调整用地布局，增加现代服务业和公共绿地；提高轨道站点周边的土地开发强度，引导城市地下空间综合开发；加强绿化生态建设，建设和谐人居环境。

（四）景观规划

合理引导超高层建筑，控制若干垂江绿化开敞带，塑造层次丰富、具有节奏感的滨江天际线；打通武汉长江二桥、车辆厂商务核心区、过江隧道、长江—内沙湖4条开敞垂江通廊，构建滨江区生态开敞空间体系；保护具有地方特色的历史文化遗迹，展现传统工业、码头以及武昌首义等历史文化内涵，构建集生态游憩与现代商贸于一体的滨江游览体系；规划不同形式及功能的滨江堤岸，完善滨江游憩设施。

（五）道路交通

调整区域规划路网，增加道路网密度，提高区域交通通行能力，构建“三纵两横”的骨架系统；丰富便捷的步行系统，结合轨道交通线，完善多种交通方式的无缝衔接，构建系统化、立体化的交通网络。

（六）规划意向方案设计

规划还对可开发地块进行调查研究，对车辆厂、月亮湾片、裕大华片、积玉桥片等重点建设项目进行规划意向方案设计，提出规划控制要求及分期建设措施。

四、规划进展

该项目自2008年5月开始研究编制，经多次专家研讨会和市规划局专题会研究不断深化完善，并向市领导、武昌区政府作了规划方案汇报工作，得到了市、区领导的充分肯定并原则同意规划方案。该《规划》为下一步招商引资和武昌滨江地区的建设实施提供了技术支撑。

（规划咨询中心）

江岸沿江商务区发展规划

一、区位优势

江岸沿江商务区位于武汉市江岸区西段，南临汉正街小商品市场，北接武汉市委地区，东濒长江，是江岸区“十一五”发展规划确立的沿江大道商务发展轴的核心区段，是全区“三块二城”空间布局中的商贸商务板块，总用地面积约3.35平方公里。

二、规划目标

规划定位：坚持以科学发展观为指导，认真落实“两型社会”建设的要求，结合《武汉城市总体规划（2006~2020年）》要求和江岸区发展愿景，充分利用沿江商务区的资源优势，将其打造成为市级金融商务中心、创新服务基地和文化旅游区。

发展目标：以历史风貌保护为基础，以功能更新为杠杆，以延续汉口之心“核心地位”、再续辉煌为方向，将其建设成为汉口历史文化的展示舞台、城市经济发展的功能杠杆、都市风尚消费的聚集场所和旅客漫游休闲的体验之城。

三、主要内容

（一）优化布局，完善空间，促进现代服务业空间集聚

规划实施板块主题推动战略，构建“三带、三轴、五板块”的整体结构。“三带”分别为沿江大道金融商贸“金色长廊”，中山大道数码、商业、文娱“缤纷彩链”，京汉大道文娱、博览“动感地带”；“三轴”分别为天津路商业数码经济轴、三阳路现代服务业拓展轴、卢沟桥路特色经济产业轴；“五板块”分别为风尚珞珈商旅板块、激扬大智数码板块、智力三阳创意板块、科教新兴居住板块、财智永清商务板块。

根据现代服务业积聚区，规划调整用地结构，通过用地置换、腾退等手段降低居住用地比例，提高公共服务设施用地比例。

（二）彰显历史，优化景观，突出沿江商务区独特风貌

规划以历史风貌建筑为历史文化斑块，现代标志建筑为现代活力斑块，形成“老汉口、新江岸”的独特风貌；利用垂江道路绿化和开敞空间打通与江滩的绿色通廊，形成纵横相交的绿化界面，营造连通和谐的绿化环境；根据区内用地性质和景观塑造，分为高层区、中高层区、多层区及绿化开敞区，在沿江地区形成高低错落的城市天际线；以5条特色旅游线路为重点，打造旅游品牌，依托江滩资源，开发沿江亲水观光游，提升沿江旅游功能。

（三）疏通网络，优化停车，改善商务区综合交通条件

区域交通利用内环线和长江一桥、长江二桥、大智路过江隧道、轻轨、地铁等多种交通方

式，形成中央活动区内“半小时交通圈”。道路系统保持现状沿江顺水的布局形态，构建“三纵三横”的骨架系统，整治次要道路，完善支路网系统。并创新性地提出一系列交通改善措施，如系统地组织单向交通，改善旧城行车效率；鼓励推行公共出租自行车；推行步行街和半步行街建设等。

公共交通规划建立以大容量轨道交通为骨架，常规公交为基础，出租车、轮渡等为辅助的多层次、一体化公共交通系统。公共停车场保留现状停车楼 2 处，新增路外独立机动车公共停车场（楼）4 处，结合绿地布置公共停车场 2 处，有效解决区内停车场地不足问题，提高交通可达性。

四、规划实施计划

以板块为基础，分年度和类别设立项目库，按照近、远期结合，积极推进沿江商务区建设。近期围绕青岛路片的改造进行项目安排，中、远期结合沿江商务区品牌的建立和影响度的扩大，通过市场进行三阳路以北地区的现代商务楼宇及标志建筑建设。

（游　畅）

大东湖生态水网地区综合治理开发规划

一、规划背景

大东湖生态水网构建工程是武汉市建设“两型社会”进程中一项重要的城市水环境、水生态、饮水安全等综合性生态建设项目。根据湖北省委书记罗清泉在 2008 年 7 月 3 日“大东湖生态水网构建工程”现场办公会上的指示精神，武汉市规划局进一步统筹考虑了大东湖生态水网构建工程与武汉新港建设和周边地区经济发展重大项目的衔接，开展了《大东湖生态水网地区综合治理开发规划》的编制工作。

二、规划目标

以科学发展观为指导，坚持“政府推动、企业主导、市场运作”的原则，紧密结合“两型社会”的发展要求，从发展定位、资源整合、品牌构建、核心竞争力的培育与提升和旅游大环境的营造等方面系统地对大东湖水系区域作出全面的、科学的规划。

三、主要内容

（一）规划范围

规划研究的范围主要包括武昌东北部地区，具体涵盖沙湖、杨园、青山、武钢、北湖、珞喻、关山组团等重要的城市功能板块以及东湖生态旅游风景区（以下简称东湖风景区）、严西湖、严东湖生态控制地区等，总面积约 436 平方公里。规划范围以东湖、严西湖、严东湖地区为主，总面积约 193 平方公里。

（二）规划结构

根据大东湖地区生态和景观特征，规划形成“环聚凤舞，金玉绕水，双心三环，六湖十景”的总体布局结构。

“双心”：一是以磨山景区为中心，形成东湖风景区核心景观；二是以花山镇为中心，建成严东湖、严西湖地区居住和综合配套服务中心。

“三环”：围绕东湖、严东湖、严西湖构建 3 个核心景观环，景区景点及服务设施均依环布局。

“十景”：大东湖地区十大新景点，大东湖欢乐谷、魔幻城堡、东湖财智岛、东湖论坛、东湖天堂度假区、大东湖都市生态农业观光园、花山水城、张公寨民俗文化村、竹子—青潭湖湿地公园和严东湖国际时尚运动会所。

（三）用地布局

用地布局重点针对东湖风景区、严西湖、严

东湖地区，以“生态导向”为原则，利用生态建设来引导区域开发，形成“生态导向下的区域发展”。在空间布局模式上，控制和保留生态绿楔基本格局和规模。控制范围包括东湖、严西湖、严东湖以及九峰为主的东西向山系。

城市建成区内依据城市总体规划、主城分区规划及相关规划落实用地布局，总规模约186平方公里；左岭、王家店等两个小城镇（街道）按照东部新城组群规划、化工新城规划、九峰森林公园保护规划所提出的要求，配合化工新城、九峰森林公园建设提供相应的配套设施支持；花山是大东湖地区的综合服务中心，是宜居的生态小城镇，是具有水网景观特色和旅游功能的“水城”。

东湖风景区范围内遵循《东湖风景区总体规划》要求，落实听涛、白马、落雁、吹笛等各大景区景点、服务设施及交通系统布局。在阳春湖城市副中心南侧白马景区范围内，紧邻中北路延长线的地段建设东湖欢乐谷，成为国内最大的动感旅游主题公园；在吹笛景区，结合现有的马鞍山森林公园建设东湖梦幻城堡，以烧烤、露营、登山、探险等郊野旅游项目为主。

严西湖、严东湖地区根据用地及自然资源条件，将项目建设集中安排在4个区域内。一是东湖财智岛创意产业园，位于武东编组站以东，以创意产业、高新科技研发为主，包括清洁能源研发基地、铁路科学园等项目为主，用地规模78万平方米；二是在严西湖以东与花山镇之间地区，布局安排东湖论坛、东湖天堂会议度假中心及都市生态农业观光园等3个项目，用地规模分别为39万平方米、28万平方米、453万平方米；三是在花山镇以东、严东湖北岸布局国际时尚运动会所，包括山地、沙地高尔夫、F2汽车、摩托艇赛场等项目，用地规模118万平方米；四是在白玉山街道以东、严西湖北岸安排张公寨民俗文化村，用地规模357万平方米。

（四）交通规划

依托周边高等级城市道路和公路网络，完善大东湖地区的道路网络建设，改善该地区的交通可达性。

在现状主干道珞喻路、东湖路和王青公路的基础上，建设快速路中北路延长线、三环线东段、二环线东湖隧道和水东路段，打通次干道八一路延长线至喻家湖路，构筑东湖景区外围高等级的城市交通分流环。打通鲁磨路北延线接三环线、王青公路，拓宽沿湖大道，在东湖东路东侧开辟新的道路通道，建设连接白马与落雁景区的道路通道等。建设贯通东湖风景区、严西湖、严东湖的景区干道，与三环线、王青公路、吴沙公路、外环绕城高速衔接，实现3个景区之间的快速交通联系；新增穿大长山通道，改善花山镇和铁路何刘站的对外交通条件，实现严西湖景区、花山镇、九峰森林保护区、东湖吹笛景区、磨山景区的快速交通联系。

四、规划进展

武汉市规划局准备向武汉市规划委员会专题汇报《大东湖生态水网地区综合治理开发规划》情况，待规划委员会审查通过后，武汉市城市规划设计研究院将在武汉市控制性详细规划的编制中落实该《规划》的具体要求。现已成立武汉城市圈投资公司，拟着手开发花山新城和武汉新港项目。

（汪波宁）

汉阳旧城风貌区二、三期规划

一、规划背景

汉阳旧城风貌区规划分三期进行建设，其一期作为武汉市2005年危房改造项目，已于2005年完成了规划编制工作，一期启动区也于2007年底挂牌出让。在此背景下，为全面推动汉阳旧城风貌区的建设，加快汉阳旧城改造步伐，提升城市品质和文化内涵，在前期规划研究工作基础上，武汉市城市规划设计研究院新区分院于2008年开展了汉阳旧城风貌区二、三期的规划研究工作。

汉阳旧城风貌区二、三期规划用地范围北起汉阳大道、南至拦江路、西临北城路与南城路、东至滨江大道，用地面积约43万平方米。

二、规划目标

通过深入挖掘历史文化资源，保护并延续老汉阳独特的历史文脉，确立城市良好的长远发展目标与方向，在发展城市经济的同时，运用民居式的建筑形式、商业化的运作模式，着力打造都市文化旅游品牌和老汉阳历史文化展示窗口。

三、主要内容

（一）规划思路

汉阳旧城风貌二、三期规划延续汉阳旧城风貌区总体规划提出的“保护与再生，在再生中保护，在发展中再生”的规划理念以及“以小见大、由局部见整体”的规划思路，实现从一期的商业核心模式发展到二、三期的以文化产业及居住为核心的模式，强化传统文化的产业带动功能。

（二）规划布局

规划确立“一带、两轴、三片、三节点”的规划结构。

“一带”：显正街是一期西大街的延续，作为历史城市经济和社会发展的主要载体，沿街布置传统风貌住宅、商业金融、文化广场等，是体现汉阳旧城风貌的重点带状区域。

“两轴”：以显正街为主要景观轴的可控性步行轴线；南北方向的阳新路纵向贯穿整个城区，连接汉阳大道与拦江路，成为风貌区里另一条景观轴线。

“三片”：天主教堂东侧区域，结合天主教堂进行规划，体现宗教文化；凤凰山周边区域，以凤凰山作为重要的景观资源，南侧区域集中体现公众艺术文化；规划区域东侧显正街以南的老房子区域，多为低层以及质量较差的老建筑，可考虑拆除后规划为经营及消费场所，体现传统及现代创意文化。

四、规划进展

2008年9月23日，该规划方案向武汉新区汉阳辖区建设项目规划设计及规划编制审查联审会议进行了汇报。

（雷学锋）

三环线西段交通及景观综合规划

一、规划背景

按照2008年4月28日武汉市副市长尹维真、武汉市政府原副秘书长刘行念的指示要求，武汉市规划局组织武汉市城市规划设计研究院编制了《三环线西段交通及景观综合规划》。

规划范围北起额头湾，南至汪家咀，全长

11.40公里，红线宽50米，涉及硚口区（0.50公里）、东西湖区（1.70公里）、汉阳区（6.50公里）、武汉经济技术开发区（2.70公里）等4个行政区。

二、规划目标

结合三环线西段道路改造工程，规范和优化沿线交通组织，丰富和完善绿化景观体系。

规划以城市快速路为载体，通过对沿线交通和景观的改造，构建交通顺畅安全、景观优美自然、生态环境良好的城市快速景观道路，塑造“路在林中，林在水边”的良好路景关系。

三、主要内容

（一）交通改造规划

规划提出对三环线西端局部不良路基段进行改造，全线加铺沥青路面，并完善交通标志标牌；归并、封闭沿线临时出入口，规范交通秩序；保留现有人行桥、车行桥，新建辅道和垂直通道，合理组织沿线单位交通进出，满足两侧交通流量需求。

（二）景观绿化规划

依据绿地系统规划等相关规划，充分利用江河、湖泊、山体等自然景观条件，结合沿线城市功能布局，形成“两区六段”规划结构，因地制宜采取“修复、保育、提升”措施，采取不同的绿化景观配置方式，凸显山水特色，营造和谐共生的沿线生态景观系统。

四、规划进展

2008年5月9日、7月25日，规划方案先后两次向武汉市政府进行了汇报，得到了有关市领导的赞许和肯定。按照规划方案，该工程已部分实施完成，取得了较好的交通景观效果。

（何　寰）

汉口原租界风貌区黎黄陂路街区保护规划

一、规划背景

汉口原租界风貌区是武汉市经济、社会发展的重要地区，也是城市历史风貌保留较为完整的区域，集中体现了汉口自开埠以来的城市历史发展进程。八七会址片是武汉市城市总体规划中明确保护的汉口原租界风貌区4大历史文化街区之一，也是历史遗迹最多、风貌保存最为完整的地区。黎黄陂路街区是八七会址片的核心区域，北至胜利街，南至沿江大道，东达黎黄陂路延伸至腹地，西扩大至合作路体育馆街区，总面积约8.20万平方米。为进一步明确该区域保护与实施计划，遂于2007年4月~2008年11月开展了《汉口原租界风貌区黎黄陂路街区保护规划》的编制工作。

二、规划目标

通过借鉴国内外相关案例以及商业策划调查成果，结合该区域自身特点，规划将其整体定位为依托现状良好的历史人文资源，整合区域功能，加强历史文化环境的整治与更新，赋予老街区新的活力和现代生活方式，将其打造成为以文化旅游为主题，融特色商业、休闲娱乐、商务办公等功能于一体的独具俄式风情的时尚生活历史街区。

三、主要内容

（一）历史风貌保护

严格保护国家级文保单位1处、市级文保单位3处、一级历史优秀建筑1处、二级历史优秀建筑4处。同时，将有相当历史文化价值的7处历史建筑列入保护范围，要求不得改变建筑外观及风格，总计保留建筑面积达到总建筑面积的80%。同时有效控制新建建筑的建设量，新建建筑面积仅占总建筑面积的3%。

（二）规划分区

根据各地块现状条件，形成“一街、二区”的规划分区。“一街”是指以黎黄陂路街为核心，建设街头博物馆。“二区”是指文化旅游区和服务配套区。文化旅游区依托现状丰富的历史文化资源开展俄式风情游和革命文化游；服务配套区为文化旅游配套完善的服务设施，包括商业、酒店、办公和体育等。

（三）道路交通系统

在街区外围组织主要机动车交通，提倡公交优先，创建以人为本的和谐交通环境。以需求为导向，利用绿化空间开辟地下停车场 2 处，地上停车场 1 处。

在街区内部建立完善的步行系统，在珞珈山街以加顶通廊的形式建设步行街区。

（四）空间景观

打通江滩与地块的空间联系，以黎黄陂路和珞珈山街为主要空间轴线组织游览线路。以宋庆龄故居、巴公房子、首善堂等为主要景观标志点，完善区域景观界面，强化区域景观特质。利用部分建筑拆迁形成良好的城市开敞空间和重要的绿化节点，增加绿地面积 0.89 万平方米，绿化率达到 14%，有效地改善区域绿化环境。

四、规划进展

在 2008 年 11 月 28 日市长办公会上，武汉市市长阮成发和副市长尹维真听取了方案汇报，会议原则同意该规划方案。

（丛 蕾）

武汉新港（青山港区—三江港区段）空间发展规划

一、规划背景

为促进湖北省在中部崛起中发挥战略支点作用和适应武汉城市圈“两型社会”建设试验区先试先行的要求，中共湖北省委、省政府站在科学发展观的高度，作出了建设“武汉新港”的重大决策。2008 年 5 月 7 日，省委书记罗清泉召集湖北省交通厅、武汉市交通委员会、武汉市规划局、武汉市水务局等有关部门负责人部署了“武汉新港”规划工作，指示：“武汉新港是武汉城市圈‘两型社会’试验区的重大项目，应发挥铁路、港口等交通集成优势，对阳逻，北湖至鄂州，黄冈一带江南、江北整体规划，统筹布局加工贸易区、保税物流区，形成一个亿吨级、千万标箱的大港，辐射中西部地区。”

依照指示精神，武汉新港空间规划重点对天兴洲大桥以下至鄂黄大桥以上长江左、右岸线港区及其相关腹地区域进行规划研究，规划研究范围空间边界以该区段港区集群所依托的国家级高速公路为界，东到大广高速、南抵沪蓉高速、西到武汉市中环线、北临武合高速，总面积约 2457 平方公里。

二、规划目标

功能定位：武汉新港是全国内河主要港口，是湖北省重要的综合运输枢纽，是武汉城市圈经济社会发展的重要支撑，是武汉城市圈产业布局、“两型社会”建设综合配套改革试验区的重要依托，是武汉城市圈进一步发挥区位优势和增强辐射带动作用的战略资源。

武汉新港（青山港区—三江港区）空间发展目标为：港群成组，港产互动，港城一体，区域提升。

三、主要内容

（一）港口及支撑系统规划

1. 规划自青山港区—三江港区段形成青山港区、阳逻港区、林四房港区、团风港区、唐家渡港区、白浒山港区、葛店港区、三江港区等 8

大港区。

2. 规划形成“三纵、五横”的公路疏港系统，迅速与国道及高速公路系统连接。“三纵”为武汉外环线、大广、新港大道；“五横”为武英高速、沪蓉高速、江北公路、青化路延长线、武鄂高速公路。规划三江、唐家渡等港区修建专用铁路，北湖港利用规划的化工新城铁路专用线作为疏港铁路，白浒山和葛店港主要利用现有疏港铁路，形成自阳逻经团风连接京九线的“江北铁路线”以及自北湖经华容连接京九线的“江南铁路线”。

（二）产业集群规划

武汉新港依托长江航运，发展以集装箱转运为核心的物流服务业，以能源、化工、钢铁、造船为核心的重工业，以加工、电子等为主的现代制造业，形成专业化的临港产业化集群，形成“一条沿江产业带，六个产业新簇城、三个综合物流中心”的产业空间结构。

（三）生态保护规划

武汉新港区域生态格局以山脉、水系为骨干，以山、林、江、湖为基本要素，构建“一带、四区、多楔、网状廊道”的区域生态框架，并以此为基础，通过网络状的生态廊道将主要生态要素进行串联，通过对大型自然“斑块”的保护、抚育及自然恢复，形成多层次、多功能、立体化、复合型、网络化的区域生态支撑体系。

（四）城镇空间结构与布局

至2020年，武汉新港城镇群在规划范围内总人口将达到224万人左右，城镇化水平达到75%。受港口产业及基础设施建设的带动作用，城镇空间结构与港口码头、临港产业园、临港新城的发展互为支撑，城镇空间发展的格局和形态体现出港、城协调，共同发展的态势。结合《武汉新港总体规划》对港口布局的规划要求，以及城镇空间发展的需要，确定武汉新港空间发展格局为：“两轴三核六城，港群簇团发展”。

武汉新港城镇空间布局依照城镇体系确定的城镇职能分工、等级规模的要求，以城镇空间结构为基础，布局6大临港新城，其中阳逻临港新城、花山北湖新城、鄂黄临港新城为新港中心城市，武钢工业城、葛华科技新城、团风大埠新城为新港城。规划6大临港新城总建设用地面积约261平方公里，总人口约143万人。

四、规划进展

2008年6月20日，湖北省委书记罗清泉听取方案汇报后提出了“十点意见”，指示进一步落实产业发展和陆域空间发展联系等问题。

2009年2月，交通运输部和湖北省政府联合发文批复了《武汉新港总体规划》，明确了武汉新港发展的目标和定位，确定了各港区的功能定位和发展规模。

3月27日，由湖北省建设厅组织有关专家进行了《武汉新港（青山港区—三江港区段）空间发展规划》审查会，并将于4月下旬对该规划形成审查意见。

（刘宇辉）

二环线东湖路段综合整治规划

一、项目背景

东湖路位于武昌东部的东湖之畔，分别与徐东大街、东亭小路、黄鹂路等道路相交，规划为城市快速路二环线的重要组成部分。

二环线作为城市主城区“环网结合”快速路系统的主要组成部分，其建成后将在城市中心区片和外围组团之间开辟1条快速通道，为城市提供长距离、快速的交通服务，对于提高城市整体骨架路网的交通容量和交通可达性具有重要意义。

该段东湖路综合整治以及正在建设当中的二环线珞狮路段、中北路延长线3项重点工程的完工，将为武昌地区新添1条南北贯通的快速通道。

二、规划目标

综合考虑东湖路现状交通运行、沿线单位用地以及远期规划定位，拟定东湖路综合整治的建设目标为：改造为城市快速路，设计车速60~80公里/小时，快速路主线双向6车道，考虑到主线车流以小型车辆为主，单车道控制宽度3.50米；两侧各设2车道辅道，设计车速40公里/小时。

三、主要内容

（一）道路改造方案

本着节约建设、服务需求的原则，制定合理的规划方案为：东湖路（双湖桥—中北路延长线）全长4.50公里，全段控制红线宽度50~55米，主线设双向6车道，两侧根据需求设置7米宽辅道，道路断面主要布置为一块板双向8车道或三块板双向6车道加两侧辅道的形式，部分路段为单侧辅道。设置黄鹂路口、梨园路口、中北路延长线三处立交节点。黄鹂路口采取主线东湖路地面通过，黄鹂路设置双向2车道下穿隧道的形式建设；梨园路口采取主线东湖路双向6车道下穿通过，地面设置交通环岛的形式建设；中北路延长线路口设置全互通立交。

（二）动静交通组织

区域交通组织方案：机动车辆在东湖路沿线仅允许右进右出，其他方向均通过掉头或绕行方式进出。考虑道路沿线用地布局的调整，设置了5对公共车站、5处人行立交设施和4处人行地面过街横道。提出了项目区域应规划控制停车泊位2652个，其中新建建筑需配建停车泊位1919个，补足现状停车缺口229个、预留公共停车位504个。

（三）工程投资估算

估算道路交通改造的工程总投资约9.20亿元，其中东湖路改造及新建工程5.20亿元（包含道路改造及新建、梨园节点立交、人行地下通道、高压杆线入地、房屋拆迁等）；配套设施工程4亿元（包含新建5条规划次、支路，新增2条支路，黄鹂路改造及下穿隧道等工程）。

四、项目进展

项目规划方案得到了湖北省、武汉市政府的一致肯定，正在开工建设东湖路隧道，预计2010年全线完工。

（黄广宇）

第二节 分 区 规 划

武汉市主城分区规划

一、规划背景

按照武汉市政府关于“深化落实总体规划”，“尽快制定下一级规划”的指示精神，武汉市规划局作出了“围绕规划主干体系建设，全面开展分区规划和控制性详细规划的编制工作，尽快实现主城区建设范围的分区规划和控制性详细规划的全覆盖”的工作部署。在武汉市规划局统一部署下，武汉市城市规划设计研究院负责编制《武汉市主城分区规划》。

二、规划目标

该分区规划主要是以落实总体规划的战略部署，指导控制性详细规划的编制为目标，重点优化空间布局结构，强化专项规划的系统性，安排重大设施布局。规划目标是：强化中部地区中心城市的功能，构建明晰有序、功能平衡、可持续发展的空间格局和方便快捷、高效率的城市交通运行体系，创造繁荣、健康、和谐、充满活力的人居环境，打造文化底蕴深厚、具有滨江滨湖特色的城市形象。

三、主要内容

（一）规划结构

分区规划在总体规划“中央活动区+15个城市综合组团”圈层式规划结构的基础上进行深化，依托“两江交汇、三镇鼎立”的自然空间格局，汉口地区重点发展金融贸易和商业服务职能，武昌地区重点发展科教文化、高新技术、金融商务和省级行政中心职能，汉阳地区重点发展制造业、会展博览、文化旅游、生态居住等职能，形成3个相对独立的城市功能体系，并通过交通一体化、生态系统一体化以及重大设施互补，实现三镇一体化发展的总体格局。

（二）人口与居住用地

以“环境优先、疏散人口、交通导向、相对均衡”为原则，实现中央活动区人口疏散，引导居住用地在外围组团成规模化发展，建设健康完善的居住环境。规划常住人口544万人，人均居住用地27平方米/人。同时，按照合理的服务半径和服务人口布局中、小学。

（三）公共设施

强化公益性的文化、体育、医疗卫生、社会福利等设施合理布局，提升设施规模和服务水平，公共设施按“城市中心（含城市副中心）—组团中心（含行政区级）—居住区级—居住小区级”四级服务体系控制。规划公共设施用地面积91.60平方公里，人均16.80平方米。

（四）工业用地

优化工业用地布局，在确保工业设施无污染和劳动密集型前提下，主城内按照“退二进三”的原则布局工业用地。将中央活动区内现有工业进行功能置换，综合组团重点发展都市工业园和创意产业园，集中布局无污染、高就业的工业，大型工业用地向3大工业区集聚或向外围都市区转移。规划布局工业用地61.63平方公里。

（五）绿地系统

强化园林绿化系统布局的系统性、生态性、均衡性原则。以长江、汉江和“六楔入城”为基本框架，以山体湖泊、滨江滨湖的开放空间和大型绿地为斑块，以快速路、铁路等为廊道，实现“六楔入城”，形成“轴、环、楔、点”为特征的网络化生态框架格局。规划布局市级公园36个，区级公园61个，专类公园50个，合计147个，并按服务半径合理布局居住区级公园绿地，消除公共绿地服务盲区。规划绿地面积125.80平方公里，人均公园绿地面积13.14平方米。

（六）历史文化名城保护

划定江汉路及中山大道片、青岛路片、“八七”会址片、一元路片、首义片、农讲所片、昙华林片、洪山片、珞珈山片、青山“红房子”片等10片历史地段范围界线，提出保护要求。明确主城内市级以上文物保护单位中的115处文物保护单位的位置，包括国家级10处，省级46处，市级59处，并确定保护级别和保护内容。

（七）道路交通系统

优化快速路及主、次干道系统，增加次干道和支路网的密度。主城区形成“三环十七射”，环网结合、轴向放射的城市快速路体系，快速路路网密度0.63公里/平方公里，基本达到200万人口大城市的规范指标。主干道路网密度0.80公里/平方公里，次干道路网密度1.15公里/平方公里，支路路网密度2.39公里/平方公里。

（八）轨道和市政基础设施规划

优化轨道交通网络，强化轨道交通与各级公共中心的衔接，结合用地布局和规划道路网，以利用道路通道、保证用地完整性为原则，确定轨道交通线网走向，对重点路段进行优化调整。

按照适度超前、有限发展的原则，统筹布局城市各项市政基础设施建设，形成功能齐全、高效安全的现代化基础设施系统。重点对给水、排水、供电、环卫、消防、通讯、邮政、加油加气站等市政设施进行了系统规划，落实各类设施的用地控制。

四、规划进展

2008年6月30日，武汉市城市规划设计研究院就该分区规划召开了专家咨询会，7月上中旬，分别征求了7个中心城区区委、区政府、区人大和区政协的意见，对各城区反馈的54条意见进行逐条研复。7月27日，该分区规划成果通过了武汉市规划局分区规划专题会的审议，为主城区控制性详细规划导则的编制奠定了良好的基础。

（夏　巍）

武汉东湖风景名胜区总体规划

一、规划背景

东湖风景名胜区位于武汉市武昌地区东部，西、北、南三面被主城规划建设区包围，东部跨越高速铁路走廊与严西湖共同构成主城区重要的东部入城绿楔。风景区四周紧邻城市主干道及快速路，交通便捷。

东湖风景区自然风景资源以及以自然植被为主体的人文景观资源较为丰富，近33平方公里的湖泊水面是最能体现其特色的自然景源。但从风景资源评价角度来看，东湖风景区特级和一级景群等具有标志性的景观要素仍然缺乏。

随着武汉市城市建设的发展，东湖风景区区位环境发生了新的变化，东湖逐步由“城郊湖”向“城中湖”转变。按照武政办[2006]1号文件要求和市领导的指示精神，武汉市规划局和武汉东湖风景区管委会（以下简称管委会）自2006年5月开始，共同启动了《武汉东湖风景名胜区总体规划》修编工作。该《规划》由武汉市城市规划设计研究院与上海同济大学设计院共同完成。

二、规划目标

规划确定风景区的性质为：以大型自然湖泊为核心，湖光山色为特色，旅游观光、休闲度假为主要功能的国家级风景名胜区。

规划的总目标为：将东湖风景名胜区打造成具有国际影响力的生态风景名胜区和城中自然湖泊型旅游胜地，国家湿地生态系统保护、恢复、建设的重要示范基地和浓郁的楚文化特色游览胜地。通过强化水主题，突出东湖水域特色，创造“生态东湖、文化东湖、欢乐东湖”的新形象。

三、主要内容

（一）规划理念

基于东湖和城市之间的互动关系，规划提出“生态为先，和谐为本”的理念，以“城湖共生，水绿交融”为整体空间格局，达到“人与自然和谐，城市与风景和谐，文化与生态和谐”的目标。其核心基础为人与自然生态的和谐共生。

（二）规划范围确定与发展规模预测

考虑到武汉高速铁路客运站等国家重点建设项目的选址建设占用了部分风景区用地，为更好地保护和利用风景资源，将东湖风景名胜区范围调整为东至武广铁路，西至东湖路，北边以中北路延长线为界，南边界至珞喻路东包括森林公园及西线大部分山体景观区域，总面积约64.74平方公里。

规划预测风景区游人量近期（2011年）为450万人次/年，远期（2020年）为700万人次/年，景区常住人口数量约1.12万人。

（三）风景保护规划

规划确定核心景区的主景为水域和山林景观区域，主要包括自然景观保护区和史迹保护点，即磨山六峰、风景南部两行雁形山系，后湖与团湖、郭郑湖的部分，以及落雁景区部分湿地岸线区域。面积共23.35平方公里，占东湖风景区总面积的36.07%。保护规划的重点是水系生态、文物古迹、山体地貌和植被。从分级保护角度，规划将风景区划分为一级、二级、三级保护区分别进行保护。

（四）空间结构与景区划分

规划将风景区划分为听涛、渔光、白马、落雁、后湖、吹笛、磨山、喻家山8大景区。

听涛景区：规划面积13.25平方公里，以荷塘绿廊、水天共长为景观特色。主要发展水上观光、水上运动、文化活动功能。

渔光景区：规划面积3.68平方公里，以曲堤云岛、风情港湾为景观特色，主要发展水上休闲、艺术展演、旅游接待功能。

白马景区：规划面积10.98平方公里，以白马行洲、春草怡然为景观特色，主要发展休闲度假、会议会展功能。

落雁景区：规划面积8.16平方公里，以雁滩秋月、田园农乐为景观特色，主要发展田园观光、特色乡村度假功能。

后湖景区：规划面积6.51平方公里，以河湖港汊、芳草湿地为景观特色，主要发展湿地公园观光功能。

吹笛景区：规划面积8.05平方公里，以自然野趣、森林天地为景观特色，主要发展青少年运动、素质拓展功能。

磨山景区：规划面积6.07平方公里，以湖山相映、茂林胜迹为景观特色，主要发展历史文化游览、特色植物观赏功能。

喻家山景区：规划面积8.04平方公里，以横山叠翠、花海芬芳为景观特色，主要发展园艺博览功能。

（五）旅游设施规划

规划按旅游服务区、旅游服务点和旅游服务部三级配置旅游服务设施网络。设旅游服务区（含旅游村3处）8处，旅游服务点10处，旅游服务部12处。

（六）道路交通规划

1. 风景游览区出入口规划

规划在东湖景区结合游人中心设置了4处主要出入口，6处次入口，主入口分别位于北部的青化路、西部的梨园、南侧的关山二路及青王公路附近。规划区内还配套设置了6处换乘点及15处停车场地。

2. 景区交通规划

规划建立以景区旅游专线和观光巴士为骨干，水上交通为特色，具备完善的自行车及步行系统的景区综合游览交通系统。

远期在郭郑湖湖底规划过境隧道，从而形成“湖底隧道、入口换乘；交通分层，人车分流；水路交通，接驳换乘”的交通系统格局。

景区内部交通包括主要游览性道路、次要游览性道路及步行游览性道路和水上游览航线等四类道路交通系统。

四、规划进展

2008年10月16日，《武汉东湖风景名胜区总体规划纲要》通过湖北省建设厅组织的专家会审查。12月18日，《总体规划》通过武汉市规委会专家委员会审查。2009年4月16日，通过湖北省建设厅组织的专家会审查。设计团队按照专家意见及省政府各部门意见对规划成果进行调整，完善后将上报国务院审查。

（孙鸿洁）

武汉吴家山台商工业园区总体规划

一、区位条件

吴家山台商工业园区位于武汉市区西部、东西湖区中部，107国道两侧，紧邻吴家山街，其中，“区块一”东到九支沟，与吴家山街城区接壤，西南到十二支沟与走马岭农场相邻，南与蔡甸区、武汉经济技术开发区隔汉江相望，北抵东吴大道；“区块二”东、北面被径河环绕，南以啤砖路为界，西至五环大道。区内有107国道、316国道、京珠高速公路、城市外环线连接线五环大道、汉渝铁路等重要交通干道通过。依据国土资源部公告的武汉吴家山台商工业园区四至范围和规划面积，规划区总用地面积为21.15平方公里。

二、规划目标

将“区块一”建设成为以现代物流业、制造业、绿色食品加工业为支柱产业，集生产、物流、交易、综合服务为一体的综合性经济开发区。

将“区块二”建设成为科技、研发与产业密切结合，集光电、机电、高新产业为一体的高新技术产业园区。

三、规划内容

（一）规划结构

针对吴家山台商工业园区建设现状、自然条件等特点，结合武汉市和东西湖区未来的发展，将吴家山地区东西向发展的趋势，引导向南北向发展，形成“一心、三轴、五组团、多节点”的规划布局结构，力图将吴家山台商工业园区建设成为功能布局合理、投资环境优越的经济开发区。五组团为食品工业组团、华中物流组团、居住生活组团、综合工业组团和高新技术组团5个功能组团。

1.“区块一”规划结构为：“一心、三轴、四组团、两节点”。

“一心”：行政中心。

“三轴”：汇通大道、东吴大道两条东西向经济发展主轴，十六支沟南北向经济发展主轴，蔬十三支沟、二十二支沟、南十四支沟南北向次轴。

“四组团”：食品工业组团、华中物流组团、居住生活组团和综合工业组团。

“两节点”：物流中心和市场交易中心。

2.“区块二”规划结构为：“一心、四园、一区”。

“一心”：商务中心。

“四园”：机电产业园、光电工业园、高新产业园3大工业园区和中心公园。

“一区”：居住区。

（二）道路交通规划

规划“区块一”与“区块二”的路网结构均采用方格网的路网格局。

以合理的道路宽度和断面，最便捷的线路和走向，最大的服务范围来规划吴家山台商工业园区道路。区内道路分三级设计：主干路、次干路和支路。

主干路：台商工业园区内的主干路为联系各组团的主要道路，道路红线宽度为36~70米。

次干路：台商工业园区内的次干路为联系各组团的次要道路，道路红线宽度为30~60米。

支路：台商工业园区内的支路为各组团的内部道路，道路红线宽度为15~25米。

干道网间距：台商工业园区的干道网间距一般为400~450米。

确立公交优先政策，完善工业园区公共交通系统，合理布局公交场站，在土地使用中优先保证公交设施发展用地。公共交通线网覆盖工业园区90%以上，线网密度2~2.50公里/平方公里，覆盖全部主干路、次干路和部分支路。

规划社会停车场4个，总用地面积为4.54万平方米。所有公共设施和办公设施必须按国家和地方相关的标准要求配建相应的停车场。中心区结合商业中心、大型公建布置自行车停车场（库）。

规划公共加油站3处，总用地面积为1.30万平方米。

主、次道路均下穿于京珠高速，京珠高速公路与107国道互通式立交；107国道与规划区内的道路平交，规划在国道两边设置辅路，控制规划区内的道路与107国道的交叉距离大于650米；除现有十一支沟与铁路平交外，其余道路皆下穿铁路。

（三）绿地景观规划

规划利用规划区周围的自然环境，塑造外围绿色生态空间，同时以各条水渠绿道及绿化分隔带组成的绿色廊道为纽带，营造“生态基质—绿色廊道”的生态绿地系统格局。

规划吴家山台商工业园区绿地面积为404.81万平方米，占规划区总面积的19.28%，其中公园绿地面积37.19万平方米，生产防护绿地367.63万平方米。“区块一”绿地面积为386.93万平方米，占“区块一”总用地面积的20.68%，其中公园绿地面积29.41万平方米，生产防护绿地面积357.53万平方米。“区块二”绿地面积为17.88万平方米，占“区块二”总用地面积的7.81%，其中公园绿地面积7.78万平方米，生产防护绿地面积10.10万平方米。

“区块一”公园绿地结合十六支沟到二十支沟之间的居住用地集中布置，并在居住区中心规划中心公园；“区块二”公园绿地利用径河优越的自然环境布局在其东北部。

规划在107国道、汉渝铁路、京珠高速公路两侧，高压走廊、变电站等市政设施周围设置足够宽度的防护绿带，并在工业用地与居住用地之间设置防护绿带。

以107国道两侧绿化隔离带为景观轴线，以京珠高速立交桥和中心公园为主要景观节点，重点强调交通与环境协调发展、自然景观与人工景观多层渗透，体现具有现代工业文明特色的城市景观。

重点景观控制区：京珠立交控制区和中心公园控制区，是对景观要素进行控制的重点地区。

景观控制点：“区块一”九支沟、十六支沟、二十支沟与107国道相交的道路交叉口及“区块二”五环大道与啤砖路的交叉口为城市东西向景观主轴的控制点。

东西景观轴线：107国道。

南北景观廊道：沿十支沟、十三支沟、十六支沟、二十支沟的道路绿化构成的4条南北向景观廊道。

（李　青）

武汉市江夏区郑店集镇总体规划

一、规划目标

1. 创造中心集镇经营和生产环境，为农村剩余劳动力提供就业岗位，吸纳更多农民进镇，以一产业为基础，二、三产业为支撑，促进经济发展，富裕农民。

2. 提高中心集镇的基础设施配套水平和建设标准，改善生态环境，提高小城镇可持续发展能力，逐步实现基础设施区域共享，增强小集镇的辐射力和聚集效应，让更多农民共享城市物资文明，加快城镇化进程。

3. 完善中心镇社会服务设施，丰富小城镇文化内涵，扩展其服务范围，引导农民改变生活方式，更新思想观念，提高生活质量，使农民共享城市精神文明，推动社会进步。

4. 突出重点，优先发展郑店镇为华中物流城配套的居住和服务设施，以点带面，沟通城乡，引导农民向中心镇集中。

二、规划内容

（一）规划期限

分为 2 个阶段，近期 2008~2010 年，远期 2011~2020 年。

（二）规划范围

集镇规划范围为东至劳一村、西至联合村、南至沪蓉高速公路、北抵红旗水库，规划面积 1.50 平方公里。

（三）集镇规模

人口规模预测近期为 0.64 万人，远期为 1.25 万人；规划城区建设用地近期为 0.78 平方公里，远期为 1.50 平方公里；人均建设用地近期为 121.45 平方米/人，远期为 120 平方米/人。

（四）空间结构

规划“一核、一轴、四带、四组团”的空间结构。

“一核”是指办事处所在地的行政管理中心。

“一轴”是指规划沿红旗水库溢洪道两侧的城镇绿色景观轴。北接红旗水库及自然山体，南连沪蓉高速公路绿化隔离带，是郑店街的景观生态走廊。

“四带”是指沿纸金公路商业服务带、郑店大街休息生活带、城镇北缘自然山水带和沪蓉高速公路绿化隔离带。

“四组团”是指联合、劳一两个居住组团和 107 国道东侧、沪蓉北侧的两个公共设施组团。联合居住组团：107 国道以西、沪蓉以北，总面积 0.35 平方公里。

（五）集镇（街）定位

1. 郑店集镇（街）的性质是：以发展农副产品加工为基础，以为华中物流城提供居住与服务为主导，具有区域服务和辐射能力的绿色生态小城镇。

2. 规划镇区建设用地发展方向为沿纸金公路向东呈纵深发展。

3. 集镇各项建设用地指标应符合郑店规划建设用地平衡的要求。

（六）道路交通规划

1. 集镇道路依托纸金大街，以红旗路和郑店大街为主干道，以联合路及依托现有道路路基规划的城镇道路为城镇道路主骨架，规划城镇道路网以方格网形式为主的路网结构。

2. 集镇内部道路分三级设置：一级道路为主干道，红线宽 35~40 米；二级为次干道，红线宽 20~35 米；三级道路为支路，红线宽 10~20 米。

3. 规划道路两侧的新建建筑，原则上必须退后道路红线建设。一般要求为：主次干道后退道路红线 5~10 米，一般道路后退 3~5 米。

4. 在规划区设置机动车停车场两处。

（七）居住建设用地规划

1. 郑店集镇的居住用地规划结合现状条件，坚持依托老集镇发展的原则，采取居住相对集中的布置形式，缩短公共服务设施的服务半径，方便居民使用商业、文化娱乐设施。

2. 规划居住建设用地由两个组团组成，即联合居住组团和劳一居住组团。居住区内根据其规模配置相应的公共服务设施，设置居委会。

3. 住宅建筑应提倡单元楼形式，统一开发建设，统一管理，以节约用地，私人建房人均基地面积按区标准统一控制，住宅间距系数为 1∶1.20。

（八）公共服务设施规划

郑店集镇公共服务设施布置结合居住用地分布形成：“集镇综合中心—社区服务中心”二级配置，布局形式以“成轴成团”为主，创造良好的城镇综合景观。

（九）园林绿地规划

充分利用现有自然条件，结合郑店集镇良好

的区位优势和种植、养殖特色，建立绿色生态体系。发挥绿色植物美化城镇景观改善气候，平衡生态环境的功能，创建生态园林小城镇。规划老镇区的绿地率不低于30%，新镇区绿地率不低于35%。

（十）环卫设施规划

公共厕所设置标准为：主干道每500~700米设1座，工业区设置间距不大于1000米，居住组团内按3000人设1座的标准设置，共设置2座。

规划在新建商贸工业区和生活区各设1座垃圾转运站，垃圾集中打包压缩后送至郑店垃圾处理场集中处理。规划设置2个环卫人员休息场（规模各120平方米），1个环卫停车场（规模600平方米）。

（十一）给水排水规划

1. 规划采用统一的自来水系统，自来水由江夏水厂供给，给水管网采用环状与枝状结合的布置方式。镇区综合用水指标取600升/人·日，最高供水量为1.30万立方米/日。

2. 采用雨污分流制。107国道西侧联合居住组团的雨水经组团内部现有和规划的溪流排入南部鲁湖；107国道东侧雨水经红旗水库溢洪道经红旗路南排入鲁湖。

（十二）“三区、四线”规划

1. 集镇规划建成区内及周边自然山地和水体为本次规划的禁建区。红旗路东侧红旗水库溢洪道两侧各30~50米范围内为限建区。规划范围内的其他区域根据本次规划为适建区。

2. 建设红线依本规划中“道路交通规划”确定。

3. 蓝线的划定依据50年一遇最高水位线确定。

4. 绿线依本次规划图则确保沪蓉高速公路和107国道两侧的绿化隔离带，以及规划区内山体和红旗公园等用地面积和绿线宽度确定。

（邓咏彬）

东西湖区走马岭街总体规划

一、区位条件

走马岭街规划范围东临京珠高速公路，西依汉渝铁路及汉江，南接吴家山台商投资区，北至武汉市外环、杭兰高速。总用地面积37.90平方公里，其中城市建设用地面积11.50平方公里。

二、规划目标

以城镇和园区的全面可持续发展为方向，着眼园区的战略发展、长远发展、科学发展；以生态环境建设和保护为根本，更加注重提高园区经济增长的质量和效益；以推进资源向优势产业集中、产业向规模集中、工业向城镇集中的集约经济，推进开放型经济结构升级，推进循环经济较快发展为抓手，提高包括产业竞争力、环境竞争力、生产要素竞争力和文化竞争力在内的城镇核心竞争力和综合实力，从而力争把走马岭建成一个国际化、现代化的专业镇和具有国际竞争力、国内一流的综合性园区。

三、主要内容

（一）用地布局

规划为“三心、两轴、六组团”的结构。

1.“三心”

（1）走马岭综合中心，即走马岭街道办事处行政办公中心，以现状的建成区为依托，进一步完善公共服务配套设施，形成服务于整个走马岭地区以办公、商业、娱乐为一体的街道中心区。

（2）食品加工区行政中心，即服务和管理整个食品工业区的行政办公中心，结合国际风情园、食品研发基地的建设，形成体现食品工业园精神风貌的商务管理中心，提升整个食品工业加工区的综合竞争力。

（3）四核中心，即食品加工区、保税物流园区、高桥产业园区、循环经济试点园区4大园区的核心所在，位于107国道与京珠高速的交汇处，是体现食品加工区千亿元产业基地的形象，展现整个走马岭地区产业园区的门户工程。

2.“两轴”

（1）产业发展主轴主要以107国道为联系纽带，形成组织与联系食品工业加工区内各工业园区的运输与交通轴线，使各产业之间形成有机联系，将整个规划区结合成有机整体。

（2）居住生活综合发展轴是以原走马岭镇建成区为依托，结合现有的公共设施，形成以沿走新路为发展走向的居住生活发展轴线，沿线布置走马岭街道综合中心和食品工业加工区管理中心。

3.“六组团”

以产业发展主轴和生活综合发展轴为依托，结合5条产业发展次轴，将整个规划区划分成6大组团，包括新沟综合组团、走马岭居住综合组团、食品加工区配套功能组团、物流组团、工业组团等。

（二）综合交通规划

1. 道路系统的规划依托107国道，衔接区域的金山大道、汇通大道形成干道网络。为了避免镇区道路对107国道的干扰，在107国道两侧规划辅道截流交通。综合考虑镇区道路服务和交通流量的需要，形成分片联系的方格网主体道路构架，并与现状水网相一致。各片区道路系统既相互独立，又相互联系。

2. 道路等级分为主干道、次干道和一般道路三级系统。应制定相应的交通政策，原则上，主干道以交通性为主，次干道和一般道路以生活性为主。

3. 道路红线宽度分级进行控制。主干道红线宽度40~60米；次干道红线宽度为20~36米；支路红线宽度为9~20米。

4. 规划道路两侧的新建建筑，原则上必须退后道路红线建设。一般要求为：主、次干道后退道路红线3~5米，一般道路后退道路红线2~3米，特殊建筑物的后退要求按城市规划主管部门要求执行。

5. 根据走马岭地区的区域规模和特性，综合考虑城镇和工业园区发展的需要，结合规划区出入口、各组团服务中心、大型公共设施等交通集散地布置社会停车场。在建设中必须配建停车位，为建筑物配建停车场（库），停车泊位数应按照《武汉市城市市政公用和其他工程设施规划管理技术规定》中《各类建筑物配建停车场车位指标》确定。机动车以小型车为计算当量，非机动车以自行车为计算当量。

规划在汇通大道南、北入口处和镇区中心，各设置机动车停车场1处。各单位和大型公共建筑配建停车车位则按相关技术规范执行。规划汽车客运站选址在走马岭十支沟和十一支沟之间，与汇通大道交汇处，靠近主要居民区，且位于走马岭街的中间位置，便于居民出行。

规划区内的公共加油站按2公里的服务半径设置1处，共规划5处，总用地面积为2.36万平方米。

（三）环境保护规划

将规划区划分为三类环境保护区：

一类保护用地：指广场、绿化、公园等。属于与市民生活相关的生态型用地，为城市创造一个宜人的外部环境，需要加大力度保护。

二类保护用地：多指居住、商业、文化、行政等对环境要求较高的用地。此类用地与市民生活息息相关，直接影响到市民的生活，它的保护需要广大市民的参与。

三类保护用地：指工业、仓储等污染、噪音较严重的用地。此类用地如保护不当，会对市民生活产生不良影响，需采取专门的保护措施，在执法部门配合下实施。（李　青）

第三节 详 细 规 划

武汉市主城区空间特色分区及特色意图区控制指引

一、项目背景

为了塑造更具吸引力、竞争力的武汉城市空间特色，武汉市规划局组织多家城市规划研究机构，编制了《武汉市城市空间特色研究》、《武汉市立体空间形态概念规划》，对武汉市城市空间特色进行了系统性研究。武汉市城市规划咨询服务中心以该两项研究为基础，结合《武汉城市总体规划（2006~2020年）》及相关专项规划要求，整合研究成果，提出《武汉市特色意图区划定规划》，划定武汉市特色意图区，提出特色控制要素，并结合武汉市规划局规划管理要求，编制《武汉市主城区空间特色分区及特色意图区控制指引》。

二、规划目标

明晰武汉市主城区内能彰显城市空间特色的区域，在规划编制、规划管理和具体建设行为中加强城市空间特色的控制与引导。

1. 划分出重要的特色空间分区和特色意图区，结合武汉市分区规划和控规编制工作的开展，进行重点规划设计。

2. 对特色意图区内的项目进行精细管理，设置特别的管理程序和管理要求。

三、主要内容

（一）空间特色分区

根据武汉市城市规划管理及现行规划编制体系，结合控规编制单元，将“空间特色分区”分为三级进行规划和控制。按照各区片内现代特色资源、历史特色资源、水体自然特色资源、山体及公园特色资源等特色资源要素的代表性、重要性及集中程度，综合分析评价，确定空间特色分区共53个，其中一级5个、二级15个、三级33个。一级、二级空间特色分区主要集中在两江四岸、东西山系、东湖区域和重要的市级副中心区域，三级空间特色分区为特色要素分布相对较少的区域。

（二）特色意图区

特色意图区是指能够展现城市空间特色的地区或对城市空间景观特色展现有重大影响，需要进行特殊规划控制和设计的区域。划定特色意图区34片。划定联系或到达特色意图区的认知路径，即多条城市特色景观路，成为特色意图区的组成部分。对特色意图区，按照特色区域类型、空间特色功能及特色控制要素三部分提出规划控制要求。

四、规划进展

该研究成果由武汉市规划局及相关专家联合审查并通过，将作为控规导则及控规细则的技术支撑。

（规划咨询中心）

江汉区武汉现代服务业中心区空间发展规划

一、规划背景

现代服务业正成为推动全球经济增长的重要因素。江汉区始终坚持围绕发展现代服务业这一中心，并率先提出“打造武汉现代服务业中心区”的建设目标。江汉区已成为全国唯一申报国家级现代服务业和城市服务业发展的试点区，并纳入湖北省10个千亿元项目之一。此次规划范围与江汉区行政区划范围一致，总用地面积28.29平方公里。

二、规划目标

江汉区现代服务业产业发展目标为：以金融、信息、商务、企业服务为主导，强化并提升传统商业优势，拓展文化、旅游等服务功能，形成重点突出、层次分明的现代服务体系，将江汉区打造成为武汉市现代服务业中心区。

江汉区现代服务业空间发展目标为：以王家墩商务区和轨道交通建设为发展契机，整合现有服务设施，大力拓展现代服务功能，强化对服务业功能的积聚和引导，通过完善区域交通体系，加强景观环境塑造，构建金融商贸职能突出、交通多元便捷、配套服务完善、滨水特色鲜明的城市中心服务区。

三、主要内容

（一）产业发展战略

规划提出5大产业发展要点：以建立汉口银行为突破口，提升金融服务业；以总部经济为引导，繁荣商业地产业；以“内调外联”为途径，优化现代物流业；以典范企业为起点，开拓新兴创意产业；以分类集聚为特色，做强专业中介服务业。

（二）产业空间布局

1. 空间策略

主要举措为“优南、强中、兴北，引导服务业空间有序集聚”。南部地区重点发展沿江休闲旅游商业业态，打造展现两江交汇、三镇鼎立城市意向的核心景观亮点；中部地区集中布局金融、商务、信息和企业服务等核心产业功能，构建现代服务业主体功能区；北部以西地区以服务区域现代服务业高素质从业人员为主，形成服务主体功能区的功能拓展区；北部以东地区重点发展文体、娱乐等休闲商业业态。此外，对应6大产业类型，规划分别提出了空间布局策略。

2. 土地策略

主要举措为“增加总量、分类引导，确保服务业空间协调发展”。

规划预测江汉区未来服务业用地总量宜保持在700万平方米左右，用地增量将侧重于发展金融、商务、信息服务和研发创意等产业类型，该类用地比例将达到40%~50%，综合型商贸服务将控制在35%~45%，其他公共设施用地10%~20%。

3. 空间布局

规划形成“四大产业板块、九大核心功能区和七条功能联系轴”的布局结构。

“四大产业板块”分别指高新产业板块、新兴商业板块、金融商务板块和商贸旅游板块；“九大核心功能区”指“四大产业板块”中的现代服务核心功能区，如王家墩综合商贸区、金十字区域综合金融商贸群等；“七条功能联系轴”指发展大道、建设大道、解放大道、常青路及下延线、新华路及延长线等5条辐射区域的联系主轴和青年路、中山大道2条联系次轴。

以空间结构为指引，规划共划定13个现代服务业功能集聚区，分别明确提出了主导功能定位和重点项目安排。

（三）配套支撑体系

1. 交通策略

主要举措为“内优外移、轨道先行，提升交通支撑服务能力”。

规划形成“四横三纵”的路网结构，以完善区域交通体系；通过改善中心商业区交通状况，完善机动车停车设施建设，加强交通节点、轨道站点、公交枢纽与现代服务业集聚区的交通换乘联系等措施，以优化城区内部交通；搬迁整合公路客运枢纽、修建城际铁路等，以提升对外交通联系水平。

2. 景观策略

主要举措为“融汇人文，辉映古今，构建21世纪景观旅游区”，重点打造“两轴、一带、多心”的空间景观体系。“两轴”为横贯全区的十字型复合功能景观轴，“一带”即滨江特色景观带。同时，结合功能分布和景观格局，形成“两轴五区”的旅游结构，分别为十字型游购观光轴和金融观光轴，以及老汉口新时尚商贸文化区、沿江沿河时尚风情区、武广商业摩尔体验区、站前商贸购物区、高新产业观光区等5大旅游片区。

四、规划实施计划

根据阶段性目标安排，规划提出现代服务业空间发展的分期建设计划，重点拟定近期建设项目库和建设控制要求。先导项目主要沿发展大道、常青大道及下延线、建设大道与新华路交汇“金十字”区域、解放大道、中山大道以及沿江大道集中分布。同步推进相关道路设施建设，形成“两纵四横”的干道网络，有效联系各先导发展区域，构建“板块咬合式”的空间结构。对应4大功能板块，规划分别提出了先导启动项目和后期跟进项目，以及相应的建设内容。

另外，规划从政策引导和制度创新等层面提出了规划实施的政策性支持条件。

（涂胜杰）

武汉市水系规划（蓝线规划）

一、规划背景

武汉市水系资源丰富，水域面积占国土面积的1/4，水是武汉城市发展的重要优势资源。为保持和增强武汉市水环境特色，促进武汉市可持续发展，需要对水系资源进行严格有效的保护，“蓝线”划定是近年来武汉市进行湖泊保护的一个行之有效的重要管理手段。2006年，建设部颁布实施的《城市蓝线管理办法》以及武汉市颁布的《武汉市湖泊保护条例》都提出了通过“蓝线”进行管理的具体要求，在城市控规全面编制之前，对武汉市水系进行“蓝线”整合划定有十分重要的意义，既能贯彻《城乡规划法》的基本要求，又可以将“生态优先、环境先导”的城市发展基本原则落到实处。为此，武汉市规划局将都市发展区的“蓝线”整合规划列入了2008年度市财政预算项目计划。

二、规划目标

通过对武汉市水网系统及水环境质量的研究，建立水系网络构架，明确湖泊保护界线及主要港渠控制宽度，实现城市规划在空间上的管理要求。主城区范围以1∶2000比例尺地形图为基础完成对湖泊、港渠的界定，新城组群以1∶10000比例尺地形图完成对湖泊、港渠的划线界定，以满足地区性规划编制的需要。

三、主要内容

（一）水系功能定位

结合城市用地规划布局，将水系分为水源保护水域区、湿地保护水域区、景观娱乐用水区及港口水域区等 4 大类功能区。

（二）水系网络布局

1. 依托长江、强化汉江、提升府河、打造四片特色水网

在武汉的水系中，长江是降雨的最终汇集地，是流域性水网的核心。因此，以长江及直接与长江相连的汉江和府河共同构成武汉的水系基本架构，并将武汉的水网分为相对独立的 4 大片：黄陂新洲片、汉口东西湖片、汉阳片和武昌江夏片。

2. 依托武汉环城游憩带的建设，构建 1 个襟江带湖的环城水网，打造“水网”、“绿网”交织的城市生态环

在武汉市外环高速公路两侧，利用山水资源建设武汉的环城游憩带，通过串接游憩带内的江河湖泊，构建成为武汉的环城水网，并与大面积的生态绿化网一起形成武汉的城市生态环，提高水网和绿网的生态效率，成为向城市中心区提供良好生态资源的基地。

（三）水环境容量估算及水质保护措施

通过对武汉市主城区湖泊主要污染物纳污量及削减量的估算，得出结论：为实现各湖泊的水环境目标，必须削减 COD 的 34%、TN 的 71% 和 TP 的 78%。

水质管理目标依据湖北省政府批准的《湖北省水功能区划》（鄂政函 [2003] 101 号）和武汉市人民政府批准的《武汉市水功能区划》（武政办 [2005] 2 号），结合现状水质来确定。主城区港渠的水质管理目标不劣于Ⅴ类。

（四）蓝线划定规划

《城市蓝线管理办法》中明确指出江、河、湖、库、渠和湿地等使用城市蓝线进行管理。江河的水域范围纳入河道管理，并有堤防线作为界线，以堤防作为规划管理的界限，不单独进行蓝线划定工作；都市发展区范围内的主要湖泊和重要沟渠必须进行蓝线划定。

都市发展区范围内主要湖泊有 97 个，其中主城区 31 个、新城组群 66 个，湖泊总面积 500.67 平方公里；港渠 126 条，其中主城区 68 条、新城组群 58 条，渠道总长 495.90 公里。

四、规划进展

2008 年 11 月 27 日，武汉市规划局市政规划管理处对《武汉市水系规划（蓝线划定规划）》成果进行审定；12 月 3 日，该《规划》通过市规划局目标任务项目验收会。

《武汉市水系规划（蓝线划定规划）》依据本规划进行编制，并已经完成初步规划成果。

（高　艳）

中心城区 40 个湖泊“三线一路”控制规划

一、规划背景

按照 2007 年武汉市人大常务委员会 3 号议案关于“切实贯彻《武汉市湖泊保护条例》，重点加强城区湖泊综合整治”的要求，武汉市规划局、武汉市水务局、武汉市园林局共同组织，武汉市城市规划设计研究院、武汉市防洪设计院和武汉市园林设计院共同开展了武汉市中心城区 40 个湖泊保护“三线一路”控制规划的编制工作。

二、规划目标

以《武汉市湖泊保护条例》为指导，充分发挥湖泊水资源优势，统筹考虑生态景观、绿化保护和城市建设的要求，在明确湖泊功能的基础上，确定中心城区 40 个湖泊“三线一路”控制范围线，实现湖泊周边地区规划编制与管理的标准化和规范化，强化湖泊蓝线、绿线和建设区域的协调，营造良好的公共滨水空间和滨水生活氛围。

三、主要内容

（一）规划范围

中心城区湖泊“三线一路”保护规划范围为武汉市中心城区37个湖泊（由于东湖风景区正在修编总体规划，东湖的“三线一路”暂时不能确定，因此不纳入本次规划范围）和金湖、银湖，规划研究范围约377.04平方公里。

具体湖泊包括：后襄河、西湖、北湖、鲩子湖、菱角湖、小南湖、机器荡子、金湖、银湖、塔子湖、张毕湖、竹叶海、莲花湖、月湖、墨水湖、三角湖、南太子湖、北太子湖、龙阳湖、紫阳湖、水果湖、内沙湖、沙湖、晒湖、四美塘、杨春湖、汤逊湖、野芷湖、南湖、黄家湖、青菱湖、严西湖、严东湖、伍加湖、青山北湖、车墩湖、竹子湖、青潭湖、野湖。

（二）具体内容

本次规划在明确湖泊功能的基础上，确定了湖泊水体保护的总体控制目标和分级保护体系，制定了“三线一路”的划定原则，划定了中心城区40个湖泊“三线一路”，即湖泊水面、环湖绿化、滨水建设区和环湖路的控制范围线。

1. 界定蓝线——湖泊水面控制线

按照《武汉市湖泊保护条例》的要求，依据湖泊现状情况，规划共划定湖泊蓝线总面积为138.97平方公里，岸线长度576.59公里，划定界桩总数2346个。

2. 确定绿线——环湖绿化控制线

根据《武汉市“三边”（江边、湖边、山边）建设项目规划管理规定》，明确了环湖绿化带、湿地、绿化通廊界线，规划共划定湖泊绿线总面积为114.29平方公里。

3. 划定灰线——环湖滨水建设控制线

依据城市总体规划、分区规划、控制性详细规划等上位规划要求，参照生态城市指标，在蓝线、绿线范围外划定环湖滨水建设控制线，规划共划定湖泊灰线总面积99.97平方公里。

调整和完善环湖道路体系，强化对湖泊水体和绿化空间的保护，增强环湖公共开敞空间的交通可达性，规划共划定环湖道路总长417.87公里。

四、规划进展

2007年9月24日，召开了武汉市规划局、武汉市水务局、武汉市园林局三局联席会第一次会议，共同审查了首批8个试点湖泊的划定规划；2008年3月18日，召开了三局联席会第二次会议，共同审查了第二批18个湖泊的划定规划；2008年11月11日，召开了三局联席会第三次会议，共同审查了第三批14个湖泊的划定规划；2009年3月12日，召开了三局联席会第四次会议，全面审查了《中心城区40个湖泊“三线一路”控制规划》；预计2009年底报武汉市政府审批。

（商　渝）

吉庆街片地块改造规划

一、规划背景

吉庆街片位于武汉市汉口大智街区域，汇聚了武汉风味餐饮小吃、汉味民俗特色表演，是展现武汉特色文化的舞台。

1990年，个体餐饮摊点自发集结在吉庆街片，逐渐发展为武汉餐饮文化特色的代表。2002年，江岸区政府投资5000万元对吉庆街进行整治，形成了目前的规模。街道长150米，集中有各类餐饮摊点30余家，各类街头艺人300多人。2007年，为配合修建过江隧道，江岸区组织了吉庆街片改造规划。

该项目范围以吉庆街为中心，北至铭新街，东临大智路，西至黄石路，南临中山大道。用地面积8.39万平方米。考虑与周边用地功能、交通系统的对接，与城市风貌的整体协调，扩大原项目基地范围至研究范围，研究范围西至南京路，北达京汉大道，东至大智路，南到沿江大道，面积63.26万平方米。

二、规划目标

坚持以科学发展观为指导，认真落实“两型社会”的建设要求，结合相关规划要求和江岸区发展远景，充分利用历史街区的优势文化资源，将其打造成汉派风情街、艺术创意社区、文化旅游目的地。形成“两轴、三区”的功能结构（“两轴”：吉庆生活秀和文化漫步游；“三区”：美食吉庆生活秀、数码大智商住区和创意云清艺术区）。

（一）强化吉庆街片餐饮经济

依托历史街区文化，优化经营场所模式，引入老字号品牌，打造特色汉派饮食集聚地。

（二）延伸名品名店经济

延伸江汉路步行街商业功能，拓展数码港高新市场功能，引进名品名店，形成文化休闲购物街区。

（三）拓展文化创意经济

拓展武汉市美术馆创业功能，构建文化创意社区。

（四）提升旅游娱乐经济

利用复合功能，完善基础设施，发展特色休闲旅游。

三、主要内容

（一）路网系统

构建完善的干道路网，提升支路系统功能。利用大智路主入口和胜利街、天津路匝道组织进出隧道交通，迅速分流过江交通。利用洞庭街、江汉二路、黎黄陂路、上海路组织自行车优先交通道。延伸青岛路隧道上空步行至规划地块，打通联系江滩公园步行景观。

（二）停车设施

区域平衡，复合利用。鼓励土地复合利用，在城市公共绿地下面建地下停车库；结合启动片开发建设，相应配建停车场，并鼓励对公众开放；合理调整部分路边停车位。

（三）景观优化

以文保、保护建筑为导向，控制景观空间。延伸青岛路片步行景观廊道，优化吉庆街片城市景观风貌，形成完整的公众空间景观体系。

（四）旅游策划

依据汉口原租界风貌区规划的旅游发展策略，整合周边历史街区和历史建筑资源，在区域范围内，打造两条旅游线路：一是洞庭历史文化游，即江汉路—青岛路片—珞珈山片；二是江滩创意民俗游，即江滩—青岛路片—吉庆街片。

四、规划进展

配合大智路隧道建设，分两期开发建设，滚动发展。

近期：改造老通城、东山里地块，引入吉庆街特色餐饮，营造汉派饮食文化，为后期开发积累商机。

远期：改造辅义、云清里，形成艺术工坊和高档居住区；加强大智路数码销售建设，提升区域价值。

（张 涛）

江夏区流芳街覃庙镇控制性详细规划

一、规划背景

覃庙镇位于江夏区东北角、龙泉山风景区南侧，靠近武汉市外环线。覃庙镇镇区南侧为连接武汉—鄂州的凤莲大道，镇区北侧为对接武汉市科技新城的玉屏大道，镇区中部为连接江夏区纸坊镇的纸龙公路，交通便捷。根据《江夏区流芳街覃庙镇总体规划》（夏政［2007］29号）控制要求，编制《江夏区流芳街覃庙镇控制性详细规划》，规划用地总面积为271.68万平方米。

二、规划目标

以江夏龙泉山风景旅游区为依托，承接流芳街发展中心职能，建设具有山水生态特征，集商贸、居住和生活配套服务于一体的旅游商贸型小城镇。

通过用地开发模式、风貌特色、土地收益测算和基准容积率等4大专题研究，合理确定覃庙镇的发展特色和建设强度。

三、主要内容

（一）用地布局

规划结构包括南部综合组团、西部文教组团和北部居住组团等3大功能组团。

南部综合组团：用地面积115.72万平方米，规划居住人口1万人，以商贸服务为主，集居住和生活配套设施为一体的综合组团。

西部文教组团：用地面积51.42万平方米，以服务龙泉山风景区旅游培训和覃庙镇市民文化、休闲功能为主导，兼有一部分商业娱乐业态的文教组团。

北部居住组团：用地面积104.54万平方米，规划居住人口1.20万人，利用梧桐湖和龙泉山沿线的景观营造良好人居环境的居住组团。

（二）“五线”及公益性设施控制

主要对覃庙镇道路（红线）、绿化用地控制线（绿线）、水域控制线（蓝线）、市政设施点位控制线（黄线）和学校、医院等公益性公共服务设施进行控制，规划无紫线控制要求。

（三）综合交通规划

形成“三纵、两横”的道路网结构。其中“三纵”为南北向城市主干道玉屏大道、玉屏东路、玉屏西路；“两横”为东西向城市干道纸龙公路和凤莲大道。

（四）绿地规划

规划覃庙镇建设3个城镇级公园和3个居住小区级公园及多处街头游园绿地，绿地面积20.32万平方米，人均绿地指标9.24平方米/人。

（五）城市设计引导

1. 景观轴线

沿覃庙镇外围道路规划一环形防护景观绿化带，其中，玉屏西路控制5~10米宽；玉屏大道控制20米宽；凤莲大道控制10~20米宽；玉屏东路控制10米宽。覃庙中街规划一条形景观绿化带，控制20米宽绿带串联两处城镇公园。

2. 城市广场

设置南北两处广场，北广场主要以举行大型演出、集会等活动为主；南广场主要以休闲观赏、艺术展示活动为主。

3. 步行交通

规划在覃庙镇原老镇区中心，以现行的商业设施为基础，打造一块步行的大型商贸活动区域。

覃庙中街步行林荫道，联系商贸中心和文教中心，通过两个城镇公园来组织，步行林荫道两侧各控制20米的城镇绿带，内设一定的休闲设施，为步行提供一定的服务设施。

4. 强度控制

覃庙镇开发建设总容量控制在197.05万平方米以内。开发强度按照四类区域控制，一类区域为城镇核心区域，以金融、贸易和商住为主，建筑高度控制在20~40米，容积率在1.60~1.80之间；二类区域位于核心区周边区域，以居住和教育设施为主，建筑高度控制在12~20米，容积率控制在1.20~1.60之间；三类区域位于梧桐湖畔和靠近凤莲大道区域，以居住和小型商业配套设施为主，建筑高度控制在12米以下，容积率控制在1以下；四类控制区域主要为道路交通、公园绿地和水域等用地。

四、项目进展

2007年12月，连接武汉—鄂州的凤莲大道（覃庙段）和玉屏大道两条镇区主要道路相继动工建设。2008年9月，覃庙镇南部综合组团首期启动片局部地段按照规划实施，主要建设农民还建小区、商业等项目及设施。

（徐国斌）

武汉化工新城北湖组团控制性详细规划

一、规划背景

《武汉化工新城总体规划》（以下简称《总体规划》）于2008年9月获武汉市政府正式批复，为落实该《总体规划》服务于80万吨/年乙烯工程建设的要求，武汉化学工业区管理委员会于2008年8月委托武汉市城市规划设计研究院编制了《武汉化工新城北湖组团控制性详细规划》。该《规划》编制范围西起外环线，南到青化路，东、北以长江为界，总面积25.38平方公里。

二、规划目标与功能定位

（一）规划目标

总目标：将北湖组团建设成为具有先进理念、先进技术、先进设施和优良环境的国内领先、国际一流的现代化化工区。

近期发展目标是：围绕80万吨乙烯项目的建成投产，启动近期有条件发展的部分下游产业，完善园区物流运输和管理服务智能化，初步形成现代化化工园区的发展格局，并为园区的下一步招商引资和可持续发展奠定基础。

（二）功能定位

规划抓住中部地区首个乙烯项目在武汉建设的重大机遇，利用武汉市及湖北省的产业基础和原料资源，将该地区建成中部地区的石化基地；依托武汉的港口岸线条件，利用长江航运复兴的机遇，将该地区建成长江中游重要的港口物流基地；根据国家对武汉城市圈“两型社会”建设的要求，大力加强循环经济建设，使该地区成为全市具有以上社会经济特点的示范区；规划根据现代工业园区的发展要求和特点，强调构建具有产业创新能力的生态工业区。

综上所述，功能定位描述为：中部地区石油化工生产基地和产品供应中心，长江中游重要的港口物流基地，武汉城市圈“两型社会”建设和循环经济示范区，国内领先的生态型、科技型化工园区。

三、主要内容

规划以80万吨乙烯项目基地为核心，形成“一环、三轴、四区”的规划结构。

“一环”即以城市外环线、青化路防护绿带和外围区域的山水自然条件为基础，构筑北湖组团外围的生态绿化环，减少化工生产的环境污染，同时也有利于园区的生产安全。

“三轴”即以吴沙大道和青江大道等2条纵横交叉的主干道为依托，形成北湖组团的工业发展主轴，各化工企业依托该轴次第布局，以临江大道为依托形成港口物流拓展轴。

“四区”即管理服务科研区、化工产业发展区、港口物流区和材料加工区，其中：

管理服务科研区位于青化路与外环线立交的东南部，具有良好的对外交通条件，便于形成化工园区的标志性景观形象。主要构建管理、服务和科研等3大功能，为园区企业和就业人员提供完善、便捷的服务。

化工产业发展区位于北湖大港东北，区中主要依托武汉80万吨乙烯装置的一次产品，发展芳烃与低碳烃类的乙烯下游产业。

港口物流区主要位于临江大道两侧，依托北湖的交通设施条件，合理布局铁路货场、原料储罐区与港口码头，建成以化工原料集散为主的公用物流区。

材料加工区位于北湖大港以南，利用园区出产的化工原材料生产塑料、橡胶等工业制品，为武汉市的汽车、家电、光电子、医药等产业配套。

四、规划进展

该《规划》于2008年10月17日召开专家咨询会、12月10日征求部门意见会、12月23日上报武汉市规划局技术审查委员会，2009年3月5日上报武汉城市规划委员会审议并通过，2009年3月27日上报武汉市政府获批复。

（钟　华、陈智奇）

国家粮食物流（武汉）基地暨国家稻米交易中心一期园区详细规划

一、区位优势

国家粮食物流（武汉）基地暨国家稻米交易中心位于武汉市新洲区阳逻街龙口地区，东靠阳大公路，西依长江，北临倒水河，毗临阳逻机场、阳逻港、电厂和国际物流基地等大型城市基础设施，可实现多种运输方式的有效联动。基地一期园区规划用地面积43.69万平方米。

二、规划目标

遵循“统一规划，分期实施；立足实际，着眼发展”和实现由粮食“四散化”的转变，努力实现政府提出的“整体推进、分步实施、以点带面、全面提高”这一规范化建设的总体目标，把阳逻国家稻米交易中心建设成为一个具集散、储备、加工、交易、信息、会展和服务等综合功能于一体的物流园区，成为带动长江中下游，连接全国的大型粮食综合性现代物流中心。

三、主要内容

（一）功能分区

本次规划根据园区不同的功能，设置了6个不同的功能区，分别为综合服务区、仓库储备区、粮食加工区、基础设施区、功能藏储区和铁路作业区。

1. 综合服务区

综合服务区位于一期用地北部，主要沿龙口路布置，展现现代物流园区的经济活力。该功能区主要设置稻米交易中心大楼、综合服务楼、后勤服务楼等，可进行稻米交易、商务服务和贸易咨询等活动。

2. 仓库储备区

仓库储备区位于一期用地中部，可利用现有的良好地理条件进行建设。该功能区主要设置平房仓、中转储备油罐、立筒库、浅园仓、原料库等储备建筑、构筑物及设施，主要用于粮食或相关物质的储备，并且和功能藏储区共同构建一期物流园的核心区域。

3. 粮食加工区

粮食加工区布置于一期用地的东北部，规划利用道路和绿化有效的与其他功能区域分隔开，减少对其他区域的污染和干扰。该功能区主要设置深加工车间和厂房，引入粮食物流下游加工产业，以完善园区产业结构。

4. 基础设施区

基础设施区位于一期用地南部，主要沿天兴路布置。该功能区主要设置发电车间、锅炉房、污水处理站等设施。

5. 功能藏储区

功能藏储区位于一期用地西南部，该功能区主要设置标准库和功能仓，用于相关物质的储备，扩展物流园区藏储范围。

6. 铁路作业区

铁路作业区位于一期用地西部，并配建站台仓，与仓库储备区进行无缝对接。

（二）综合交通规划

1. 基地地势较为平坦，道路设置根据上位规划和园区总平面布局，将道路网络设计成平行和垂直于长江的格网布局，以满足园区内粮食运输需要。

2. 本次规划在长江沿岸堵龙堤外滩地控制港口码头用地设置2个3000吨级兼顾5000吨级泊位粮食专用码头，中转能力60万吨。

3. 以规划区东北侧阳逻街现有的电厂运煤专用线为基础，向东南规划铁路专用线至亚东水泥厂、阳逻深水港区，穿越阳逻大桥沿堵龙堤北布设，总长12公里，其中园区内行走线长度470米，可停放32节车皮，中转能力90万吨。

四、项目进展

2008年2月，基地土地整理工作启动；4月，基地道路开始建设。

（傅　波）

黄金口工业园西南片与西北片控制性详细规划

一、规划背景

经武汉市人民政府批复的《武汉市都市工业园空间扩展规划》将三环线以西、汉蔡高速公路以南、十永公路以北的用地（黄金口西南片）纳入黄金口都市工业园范围。根据该扩展规划，武汉市汉阳都市工业园管理办公室委托武汉市城市规划设计研究院新区分院编制工业园西南片控规。由于工业园三环线以东地区属武汉市主城区，且《武汉市主城区控制性规划导则》（以下简称《控规导则》）已全部编制完成，为整体推进黄金口工业园的建设，引导园区的有序发展，该《规划》将工业园三环线以西地区（包括西北片和西南片）进行整体规划。

为满足黄金口工业园2008年启动什湖大道等重点项目建设的需要，经过与汉阳区政府和黄金口工业园管委会沟通，并报武汉市规划局规划编制管理处同意，本次控规按照《控规导则》的编制要求实施。

二、规划目标

依托良好的区位及交通优势，结合周边地区用地发展形势，形成以食品产业及汽车零配件、轻工、新型建材等现代制造业为主，适当接纳工业性质兼容的中心城区外迁企业，兼有技术密集型和劳动密集型产业的、生活与管理服务功能配套齐全的现代化工业园区。

三、主要内容

（一）规划范围

规划区范围南至十永公路、西临什湖侧路（规划道路）、北至汉江、东至三环线，总用地面积为831万平方米。

（二）规划结构

规划确立“一轴、两廊、两心、九组团”的空间结构。

“一轴”：沿什湖大道的工业园发展主轴。

“两廊”：两条横穿工业园的东西向生态走廊。

“两心”：在西南片与西北片分别规划1处管理服务中心。

“九组团”：分别为沿什湖大道布局5个产业组团、3个居住组团和1个发展备用地组团。

（三）用地布局

产业用地规划面积287万平方米，主要沿什湖大道两侧布置，集中于规划区中部及东部地区，大力发展都市工业。

居住用地规划面积69万平方米，主要布置

在沿汉江及临十永大道区域，解决工业园配套职工居住以及快活岭地区村民拆迁还建的需要。

发展备用地规划面积 81 万平方米，位于什湖渠与汉蔡高速之间，为将来工业园的后续发展预留空间。

两个管理服务中心分别位于什湖大道与百威路交叉口和什湖大道南端、工业园主入口处。管理中心集中布置商业金融业、行政办公等用地，满足工业园行政管理和居住区配套服务的需要。

城市绿地规划面积 199 万平方米，由公园、街头绿地和防护绿地组成。公园绿地主要结合滨水区域周边的绿化以及管理服务中心布置；防护绿地主要沿汉蔡高速、三环线和十永大道布置。

（四）综合交通规划

遵循满足交通发展需求，尽量使用地划分完整的原则，使规划区域形成布局合理、联系便捷且能与周边区域紧密衔接的交通系统。规划区内与三环线和汉蔡高速公路相交道路均采用分离式立交；干路与干路相交路口采用信号灯控制；支路与干路相交路口采用信号灯控制或右进右出方式控制；支路与支路相交路口采用让行方式控制。

规划轨道交通 E1 线穿越规划区域，结合南部的管理服务中心布置轨道站点，以方便附近居民与职工的乘用。规划控制永安堂轨道车场，规划用地面积 14.30 万平方米。

（五）绿地与生态环境建设

规划结合沿汉江江滩绿化布置滨江景观带；利用琴断口小河沿岸良好的植被建设琴断口小河公园，面积为 28 万平方米；结合南北 2 个公共服务中心及什湖水面布置 3 个小型公园，面积分别为 3.50 万平方米、2.30 万平方米和 20 万平方米。沿什湖渠与汉蔡高速控制两条生态绿化通廊；规划沿三环线、十永公路及园区内的主要道路布置沿路绿化景观带，以丰富城市景观。

四、项目进展

该规划曾多次向新区指挥部和汉阳区政府进行汇报，并于 2009 年 4 月 10 日提交武汉市规划局专题技委会审议，修改成果已经交付实施。

（计　涛）

武汉市塔子湖 A0401A 片、A0401B 片局部控制性详细规划

一、规划背景

武汉市塔子湖 A0401A 片、A0401B 片位于江岸区塔子湖地区周边，处于控规编制单元 A0401 片中。为确保该区域规划的延续和落实，特编制本控制性详细规划。规划范围：东至金桥大道，南至井南大道，西至塔子湖西路，北至三环线，规划面积 315.62 万平方米。

二、规划目标

以上位规划为指导思想，注重与周边区域建设的协调统一、有序发展；在满足相关规划要求、确保公众环境质量的前提下高效紧凑开发，保证土地资源得到合理有效的利用，为城市未来发展留有余地；以总体控制目标为引导，合理布局、划分规模，提出各片区建设指标；充分考虑近期建设的需要，结合远景目标，提供可操作性强的规划管理依据。

三、主要内容

（一）规划结构

规划为“一带、两轴、两区”结构。“一带”：结合中环线建设，打造中环线防护景观绿化带。“两轴”：南北向城市主干道塔子湖东路功能轴；东西向结合地块内部曲线形道路设计的休闲景观轴。“两区”：西部以开放型绿化为主的塔子湖生态公园为依托的低密度居住区；东部依托南部文

体产业发展，建设面向区域发展需求的综合类公建设施及高强度居住区。

（二）用地布局

规划范围内居住总用地面积 132.20 万平方米，占规划总用地面积的 41.90%，其中商住用地面积 4.47 万平方米；公共设施用地面积 11.75 万平方米，占规划总用地面积的 3.70%，由商业金融业、文化娱乐、医疗卫生用地组成。规划居住人口 6.30 万人，居住用地人口毛密度 337 人/万平方米，人均居住用地面积 20.90 平方米/人。

充分利用塔子湖自然景观资源，形成点线面相结合、开放型与内敛型绿地共存的多元化绿化网络体系，充分发挥绿地的生态功能。整个规划范围内沿塔子湖东路和东西向曲线形道路两侧控制绿化带，打造“十字形”绿化景观轴线。

（三）规划控制导引

按照《武汉市城市规划地域划分及编码原则（试行）》的规定，以塔子湖东路为界，本次规划范围划分为两个控规管理单元——A、B 片。A 管理单元规划控制常住人口约 5.34 万人，地块性质包括居住用地、公共服务设施用地、道路广场用地、市政公用设施用地、绿地及水域和其他非城市建设用地，管理单元内居住用地容积率不大于 2，公共服务设施用地容积率不大于 3；B 管理单元规划控制常住人口约 0.95 万人，地块性质包括居住用地、道路广场用地、市政公用设施用地、绿地及水域和其他非城市建设用地，管理单元内居住用地容积率不大于 0.90。

四、规划进展

该局部控规方案已通过武汉市规划局技术审查委员会审查，并于 2008 年 7 月 7 日作为武汉市第一批局部控规成果在市规划局一楼大厅和“数字武汉—城乡规划网”进行了批前公示。该方案现已获审批。

（规划咨询中心）

中芯国际项目规划

一、规划背景

中芯国际集成电路（上海）有限公司武汉生活区选址于武汉东湖新技术开发区——“武汉·中国光谷”。武汉光谷集聚 18 所高等院校、56 个省部属科研院所、7 个国家工程技术研究中心和 20 多万名各类专业科技人员，是全国首个集科教中心与居住于一体的开发区，片区环境拥有大学校园的清新人文氛围。

基地交通优越，地势略有起伏，环境幽静，周边景观环境较好，特别是地块北侧和东侧是市政规划的 50 米绿化景观带，为创造一个拥有良好居住设施环境的居住区提供了非常有利的条件。

二、规划定位

倡导人文住宅和院落友居生活的中国传统居住文化，社区的规划在轮廓上是传统院落式的，即以庭院、园林为核心。公寓、商业街、学校等各个功能空间分隔出富于领域感与归属感的不同区域。街坊—街道—院落—建筑的渐进格局，形成空间的多样性和序列性。

三、规划内容

用地规模约 38 万平方米，实际净用地面积约 31 万平方米，平面规整呈矩形分布。地块西北侧约 800 米处为中芯国际武汉 12 英寸芯片厂，北至高新四路，东临光谷二路，地块西侧为流芳大道，南侧为中芯二路。地块东西长约 970 米，南北宽约 355 米，地块中间由中芯一路相隔，分成东西两块。小区地势南高北低，地势起伏不大，规划建筑有高层公寓、多层公寓、多层宿舍、会所、学校、幼儿园和商业街。

中芯国际致力于半导体集成电路芯片的开发和制造，力求为武汉市集成电路产业发展奠定坚实的基础。“一心二轴，三区连一线，组团相依”的规划布局，别具特色。

“一心”：即通过生活区高新四路主入口南侧空间扩放景观中心广场，形成核心。

“二轴”：即由中心广场向左右两侧延伸出小区中心绿化轴和中芯一路的商业景观轴。

“三区”：为西侧地块居住区，中芯一路商业区和东侧教育及生活区形成3大功能区域。

“一线”：用波浪型主干道、景观山坡、商业广场、教育广场贯穿3大区域，空间上形成连贯的延续，形成各区域相对独立又彼此相互延续。

“组团相依”：强调各居住组团的共生性，每个组团有类似的产品形态，但又具有多样化的邻里感受。

四、规划进展

中芯国际项目已顺利建成投产。

（高　喆）

二七长江大桥两岸接线工程修建性详细规划

一、规划背景

为缓解长江大桥、长江二桥交通压力，构筑城市二环线，完善城市骨架系统，加快推动实施“30分钟畅通工程”，武汉市委、市政府启动建设二七长江大桥。

二七长江大桥建设是适应城市过江需求快速增长的需要；是落实城市总体规划，完善城市道路系统功能，加快城市快速路系统的形成，实施“30分钟畅通工程”的需要；是城市快速发展的需要；是抓住投资环境的大好机遇，拉动全市经济快速发展的需要。

二七长江大桥位于长江二桥下游约3.20公里，距天兴洲长江大桥上游约6.80公里，西起江北岸二炮指挥学院北门，东至武昌友谊大道，全长约7.20公里。

二、规划目标及功能定位

（一）规划目标

通过完成《二七长江大桥两岸接线工程修建性详细规划》，协调二七长江大桥两岸衔接立交与轨道、明渠、堤防等关系，为二七长江大桥及两岸疏解立交的设计、建设提供上位依据。

（二）功能定位

规划的二七长江大桥两岸接线段是二环线过江控制性工程重要的组成部分，是连接武昌与汉口的又一重要过江通道；二七长江大桥以及两岸接线工程的建设能有效缓解长江过江交通压力，均衡两岸过江交通流的分布。

三、主要内容

（一）流量预测分析

1. 二七长江大桥吸引的流量流向主要来自二环线环线方向（发展大道、水东路、东湖路沿线）、青山杨春湖城市副中心以及后湖居住新城等方向的车流。

2. 二七长江大桥将加强青山地区与汉口北部地区的联系，特别是武汉火车站和汉口中心城区及王家墩CBD区域的联系。

3. 二七长江大桥将加强天河机场、后湖新城和武昌街道口等地区长远距离的联系。

4. 过江车流绕行二七长江大桥，有效分流长江二桥的交通压力。

（二）总体规划方案

二七长江大桥主线规划为双向6车道，车道宽28米，预留远期实施双向8车道的可能。

江北岸交通疏解：二七长江大桥引桥以高架6车道跨过沿江大道、江岸货场、解放大道（下穿轨道交通1号线）、建设大道后接二环线高架桥，其中主线引桥在京广铁路和二七纪念馆夹合区域以双层高架形式通过。首先在沿江大道完成第一次疏解，引桥在解放大道相交处形成第二级疏解，为江北岸最重要的疏解节点，受京广铁路线、二七纪念馆以及轨道交通的限制，该节点较为复杂，规划预留设置二七长江大桥与后湖新城的交通联系匝道。引桥工程在建设大道路口形成第三级疏解。

江南岸交通疏解：二环线沿线与临江大道、和平大道、南干渠路、友谊大道等主要道路相交，规划在江南岸设置三级疏解，依次为临江大道疏解节点、和平大道疏解节点和友谊大道疏解节点。

四、规划进展

2008年6月2日，武汉市规划局批复《二七长江大桥两岸接线工程修建性详细规划》，8月1日二七长江大桥开工建设。

（常四铁）

光谷广场地下空间概念规划

一、项目背景

鲁巷光谷广场位于“武汉·中国光谷”的中心地带，地处洪山区关山村，周边有武汉大学、华中科技大学、武汉邮电科学研究院等全国著名高等学府和国家大型科研机构，NEC、西门子、正大集团、长飞光纤等国际大型企业星罗棋布。广场位于珞喻路、卓豹路、民族大道、鲁磨路等6条道路交汇处，中央形成交通及景观环岛（环岛直径为150米，道路红线直径为300米），20余条公交线路通达武汉三镇，交通便利，周边功能复合，形式多样，如光谷步行街、光谷广场（书城）、华美达酒店（鲁巷广场购物中心）、光谷中心花园（公寓）等。

随着光谷广场周边各项配套设施逐步完善，政府部门十分关注此地区城市基础设施的建设及经济的发展。由于交通流量发展迅速，且规划中的两条地铁线路在此交汇，现有交通设施难以满足未来交通需求。因此需要对该片区进行涵盖交通、城市空间、地下空间、景观系统等内容的城市设计。

二、规划原则

1. 以人为本。

2. 可持续发展与节约造价。

3. 塑造富有视觉冲击力和想象力的城市形象。

4. 最大限度提升地块的经济价值和社会价值。

三、规划目标

1. 以“光”为主题进行空间布局及城市形象塑造，并渗透进城市设计的各个环节。

2. 开发中心广场地下空间结合交通枢纽，连通周边商业。

3. 弱化地上地下空间划分，形成连续流畅的步行系统及丰富的空间层次。

四、主要内容

（一）城市空间结构

空间分布的合理化更有利于城市的可持续发展。中心广场是整个空间秩序的高潮部分，其构成形态对整个设计有着主要影响。在对交通、场地环境以及行为模式、心理需求等多方面综合分析后发现，中心广场应当拥有一种相对开放的、公共的、独具观赏性的特点，以其突出的景观及社会价值为该地区带来直接或间接的经济效益。因此，对地面的建造开发应当有意识的朝这个方向发展。

（二）城市功能布局

划分功能区域，凸显鲁巷光谷广场作为武汉市新的城市副中心的功能特征。研究分析区域现状，调整、整合乃至重新划分功能区，更有利于城市的可持续发展，是规划设计的目标之一。依据武汉鲁巷光谷广场空间分布聚集点的密度，在空间布局上，结合当地的地域特点，进行功能区域的划分。

商业服务功能：新建广场商业区、光谷步行街和光谷广场，总体上应该以特色化、中高档化为主，突出东湖中心区的总体经营特色。

商务办公区：以鲁巷广场购物中心区和光谷中心花园为中心，构建东湖新技术开发区商务办公设施中心。

文化科研功能：广场东北和西南区域作为未来广场功能的重要组成部分，形成与现有城市功能空间相配套的文化科研功能体系，利用现有教育和科技资源重点发展文化产业和光电产业。

（三）地下空间

建设方式多样化、功能综合化的地下空间。开发广场与周边的地下空间之间的地下通道连接，形成一个整体的地下综合空间，并设置地铁站、停车场、商场、游乐设施等。地下空间的各连接通道可布置零售和饮食商业街。地下空间设计重点充分考虑了节能设计，地下商业步行廊道设置采光屋顶，既节能又环保，建筑的运营能充分利用自然能（地热等）实现资源循环再利用。该初步规划设计虽然没有管线规划设计，但信息管线综合化、集约化的建设（例如共同沟）等高新技术将在地下空间开发设计中着重体现。建议在地铁站采用现代自动售票管理技术，更合理应用站厅层的地下空间。

（四）整体交通

依据对交通模型预测（2020 年）的计算结果，重新设计了鲁巷光谷广场交通系统，以满足未来城市交通发展。解决光谷广场交通问题新思路应符合 7 个条件：

1. 较高的机动车通行能力。

2. 能充当穿越中心区的快速路。

3. 能通达周边区域，车道数能满足车流量。

4. 立交形态具有必要的上下匝道与现有的快速环线相连通。

5. 广场地下机动车系统不受恶劣气候影响，全天候昼夜通行。

6. 机动车流尾气排污和噪声对城市中心区地面环境影响降到最低。

7. 尽量不占用广场土地和空间，不影响地面行人步行和自行车交通。

（五）广场设计

中心广场的景观设计和服务设施强调人性化、科技化，应用最先进的材料和技术为人们构建一个自然与科技和谐共生的活动场所，展示光谷作为现代高科技产业汇聚地的区域特征。广场根据其功能布局分成三大圈层：中心音乐广场、市民娱乐休闲区和光谷特色商业圈。

第一圈层为位于鲁巷光谷广场中心的下沉式中心音乐广场，设有观赏平台、水幕喷泉和露天剧场。在没有演出时，围合的台阶式观赏平台也可作为游人的休闲场所；水幕喷泉可以通过音乐控制，展现“水”的动感，喷泉内侧为升降舞台，可用于商业演出或节假日文艺演出；高科技三维立体激光成像技术的运用使得光谷广场的文艺表演更具时代性。

第二圈层为市民娱乐休闲区，设有风格各异的酒吧、俱乐部、茶室、餐厅、室外就餐区等，引入欧洲休闲广场模式，为市民的休闲娱乐活动提供平台。

第三圈层为光谷特色商业圈，包括零售业、多媒体、光学产品的展示和销售等。

五、规划进展

2008 年，德杰盟受委托完成鲁巷光谷广场综合改造工程方案设计。

2009 年，武汉市城市规划设计研究院东湖分院、武汉市城市综合交通规划设计研究院、铁道部第四勘测设计院共同启动鲁巷广场周边地区综合改造规划的编制。（高　喆）

第四节 城 市 设 计

武汉市轨道交通 1 号线二期站点城市设计

一、规划背景

为加快武汉市轨道 1 号线工程的建设步伐，切实指导轨道 1 号线二期工程站点规划与建设，武汉市城市规划设计研究院于 2008 年 4 月开始着手编制《武汉市轨道交通 1 号线二期站点城市设计》（以下简称《城市设计》）。

二、规划目标

本次规划的主要目标是以轨道站点为核心，以轨道"廊道"为研究对象，按照"联合开发"的设想，将站点周边辐射范围内的土地纳入城市总体规划和发展的框架内。基于对空间布局、开发模式以及商业运作的研究，对规划用地性质予以整合，编制城市设计方案，制定开发强度，在与城市总体建设有机协调的前提下，尊重市场规律，提升土地运作的经济效益，实现站点的"轨道+物业"式开发。

三、主要内容

该《城市设计》是以轨道交通 1 号线开发整体策划为基础，从交通组织、建筑体量、建筑色彩、街道景观等诸多城市设计要素出发，对轨道站点进行城市设计研究，并针对各站点提出城市设计导则，完成全线 15 个站点周边 200~500 米范围内的用地规划及概念性城市设计方案，并提出相关规划设计要求和建设指导意见。

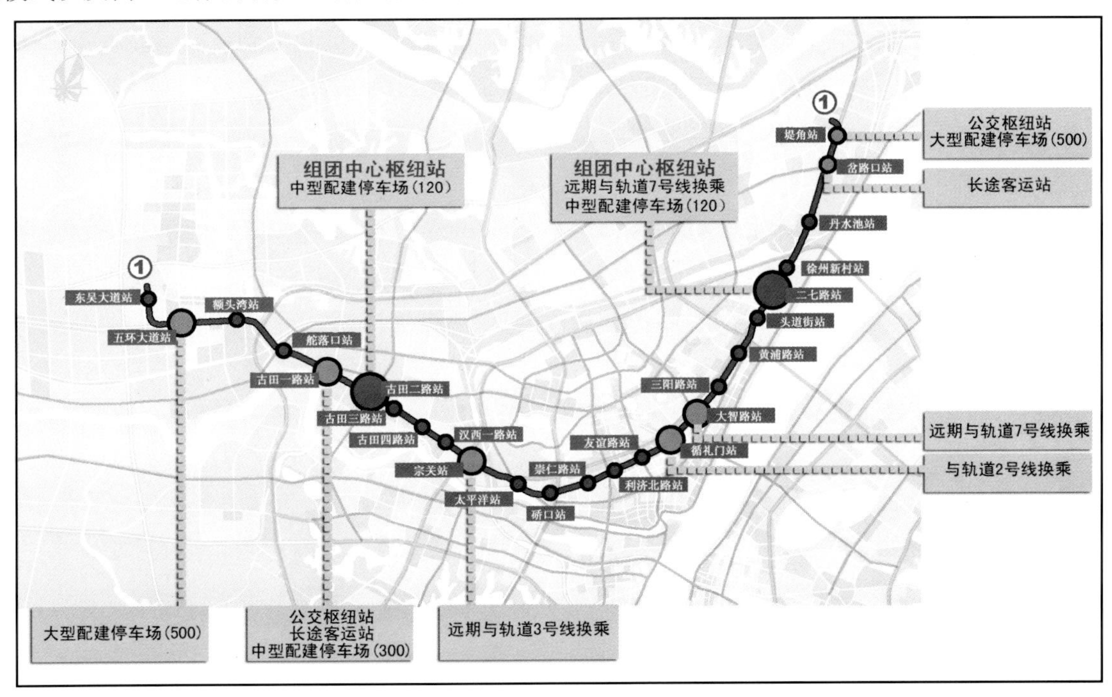

武汉市轨道交通 1 号线二期站点布局图

（一）路段功能策划

根据轨道1号线商业策划，结合全线总体发展思路，将轨道1号线沿线初步划分为3个功能段，其中东段（黄埔路站—堤角站）以滨江景观为特色，形成汉口北部地区公共配套设施完善的居住新城，服务二七组团，辐射后湖组团，带动谌家矶组团。中段（宗关站—黄埔路站）依托现有成型的商贸圈层，形成具有积聚效应的市级商贸核心区。西段（古田一路站—宗关站）以汉江滨水景观为特色，将形成具备完善的公共配套设施的居住新城，辐射西部新城组群，服务古田组团。主要解决主城边缘与主城核心区工作生活往来的交通需要问题。

（二）沿线用地布局

依据城市总体规划、专项规划及前期商业策划，明确了沿线站点周边200~500米范围内的用地性质、平均开发强度、建筑限制高度、建筑密度、绿地率、建筑退线和地下空间开发等相关建设要求。

（三）站点定位

依据城市总体规划与其他相关专项规划要求，以轨道各项专项研究成果为基础，对轨道1号线二期各站点提出了包括商业定位与商业主题规划、平均开发强度在内的多项站点定位。

四、规划进展

该《城市设计》已于2008年10月编制完成，并通过武汉市规划局技术审查。（余文浩）

辛亥革命博物馆（新馆）及首义南轴线城市设计

一、规划背景

为迎接辛亥百年，打造首义文化的世界名片，根据湖北省、武汉市领导的指示精神，武汉市规划局会同武汉地产开发投资集团有限公司于2008年6~11月开展了“辛亥革命博物馆（新馆）建筑设计及首义南轴线城市设计方案”国际征集工作。来自美国、台湾的6家国内外知名设计机构参加了方案征集活动，经过两轮专家评审会评审，确定了入围方案。2008年11月，省、市专题会议确定在专家推荐的武汉市建筑设计院与MCM国际设计集团设计联合体提交方案的基础上进行深化，并要求结合各家方案优点整合成综合方案。

“方案”基地位于红楼广场以南，北临彭刘杨路，南至紫阳路，西临体育街，东至楚善街，总用地面积为14.60万平方米。

二、规划目标

充分挖掘武昌古城悠久的文化内涵和独特的山水资源优势，以弘扬首义精神为主线，以整体开发、百年纪念活动策划、提供旅游资源、提升城市形象以及有机合理开发为规划目标，打造辛亥革命国家级纪念重地和特色历史文化旅游区。

三、主要内容

（一）总体布局

沿首义南轴线空间呈序列展开，自北向南依次为红楼、首义文化园、景观水池、纪念广场及纪念碑、博物馆（新馆）、纪念公园和紫阳湖，完成从庄严肃穆的纪念氛围到融入自然的人文体验的景观过渡。

博物馆（新馆）北面在首义文化园与博物馆（新馆）之间形成绿化纪念广场，广场的核心为辛亥革命纪念碑（塔）。博物馆（新馆）与紫阳湖之间形成纪念公园，公园中心为景观水系。规划在基地西南侧布置少量低层附属文化设施，同时充分利用地下空间设置商业、文化、休闲等配套功能，通过地下空间将首义文化园、纪念广场、博物馆（新馆）以及附属文化设施有机联系起来。

（二）建筑特色

博物馆（新馆）采用集中对称式布局，以三角形为母体表现进取、向上的空间格局。三角形的构图减小了建筑体量，同时加强了与老馆的对话和围合。

建筑造型具有冲击力，外观汇聚“旗帜”、“自由”、“飞翔”、“人”等造型语言，塑造出步移景异的视觉感受。利用台阶、缓坡和绿化，将建筑融于环境，并保留了与黄鹤楼、蛇山炮台等景点的视线通透性。建筑外墙采用湖北产的红色砂岩，既体现地域特色，又与红楼的建筑色彩相得益彰。

（三）建筑功能

博物馆按南北区设置4项主要功能：辛亥革命文物存储、辛亥革命历史展览、武汉近代史研究及学术交流、综合服务。建筑一层北区布置基本展厅和临时展厅，结合门厅布置观众服务设施和观众休息区等；南区布置报告厅、贵宾接待和管理办公用房等。二层为基本展厅、专题展厅和室外展场。三层北区为两个专题展厅；南区为观众休息区和眺望台。地下层北区布置停车场；南区布置藏品库房、办公和研究用房。平面组织采用“体验式”流线，通过空间尺度的转换，空间氛围的营造，参观序列的组织等空间语言，讲述辛亥革命的发生、发展与高潮。

（四）人文景观

首义南轴线景观布局以“历史的峡谷”、“革命的闪电”为构思理念，南北向延伸的水轴代表“时间”维度，在“时间轴”上叠加折线形态的“事件轴”，以辛亥革命大事记为线索，布置了“革命萌芽”、“保路风波”、“危机四伏”、“英勇就义”、“首义枪声”、“浴血鏖战”、“三镇光复”、“阳夏之役”、“民国肇建”、“走向共和”十大历史主题景点，再现了历史线索的完整景观。北侧纪念广场围绕纪念碑，通过倒影水池、观赏草坪、景观柱阵、建筑小品和下沉庭院等景观节点的组合，表达庄严肃穆的纪念氛围，为辛亥百年庆典提供展示舞台。南侧结合缓坡绿地、景观叠水、浮雕墙面、雕塑广场、露天剧场和历史事件小品等创造供市民观赏休憩交流的多功能文化纪念性空间。

四、规划进展

2008年6~11月，开展了辛亥革命博物馆（新馆）建设设计及首义南轴线城市设计方案国际征集工作。

11月，省、市政府专题会议确定在专家推荐方案的基础上进行深化整合，以形成综合方案。

2009年4月完成修建性详细规划，报武汉市政府审批。拟定于2011年完成辛亥革命博物馆（新馆）、辛亥革命纪念碑（塔）以及首义南轴线的建设，以迎接辛亥百年庆典。

（丛 蕾）

辛亥革命博物馆（新馆）效果图

沙湖周边地区城市设计

一、规划背景

沙湖占地面积约6000余亩，是武汉市武昌区内环线、城市核心区内最大的自然湖。它风光秀美、环境清新，但长期未被充分利用。随着青岛路长江隧道的建设，沙湖成为联系武昌、汉口的重要景观窗口地区。为更好的利用城市自然景观资源，展现城市滨水景观特色，以武昌总部区的发展建设为契机，结合武汉市二环线内城市设计工作的开展，武汉市城市规划咨询服务中心对沙湖周边地区展开了城市设计工作。

二、规划目标

充分利用沙湖得天独厚的区位、景观及交通优势，通过强化沙湖周边区域多元复合的特性，充分挖掘和发挥沙湖周边区域的特色和潜力，形成综合性的整体优势，从战略高度提升沙湖周边区域的投资环境、文化品位和生态环境品质，提升环湖区域的土地价值。

以沙湖桥的连通为契机，依托沙湖的水和生态资源优势，将人们的工作、生活、娱乐、休闲活动与以湖为特色的自然环境实现真正的融合，建设一个“波染翠色、带引繁华”的生态公共活动区。

1. 创造具有活力的沙湖，提供多样化的用途和多元化的活动。

2. 创造具有吸引力的沙湖，提供高品质的绿化和建筑景观设计。

3. 创造可感知的沙湖，让市民更容易到达和接触沙湖。

4. 创造可展示的沙湖，塑造和谐有序的滨水景观和独特卓越的沙湖桥头景观。

三、主要内容

（一）用地功能调整

提出复合性、公共性的土地利用模式，加强滨湖区域活力；从用地功能和滨湖空间形态出发，规划出“段落式”、“渗透型”空间利用模式；加大环湖绿化建设，并结合绿化公园设置户外活动场所，设置文化娱乐、商业休闲等公共设施。

（二）空间景观塑造

突出表现沙湖地区作为城市生态景观内核的空间景观布局，确定“一环、两轴、两心、多楔”的规划景观结构，并以“点、线、面”相结合的方式体现沙湖地区的景观形象。

提出“一环、多楔”的网络化绿地系统；根据岸线特征设计不同特色的滨湖岸线；增加滨湖视觉景深，构筑滨湖优美天际线——遵循“临湖低，二线逐步增高”的原则，对用地进行建筑高度分区。

（三）标识景观塑造

沙湖桥北侧节点，以“繁荣、向上、标志”为主要特色，提出“错落有致的高层建筑+广场绿化”的规划策略。

沙湖桥南侧节点，以“开阔、绿色、灵动、醒目”为主要特色，提出“标志性低层建筑+生态绿化+有吸引力的户外空间”的规划策略。

四、规划进展

该项研究成果于2009年4月1日由武汉市规划局及相关专家联合审查通过，并作为沙湖建设的指导依据。

（规划咨询中心）

二七长江大桥—东湖路以及珞狮南路—三环线路段城市设计

一、规划背景

该城市设计范围位于武汉市二环线武昌段南北两端，依托二环线交通系统的建设，该路段将成为武汉市未来重点发展区域。设计范围分为两段：二七长江大桥—东湖路段，研究对象包括二七大桥桥头南北区段、武昌滨江至东湖路两侧区域，道路沿线总长约 6.50 公里，面积约 556 万平方米；珞狮南路—三环线段，研究对象包括二环线与三环线之间联络通道、珞狮南路两侧区域，道路沿线总长约 4.40 公里，面积约 498 万平方米。

二、规划目标

（一）二七长江大桥—东湖路段

以二七长江大桥建设为契机，以塑造地区形象为核心，将二环线二七长江大桥—东湖路段建设成为武汉市“虹贯南北、水绿镶城”的快速交通、景观综合性干道。

（二）珞狮南路—三环线段

结合二环线的建设，以二环与外环间连通道路建设为重点，通过缝合区域的生态绿化及城市景观，将珞狮南路—三环线段打造成为武汉市“城郊相融、水网绿织”的生态型景观联络线。

三、主要内容

（一）二七长江大桥—东湖路段

1. 用地布局

强化用地功能的复合性和完整性，从用地功能、二环线交通和滨水空间形态出发，构建“疏密有致”和“渗透型”的空间利用模式。使人们的工作、生活、娱乐、出行活动与自然环境实现真正的融合，与交通系统实现高效协调，将二环线北段沿线建设成为该区域向二环线内外发展的基础。

2. 景观结构

方案提出“四轴、四心、两楔”的景观结构：

“四轴”：“一主三辅”纵横轴线，即二环线沿线南北景观轴，和平大道生活景观次轴、中北路延长线交通景观次轴和友谊大道交通景观次轴。

“四心”：“三主一辅”景观核心，即二环线江北、江南两个桥头景观节点、临东湖景观节点（三节点是未来二环线联系汉口、武昌城区与东湖的门户景观节点）和友谊大道与二环线交叉口交通景观节点。

“两楔”：长江、东湖向内部区域渗透的生态走廊和景观通廊。

3. 交通规划

加快城市快速交通及主干道系统的建设，解决过境交通与本地交通之间相互干扰的问题。完善二环线两侧次干道及支路系统，形成环路，疏解二环线两侧用地内的交通。完善公共交通系统，以大容量城市轨道交通为骨架，形成多层次、一体化的现代化公共交通系统。

4. 城市道路灰空间设计

受城市道路等级和市民活动类型影响，城市道路灰空间设计也有所不同。该路段沿线按市民活动类型影响这一因素进行分类，根据功能结构分析，沿线用地性质有商业和办公、居住、公共绿地等 3 类。

（二）珞狮南路—三环线段

1. 用地布局

强化滨湖生态性原则，优化现有水岸形态，疏通视线走廊，控制开敞空间，实现人工环境与自然环境的相互融合，满足人们居住、办公、休闲、娱乐等多重需求，打造生态型多功能综合区。具体用地功能为：珞狮南路与二环路区域打造城市活动区，以现代化商住混合为主。南湖南路区域为生态活动区，重点发挥生态型居住、科研、办公、商贸、教育等功能。野芷湖区域为生态控制区，打造农业景观公园，形成区域性景观公园。

2. 景观结构

方案提出"一带牵两湖"、"四轴连三心"的景观结构。"一带牵两湖"：规划一条生态水带，将南湖与野芷湖连通，改善区域生态环境，提高区域整体品质，并为景观塑造与自然资源利用提供平台。"四轴连三心"："四轴"分别指二环线功能景观轴、连接二环线与三环线的野芷湖路功能景观轴、东西走向的南湖南路功能景观轴和三环线功能景观轴；"三心"分别为南湖南路与野芷湖路交叉口处生态功能型节点、二环线交叉口以及三环线立交处交通景观节点。

3. 交通规划

加大支路密度，加强道路之间的交通联系。完善公共交通系统，以大容量城市轨道交通为骨架，常规公交为基础，出租车等为辅助，形成多层次、一体化的现代化公共交通系统。

4. 城市道路灰空间设计

该路段沿线按市民活动类型影响这一因素进行分类，根据功能结构分析，沿线用地性质有教育科研用地、居住用地、办公用地、公共绿地等4类。

四、项目进展

该项目通过武汉市规划局相关专题会议审查，成果已上报该局规划编制管理处。

（规划咨询中心）

中北路沿线城市设计

一、规划背景

中北路是武昌区一条重要的城市骨架性主干道，与中南路共同形成武昌总部核心区的南北向主轴线。为有效利用区域景观资源和可开发土地资源，构筑整体有序的道路景观，特编制《中北路沿线城市设计》。本次规划设计范围为：以中北路为中心的道路一线用地，根据用地具体情况东西两侧各延伸约80~250米距离，用地面积约216万平方米。

二、规划目标

通过调整用地功能结构、整合沿线存量土地资源、完善城市附属配套设施，充分挖掘周边自然景观要素，将中北路建设成为一个功能复合多元、空间疏密有致、交通高效便捷、设施配套完善、独具滨湖特色的生态商务大道。

三、主要内容

（一）规划结构

本次城市设计规划结构为："一轴、三段"。"一轴"是指中北路城市发展轴。"三段"是指以秦园路和水果湖北侧规划道路为界，把整个中北路分为北、中、南3个空间段落。

（二）规划布局

布局方案在尊重现状建设的同时，对研究范围内的土地资源进行统一整合利用，根据上位规划的控制要求，明确各地块功能。规划沿中北路一线用地以商务办公、酒店、商业、文化娱乐等公共设施为主，二线用地主要布置居住用地。在连接中北路与沙湖的横向道路两侧控制街头绿地，以保证视线通透性。

（三）空间景观结构

本次城市设计空间景观结构可以概括为：“两带两廊，三区五点”。

“两带”指中北路商务景观带、沙湖标志景观带。

“两廊”指沙湖—东湖城市生态通廊和风道及秦园路—黄鹂路绿化休闲走廊两条开敞空间廊。

“三区”指北段（生活居住）、中段（高新商务）及南段（商业休闲）3大主体景观区。

“五点”指岳家咀、武重、洪山广场3个主要景观节点及秦园路、沙湖桥立交两个次要景观节点。

（四）建筑高度及开发强度分区控制

规划中北路沿线建筑高度主要分5级高度控制区，分别为：1级高度区为低层建设区，建筑限高18米；2级高度区为中低层建设区，建筑限高35米；3级高度区为一般高度区，建筑限高60米；4级高度区为高层区，区段商务功能中心，建筑限高100米；5级高度区为超高层地标建筑区，建筑高度控制在150~300米。

结合中北路沿线整体用地功能、景观结构和高度分区的设计构想及《武汉市主城区用地强度研究》的控制要求，将沿线用地开发强度进行了细化，分为4个强度分区。分别为：强区一区（4.0~5.5）、强区二区（3.0~4.0）、强区三区（2.0~3.0）、强区四区（1.0~2.0）及生态景观控制区。

四、规划进展

该设计已于2008年7月获武汉市规划局技术审查委员会通过，该设计为城市景观干道的城市设计编制与管理提供了一套具可操作性的共性标准，对中北路沿线近期建设具有一定的指导意义，对后期编制完成的中北路沿线局部控规项目提供了直接的指导。

（规划咨询中心）

武珞路及珞喻路沿线城市设计

一、规划背景

武珞路及珞喻路处于武汉市东西山系的生态轴上，是武昌的核心发展轴线及交通要道，其沿线具有丰富的自然、人文景观，在《二环线地区城市设计》中属于城市重要路径。为进一步彰显道路特色，结合武汉市二环线内城市设计工作的开展，武汉市城市规划咨询服务中心于2008年8月开始对道路沿线进行城市设计工作。设计范围西起中山路，东至鲁巷，长约8.70公里，总用地面积约552万平方米。

二、规划目标

1. 显山透水、营造自然山体，活化自然景观，优化游览路线，打造自然生态生意盎然的城市青山绿水景观廊道。

2. 增强观、寺、学府的感知力度，强化道路沿线的人文生态气息。

3. 整合沿线功能，完善功能配置，增加开放空间，优化道路界面及天际线，打造功能复合多元、人文生态、现代优美、空间疏密有致的道路景观。

4. 提出交通改善措施，结合功能区段调整道路断面，改善区域交通状况，以保证道路沿线交通有序。

三、主要内容

（一）规划定位

结合道路沿线的现状特点，提出“文脉+绿轴+金脊”的规划设计理念，确定以商业金融业、办公为主（中南路、珞狮路路口以及鲁巷广场），以居住、科研教育为支撑（珞狮路至吴家湾），兼容旅游休闲、文化娱乐的功能定位。

（二）土地利用

根据上位规划，通过对现状用地性质、权属、出让、划拨以及存量地等情况的调查，对沿线的用地功能进行整合与细化，提出了规划功能结构为“一轴、七心、八区”。

（三）交通规划

通过对区域交通现状问题的详细调查与研究，提出了具体的交通改善措施，并优化了道路断面。

（四）空间景观规划

1. 景观结构：根据上位规划，结合现状，提出了“一轴、七心”的景观结构。“一轴”：武珞路及珞喻路东西山系生态轴及城市发展轴；“七心”：中山路、卓刀泉路综合性景观节点，小洪山、吴家湾生态景观节点，中南路、珞狮路、鲁巷广场建筑景观节点。

2. 感知系统：针对山、水、观、寺、学府现状存在的问题，通过拆除遮挡建筑、控制建筑高度及景观视廊、控制建筑开敞度及山体感知度、活化自然景观、合理组织人行活动路线、增加认知开敞空间等规划手段，达到知山、知水、知观寺、知学府的设计目标。

3. 眺望系统：为了保证山体之间以及山体与城市景观间的互望性，进行了眺望系统景观规划，提出了景观点、景观视廊、建筑高度等控制要素。

4. 建筑界面：结合建筑功能的不同，提出了不同的建筑贴线率、建筑后退距离以及开敞度的控制要求，塑造了具有韵律、疏密有致的道路界面空间。

5. 建筑高度及天际线：结合功能、景观结构及视线景观需求，提出道路沿线建筑高度控制分区及建筑天际线控制原则与要求。

6. 开放空间：结合山体、水体等自然景观的功能和景观结构，明确公共开放空间体系的控制原则和意向，提出了“一山一水二陵六园”及若干集散小广场的规划布局。

7. 节点设计：对节点空间类型、建筑群体空间特色、界面、建筑高度、建筑面宽、建筑退线、开放空间、视廊、公共通道、车行、人行及地下空间出入口作出规定性控制要素并对其进行图示化，对强度分区、建筑设计风格（建筑形态、建筑色彩、材质、屋顶设计）、交通组织、环境设施及可开发地块的控制要求提出指导性建议。

8. 公共环境要素：对城市重要环境设施（街道小品、市政环卫设施、标识系统、雕塑、广告等）、城市夜景、绿化景观（街道景观绿化、公园绿地等）进行整体设计构思。

（五）控制导则

由整体控制、分段控制以及节点控制组成，其中整体控制以定性为主，分段控制在整体控制的指导下，以定性与定量相结合的方式对相关控制要素进行细化，并对主要节点提出规定性和指导性控制要求。

四、项目进展

该项目经过多轮审查与修改后，于2009年4月1日提交武汉市规划委员会专家评审会审查原则通过。

（规划咨询中心）

雄楚大街城市设计

一、规划背景

雄楚大街是武汉市重要的城市快速路、城市二环线的重要组成部分，是连接武昌火车站的景观大道。项目用地东起中山路，西至珞狮南路，沿线长约4500米，规划用地约450万平方米。

二、规划目标

通过整合景观资源、完善空间形态，将雄楚大街沿线建设成为交通组织流畅、文化特色突出、建筑景观有序、主题特色鲜明的城市景观干道。

三、主要内容

（一）景观结构

依据功能定位，为完善沿线用地功能，展现沿线景观资源，彰显雄楚大街沿线景观特色，使交通与景观有机融合，规划景观结构为：两条景观带（雄楚大街、中山路景观带）；两片绿化开敞区（火车站南、理工大绿化开敞空间）；三大主体景观区（以静安路和石牌岭路为界整体分为北、西、东3个景观区）；四大景观节点（火车站东广场、站南火车道、丁字桥、珞狮南路节点）。

（二）用地布局

在用地功能布局方面，强化沿线用地功能的复合性，突出不同功能区片的纽带作用。确定北区主导功能为武昌火车站门户区，西区主导功能为城市居住综合区，东区主导功能为教育、文化休闲综合区。

（三）空间形态

在空间形态建设方面，依据用地功能结构及“点、线、面”相结合的绿化生态景观体系，采取高度分区控制与节点控制相结合的手法分段进行建筑高度控制，形成主次分明、轮廓清晰的天际线，通过形式、尺度、素材和韵律的有机融合，保证街道墙景观的整体和谐。

（四）综合交通规划

在道路交通规划方面，提出作为快速交通干道的雄楚大街应以车行为主，车行过程中观察到的主体界面空间轮廓线应强调韵律感，避免呆板单调。同时，结合沿线用地功能，提出商业金融区段、文化教育区段及历史风貌区段3种特色区段相应的道路断面优化措施。

（五）节点设计

根据雄楚大街沿线的用地特点，节点处建筑形态设计按照整体性、方向性及可识别性原则，通过功能复合化、构图向心化、界面连续化、空间围合化形成向心的交叉路口空间。

1. 武昌火车站节点

武昌火车站节点位于雄楚大街城市设计范围的西部，雄楚大街与中山路相交节点片区，京广铁路横贯其南北，是重要的城市入口门户景观区。该节点具体分为武昌火车站东广场节点和站南火车道节点，东广场节点以晒湖开敞空间为依托，结合火车站周边商业功能的设置，建设标志性建筑，提升周边环境品质，打造武昌火车站东广场的城市门户景观；站南火车道节点利用火车站沿线快速景观特征，建设富有韵律感的标志性高层建筑。

2. 丁字桥节点

丁字桥节点位于丁字桥路和雄楚大街交汇处。该节点充分挖掘莲溪寺文化资源，南侧建设现代商业区。同时，结合铁路形成绿化开敞空间，塑造开敞型、文化型和联系型的景观节点。

3. 珞狮南路节点

珞狮南路节点位于珞狮南路和雄楚大街交汇处。该节点延续崇文广场及武汉理工大学科教文化氛围，强调高层建筑的标志性及建筑群体的整体性，形成交叉口三面建筑对景，塑造交通型和综合型的景观节点。

四、规划进展

该项目规划通过武汉市规划局相关专题会议审查，成果已上报该局规划编制管理处。

（规划咨询中心）

第五节　交　通　规　划

二环线以内“30分钟畅通工程”总体方案研究

一、研究背景

近年来，随着武汉市社会经济快速发展，特别是二环线沿线及以内区域，旧城改造和土地开发不断推进，道路系统还存在系统性、结构性方面的缺陷，交通管控能力还有待进一步提升，面临机动化、现代化的挑战，武汉城市中心区交通畅通形势日益严峻，交通已经成为制约社会经济发展和人民生活水平进一步提高的瓶颈。为了解决交通现状问题，为今后城市交通发展提供支撑，促进社会经济的快速发展，新一届政府对交通发展显示了前所未有的决心和重视，市政府在2008年政府工作报告中明确提出了：启动实施二环线以内“30分钟畅通工程”。

二、研究目标

“30分钟畅通工程”就是二环线以内（含二环线，下同）任意两点间机动车出行时间不超过30分钟。按照道路交通运行时间、距离与速度的关系，“30分钟畅通工程”的实现取决于出行结构、道路网络、交通秩序“三个保障”。

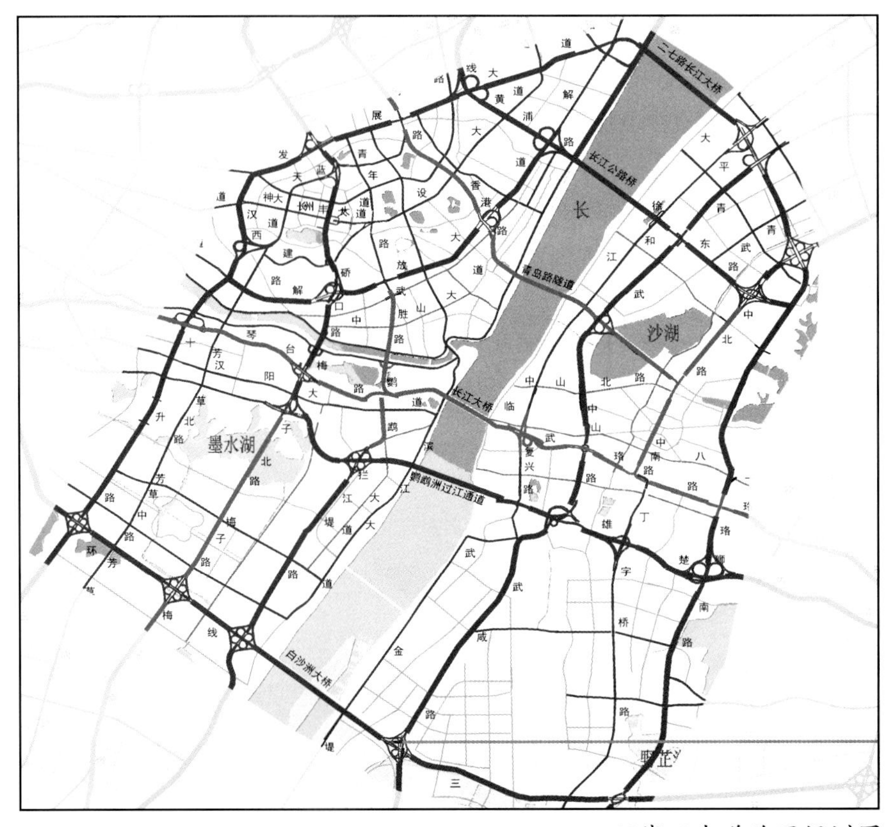

二环线以内道路网规划图

（一）出行结构

2012 年公交出行比例不低于 27%；2015 年公交出行比例达到 30%，小客车出行比例控制在 10%以内。

（二）道路网络

快速路网络密度达到 0.65 公里/平方公里，常速系统干道网络密度达到 2.30 公里/平方公里以上。

（三）交通秩序

主要干道以上道路实现 100%机非物理隔离、高峰时间路边 100%进行占道清理、干道交叉口实现 100%灯控等。

三、主要内容

“30 分钟畅通工程”遵循升级扩容，减负增效；以人为本，公交优先和综合协同，建管并重的交通理念，制定了包括道路、公交和交管 3 个方面的 8 大工程。

（一）实施过江通道建设工程，缓解过江交通压力

过江通道是武汉三镇联系的重要纽带。根据规划，2008 年建成青岛路过江隧道，2011 年建成二七路长江大桥，2015 年建成鹦鹉洲过江通道，2015 年中心城区将形成 5 条过长江通道的过江交通新格局。

（二）实施环线贯通建设工程，构筑快速（捷）路骨架

快速环线及放射线是中心城区过境分流通道及组团间的快速交通走廊。根据规划，2015 年二环线以内将形成“两环、五联、九射”共 139 公里的快速（捷）路系统，其中两条快速环线为一环线和二环线（三环南段）；5 条快捷联络线分别为香港路—沙湖桥、琴台路—武珞路、中南路—中北路、江城大道和武胜路—鹦鹉大道；9 条快速放射线分别为宝丰路、黄浦路、江北快速路等。

（三）实施常速系统加密工程，优化道路网络功能

常速系统是连接快速（捷）路骨架和次区域的重要载体，是实现次区域 5 分钟上下快速（捷）系统的关键所在。根据规划，2008~2015 年，二环线以内新改建主干道 20 条，总长约 42 公里；新改建次干道 54 条，总长 89 公里；新改建支路 118 条，总长度约 51 公里。届时，中心城区路网密度将达到 6.50 公里/平方公里。

（四）实施轨道线网建设工程，提高公交出行比例

轨道交通是长距离大运量的快速客运交通方式。根据规划，2008~2015 年将建成轨道交通 U1 线、U2 线、U4 线和 E3 线一期，线网规模达 130 公里。

（五）实施公交线网优化工程，提高公交运行水平

结合轨道线路建设，对现有常规公交线网进行优化调整，提高公交运行水平。根据规划，到 2012 年规划调整 200 条常规公交线路与轨道交通衔接，形成总长约 81 公里的公交专用道网络。

（六）实施道路交通分离工程，保障安全提高车速

实施道路交通分离工程，实现机动车与行人、非机动车的隔离，提高交通效率、安全程度和车辆运行速度。根据规划，将对二环线内 32 项、132 公里长的干道实施交通分离，并建设 70 座人行过街天桥或地道。

（七）实施区域路口控制工程，打造连续交通体系

合理进行路口组织优化，能够有效挖掘既有道路潜能，提高交通运行效率。根据规划，二环线内需要进行交通组织优化的路口共计 43 个，同时扩展 ATC 系统调控范围至整个中心城区，全面掌握中心城区交通状况。

（八）实施智能管理系统工程，提高路网运行效能

智能交通系统建设是提高道路交通运行效率的必然方向。当前，要着手开展中心城区停车诱导和行车诱导系统建设，完善交通监控系统，开展城市交通仿真系统的研发和建设。

四、项目实施计划

综合考虑“辛亥革命百年庆典”与“30 分钟畅通工程”分阶段目标的要求及政府财力，制定道路、公交和交通管理分期实施计划。

（一）道路建设实施计划

本着锁定“30 分钟”目标，明确各阶段交通建设重点；优先实施环线贯通工程，尽快构建快速（捷）路骨架；充分考虑建设工期问题，统筹工程建设时序；统筹投资强度，合理确定建设规模的原则，制定了道路分年度建设实施计划。

1. 2008~2011 年道路建设计划

2008~2011 年将建成二七路长江大桥、发展大道等 87 公里的快速（捷）路，复兴路、沿江大道等 28 公里的主干道，紫阳东路、秦园路等 29 公里的次干道和解放小路、唐蔡路等 13 公里的支路。建设项目形成后，30 分钟可达率为 75%，路网平均车速提高至 26 公里/小时。

2. 2012 年道路建设计划

2012 年将建成二环线汉西路段、十升路段等 10 公里的快速（捷）路，月湖大道、丁字桥南延线等 3 公里的主干道，前进四路、八一路等 20 公里的次干道和竹苑路、黄鹂小路等 24 公里的支路。建设项目形成后，30 分钟可达率为 80%，路网平均车速提高至 27 公里/小时。

3. 2013~2015 年道路建设计划

2013~2015 年将建成墨水湖北路、鹦鹉洲过江通道等 26 公里的快速（捷）路，北湖西路、沿江大道等 11 公里的主干道，武珞六巷、墨水湖南路等 40 公里的次干道和水果湖北路、马场角路等 14 公里的支路。建设项目形成后，30 分钟平均可达率为 90%，路网平均车速提高至 29.60 公里/小时，基本实现目标要求。

（二）公交建设实施计划

本着大力推进轨道建设，确保 2015 年公交出行比例 30%目标的实现；结合轨道站点，建设公交换乘枢纽；结合轨道线路及枢纽布局，优化常规公交线网；结合公交客流走廊分布，扩展公交专用道网络的原则，制定了公交分年度建设实施计划。

1. 轨道建设实施计划

（1）2008~2012 年建成 U1 线、U2 线一期和 U4 线一期，线网规模达 70 公里。

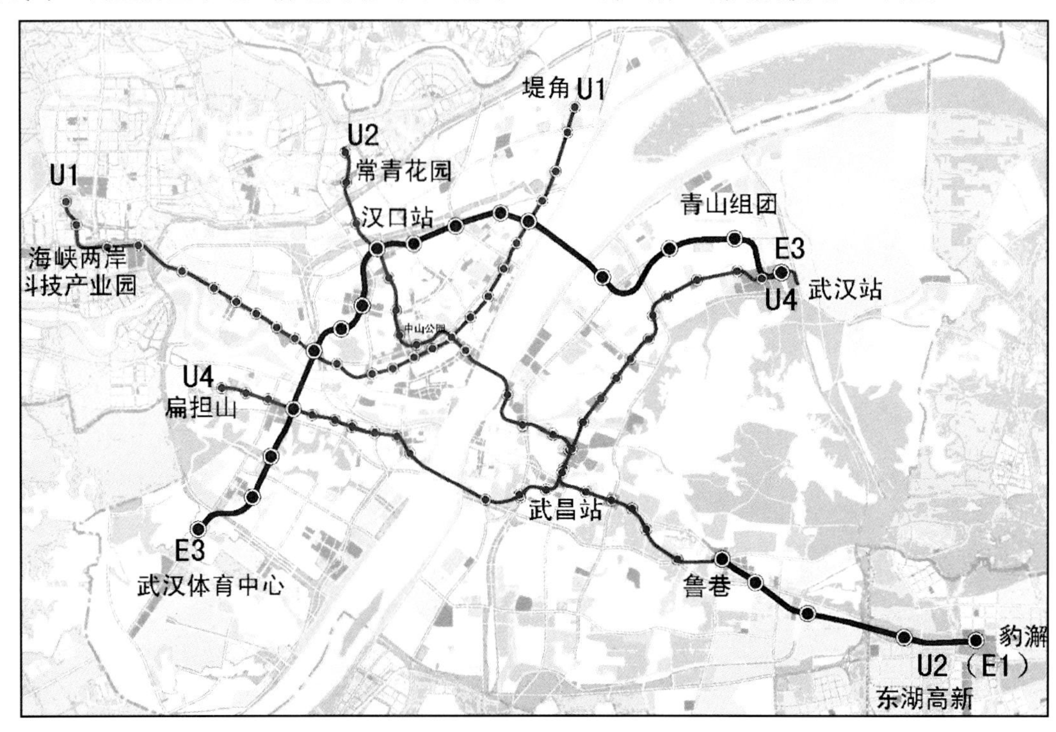

2015 年武汉市轨道线网规划图

（2）2013~2015 年按每年建设 20 公里的目标，建成 U2、U4 延伸线及 E3 线一期等工程。

2. 公交枢纽实施计划

（1）2008~2012 年建设公交枢纽 12 座，总占地面积约 13.80 万平方米。

（2）2013~2015 年建设公交枢纽 4 座，总占地面积约 2.40 万平方米。

3. 公交线网优化实施计划

（1）到 2012 年，调整 60 条、80 条和 60 条常规公交线路分别与轨道 U1 线、U2 线和 U4 线衔接。

（2）到 2012 年，二环线以内形成总长约 81 公里的公交专用道网络。

（三）交通管理建设实施计划

本着管理挖潜，提高既有设施利用效率；完善交通隔离设施，实现快慢分行和人车分离；探索停车场建设新路子，努力提高停车泊位供应水平；推进智能交通设施建设，提高交通管理科技化水平；实施适宜需求管理措施，不断增强市民交通意识的原则，制定了交通管理分年度建设实施计划。

1. 路口优化实施计划

二环线内，需要进行交通组织优化的路口共计 43 个，其中汉口 14 个，汉阳 6 个，武昌 23 个。

2. 占道清理实施计划

二环线内需要进行占道清理的道路共 94 项，长度约 124.40 公里，其中汉口 23 项，长度约 22.40 公里；汉阳 36 项，长度约 35 公里；武昌 35 项，长度约 67 公里。

3. 隔离设施实施计划

二环线内需要进行隔离设施完善的干道共 32 项，道路总长约 132 公里，其中完善路中隔离的干道 15 项，长 64 公里，完善路中加路侧隔离的干道 17 项，长 68 公里。

4. 人行立体过街设施实施计划

到 2012 年，二环线以内规划建设 70 座人行过街天桥或地道。

5. 公共停车设施实施计划

在二环线内停车问题相对突出的地区，如大兴路、民族路、前进路等地点建设公共停车场(库)。

6. 智能化设施实施计划

在商业、金融中心、交通枢纽等区域建设停车诱导和行车诱导系统，着手建设交通仿真系统。

7. 交通需求管理和交通安全教育计划

对长江大桥和青岛路过江隧道实施适宜的过江交通管制措施，着手开展 ETC 系统研发和建设，加强市民交通安全意识宣传教育。

（刘进明）

武汉市主城区道路交通系统战略规划

一、规划背景

武汉市正处于特殊的发展时期，其交通体系必须有超常规的发展：一是正处在区域一体化发展前期，要全面对接“1+8”城市圈，要增强作为中部崛起战略支点城市的辐射力；二是处在交通结构调整有利时期，要贯彻“又好又快”科学发展观，努力实现公交主导地位，增强城市交通可持续发展能力；三是处在城市化进程中期，要着力弥补前期建设欠账，大力提高路网水平，增强交通支撑城市功能提升的驱动力；四是处在小汽车进入家庭、机动化加速发展的时期。鉴此，必须集中财力，加大投入，高标准地完善交通体系，改善城市经济投资环境，增强城市活力。

二、主城区交通发展战略

（一）2020 年武汉市交通发展总体目标

2003 年，武汉市规划局组织国际招标完成了武汉市交通战略研究，2006 年修编了《武汉城市总体规划（2006~2020 年）》，提出了 2020 年武汉城市交通发展战略目标。

1. 加强轨道建设，完善城乡客运体系，确立公共交通主导地位

(1) 建成区任意两点间公共交通可达时间不超过50分钟。

(2) 主城区公共交通方式出行比例大于35%。

(3) 轨道及快速公交承担公交比例不低于30%。

2. 完善市域公路网络，优化主城道路系统，建成“30—60—120”道路网络

(1) 主城区至城市圈城市的时间不超过120分钟。

(2)主城区至远城区车行时间不超过60分钟。

(3)二环以内任意两点间车行时间不超过30分钟。

(二) 2008~2015年战略任务和阶段目标

1. 现阶段交通发展任务及总目标

立足武汉市交通现实和发展要求，以实现2020年武汉市城市交通发展总体目标为根本，确定现阶段交通发展两大战略任务：

(1) 大力推进轨道建设，优化常规公交，提高公交服务水平，实现主城建成区公交出行时间不超过50分钟。

相应设施指标要求：轨道规模不小于120公里，轨道站点600米半径覆盖率在30%以上；快速公交专用道长度大于90公里，常规公交站点500米半径覆盖率达到95%，公交车平均运营速度20公里/小时。

(2) 积极开展主城区、特别是中心城区道路系统的建设和完善，实现二环以内30分钟畅通目标。相应指标分解要求：

运行时间要求：“5+20+5”，即通过常速系统5分钟上快速（捷）系统，在快速（捷）系统上运行20分钟，再通过5分钟到达目的地。

运行速度要求：常速系统20公里/小时，快(捷) 系统50~60公里/小时。

道路设施要求：快速路密度0.65公里/平方公里，干道密度2.30公里/平方公里。

2. 分步实施目标

第一阶段：“构建骨架”(2008~2010年)，推进“工”字型轨道骨架建设，建成“一环绕主城、五联加五射”的快速（捷）路骨架，做好施工高峰期交通“排堵保畅”，满足100万辆机动车出行要求。

第二阶段：“重点推进”(2011~2012年)，重点建设镇间快速通道，完善汉口和武昌地区路网系统，建成“两环加半环、五联加八射”的快捷系统，基本实现二环以内任意两点间车行时间不超过30分钟的畅通目标。

第三阶段：“全面提升”(2013~2015年)，通过新一轮轨道建设，基本实现建成区公交出行不超过50分钟；打通鹦鹉洲通道，建成“三环五联九射”主城快捷体系，推进交通管理智能化，应对160~200万车辆出行挑战。

(三) 现阶段交通发展理念和对策

综合分析国内外城市交通发展历程和经验，结合武汉市交通发展战略和城市总体规划要求，现阶段武汉市交通发展应遵循3大理念、推行5大对策。

1. 理念

提升路网骨架等级，尽快创造连续流交通条件；推进轨道建设，构建以轨道为骨架的公交体系；完善交管设施，逐步实现管理科技化、智能化。

2. 对策

构建体系，打造快速（捷）路路网骨架；改善结构，开展主次干道项目建设；增强可达性，增加微循环支路密度；丰富层次，提升公交系统整体竞争力；提高效率，加强道路交通管理。

三、规划内容

规划制定了进出城通道、过江通道、快速(捷) 系统、三镇主次干道系统、次区域微循环系统、轨道及公交、交通组织管理与静态交通等8大专项方案。

(一) 进出城通道专项规划

按照高速公路接快速路、一级公路接主干道

等级匹配原则，实施主城放射线“五建五提”工程，改善进出城道路状况。

（二）过江通道专项规划

推进车辆和地铁过江通道建设，2008年底建成长江隧道，2009年建成天兴洲长江大桥，2011年建成二七路长江大桥；2012年前建成地铁U2线连接汉口与武昌，2015年前建成连接武昌与汉阳的鹦鹉洲过江通道和地铁U4线，实现主城“七条车辆通道和两条地铁通道”的过江交通新格局。

（三）主城快速（捷）系统专项规划

加快环线和放射线建设，2015年全面形成一环线和三环线，建成二环线东段、北段和西段，同时改造提升香港路—青岛路隧道、琴台路—长江大桥—珞喻路、江城大道、中北路、武胜路等5条快捷路联络线，建成武咸公路等9条快速放射线，与8条高速出口公路全面对接，形成“三环五联九射”293公里的快速（捷）路骨架结构。

（四）三镇主次干道系统专项规划

加快三镇主次干道系统建设，2015年，形成汉口“八横七纵”干道网络，密度由现状的1.70公里/平方公里，提升至2.40公里/平方公里。形成武昌“九横七纵”干道网络，密度由现状的1.20公里/平方公里，提升至2公里/平方公里。形成汉阳“五纵五横”干道网络，密度由现状的1.40公里/平方公里，提升至2公里/平方公里。

（五）次区域微循环系统专项规划

到2015年新建、打通、改造微循环道路118条，总长度约121公里。

（六）轨道及公交专项规划

到2012年建成U1线、U2线一期和U4线一期工程，轨道线网总长度为70公里；2013~2015年，建设U2线二期、U4线二期和E3线一期工程，轨道线网总长达到130公里。建成火车站、长途汽车站等10座对外交通枢纽，新建循礼门、永清街等9个公交换乘枢纽，建设100公里的公交专用道，设置200条公交线路与近期轨道站点衔接，调整与轨道平行的30条公交线路，建立统一的公交票制结算体系，提高公交调度科技水平。

（七）交通组织管理专项规划

近期完善132公里长主要道路隔离设施，建设约70座人行过街天桥或地道，优化43个路口交通组织，清理94条、总长约125公里非交通占道，配合青岛路隧道建成通车，调整汉口老城区单行系统，改善中小学学校周边交通环境，进行适宜的过江交通管制，扩展货运限制区至二环以内区域。

（八）静态交通专项规划

研究新的停车配建标准，并将其纳入修订的武汉市人民政府第143号令，完善产业化政策，推进城市公共停车场建设，加强管理禁止路边违章停车，逐步将路边停车比例控制在5%左右，完善停车收费政策，提高路边停车周转率和道路使用率。

四、规划实施计划

2008~2011年新建或改造三环线北段和东段、二环线发展大道段、二七路长江大桥等127公里的快速（捷）路，复兴路、解放大道下延线等39公里的主干道，民主路、黄鹂路等43公里的次干道和解放小路、唐蔡路等13公里的支路。

2012年新建或改造二环线龙阳大道段、中南路、中北路等33公里的快速（捷）路，芳草路、塔子湖西路等13公里的主干道，前进四路、临江大道等20公里的次干道和竹苑路、黄鹂小路等24公里的支路。

2013~2015年将建设徐东大街、雄楚大街等24公里的快速（捷）路，南泥湾大道、月湖大道等27公里的主干道，武珞六巷、墨水湖南路等36公里的次干道和水果湖北路、马场角一路等14公里的支路。

（刘进明）

武汉城市圈快速轨道交通规划

一、规划背景

武汉城市圈是以武汉为中心，100 公里为半径的城市群落，包括武汉及黄石、鄂州、孝感、黄冈、咸宁、仙桃、潜江、天门等 8 个周边城市。2007 年 12 月，武汉城市圈获国务院批准为全国“两型社会”建设综合配套改革试验区。2008 年 9 月 27 日，《武汉城市圈资源节约型和环境友好型社会建设综合配套改革试验总体方案》获国务院批复。根据湖北省、武汉市领导的指示和武汉市规划局规划编制项目计划的安排，武汉市城市综合交通规划设计研究院在轨道交通线网规划修编的基础上开展了《武汉城市圈快速轨道交通规划》研究工作。

二、规划目标

坚持城市可持续发展观，充分利用武汉的铁路资源，适时新建城际铁路，丰富完善武汉城市圈综合交通运输网络。

通过城市圈轨道交通建设，促进“两型社会”配套改革试验区的建设；促进区域社会经济发展，提升区域竞争力，实现中部崛起；优化运输结构、适应交通量增长，满足城市圈交通多样化的需要；实现武汉铁路枢纽跨越式发展的需要。

三、主要内容

武汉城市圈城际铁路规划方案由 8 条线路构成，城际铁路网总长 1188.80 公里，以武汉为核心，沿城镇发展轴线建立武汉至孝感、武汉至黄（石）黄（冈）鄂（州）、武汉至咸宁、武汉至天门、武汉至仙（桃）潜（江）的放射状骨干城际铁路网，以距离武汉 50~80 公里的黄冈、鄂州、孝感等市以及武汉市郊的黄陂、新洲、汉南、江夏区为圈层，建立围绕武汉的环状二级网络，骨干城际铁路网延伸至城市圈内的安陆、应城、红安、麻城、黄梅、大冶等县市，形成向外扩展的二级网络；预留城际铁路网向外继续延伸扩展，辐射长江、九江、襄樊、宜昌等城市。

（孙小丽）

武汉市快速公交（BRT）线网规划

一、规划背景

在国家“优先发展公共交通”宏观政策指引下，在武汉市轨道交通建设刚刚起步、短期内难以发挥骨干作用的情况下，武汉市政府高度重视快速公交线路的规划建设，提出“要加快改善公交出行条件，应对交通需求的高速增长”。遵照武汉市市长阮成发的指示，武汉市交通委员会、武汉市规划局迅速组织武汉市城市综合交通规划设计研究院、武汉市城市规划设计研究院和武汉市交通科学技术研究所对武汉市快速公交线网及近期建设线路开展研究。

二、功能定位

结合武汉市轨道交通规划建设实际，提出了打轨道交通建设时间差，将快速公交作为远期轨道线路的过渡方式；打轨道网布局的空间差，在城市次级客运走廊将快速公交作为轨道交通弥补方式的功能定位，并提出了武汉市快速公交建设标准。

三、主要内容

（一）确定快速公交线网方案

以轨道交通线网规划为基础，近期在顺江和

垂江的主要客流干道上，结合建设条件确定了近期 3 条快速公交线路线网方案；远期与轨道交通线网一同形成层次功能清晰的大容量公交线网。

（二）快速公交试验线选择原则

1. 应位于主要客流走廊、紧密衔接交通枢纽，具备成熟的客流条件。

2. 有利于提高公交服务水平，缓解沿线“公交列车化”运行和交通拥堵。

3. 具备良好的道路建设条件，有利于开辟快速公交专用车道和站点设置。

4. 避免与近期城市重大项目建设发生冲突，能够在近期内迅速启动。

（三）确定二环线汉口段 BRT 建设方案

进行了“路中式”、“路侧式”以及“高架式”3 个方案比选，推荐了不影响二环线高架建设的“路中式”方案。

（孙小丽）

武昌地区道路交通改善实施方案

一、规划背景

为了缓解武昌地区交通现状及未来 3 年众多大型项目集中施工期间的交通拥堵问题，按照武汉市委、市政府的工作要求和部署，武汉市规划局开展“武昌地区道路交通改善实施方案”研究。该研究主要是通过对现状及未来 3 年重大项目施工期间交通形势的科学判断，提出合理的交通“排堵保畅”方案，制定重大项目施工期交通组织方案和区域道路交通体系完善方案，缓解武昌地区交通现状及施工期交通拥堵状况，保证未来一段时期城市交通平稳运行，为“辛亥革命百年庆典”创造良好的交通环境。

二、规划目标

武昌地区道路交通改善实施方案的规划建设目标是：

1. 现阶段排堵保畅。

2. 加强施工期交通组织与管理，保障未来几年大型项目施工期间交通平稳运行。

3. 为 2011 年“辛亥革命百年庆典”打造良好交通环境。

4. 为实现二环线内“30 分钟畅通工程”提供保障。

三、主要内容

（一）总体改善措施

坚持以轨道建设为契机，加快道路骨架系统建设；以排堵保畅为急迫任务，集中力量畅通关键堵点；以施工期交通平稳运行为重点，全力完善分流体系；以改善重点片区出行环境为目标，强化对外辐射能力，完善区内微循环系统；以重大项目施工影响为约束，统筹工程建设时序。

（二）构建区内道路骨架，强化对外辐射通道建设

1. 搭建快速（捷）路骨架系统

建设三环线东段；贯通文化路—珞狮路—东湖路—中北路延长线，形成贯通南北的快速通道；完善青岛路隧道疏解工程，充分发挥隧道交通疏解作用；结合轨道站点施工，提升武珞路—珞喻路、中南路—中北路为快捷路。

2. 完善干道网络

延伸紫阳东路至珞狮南路，先期形成穿城大道北段及南段。

3. 强化对外辐射通道建设

提升东向辐射通道珞喻路；建设西向辐射通道青岛路隧道、二七路长江大桥及天兴洲长江大

桥；打通南向辐射通道丁字桥南延线及珞狮南路南延线；打通、建设北向辐射通道临江大道、团结大道及青化路。

（三）统筹重大项目建设时序，全力构建分流体系

1. 统筹重大项目建设时序，减小施工影响，缩短影响周期

以基本明确完工时间的项目为基础，以区域通行条件为前提，以项目分布及相互关系为影响因素，进行全面统筹考虑。建议武珞路—珞喻路、中南路—中北路快速路改造及沿线立交建设与轨道站点同期进行；建议尽快建设沙湖通道；结合傅家坡立交建设，打通丁字桥南延线；加快野芷路及接线立交建设；2009 年建设复兴路南段，减小武珞路、中山路交通压力；考虑施工及庆典要求，建议 2011 年后再建设小东门立交。

2. 提前构建分流体系，缓解施工干道交通压力

新建武珞六巷—西环路，改造武珞五巷及中南二路，整治公正路、体育馆路缓解中南路交通压力。新建群光南路及武装部路，改造卓刀泉北路，整治卓刀泉南路、珞珈山路等，缓解武珞路—珞喻路交通压力。

（四）优化关键瓶颈路口，改善交通组织及管理方案

1. 优化关键瓶颈路口

优化关键瓶颈路口 13 个，提高干道通行效率。其中 8 个为重要分流干道瓶颈路口，5 个为对外辐射通道瓶颈路口。

2. 改善区域交通组织及管理方案，缓解干道交通压力

中南路—中北路、武珞路—珞喻路设置公交专用道，保障公交可达性及通行效率；沿湖路与东湖南路配对设置单行系统，提高路段通行能力，简化路口流向，提高疏解效率，有效分流中南路—中北路及武珞路—珞喻路的交通流量。

（五）加强片区间衔接，完善片区内部微循环

1. 改善衔接通道，强化片区间交通联系，缓解进出交通问题

新建武珞六巷—西环路、傅家坡立交、街道口立交及卓刀泉立交，强化中南片区与晒湖片区间的衔接；新建丁字桥南延线，整治及清理石牌岭路、瑞安街，强化晒湖片区与南湖片区的衔接；改造、提升民主路、舒家街，整治及清理紫阳路、公正路，强化老城区与中南片区的衔接；改造、提升栅栏路，强化老城区与南湖的衔接。

2. 完善片区内部微循环，提高区域可达性

新建复兴路、楚善街，打通解放路、胭脂路，改造中山路及民主路，整治及清理解放路、粮道街等，完善老城区道路网络。打通雅安街及瑞安街，完善南湖片区道路网络。

四、规划实施计划

未来 3 年武昌地区将新建道路 85 公里，改造、提升道路 21 公里，整治及清理道路 18 公里，优化路口 13 个，建设两处人行过街通道，投资总计 133.40 亿元。

2009 年是项目实施时间最为紧迫的一年，现状排堵保畅、施工期分流体系的构建，重点片区当前面临的进出交通等问题均需在该年解决，且最好于年初或上半年完成。因此，主要安排投资少，见效快的改造、提升、整治及清理项目，投资总计 10.70 亿元。

2010 年利用轨道站点建设契机，完成道路改造提升和沿线重要路口立交工程及当前已经启动的骨架道路建设工程施工，完成重点片区微循环道路建设，投资总计 54.20 亿元。

2011 年以服务“辛亥革命百年庆典”为目标，完善老城区交通微循环系统，建设区域路网骨架，形成武昌地区通往机场的第二快速通道，提高区域对外辐射能力，投资总计 68.60 亿元。

（黄广宇）

王家墩CBD区域轨道交通衔接规划

一、规划背景

王家墩商务区（CBD）是武汉市“十一五”规划中的重点建设项目，规划人口18万，就业岗位20万，用地高强度集约开发所引发的交通量巨大，必须依托大运量的轨道交通衔接系统来确保商务区有序开发、合理建设和顺利招商。

依据《城乡规划法》及《地铁设计规范(GB50157-2003)》，在《王家墩商务区控制性详细规划》和《王家墩商务区地下空间规划》的基础上，与上位规划相衔接，并结合王家墩商务区的实际情况，制定《王家墩CBD区域轨道交通衔接规划——控制导则》。

二、主要内容

《王家墩商务区轨道交通衔接规划》的主要研究内容包括CBD区域轨道线网方案比选研究、客流预测、地铁车站地上地下空间综合利用、车站及出入口通道设计、换乘衔接、线路及车站用地控制等。商务区轨道交通线网推荐方案明确了站点换乘形式、轨道与用地、轨道与二环线立交等相关内容，落实了配套自行车及公交换乘设施用地。

（一）推荐方案

推荐方案具体内容为：在王家墩区域内有5条线路、9个站点，7号线、3号线、10号线3条线路穿越CBD核心区，2号线和12号线2条线路穿越CBD边缘区。

该方案有三个特点：第一，CBD区域5条线路共有8个站点；第二，核心区内有1个3线换乘站；第三，CBD中心站为两条快线的“十字型”换乘，有利于CBD区域的城市空间拓展。

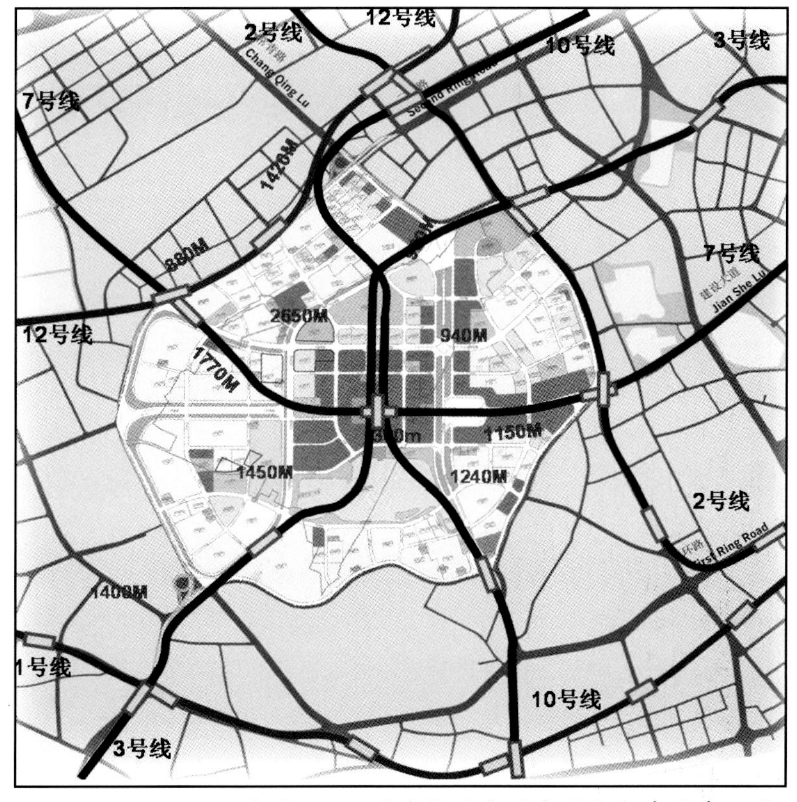

王家墩CBD区域轨道交通线路分期建设建议图

（二）核心区竖向功能布局

1. 步行系统：地下一层，按商业开发考虑，控制层高 6 米。位于城市支路的下方时，净空按 3.60 米（含通风吊顶）控制，上部覆土可设置市政管线支线，与地下一层吊顶范围内的楼宇设备总管相衔接。

2. 地下机动车环路：地下二层，净空按 3.60 米考虑。

3. 黄海路隧道：与机动车环路接口处，控制标高−9.20 米，最大坡度 4%，路面以上净高 5 米。

4. 轨道交通线路及车站：线路最大纵坡按 3%控制，站台层净高（站台面以上）4.20 米，与其他线路交叉时，竖向控制层高 7.20 米。

三、轨道交通分期实施建议

王家墩 CBD 的地上地下空间综合开发利用与轨道交通建设应遵循“同步考虑、分期实施，规划预留、协调建设”的基本原则来实施。

其分期实施计划按照近期（2009~2015 年）和远期（2016~2030 年）来划分分期建设年限。

（一）近期（2009~2015 年）

线路实施：根据武汉市轨道交通近期建设规划，在王家墩 CBD 范围内，至 2015 年将建成 2 号线、3 号线。

站点预留：2 号线范湖站和青年路站为换乘车站预留接口；CBD 的北部启动片区泛海国际居住区和商业综合体需要为远期 10 号线清江路站规划预留接口。

（二）远期（2016~2030 年）

线路实施：规划至 2030 年以前将建成 7 号线、10 号线两条路线。

依据《武汉王家墩商务区总体规划》，至 2030 年王家墩 CBD 基本全面建成。因此，建议大型市政建设项目应与轨道交通相衔接，如黄海路隧道及王家墩 CBD 核心区的地下空间开发应与 7 号线、10 号线的建设同步实施。

站点预留：7 号线常码头站为换乘车站预留接口；10 号线建设大道站和黄海路站以及 12 号线振兴三路站等站点周边用地开发建设应为轨道车站预留接口。

（孙小丽）

武汉市江北快速路（汉口—阳逻）线路方案规划

一、规划背景

武汉阳逻经济开发区地处长江中游北岸，距武汉中心城区 20 公里，是武汉通向沿海地区的水路咽喉和华中地区对外联络的水上门户，是长江经济带的重要组成部分，是省级重点开发区之一，肩负着带动和促进武汉东北地区经济发展的重任，战略地位十分重要。

建设连接汉口主城与阳逻开发区的江北快速路，是实现市域快速交通一体化、推进主城区至远城区经济同步协调发展的有效途径；是在“两型社会”建设中，交通引导城乡经济一体化发展的需要；是落实城市总体规划，促进东部新城组群及阳逻开发区快速发展的需要；是改善区域交通联系，畅通主城东部出入口道路，支撑武汉亿吨新港建设的需要；是彰显滨江滨湖城市特色，打造“临江、近江、见江”景观通廊的需要。

二、功能定位

通过对项目所处地理区位、沿线土地利用规划、城市路网结构布局、交通特征等方面的综合研究，确定江北快速路的功能定位为：城市快速路网主骨架的重要组成部分；串联长江北岸各功能组团及东部新城组群的经济纽带；承担汉口主城与阳逻开发区客货交通的快速交通通道；彰显武汉城市特色和提升沿江环境品质的景观通廊。

三、主要内容

（一）技术标准

依据江北快速路的功能定位，结合道路沿线的用地现状及规划情况，在充分考虑现状交通及未来交通需求的前提下，拟定江北快速路线路方案设计原则和技术标准。

1.充分发挥项目作为城市放射性快速通道的交通功能，保证城市东向快速交通轴便捷与通达。

2. 加强项目与沿线重要区域及主要道路的联系，合理设置快速路出入口和主要路口立交，发挥道路服务区域城乡发展的作用。

3. 按城市双向 8 车道快速路标准设计，设计车速 60~80 公里/小时。

4. 严格执行沿江防洪的相关要求与标准。

5. 工程方案充分考虑与景观、环境的和谐统一，提升城市沿江景观品质。

（二）工程方案

江北快速路工程起点为二七路与沿江大道交叉口，止点为阳逻余泊大道，全长约 26.50 公里。设置二七路、二七桥、谌家矶、五通口、沙口、界埠路、柴泊大道等 8 处衔接点与周边道路网络联系，初步估算工程总投资约 40 亿元。

1. 二七桥立交段

二七桥立交段主线长约 1.50 公里，道路采取桥梁高架形式建设，主线机动车快速路在二七长江大桥立交之前为双向 6 车道，设计车速 60 公里/小时；在二七长江大桥立交之后为双向 8 车道，设计车速 80 公里/小时。

2. 八厂联防段

本段主线长 3.40 公里，双向 8 车道，设计车速 80 公里/小时，道路宽 34 米。为保证路面结构，路面高程较现有防洪墙高 0.80 米。八厂联防段涉及长江一级堤防、铁路、917 部队、中石化油库等诸多因素，为本项目难点、关键点。推荐路堤结合方案即沿现有堤防进行布线，对现有大堤加宽加固处理，新建防渗墙。

3. 谌家矶段

谌家矶段主线长 4.60 公里，最小曲线半径 1000 米，最大纵坡 3%，双向 8 车道，设计车速 80 公里/小时。道路采取分离式路基形式建设，其中 4 个车道与堤顶道路结合，路面高程与堤顶同高，4 个车道与大堤压浸台结合，路面高程较压浸台高 0.80 米。

4. 黄陂段

黄陂段全长约 10.50 公里，其中府河大桥—五通口立交段长约 4 公里，采取路堤结合形式建设，路面高程与堤顶同高，双向 8 车道，设计车速 80 公里/小时。五通口立交—西港路段长约 6.50 公里，采取堤脚布线方案，双向 8 车道，设计车速 80 公里/小时。

5. 新洲阳逻段

新洲阳逻段全长约 6 公里，西港路至长河东路以高架桥形式建设，双向 8 车道，设计车速 80 公里/小时；高架桥跨越长河东路后落地与水厂西路平交，双向 8 车道，设计车速 80 公里/小时；然后高架跨越平江路与柴泊湖大桥相接，跨越柴泊湖后落地与余泊大道平接，主线高架机动车通道双向 8 车道，设计车速 60 公里/小时，新洲段共布置立交 2 座，分别为西港路立交和平江路立交。

四、规划进展

江北快速路计划于 2009 年 9 月开工，工程工期约 2 年，于 2011 年底通车运行。

（黄　澍）

天河机场快速通道建设规划

一、规划背景

为适应天河机场快速发展需要及畅通武汉市北向出口路，尽快构建武昌中心区至天河机场快速迎宾通道，迎接 2011 年“辛亥革命百年庆典”，按照 2008 年 4 月 14 日召开的第 43 次湖北省委常委会的有关指示精神和武汉市规划局部署，经过多轮专家咨询、召开听证会以及武汉市政府常务会、市委常委会、湖北省委专题会后，编制完成了天河机场快速通道建设方案。

二、主要内容

（一）线路走向

前期，经武汉市政府多次召开专题会议及专家论证确定了由姑嫂树路北延线和解放大道北延线组成机场环形快速通道。对于近期线路走向，本次规划通过对常青路、三环线、岱黄公路、姑嫂树路、解放大道下延线等5条线路比选后，经多方论证，提出启动黄浦大街、金桥大道的快速化改造，与已建的三环线北段、现状机场路构成机场快速通道方案的近期过渡线路。

（二）建设标准

快速通道主线设双向6车道，设计车速60~80公里/小时；辅道设双向4~6车道，设计车速40公里/小时。

（三）规划方案

自三环线至黄埔路立交线路全长7.10公里，沿线与7条城市干道相交，且线路需跨越京广铁路，经多种建设方式综合比较分析，并依据交通流量预测数据，规划推荐金桥大道、黄浦大街采取全线6车道高架形式，并保持足够的地面过渡段与已建的三金潭立交和黄浦路立交衔接。高架桥长5.10公里，地面段长2公里，设竹叶山互通式立交1座和7处上下桥匝道，总投资6.60亿元。

三、规划进展

2008年5月16日、8月1日，武汉市规划局就该规划方案分别组织召开了武汉市内、全国范围专家咨询会；8月11日武汉市政府常务会、8月14日武汉市委常委会、8月15日湖北省委专题会相继审议了该规划方案，省、市领导对于规划提出的机场快速路通道近期走向和具体建设方案给予了高度评价，该方案顺利获得通过。

（马　丽）

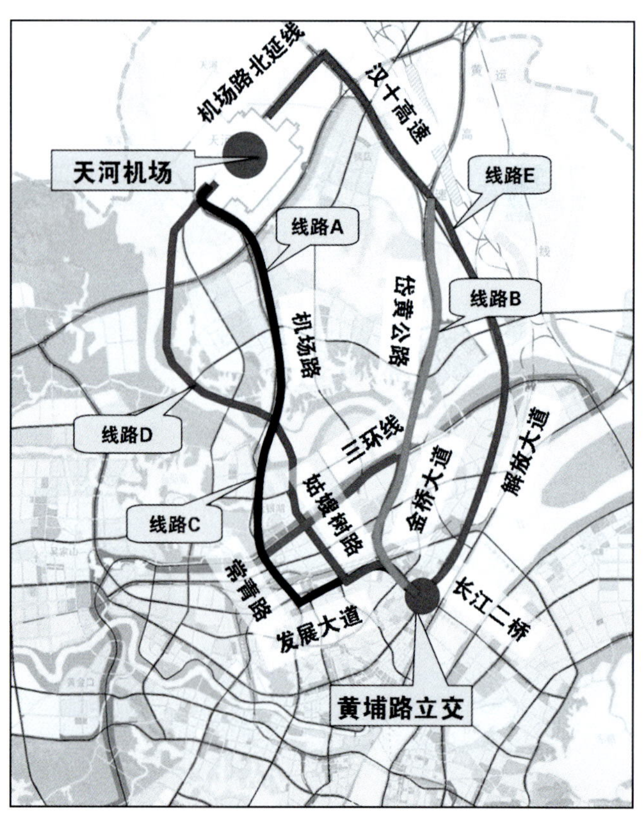

天河机场快速通道5条比选线路图

武汉长江隧道大智路出入口

湖北奥林匹克网球中心

中山舰博物馆核心旅游区全景

博物馆中山舰陈列厅

中山舰博物馆

中山舰烈士蒙难纪念碑

汉口新天地

龟山脚下莲花湖风景区

武汉东西湖保税物流中心

岳家嘴立交桥

汉口北横店货运列车编组站

民生银行大厦

月湖文化艺术区鸟瞰图

月影舞台

莲花湿地

凤凰广场特色喷泉

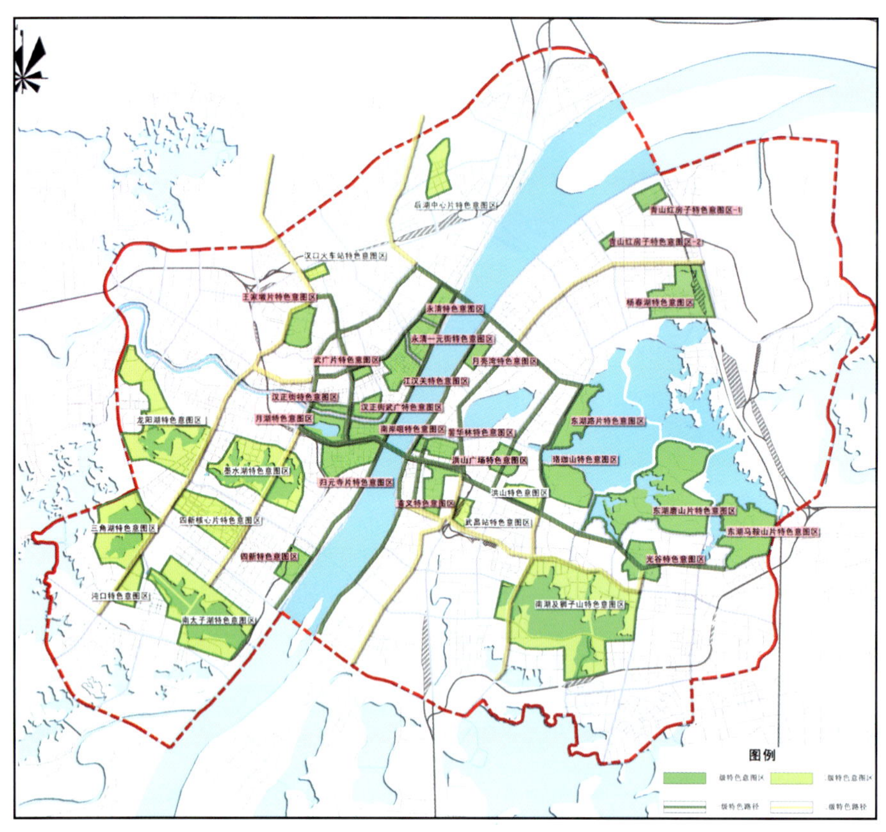

武汉市主城区特色意图区规划图

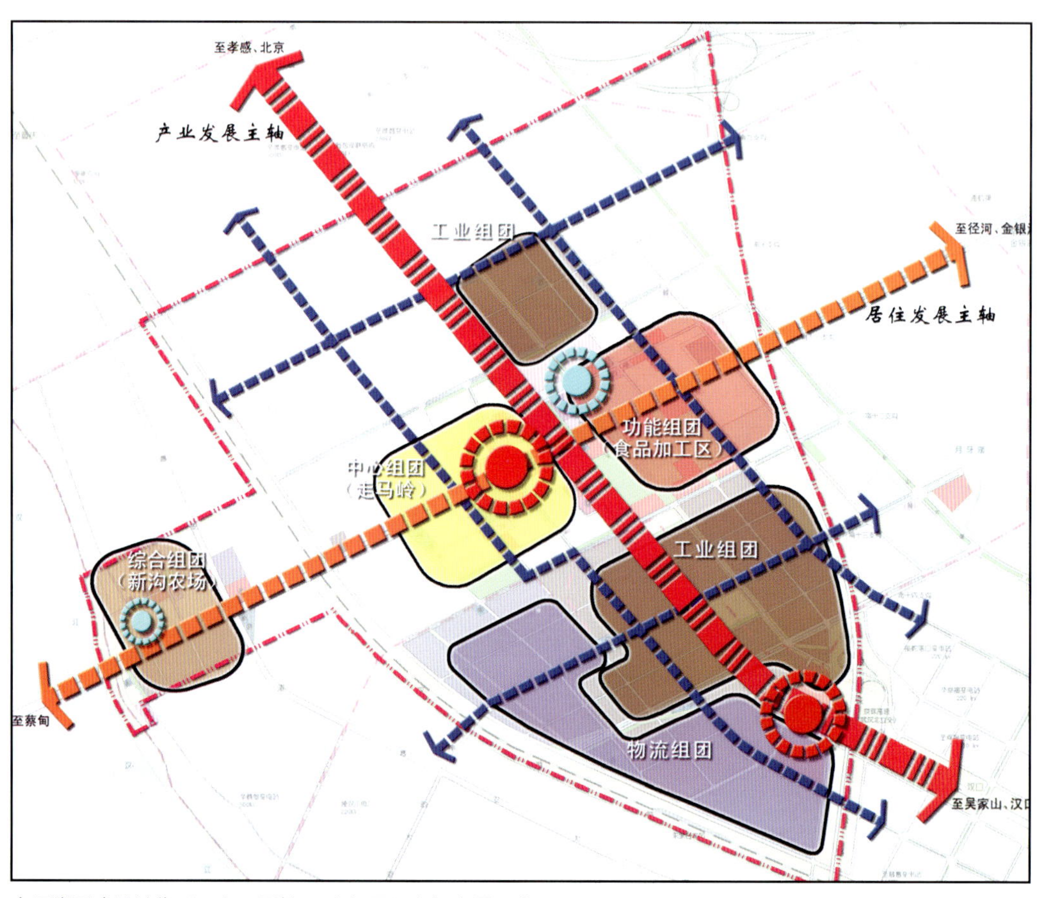

东西湖区走马岭街“三心、两轴、 六组团”空间布局示意图

江岸区沿江商务区发展规划结构图

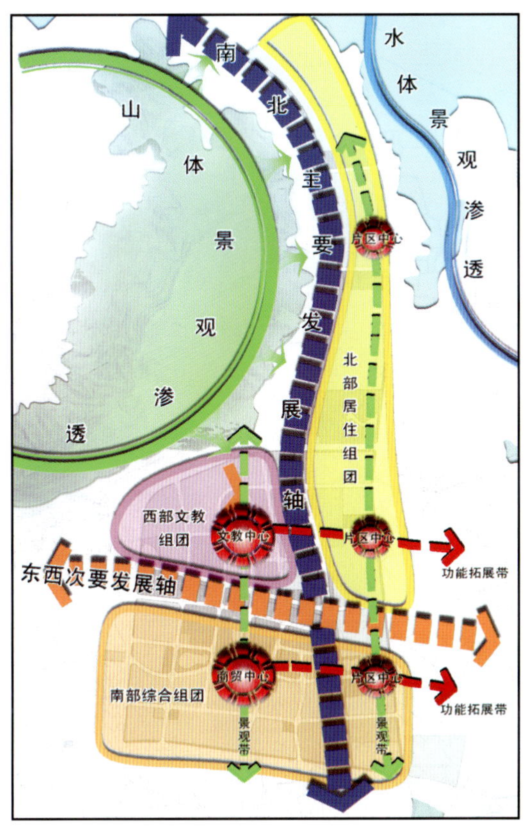

江夏区流芳街覃庙镇空间布局图

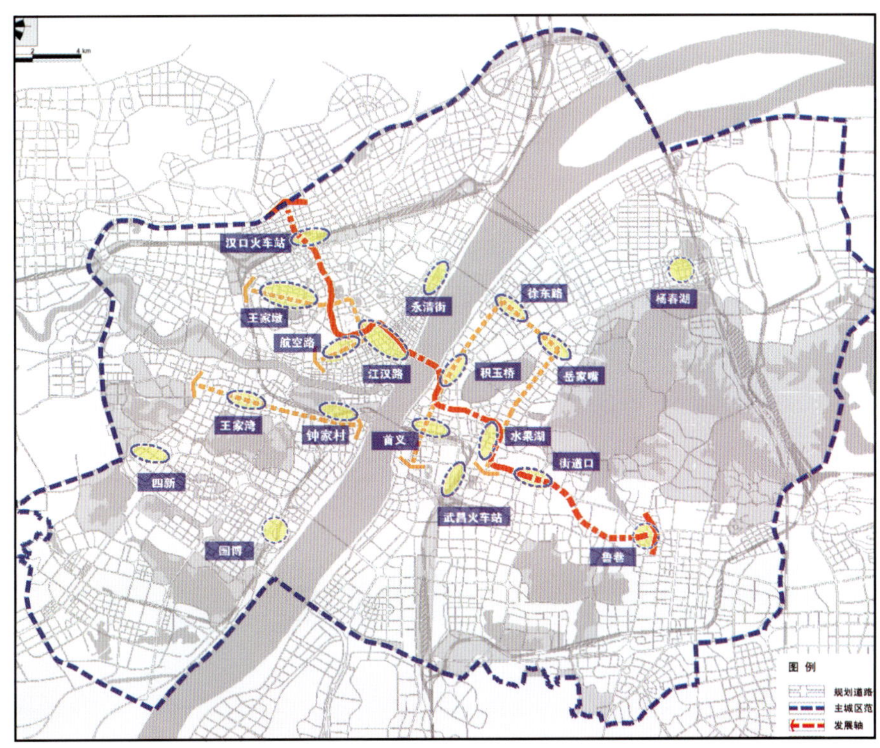

武汉市主城区地下公共空间结构图

武昌区昙华林片规划效果图

武昌区首义片规划效果图

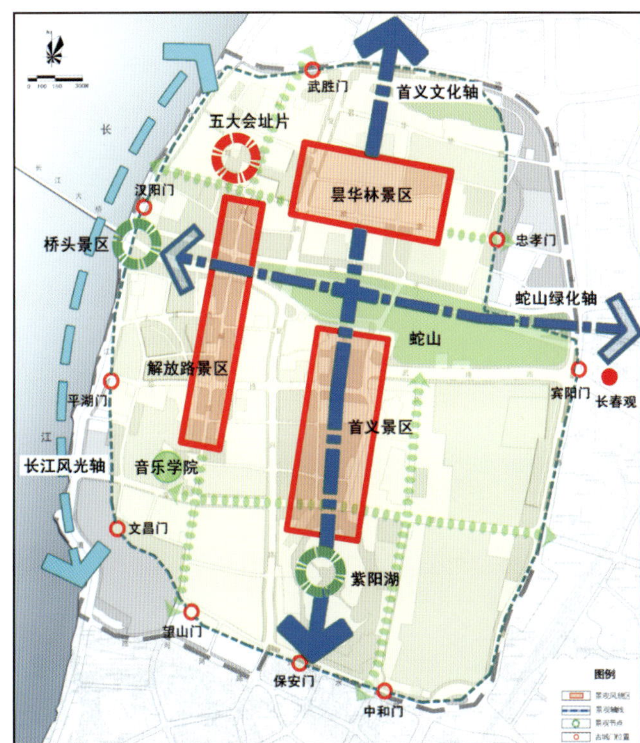

武昌古城保护景观结构规划图

武汉火车站效果图

轨道4号线武汉火车站地铁剖面透视效果图

武昌滨江规划效果图

沙湖周边规划效果图

徐东大街规划效果图

第六节 规 划 咨 询

武汉“未来城”项目交通影响评价

一、项目背景

武汉“未来城”项目位于珞喻路与城市二环线珞狮南路交汇处附近，处于武昌区域重要的商业中心、也是武汉市重点打造的街道口“黄金十字架”核心区域，交通矛盾较为突出。为保证区域交通的正常运转，使项目开发具有良好的外部交通条件，湖北阜城房地产开发有限公司委托武汉市城市综合交通规划设计研究院开展交通影响评价，对项目的开发性质和规模、停车配建指标、进出口设置、行人及机动车内外部交通组织进行分析，提出改善建议，以发挥项目自身效能，协调土地开发与城市交通发展。

二、主要内容

（一）项目开发动态交通影响评价

“未来城”项目所处区域是武昌地区交通最为拥堵的区域之一，也是武汉市近期交通改造的重点区域之一。街道口高峰小时车流量已经达到了7056辆/小时，交通负荷度已达E级，现状区域道路高峰小时均处于D级服务水平。从现有的道路交通条件来看，该区域确实不宜再进行大规模的商业开发建设。但考虑到街道口立交建设已经动工，地铁2号线也计划于2012年建成运营，届时，街道口地面道路通行能力将得到大幅度提高，通过有无对比分析，在同步实施周边道路配套工程、进行合理交通组织前提下，项目开发对周边道路的影响处于可接受的范围内。

（二）项目静态交通影响评价

1. 根据交通预测，项目实际停车需求为648个，项目设计方案实际配建机动车停车泊位672个，按政府令测算停车配建要求为474个。配建数量满足相关规定要求，但为方便部分短时车辆停靠需要，项目开发应提供50个地面机动车临时停靠泊位。

2. 要求项目单独配建非机动车泊位400个，其中商业部分约70个，住宅和公寓部分约330个。

（三）项目平面布局优化及配套道路建设

为进一步减少项目开发对周边道路的不利影响，需要采取以下交通方面的改善措施：

1. 按规划设计要求打通项目周边3条配套道路（南北、东西向公共通道及南侧配套道路），并严格按照本评价报告提出的交通组织方案进行内外交通组织设计和管理；项目西侧原预留内部通道车行出入口禁止车辆通行，但需保留车辆通行条件，以满足消防要求。内部通道采取单向交通管理。

2. 在项目用地北侧及南侧项目用地范围内分别设置出租车（含社会车辆）下客区及出租车候客区，西侧修建过街人行地道1座，并预留与地下商业开发接口。

（四）项目开发与轨道交通关系

根据武汉市轨道交通线网规划，未来将有轨道交通2号线（近期线路）和7号线（远期线路）两条线路经过项目区域。考虑到街道口立交南北高架建设和轨道站点设站要求，将轨道控制影响区域适当扩大为单侧40米。经测算，项目建筑边线位于轨道影响线以外0.70米，因此项目建筑边线满足轨道交通控制线及影响线距离要求。

（郑 猛）

武汉巴登城项目选址交通规划咨询

一、项目背景

武汉巴登城项目位于武汉南部江夏区五里界镇，距武汉市中心城区约20余公里，计划总投资46亿，规划用地面积约6.84平方公里，拟进行“欧洲主题小镇+温泉酒店+商业地产”项目综合开发，其建设周期规划为5年。为了合理控制项目的开发规模，完善内外交通衔接，特开展了巴登城项目选址交通规划咨询工作。

二、规划目标

项目的总体定位是：以时尚高端温泉休闲生活方式为核心，打造中国一流的、开放的，集温泉度假、都市娱乐、人文居住、生态体验为一体的中部地标型生态体验、循环经济示范区。

三、主要内容

（一）项目选址规划

巴登城项目位于江夏区五里界西南侧，规划用地范围1万亩，其中可建设用地约208.39万平方米，距中心城区、纸坊镇分别为20公里和5公里，紧邻城市外环线、天子山大道等城市快速环线与区域性干道，交通区位优势明显，且项目与周边用地有防护绿带分隔，具备较好的道路条件支撑，适宜建设大型生态旅游景区，符合旅游项目选址交通规划条件要求。

（二）开发强度规模研究

根据城市上位规划，项目所处区域为城市限建区，不宜进行高密度开发，综合考虑相关项目案例，从交通适应性角度分析，建议项目总用地容积率应不超过0.30，即项目总开发规模控制在62万平方米以内。

（三）区域道路衔接规划

根据区域路网规划，建议南延花山大道，打通文化路，增设外环线出入口，形成“一环一横三纵”的道路衔接系统；同时设置景区至纸坊、鲁巷以及武汉港的旅游巴士，加大与城市公交系统的衔接。

（四）交通影响分析

按照项目62万平方米开发规模，项目产生的机动车流量主要由江夏大道、花山大道及天子山大道承担，其道路机动车交通增量尚在道路可承担范围内。

另按巴登公司提出80~100万平方米开发规模方案(住宅地产开发规模不超过总规模的50%，即40~50万平方米)，此时，项目车流高峰小时引发量达到1700辆/小时，江夏大道、花山大道等区域主要道路承担交通负荷较大，对周边庙山、大花山地区的发展也有一定影响，不利于区域整体的发展。

（五）内部交通设施要求

一是在道路设施方面，明确出入口功能，内部车行主通道设置10米以上，组团车行通道设置7米以上，同时在道路两侧设置绿化景观带。

二是在停车要求方面，分别在南大门主题公园、北大门温泉度假村设置停车场，停车规模分别为1400个和300个泊位；主题小镇度假村及多层住宅分别按照2车位/户、1车位/户指标进行配建。停车场出入口应有机分散布置，避免产生拥堵。

四、项目实施计划

武汉巴登城的开发遵循整体规划、分期建设的原则。项目总投资46亿元，分三期投入，其中一期投资11.50亿，规划用地144万平方米，规划建设有巴登华侨城温泉SPA、巴登华侨城精品酒店、巴登华侨城大酒店、会议中心、“四街”(美食街、购物街、酒吧街、文化街)、巴伐利亚小镇等；二期投资14.50亿，规划用地271万平方米，二期主要规划建设黑森林公园；三期投资20亿，规划用地252万平方米，规划建设体育公园、介子山茶园。

根据“统一规划，分期开发”要求，结合项目温泉酒店一期开发需求，近期应形成以下道路设施：

1. 建设天子山大道，形成花山大道与天子山大道联络线。

2. 建设项目南侧出入口与天子山大道间连通道路。

3. 拓宽改造幸福港路。

4. 增设外环线—花山大道出入口及立交等。

5. 配合项目建设，设置旅游专线巴士，配建温泉度假村、酒店专用停车场等。

（杨　明）

武汉水游城项目用地规划咨询

一、规划背景

武汉水游城项目属于停滞未建项目，已停滞建设约14年，现武汉怡和房地产公司拟在该用地建设一个区域标志性的大型商业综合区，并于2009年重新启动该项目。项目用地位于江汉区解放大道与友谊路交汇处，总用地规模约2.15万平方米，规划总建筑规模约21万平方米。因其用地位处武广商圈，根据武汉市规划局要求，对该规划方案进行咨询论证。

二、规划目标

该项目位于建筑景观密集区，紧邻中山公园、武汉展览馆开敞空间，且处于武广商圈核心区域。本次规划咨询是基于武广地区进行局部地段详细城市设计的基础上，对具体地块的建设提出指导性优化建议。将武汉水游城项目建设成为一个集娱乐、休闲、商业、商务办公、文化交流为一体的多功能城市综合体，形成区域标志性建筑。

三、主要内容

（一）用地布局

用地所在街坊位于解放大道以南、京汉大道以北、友谊路以西、武展东路以东。整个街坊用地规模约6.11万平方米，用地功能以商业、办公为主，兼容部分居住及绿化功能。商业、办公用地结合现状建设临解放大道一线、友谊路一线设置，其他功能用地临京汉大道一线设置。规划建筑总容量40万平方米。

（二）局部地段城市设计

规划咨询从用地现状入手，分析该区域景观存在的问题，探讨了国内外优秀的大型商业综合体的建设模式和建设要素。

规划优化整合街坊内用地功能，补充完善区域缺乏的配套设施。在尊重街坊内原有高层公建的建设风格、元素符号的基础上，对规划方案的建设风格、造型提出了优化建议。并对如何处理好规划建筑与地铁、武展地下广场等区域地下空间的衔接、利用提出具体建设意见。

从区域文化研究来看，本次规划通过对武汉市现有大型综合商业体的对比分析，分析该类建筑建设的经验教训，优化该项目的规划设计。与此同时，将解放大道沿线50年代、具有特色的大型公共建筑（如武汉展览馆、武汉商场、武汉剧院等）作为武广商圈的城市文脉，挖掘其文化内涵，并在规划项目中予以继承和发扬。

（三）空间形态研究

武汉水游城项目采取视线模拟、三维模型以及日照影响分析等多种技术手段在建筑沿江天际线、沿解放大道空间形态、沿新华路空间形态的对比分析中确定建筑主体高度；通过对比国内外已建的各类超高层建筑单体规模，确定规划建筑主体合理的规模范围。

通过对区域建筑肌理、建筑界面、立面形态以及外部空间等多层面的分析，从建筑布局形式、主体建筑体形体量、建筑高度、建筑密度等多个方面提出规划方案的调整意见。

（四）道路交通研究

街坊方面：街坊内增设3条公共通道以组织街坊内部交通。禁止京汉大道友谊路口南、北进口的左转（改为在友谊路上的顺道街路口、解放大道路口左转），则新增交通量就在可接受范围之内。在街坊内部建设立体停车库，满足街坊停车需求。取消武展东路的路边停车，适当设置出租车停车泊位，以满足不同出行者需求。

项目用地方面：优化车行、人行流线，调整其机动车出入口位置，避免与地下车库出入口发生冲突。通过交通流量预测，调整用地各类功能比例。

（五）地下空间规划

项目用地内地下层部分分为4层，地下一层为商业，地下二层为机械式停车区，地下三、四层为坡道式停车区。地下一层在解放大道侧与地铁2号线对接，完善和延续中山公园站点地下空间商业功能，形成整体的复合地下空间格局，对接层预留约2380平方米轨道实施红线控制用地，作为地铁2号线对接转换区域。

四、规划进展

2008年6月19日，武汉市规划局重大工程项目规划方案审查会原则同意该项目方案咨询意见，认为该项目针对区域空间形态做了大量的研究工作，是在具体项目中运用城市设计手段进行分析的重要项目之一。

（规划咨询中心）

长江村“城中村”综合改造开发用地规划咨询

一、规划背景

为加快武汉市城乡一体化进程，统筹城乡协调发展，推动城乡经济发展和社会进步，全面建设小康社会，从2004年开始，武汉市委、市政府已确定2011年底基本完成二环线内56个“城中村”综合改造工作的总体目标，同时积极推动二环线外具备条件的“城中村”改造工作。武汉市规划局出台相关文件，明确规定“城中村”综合改造的相关内容。

2008年初，武汉市规划局审核通过长江村“城中村”综合改造规划方案，为加快推动“城中村”改造，对该村的开发用地进行规划咨询，并提出用地强度指标。

二、规划目标

规划咨询严格落实“城中村”改造规划及相关规划要求，从区域功能结构分析，合理确定项目用地性质。

从区域空间形态和景观结构出发，为塑造优美的长江沿线建筑景观，合理提出项目用地建筑高度分区；结合相关规范要求，提出项目用地的相关控制要求。

充分考虑“城中村”改造成本，多方面进行经济分析测算，并通过周边楼面地价的横向比较，保证开发强度指标的合理性及可操作性。

三、主要内容

长江村“城中村”综合改造开发用地所在的白沙洲组团位于武昌区和洪山区的结合部，三环线边缘地带，处于长江一线，是武汉市重要的对外交通出入口地段。根据长江村“城中村”改造规划，开发用地分为6宗，用地面积分别为1.12

万平方米、2.45万平方米、4.32万平方米、7.44万平方米、5.08万平方米、8.77万平方米，总用地面积29.18万平方米。规划咨询以白沙洲组团规划为指导，确定开发用地性质为：沿江一线以居住用地为主，二线控制部分为商业、金融业用地；结合配套设施、绿化控制以及总平面布局方案，提出开发用地的强度指标；结合经济测算，分析土地开发强度的合理性。

四、规划实施效果

《长江村“城中村”综合改造开发用地规划咨询》积极推动了“城中村”改造工作，武汉市规划局已核发项目用地规划设计条件。

（规划咨询中心）

武汉锅炉集团宿舍区地块项目用地规划咨询

一、规划背景

武汉锅炉集团有限公司（以下简称“武锅”）是武汉市历史较为悠久的大型工业企业之一，实施厂区整体搬迁后，原老厂区用地将建成一个大型居住区。武锅宿舍区地块位于老厂区北面，紧临武珞路，为20世纪50~60年代配套厂区建设的职工宿舍，用地面积约23万平方米。随着地铁2号线武珞路段的建设，迫切需要提升区域功能，拟将武锅宿舍区地块建设成为集商业、办公、酒店和住宅于一体的综合区。

二、规划目标

通过合理整合用地，调整用地功能以及对周边交通条件的评估分析，达到有效利用土地，提升城市功能，改善城市环境，优化区域空间形态，进一步推动武昌区现代服务业的发展。

三、主要内容

武锅宿舍区地块紧临地铁2号线石牌岭站点，正对宝通禅寺，地理位置十分优越。在对现状进行详尽考察的基础上，从城市规划要求出发，综合考虑环境景观、配套要求、经济效益、交通压力等各方面因素，运用TOD理论、区域功能分析、景观分析等综合手段对用地进行充分论证，力求使该地块在改善城市居住环境、提升城市品质的同时也充分实现其应有的土地经济市场价值。

（一）用地布局规划

对用地进行整合后，规划总用地面积为18.60万平方米，划分为6个地块。临武珞路一线用地（A、B地块）规划为公建用地，规划满足商务办公、商业、酒店式公寓等功能；二线用地（C、D、E、F地块）规划为居住用地。同时在用地内保留了原来的游园绿地，并控制远望洪山宝塔的视线通廊。总建筑规模控制为60万平方米，其中，公建建筑面积控制为20.50万平方米，住宅建筑面积控制为39.50万平方米，平均容积率为3.20。

（二）空间形态规划

综合考虑主城高度分区控制和武珞路沿线建筑空间形态，建议沿武珞路一线建筑以高层为主，可适当布置100米以上的超高层建筑，新建建筑与周边已有建筑共同形成高层区，保持道路界面的整齐，形成有韵律的天际轮廓线。整个用地高度控制分为3个层次，由北至南建筑高度逐渐降低。同时，应保证武珞路沿线的通透性，建筑开敞度不小于30%。

（三）交通组织分析

项目用地位于武珞路一线，并紧临地铁站点，周边交通状况比较复杂。为保证区域交通与项目开发的协调发展，规划对该项目的交通影响进行分析。在项目用地内规划1条连通武锅中路和石牌岭路的公共通道，既起到分隔公建用地和居住用地的作用，又缓解一定的交通压力。同时提出在地下空间设计时，地铁站点出入口设计应与公建主要出入口相衔接。

四、规划进展

2008年10月，该项目规划提交武汉市规划局“武昌古城建设资金平衡项目”专题审查会并通过审查，为下一步规划审批管理提供了较好的技术支撑。

（规划咨询中心）

第七节 村 镇 规 划

东西湖区柏泉镇总体规划

一、区位条件

东西湖区柏泉镇（含牧业园部分组团）位于武汉都市发展区的西北近郊，可称武汉西北郊第一镇。该镇南临商贾云集的汉口，北依府河，东与天河机场隔河相望，西与东山农场为邻。京珠高速公路、武汉市外环路相互交汇，并在该镇形成一座互通出口。柏泉镇距汉渝铁路和舵落口铁路货物编组站8公里，距天河国际机场不足5公里。

全境东西两端长约11公里，南北两端宽约7公里，镇域面积为91.89平方公里（其中，柏泉82.32平方公里，牧业园9.57平方公里）。

二、规划目标

保护并利用自然资源优势，节约、集约利用建设用地和农业用地资源，调整用地规划布局，完善市政基础设施，打造新型城镇化以及经济、社会发展极。在推进多元型经济产业发展的战略基础上，重点打造现代化的田园宜居环境，塑造湿地水乡特色并具楚汉风格的大都市近郊生态旅游城镇。

三、主要内容

（一）用地布局

规划形成“一园、五区”的镇区用地功能结构。“一园”即杜公湖生态湿地公园，“五区”分别为柏泉老镇区、北部休闲度假区、东部城镇综合区、南部商务休闲区和西部工业及物流园区。

1. 杜公湖生态湿地公园

杜公湖生态湿地公园位于规划镇区中部。规划结合已经批准的杜公湖省级湿地公园建设方案，对以杜公湖为主的湖泊群进行连通，扩大湖面并进行生态修复，使湖泊、水系及其周边一定范围的陆域共同构成承担雨水调蓄、生态调节、景观娱乐等功能的湿地公园。

2. 柏泉老镇区

柏泉老镇区位于张柏路北段，为现状柏泉镇政府所在地，是近期建设的重点区域。在该区域通过旧城改造，建设农民安置区以及服务于旅游功能、体现楚文化特色的新区，逐步改善镇区居住环境，提高配套服务设施水平，增强中心镇的服务功能，使老镇区逐渐形成集居住、商业、文教、旅游于一体的镇区中心。

3. 北部休闲度假区

北部休闲度假区位于杜公湖北侧，是由武汉市外环、张柏路及柏银路围合而成的三角地带。在该区域充分利用杜公湖生态湿地的资源优势，建设集游乐、居住、度假休闲于一体，低密度开发的休闲度假风景区。

4. 东部城镇综合区

东部城镇综合区位于杜公湖东侧、柏银路以西。规划充分利用该区域优越的自然环境，依托杜公湖秀美的水景，沿湖布置居住组团，并将湖水引入组团之间，营造具有滨水特色的生态居住环境。

5. 南部商务休闲区

南部商务休闲区位于杜公湖西侧、张柏公路东侧，规划为服务于总部经济的商务休闲区。该区域用地类型主要为商业金融设施用地、文化娱乐用地及配套居住用地。

6. 西部工业及物流园区

该片区位于张柏公路西侧、武汉市外环以北，主要建设农业资源型生态工业园区，布置以农业产品为主要原料的加工业，包括农业产品保鲜业，重点发展食品、饮料、包装等劳力密集型轻工业。另外，在武汉市外环南部，结合临近外环出口的交通区位条件，重点发展功能齐全、特色各异的专业生产要素批发市场，以及集运输、加工、包装、配送于一体的综合物流园区。

其中，北部休闲度假区、东部城镇综合区和南部商务休闲区由柏银路、张柏路和东流港北侧道路围合成杜公湖综合发展区。

（二）综合交通规划

1. 镇区对外交通规划

强化城镇主要对外交通联系，重点解决过境交通与城镇交通的矛盾，建立公交优先的交通出行方式。

（1）按照一级公路标准，建设现有的东柏路、柏银路、张柏路、吴新路以及在建的五环路。

（2）尽可能减少组团内部道路向过境公路的开口，降低其对过境交通的影响。

（3）加快汽车客运站、货运站等交通站场建设。其中，在柏泉镇区规划设置客运站（公交首末站）2处：一处设在武汉市外环路以北老镇区中的西湖路与张柏路交汇的西南部，另一处设在杜公湖东侧的城镇综合区。

2. 镇区道路系统规划

镇区道路网由主干路、次干路和支路三级组成。

本次规划以现有路网为依托，结合现状地形，针对各个分区的不同功能要求，对镇区宏观路网结构提出“环形干道系统串联各组团”的路网形式，环形干道为柏银路、张柏路及新苑北路。

（三）生态与环境建设

构建“一园居中，生态廊道指状伸展，绿色斑块散点分布”的绿地生态系统总体结构。

1. 一园，即位于规划镇区中部的杜公湖生态湿地公园，其构成镇区的绿核。

2. 生态廊道指状伸展，指由枝状水网、基础设施绿色通道构成的生态廊道，其向内与杜公湖生态湿地公园相连，向外构成城镇组团间的隔离带，并与镇区外围绿色基质相钩连。

3. 绿色斑块散点分布，指由分布于城镇各功能组团中的公共绿地和广场构成的绿色斑块。

（李　青）

第四章 统 计 资 料

第一节 城市规划统计资料

表 4-1-1　　2008 年武汉市重大规划项目一览表

分　类	项 目 名 称
分区规划	武汉市主城分区规划
	武汉市（农业生态区）城乡建设统筹规划
控制性详细规划	主城区控制性详细规划导则编制及修改
	主城新编控制性详细规划
	六大新城组群重点地段的规划深化
	主城区局部控制性详细规划
专项规划	都市发展区山体保护及绿线整合规划
	武汉市水系规划及都市发展区蓝线整合
	主城区黄线整合规划
	主城区文物保护紫线划定
	红线整合划定
	综合交通调查
	武汉市进出口道路交通衔接规划
	都市发展区现代服务业空间布局规划
	武汉市主城区地下空间总体规划深化
	武昌古城复兴规划
	武汉新港概念规划
	武汉城市圈城际铁路规划
	天河机场第二快速通道规划
	青山“红房子”保护和利用规划
	武汉市主城区道路交通系统战略规划
	住房建设规划（2008~2012）及 2008~2009 年住房建设规划
	武汉首义文化区首义板块（核心区）详细规划
	罗家墩城中村改造还建用地范围内公交停车场规划调整
	武汉市 2009 年经济适用房建设选址论证
	第三届中博会场馆规划
	大东湖生态水网地区综合治理规划
	东湖隧道交通规划咨询
	80 万吨乙烯部分还建项目选址等
	东湖湖底隧道规划水文和地质条件研究等

续表：

分　类	项 目 名 称
城市设计	武汉地区东西景观轴线（蛇山—九峰森林公园）城市设计
	中北路城市设计
	“两江四岸”（长江两岸天兴洲大桥和白沙洲大桥、汉水南岸咀—长丰桥之间等）城市设计
	东湖路沿线环境景观规划
	岳家咀立交周边区域环境整治规划和城市设计
	长江隧道出入口周边地区环境整治规划
	民主党派大院及周边环境整治规划
	二环线内珞喻路、解放大道沿线等6个重点地段城市设计
规划政策、标准及规划研究	武汉市规划年报
	规划实施年度计划
	武汉社区公共服务设施配套标准研究
	武汉市历史文化特色与城市空间特点研究
	武汉综合交通发展研究报告
	城市规划管理“一张图”系统建设
	武汉市城乡规划地方技术标准研究
	城市生态绿地规划实施及补偿机制研究
	武汉与国际化城市发展比较研究
	武汉市交通影响评价指标体系研究
	武汉市旧工业用地再开发研究
	武汉市城市用地变化研究
	主城区三环线内化工企业搬迁规划研究
	城市设计规程、地下空间规划编制技术规程等研究项目
	武钢北湖农场空间发展规划研究
规划管理技术平台建设	三维数字城市建设
	规划管理电子报批平台建设
	全市规划管理协同办公平台改造与维护
	数字武汉地理空间共享平台建设
勘测保障	配合重大规划项目编制及规划管理的测绘保障工作
	地理信息系统的更新维护

表 4-1-2　　2007~2008 年武汉市核发《建设项目选址意见书》统计表

行政管理范围	2007 年				2008 年			
	项目数（项）	所占百分比（%）	用地面积（万平方米）	所占百分比（%）	项目数（项）	所占百分比（%）	用地面积（万平方米）	所占百分比（%）
中心城区	571	41.23	2956.19	30.35	293	54.87	2238.63	71.96
开发区	197	14.22	2010.14	20.63	55	10.30	218.77	7.03
远城区	617	44.55	4775.52	49.02	186	34.83	653.48	21.01
合　计	1385	100	9741.85	100	534	100	3110.88	100

图 4-1-1　　2007 年与 2008 年武汉市核发《建设项目选址意见书》项目数比较示意图　　单位：项

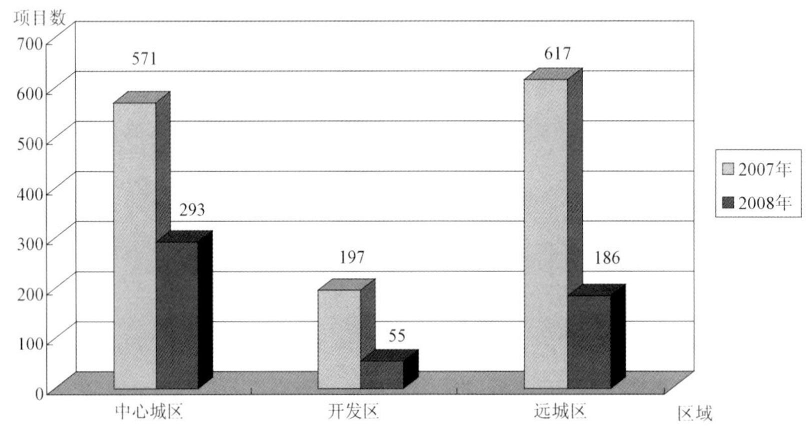

图 4-1-2　　2007 年与 2008 年武汉市核发《建设项目选址意见书》用地面积比较示意图　　单位：万平方米

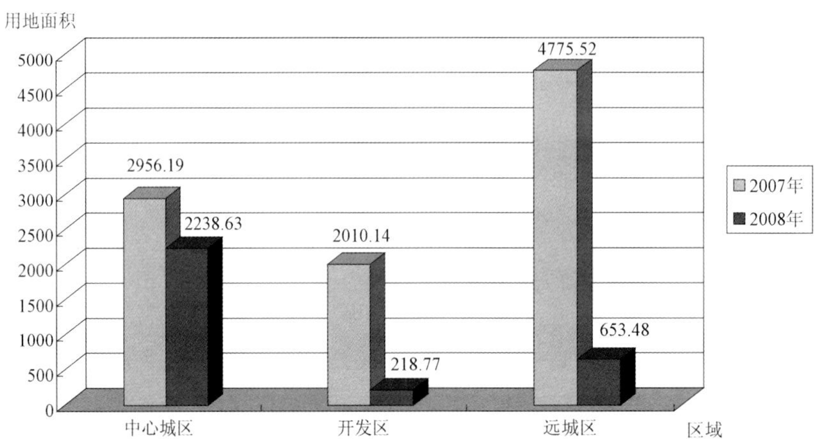

表 4-1-3　　2008 年武汉市核发《建设项目选址意见书》统计表

（按行政管理区分）

行政管理区	项目数（项）	所占百分比（%）	用地面积（万平方米）	所占百分比（%）
江岸区	36	6.74	180.43	5.80
江汉区	29	5.43	75.65	2.43
硚口区	3	0.56	365.39	11.74
汉阳区	64	11.99	469.44	15.09
武昌区	54	10.11	97.36	3.13
青山区	23	4.31	248.76	8.00
洪山区	76	14.23	724.51	23.29
东湖生态旅游风景区	8	1.50	77.09	2.48
东湖新技术开发区	40	7.49	119.93	3.85
武汉经济技术开发区	15	2.81	98.84	3.18
蔡甸区	9	1.69	40.14	1.29
江夏区	58	10.86	177.26	5.70
东西湖区	60	11.24	164.42	5.28
汉南区	29	5.43	137.38	4.42
黄陂区	26	4.86	60.65	1.95
新洲区	4	0.75	73.63	2.37
合　计	534	100	3110.88	100

图 4-1-3　　2008 年武汉市核发《建设项目选址意见书》项目数比较示意图

（按行政管理区分）　　单位：项

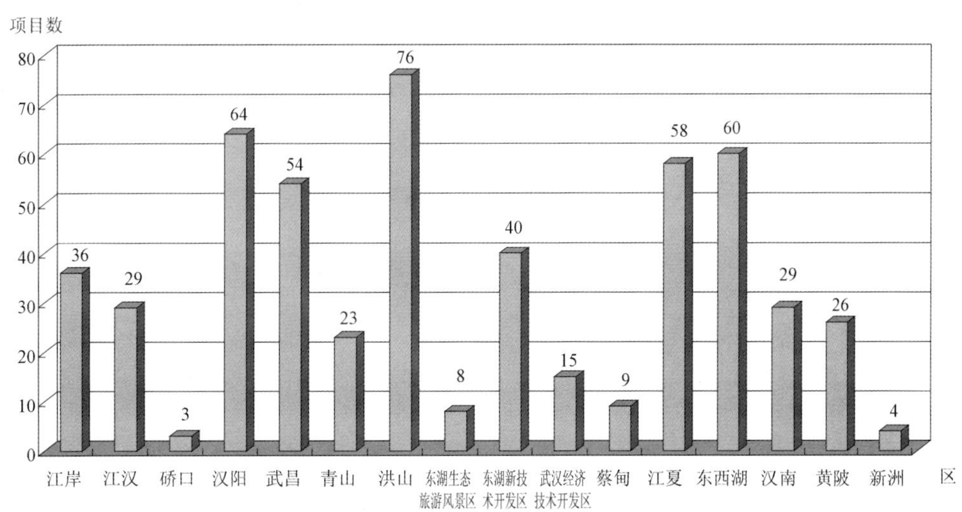

图 4-1-4　　2008 年武汉市核发《建设项目选址意见书》用地面积比较示意图

（按行政管理区分）　　单位：万平方米

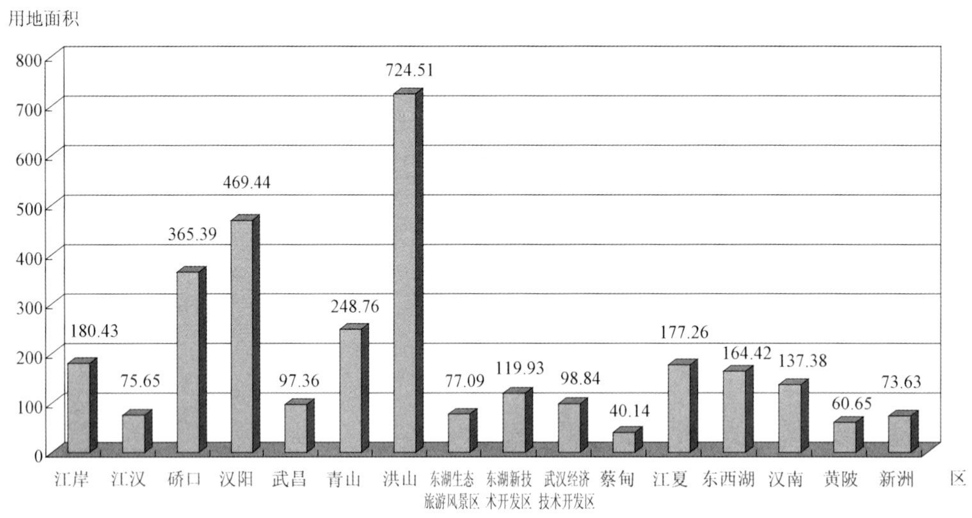

表 4-1-4　　2008 年武汉市核发《建设项目选址意见书》统计表

（按用地性质分）

用地性质	项目数（项）	所占百分比（%）	用地面积（万平方米）	所占百分比（%）
居住	77	14.42	278.44	8.95
公共设施	158	29.59	465.75	14.97
工业	22	4.12	126.05	4.05
仓储	2	0.37	53.59	1.72
对外交通	13	2.43	351.14	11.29
道路广场	121	22.66	1184.26	38.07
市政公用设施	111	20.79	553.07	17.78
绿地	19	3.56	74.81	2.41
特殊用地	11	2.06	23.77	0.76
合　计	534	100	3110.88	100

图 4-1-5　2008 年武汉市核发《建设项目选址意见书》项目数

比较示意图

（按用地性质分）　单位：项

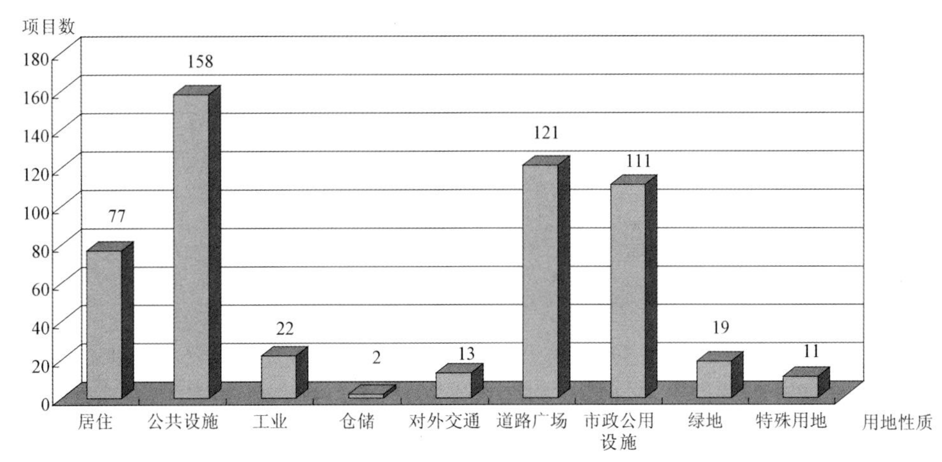

图 4-1-6　2008 年武汉市核发《建设项目选址意见书》用地面积

比较示意图

（按用地性质分）　单位：万平方米

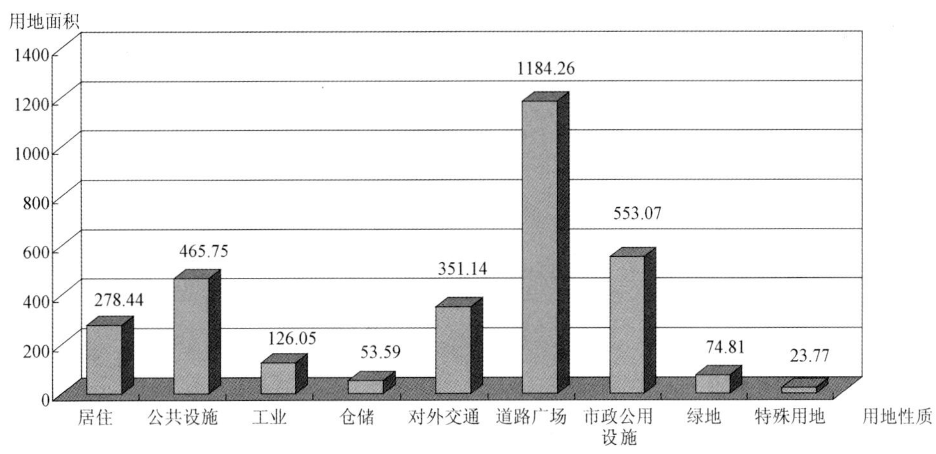

表 4-1-5　　2007~2008 年武汉市核发《建设用地规划许可证》统计表

行政管理范围	2007 年				2008 年			
	项目数（项）	所占百分比（%）	用地面积（万平方米）	所占百分比（%）	项目数（项）	所占百分比（%）	用地面积（万平方米）	所占百分比（%）
中心城区	573	42.07	3255.86	35.16	318	42.92	1997.37	50.35
开发区	197	14.46	2010.14	21.70	87	11.74	305.76	7.71
远城区	592	43.47	3994.60	43.14	336	45.34	1664.02	41.94
合　计	1362	100	9260.60	100	741	100	3967.15	100

图 4-1-7　　2007 年与 2008 年武汉市核发《建设用地规划许可证》项目数比较示意图

单位：项

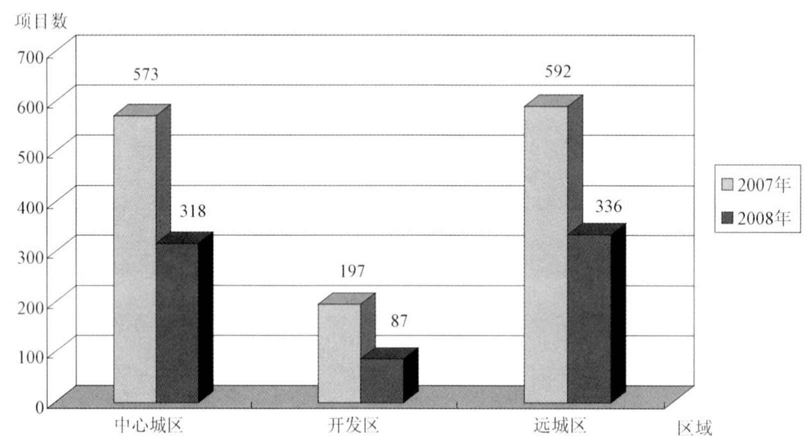

图 4-1-8　　2007 年与 2008 年武汉市核发《建设用地规划许可证》用地面积比较示意图

单位：万平方米

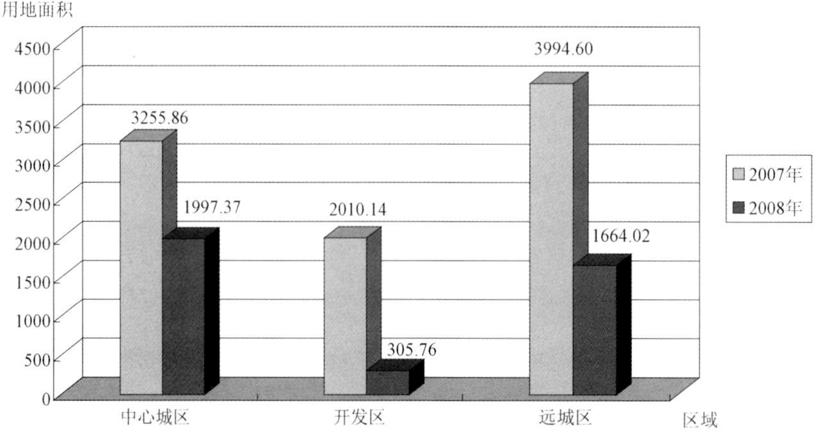

表 4-1-6　　2008 年武汉市核发《建设用地规划许可证》统计表

（按行政管理区分）

行政管理区	项目数（项）	所占百分比（%）	用地面积（万平方米）	所占百分比（%）
江岸区	36	4.86	233.29	5.88
江汉区	43	5.80	190.98	4.81
硚口区	17	2.30	140.62	3.54
汉阳区	55	7.42	268.25	6.76
武昌区	57	7.69	107.53	2.72
青山区	15	2.02	274.11	6.91
洪山区	85	11.48	702.23	17.70
东湖生态旅游风景区	10	1.35	80.36	2.03
东湖新技术开发区	51	6.88	149.55	3.77
武汉经济技术开发区	36	4.86	156.21	3.94
蔡甸区	30	4.05	91.76	2.31
江夏区	75	10.12	616.41	15.54
东西湖区	68	9.18	190.26	4.80
汉南区	34	4.58	168.66	4.24
黄陂区	55	7.42	341.89	8.62
新洲区	74	9.99	255.04	6.43
合　计	741	100	3967.15	100

图 4-1-9　　2008 年武汉市核发《建设用地规划许可证》项目数比较示意图

（按行政管理区分）　　单位：项

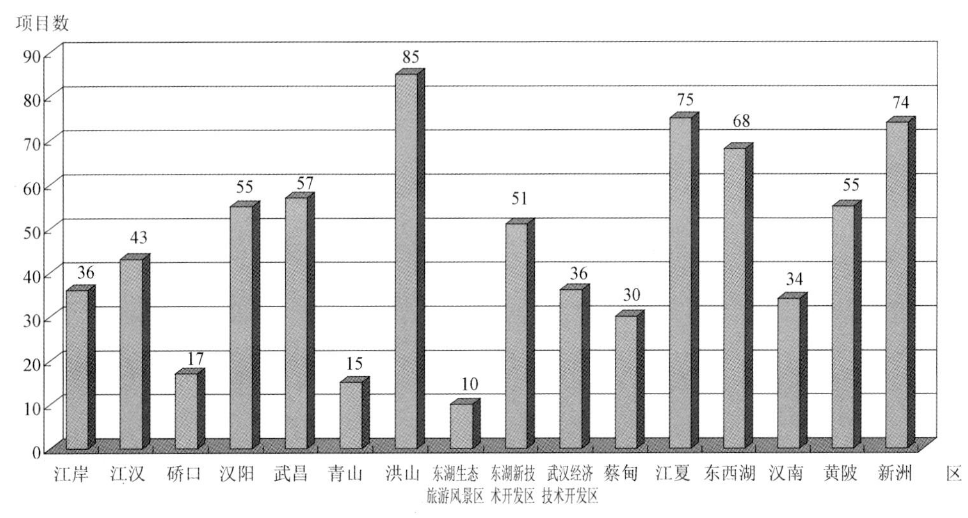

图 4-1-10　　2008 年武汉市核发《建设用地规划许可证》用地面积比较示意图

（按行政管理区分）　　单位：万平方米

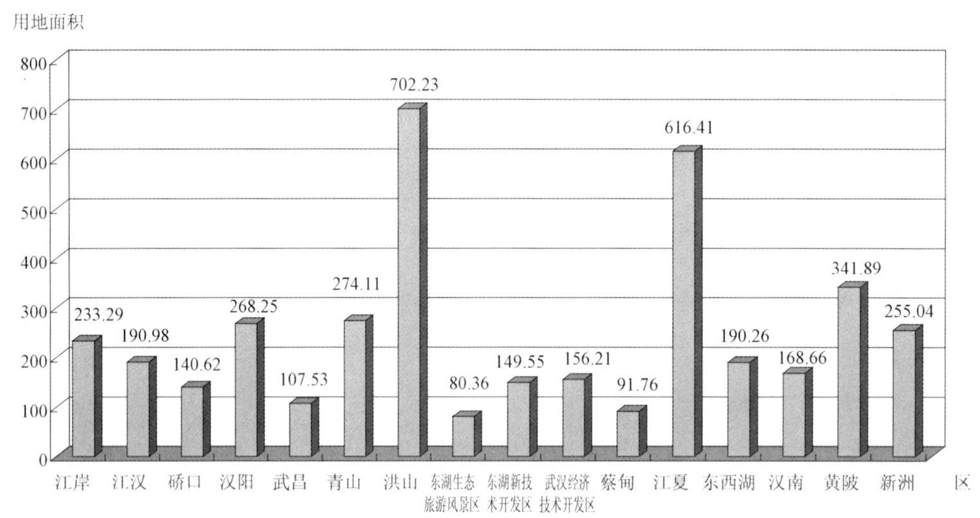

表 4-1-7　　2008 年武汉市核发《建设用地规划许可证》统计表

（按用地性质分）

用地性质	项目数（项）	所占百分比（%）	用地面积（万平方米）	所占百分比（%）
居住	221	29.83	765.42	19.29
公共设施	151	20.38	620.36	15.64
工业	108	14.57	463.38	11.68
仓储	11	1.48	117.35	2.96
对外交通	10	1.35	365.92	9.22
道路广场	111	14.98	918.39	23.15
市政公用设施	95	12.82	590.20	14.88
绿地	20	2.70	89.66	2.26
特殊用地	14	1.89	36.47	0.92
合　计	741	100	3967.15	100

图 4-1-11 2008年武汉市核发《建设用地规划许可证》项目数比较示意图

（按用地性质分） 单位：项

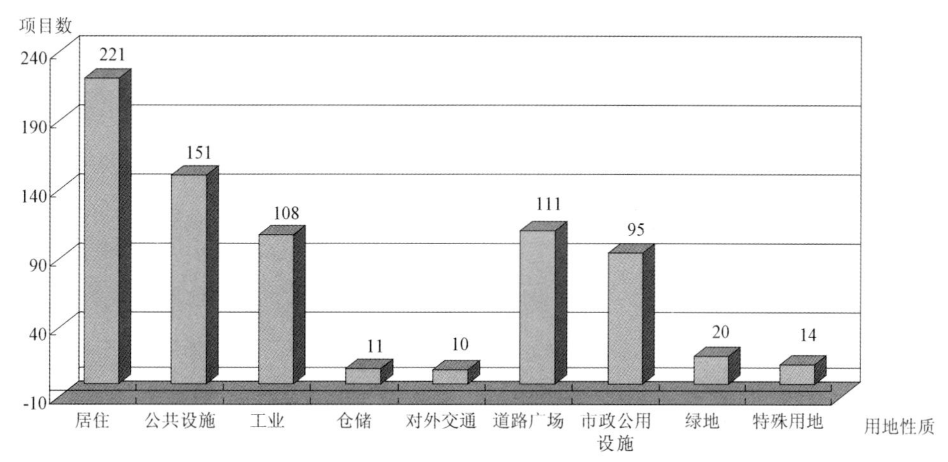

图 4-1-12 2008年武汉市核发《建设用地规划许可证》用地面积比较示意图

（按用地性质分） 单位：万平方米

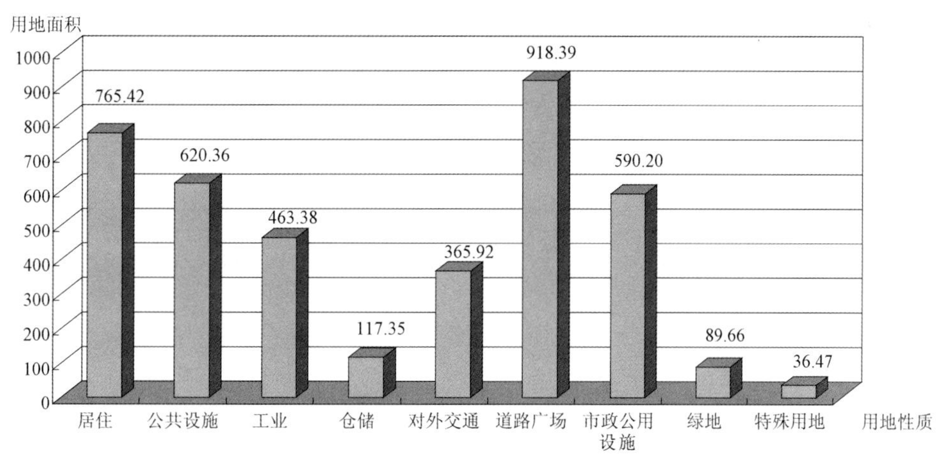

表 4-1-8　　2007~2008 年武汉市核发《建设工程规划许可证》统计表

行政管理范围	2007 年				2008 年			
	项目数（项）	所占百分比（%）	建筑面积（万平方米）	所占百分比（%）	项目数（项）	所占百分比（%）	建筑面积（万平方米）	所占百分比（%）
中心城区	356	24.69	877.77	32.57	609	40.82	1038.07	36.24
开发区	221	15.32	481.24	17.85	223	14.94	503.48	17.58
远城区	865	59.99	1336.17	49.58	660	44.24	1322.50	46.18
合　计	1442	100	2695.18	100	1492	100	2864.05	100

图 4-1-13　　2007 年与 2008 年武汉市核发《建设工程规划许可证》项目数比较示意图　　单位：项

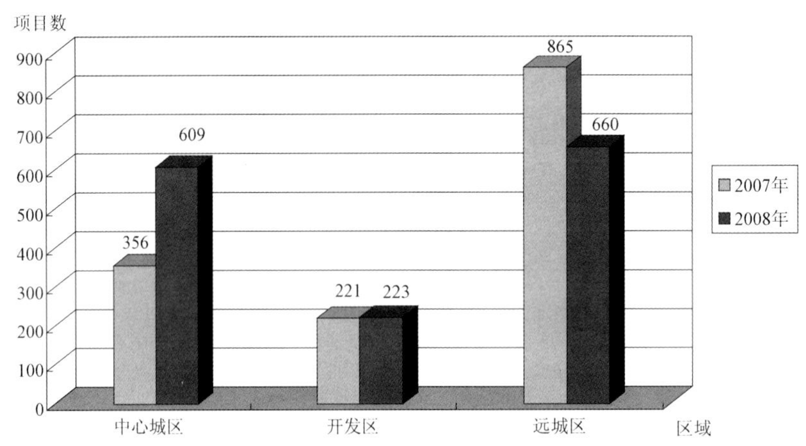

图 4-1-14　　2007 年与 2008 年武汉市核发《建设工程规划许可证》建筑面积比较示意图　　单位：万平方米

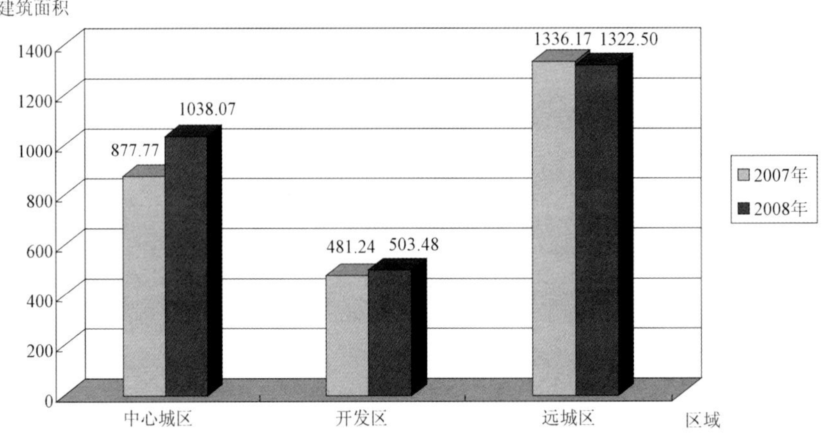

表 4-1-9　　2008 年武汉市核发《建设工程规划许可证》统计表

（按行政管理区分）

行政管理区	项目数（项）	所占百分比（%）	建筑面积（万平方米）	所占百分比（%）
江岸区	52	3.48	215.99	7.54
江汉区	28	1.88	97.86	3.42
硚口区	40	2.68	106.54	3.72
汉阳区	135	9.05	175.37	6.12
武昌区	95	6.37	170.16	5.94
青山区	16	1.07	40.31	1.41
洪山区	230	15.42	231.70	8.09
东湖生态旅游风景区	13	0.87	0.14	0
东湖新技术开发区	113	7.57	360.43	12.59
武汉经济技术开发区	110	7.37	143.05	4.99
蔡甸区	19	1.27	51.47	1.80
江夏区	99	6.64	261.18	9.12
东西湖区	146	9.79	382.07	13.34
汉南区	20	1.34	48.34	1.69
黄陂区	315	21.11	328.97	11.48
新洲区	61	4.09	250.47	8.75
合　计	1492	100	2864.05	100

图 4-1-15　　2008 年武汉市核发《建设工程规划许可证》项目数比较示意图

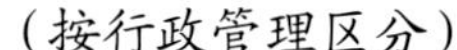

（按行政管理区分）　　单位：项

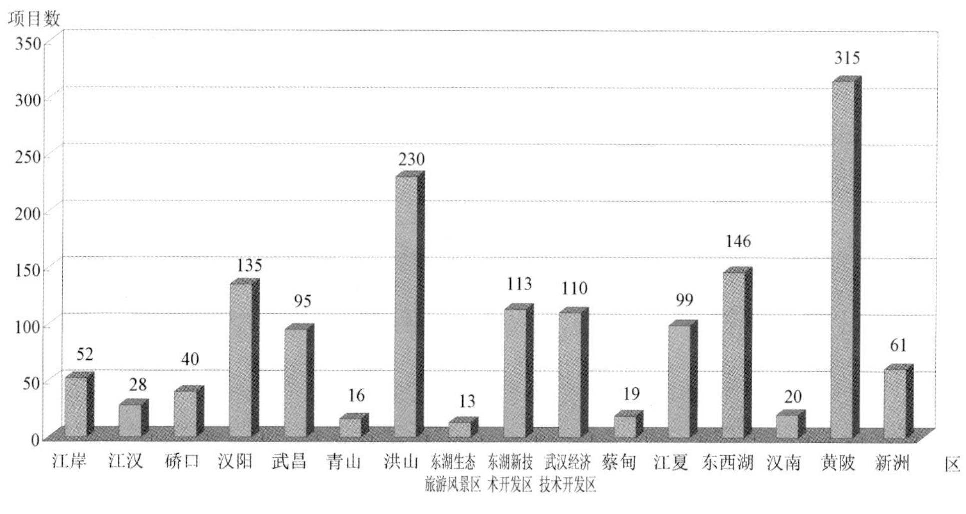

图 4-1-16　2008 年武汉市核发《建设工程规划许可证》建筑面积比较示意图

（按行政管理区分）　单位：万平方米

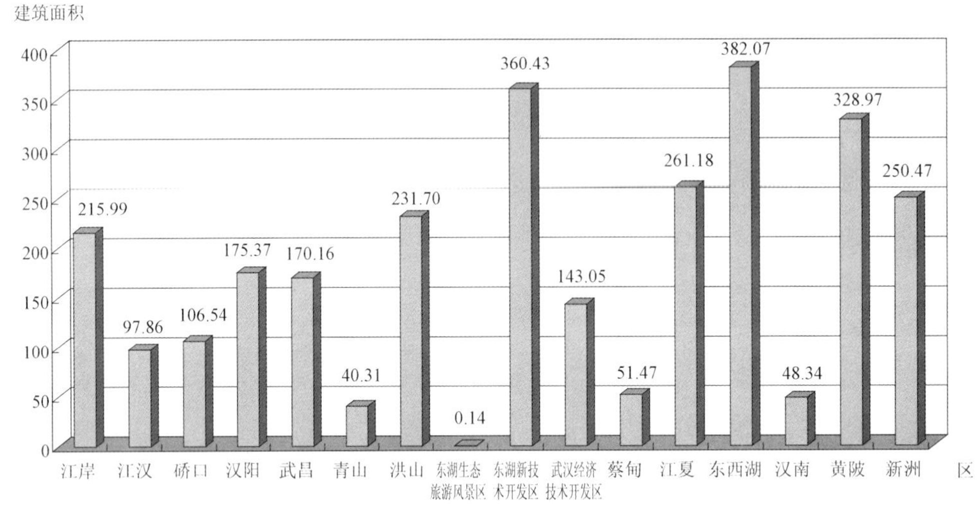

表 4-1-10　2008 年武汉市核发《建设工程规划许可证》统计表

（按用地性质分）

用地性质	项目数（项）	所占百分比（%）	建筑面积（万平方米）	所占百分比（%）
居住	959	64.28	2001.19	69.87
公共设施	193	12.94	260.91	9.11
工业	295	19.77	563.51	19.68
仓储	8	0.54	5.08	0.18
市政公用设施	37	2.47	33.36	1.16
合　计	1492	100	2864.05	100

图 4-1-17　2008 年武汉市核发《建设工程规划许可证》项目数比较示意图

（按用地性质分）　单位：项

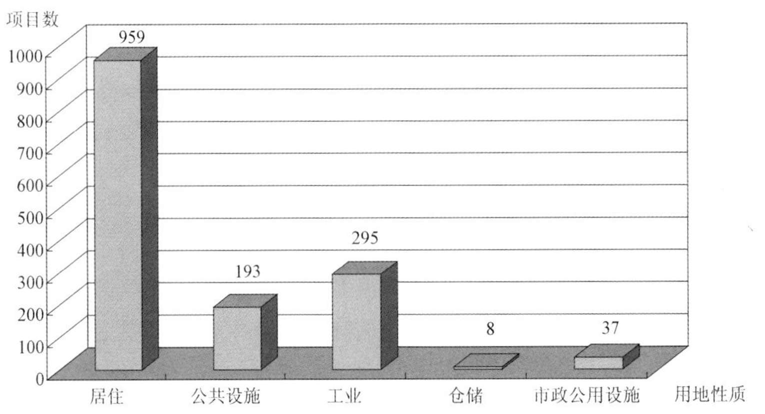

图 4-1-18　　2008 年武汉市核发《建设工程规划许可证》建筑面积比较示意图

（按用地性质分）　　单位：万平方米

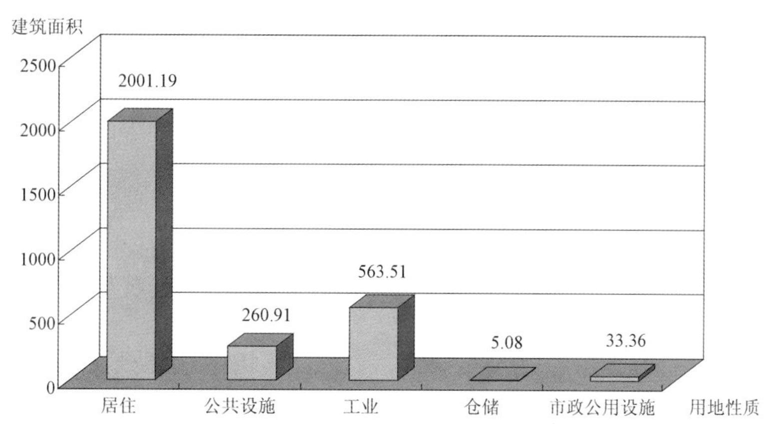

表 4-1-11　　2008 年武汉市中心城区核发公建项目《建设工程规划许可证》统计表

单位	≥3 万平方米		＜3 万平方米	
	项目数（项）	建筑面积（万平方米）	项目数（项）	建筑面积（万平方米）
市局	6	33.11	36	34.78
江岸分局	—	—	8	4.29
江汉分局	—	—	4	3.53
硚口分局	—	—	5	1.64
汉阳分局	2	19.60	6	5.44
武昌分局	1	3.26	6	3.73
青山分局	—	—	6	4.99
洪山分局	—	—	2	2.12
东湖生态旅游风景区分局	—	—	—	—
合　计	9	55.97	73	60.52

表 4-1-12　　2008 年武汉市核发《建设工程规划验收合格证》统计表

行政管理范围	项目数（项）	所占百分比（%）	建筑面积（万平方米）	所占百分比（%）
中心城区	288	42.86	879.17	39.75
开发区	127	18.90	373.37	16.88
远城区	257	38.24	959.10	43.37
合　计	672	100	2211.64	100

图 4-1-19　　2008 年武汉市核发《建设工程规划验收合格证》项目数比较示意图　　单位：项

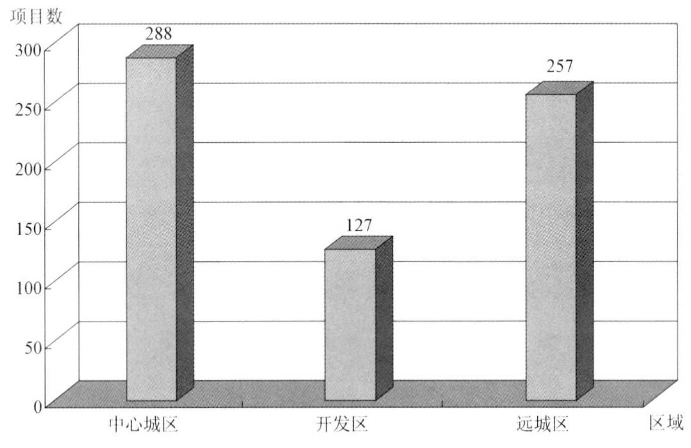

图 4-1-20　　2008 年武汉市核发《建设工程规划验收合格证》建筑面积比较示意图　　单位：万平方米

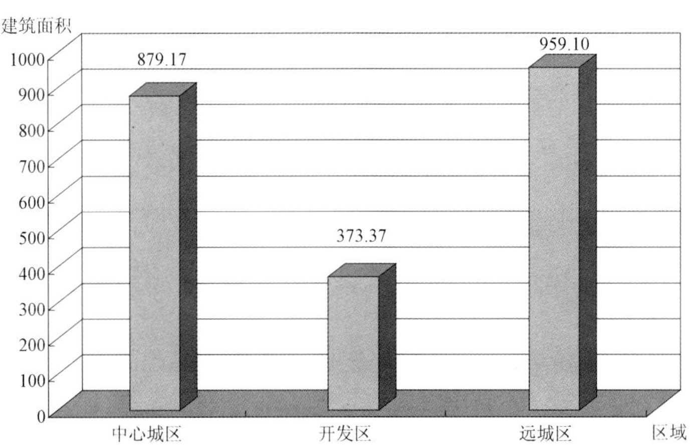

表 4-1-13 2008 年武汉市核发《建设工程规划验收合格证》统计表

（按行政管理区分）

行政管理区	项目数（项）	所占百分比（%）	建筑面积（万平方米）	所占百分比（%）
江岸区	55	8.18	191.91	8.68
江汉区	34	5.06	88.18	3.99
硚口区	47	6.99	134.22	6.07
汉阳区	31	4.62	100.79	4.56
武昌区	57	8.48	145.93	6.60
青山区	15	2.24	54.84	2.48
洪山区	48	7.14	162.65	7.34
东湖生态旅游风景区	1	0.15	0.65	0.03
东湖新技术开发区	58	8.63	236.71	10.70
武汉经济技术开发区	69	10.27	136.66	6.18
蔡甸区	26	3.87	37.91	1.72
江夏区	67	9.97	565.92	25.59
东西湖区	117	17.41	260.53	11.78
汉南区	22	3.27	36.48	1.65
新洲区	25	3.72	58.26	2.63
合　计	672	100	2211.64	100

图 4-1-21 2008 年武汉市核发《建设工程规划验收合格证》项目数比较示意图

（按行政管理区分）

单位：项

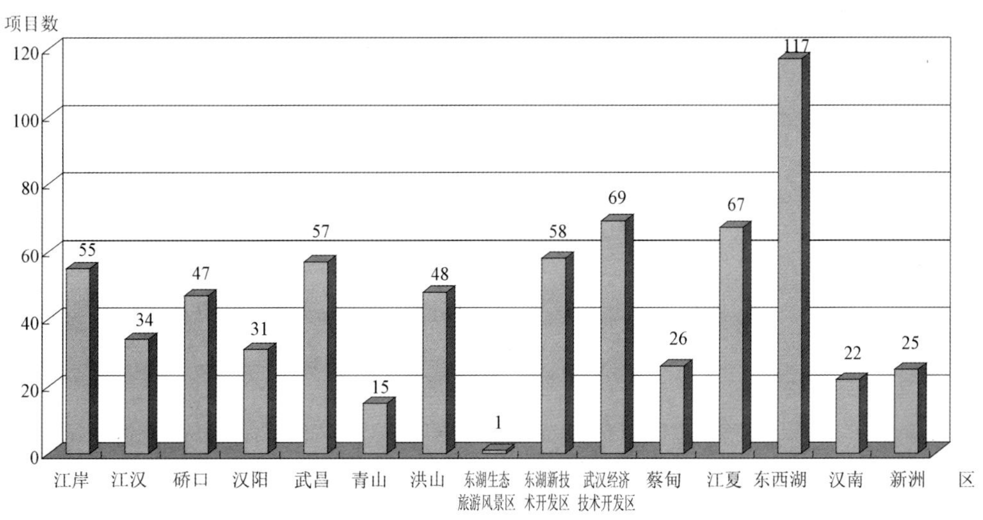

图 4-1-22　　2008 年武汉市核发《建设工程规划验收合格证》建筑面积比较示意图

（按行政管理区分）　　单位：万平方米

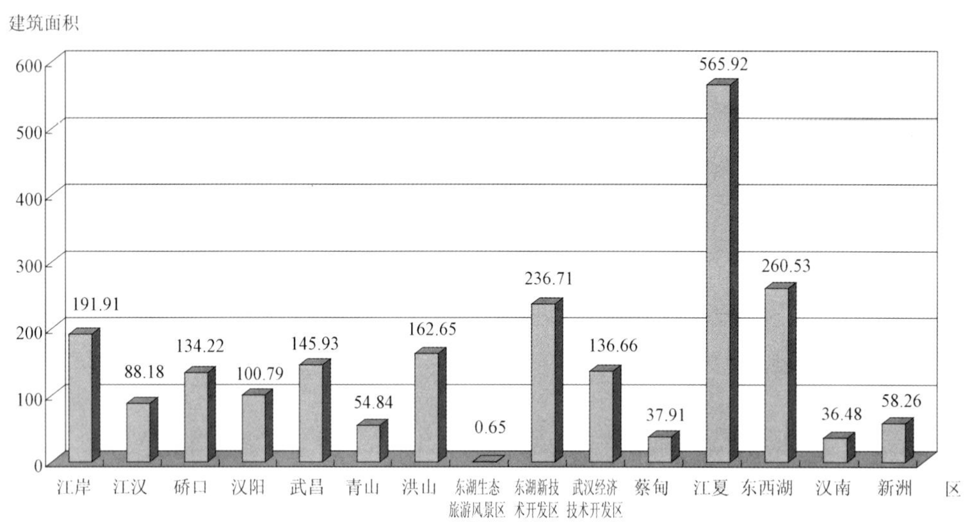

表 4-1-14　　2008 年武汉市核发《建设工程规划验收合格证》统计表

（按用地性质分）

用地性质	项目数（项）	所占百分比（%）	建筑面积（万平方米）	所占百分比（%）
住宅	318	47.32	1576.37	71.28
公建	96	14.29	189.27	8.56
工业仓储	216	32.14	372.33	16.83
公共设施	30	4.46	71.27	3.22
市政公用设施	11	1.64	2.24	0.10
道路广场	1	0.15	0.16	0.01
合　计	672	100	2211.64	100

图 4-1-23　　2008 年武汉市核发《建设工程规划验收合格证》项目数比较示意图

（按用地性质分）　　单位：项

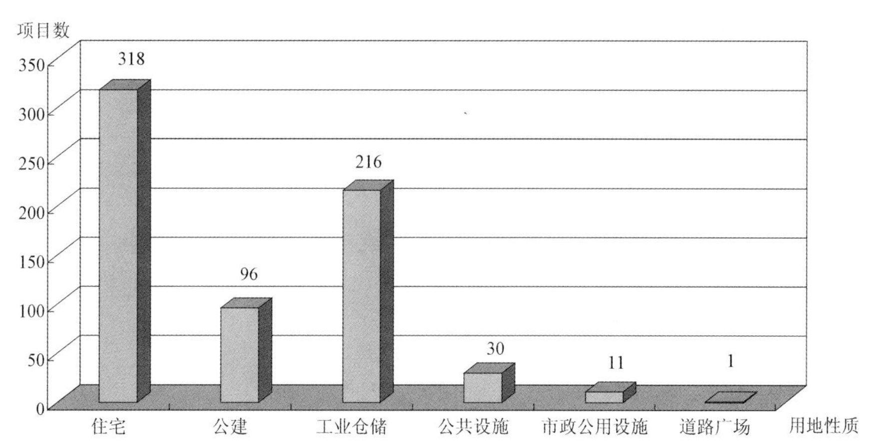

图 4-1-24　　2008 年武汉市核发《建设工程规划验收合格证》建筑面积比较示意图

（按用地性质分）　　单位：万平方米

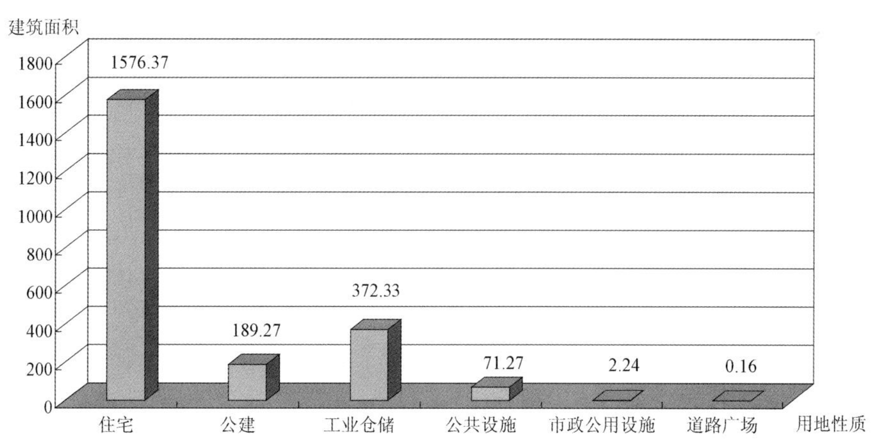

表 4-1-15　　2008 年武汉市居住类 10 大规划建设项目一览表

单位：万平方米

序号	项　目　名　称	建设规模	用地性质	建　设　单　位
1	青菱城市花园一期（经济适用房）	30.68	居住用地	武汉城开房地产开发有限公司
2	百步亭花园经济适用房五期 7 号地块	27.50	居住用地	武汉安居工程发展有限公司
3	教师还建住宅小区	25	居住用地	华中师范大学、澳新实业（武汉）有限公司
4	住宅及配套	23.15	居住用地	武汉广电海格房地产开发有限公司
5	住宅及商业配套	22.59	居住用地	湖北葛洲坝海集房地产开发有限公司
6	经济适用房	20.72	居住用地	武汉市江岸区房地产公司
7	省直机关公务员住宅	19.50	居住用地	湖北省直单位经济实用住房发展中心
8	城开·天兴花园	18.95	居住用地	武汉城开房地产开发有限公司
9	百步亭花园经济适用房五期 6 号地块	17.65	居住用地	武汉安居工程发展有限公司
10	爱家国际华城二期	17.29	居住用地	武汉高科房地产开发有限公司

表 4-1-16　　2008 年武汉市用地规模大于 10 万平方米的建筑工程选址项目一览表

单位：万平方米

序号	项　目　名　称	用地性质	建设规模	拟选位置
1	武汉港阳逻集装箱港区二期工程	仓储用地	51.93	新洲区阳逻街平江路高潮村、阳逻渔场
2	东西湖区 2008 年度第 9 批次建设用地	工业用地	15.76	东西湖区径河街五环路东、张柏公路西
3	厂房	工业用地	13.64	武汉经济技术开发区 66MD
4	体育中心	公共设施用地	40.08	青山区友谊大道南侧
5	湖北国土资源职业学院新校区	公共设施用地	34.09	汉南区纱帽街协子河
6	长江大学武汉基地	公共设施用地	33.33	蔡甸区蔡甸街姚家林村
7	武汉新区六湖水系网络工程	公共设施用地	24.26	汉阳区打鼓渡河
8	国家检察官学院湖北分院	公共设施用地	22.17	江夏区五里界镇中洲村

续表：

序号	项　目　名　称	用地性质	建设规模	拟选位置
9	中南民族大学南校区	公共设施用地	18.84	洪山区民族大道以西
10	扩建二期校园	公共设施用地	16.77	洪山区青菱乡
11	武汉工业学院工商学院征地建校区	公共设施用地	14.02	洪山区青菱乡光霞村、长征村
12	武汉交通学校新校区	公共设施用地	13.54	东湖新技术开发区光谷大道以西、汤逊湖污水处理厂以南
13	中南民族大学北校区	公共设施用地	13.06	洪山区民族大道以西
14	金银湖协和医院	公共设施用地	12.85	东西湖区金银湖环湖路北
15	汉南一中异地新建	公共设施用地	12.18	汉南区纱帽街汪杨郭
16	畜牧科技示范基地	公共设施用地	10.99	江夏区金口街长山村
17	教职工住宅	公共设施用地	10.14	武汉经济技术开发区 14C6
18	流芳新镇 E、F 地块	居住用地	40.80	东湖新技术开发区高新六路以南、光谷二路以西
19	青山区老工业区安居工程(6、7、9、12 村)	居住用地	31.60	青山区工人村路之间、和平大道延长线两侧
20	经济适用房（新建）	居住用地	30.34	洪山区东方红村
21	农民还建住宅楼	居住用地	18.26	武汉经济技术开发区、汉阳区江堤街新新村
22	经济适用房（新建）	居住用地	16.08	洪山区和平街铁机村、武丰村
23	农民还建住宅楼	居住用地	13.95	武汉经济技术开发区军山街新田村
24	农民还建住宅楼	居住用地	12.21	武汉经济技术开发区、汉阳区江堤街潮江村
25	王家墩公园工程	绿地	12.03	江汉区王家墩商务区
26	中国人民武警湖北省总队后勤部征地建营区项目	特殊用地	13.32	洪山区先建村

表 4-1-17　　2008 年武汉市用地规模大于 10 万平方米的市政工程选址项目一览表

单位：万平方米

序号	项　目　名　称	用地性质	建设规模	拟选位置
1	落雁路道路排水工程	道路广场用地	10.19	东湖生态旅游风景区
2	三环线东段（青化路立交—老武黄立交）道路工程	道路广场用地	54.07	东湖生态旅游风景区三环线东段（青化路立交南端—老武黄立交）
3	武汉化工新城市政配套道路八吉府路工程	道路广场用地	69.34	汉阳区、洪山区、青山区八吉府路
4	凤凰湖环湖路工程	道路广场用地	15.59	汉阳区凤凰湖环湖路
5	四新大道道路及四新明渠工程	道路广场用地	37.14	汉阳区四新地区
6	中环线南段工程（青菱—关山二路）道路工程	道路广场用地	71.10	洪山区中环线南段（青菱—珞狮南路）
7	白沙四路（武咸公路—青菱东路）道路	道路广场用地	11.82	洪山区白沙四路（武咸公路—青菱东路）
8	黄家湖大学城配套道路	道路广场用地	18.34	洪山区青菱乡黄家湖
9	武汉化工新城市政配套道路吴沙路工程	道路广场用地	42.22	洪山区吴沙路
10	武汉化工新城市政配套道路北湖闸路工程	道路广场用地	13.55	洪山区北湖闸路
11	武汉化工新城市政配套道路临江大道工程	道路广场用地	74.15	洪山区临江大道
12	临江大道（北湖闸路—青潭湖路）市政工程	道路广场用地	27.85	洪山区临江大道（北湖闸路—青潭湖路）
13	二七长江大桥及配套工程	道路广场用地	80.04	江岸区、洪山区
14	经济适用房配套道路工程	道路广场用地	11.11	江岸区安居路、百步亭路、幸福二路
15	二环线汉口段道路工程	道路广场用地	86.39	江岸区、江汉区、硚口区发展大道
16	江汉经济开发区道路改造项目	道路广场用地	16.55	江汉区经济开发区
17	硚口区至孝感高速公路	道路广场用地	249.71	硚口区古田至孝感毛陈镇
18	临江大道（秦园路—铁机路）道路工程	道路广场用地	10.88	武昌区徐家棚
19	滨江大道北段工程	道路广场用地	14.72	汉南区月亮湾路—南七路

续表：

序号	项 目 名 称	用地性质	建设规模	拟选位置
20	纱荆线改扩建	道路广场用地	34.47	汉南区纱帽街—东荆街
21	祁家湾街环祁西路工程	道路广场用地	11.20	黄陂区祁家湾街
22	汉宜铁路工程武汉段	对外交通用地	106.73	硚口区、东西湖区、蔡甸区
23	武汉站货车外绕线及武昌东编组站疏解线（含接触网工区、维修中心、开闭所、指挥中心外勤所等附属设施）	对外交通用地	175.71	青山区、洪山区、东湖生态旅游风景区、东湖新技术开发区
24	总港渠道工程	市政公用设施用地	11.50	汉南区四新地区
25	鲤鱼溪渠道工程	市政公用设施用地	12.78	汉阳区四新地区鲤鱼溪
26	上太子溪渠道工程	市政公用设施用地	12.36	汉阳区四新地区上太子溪
27	武汉新区六湖水系网络工程	市政公用设施用地	21.08	汉阳区朱家老港
28	武汉新区六湖水系网络工程	市政公用设施用地	10.17	汉阳区新民河
29	武汉新区六湖水系网络工程（朱家新港）	市政公用设施用地	19.94	汉阳区朱家新港
30	武汉新区六湖水系网络工程（琴断口小河）	市政公用设施用地	63.73	汉阳区琴断小河
31	连通港（墨水湖—上太子溪）工程	市政公用设施用地	18.79	汉阳区四新地区
32	代家湖灰场还建	市政公用设施用地	25.26	洪山区建设乡（青山热电厂沉淀池以东）
33	大东湖生态水网构建工程（九峰渠工程）	市政公用设施用地	21.84	洪山区九峰乡建强村
34	武汉市轨道交通 4 号线一期工程	市政公用设施用地	141.92	洪山区、武昌区（武昌火车站—武汉火车站）
35	二郎庙污水处理（一期）工程	市政公用设施用地	14.35	洪山区和平乡徐东村和团结村
36	武汉至安康增建二线	市政公用设施用地	62.13	江汉区、硚口区、东西湖区
37	沙湖港整治工程	市政公用设施用地	21.50	武昌区沙湖港
38	江夏长山口垃圾卫生填埋处理场	市政公用设施用地	55.21	江夏区金口街勤建村

·资料·

2008年武汉市交通发展年度报告

一、交通发展综述

2007年是“十一五”规划的第二年，同年，武汉市获批成为“两型社会”综合配套改革试验区。2007年，武汉市经济实力显著增强，全市生产总值达3141.50亿元，同比增长15.60%；城市交通建设力度进一步加强，全年交通投资额207亿元，占全市生产总值的6.60%，为历年投资之最；城市化、机动化水平持续提升，全市机动车拥有量达到76万辆，同比增长8%；道路交通流量不断增加，并逐步向外扩散，中心区高峰小时交通流量大于7000pcu的路口同比增加26%，大于10000pcu的路口同比增加200%；大量交通基础设施正在建设施工，全年60多个大中型交通项目开工建设，武汉市正处于城市大发展、交通大建设的关键时期，城市交通需要面临由此而来的阵痛。

二、城市发展

(一)社会经济发展

2007年，武汉市国民经济保持持续快速发展，全市地区生产总值达到3141.50亿元，较2006年增长15.60%，高于2007年全国平均11.40%的平均增长幅度，人均生产总值为35500元（约4700美元）。全市全口径财政收入634亿元，其中地方财政收入296亿元。

(二)人口与就业

2007年，武汉市全市户籍人口达到828.20万人，较2006年增长1.14%，全市人口密度996人/平方公里，其中7个主城区人口为473.50万人，较2006年增加了1.83%。全年人口自然增长3.02万人，净迁移人口4.20万人。武汉市人口占全省人口的13.60%，占全国的0.63%。

2007年，武汉市年末职工人数为166万人，较2006年上升了4.40%；从业人员数为442.20万人，较2006年增长2.90%。

(三)城市用地

2007年，武汉城市化水平达到57%。全市房地产开发完成投资459.75亿元，比2006年增长25.60%，增速比2006年提高2.70个百分点，低于全社会固定资产投资增幅4.60%。全年经济适用房投资27.16亿元，比2006年增长92.50%。经济适用房投资占全市住宅开发投资的8.20%，比2006年提高3个百分点。

(四)交通建设投资

2007年共完成社会固定资产投资1732.80亿元，较2006年增长30.80%，其中基础建设投资467.90亿元。全年交通建设投资总额达207亿元，较2006年增长33%；轨道交通建设投资总额达7.90亿元，比2006年增长84%。城市交通基础设施投资快速增长，对改善交通环境，促进经济发展起到了积极作用。

三、道路交通

(一)道路基础设施

1. 城区道路

2007年，武汉市城区道路长度2515公里，道路面积4771万平方米，人均道路面积9.30平方米，达到了国家规范要求。按照道路类型划分，全市主干道354.40公里，次干道500.80公里，支路409.30公里。

2. 市域公路

2007年，武汉市市域内的高速公路和等级公路建设力度不断加大。至2007年底，全市公路通车总里程达到8911公里，其中高速公路370

公里，等级公路 8567 公里。

（二）车辆拥有量

1. 机动车拥有量

2007 年，武汉市机动车拥有量持续增长，总量达到了 76 万辆，千人机动车拥有量 92 辆，较 2006 年增加约 5.60 万辆，增长率为 8%，其中汽车总量 48.40 万辆，占机动车总量的 63.70%。

在全市各类机动车中，车辆构成仍然以客车和摩托车为主，分别为 35 万辆、27.10 万辆。机动车的增长主要来自小客车，小客车较 2006 年增加约 5.40 万辆，增长率为 20.30%；小货车增加了 0.50 万辆，增长率为 9.80%。

从机动车拥有量的分布来看，7 个中心城区机动车拥有量为 46.90 万辆，6 个远城区机动车拥有量为 26.30 万辆。汉口地区的机动车拥有量最大，占主城区机动车总量的 52.20%，占全市总量的 32.20%。

2. 私人机动车拥有量

2007 年，武汉市私人机动车拥有量达到 51.10 万辆，比 2006 年增加了约 5.50 万辆，增长率为 12.20%，高于全市机动车平均增长速度。其中私人客车达到 24.60 万辆，增长 27.90%。

（三）道路交通流量及特征

1. 中心区主要路口、路段交通量

(1) 2007 年武汉市道路交通处于基本稳定运行状态，局部交通拥堵问题突出。

2007 年交通需求持续增长，道路交通设施建设进程加快。但武汉市中心区开发强度大，建设改造余地较小，交通容量难以应对急剧增长的交通需求，导致中心区局部交通拥堵问题突出。

(2) 汉口、汉阳、武昌 3 个区域交通特征各不相同。

汉口中心区交通流分布不均衡现象仍较为突出，交通压力正从时间和空间两方面扩散——城市交通高峰时间从早高峰转移到晚高峰、高峰期延长；武昌地区交通量持续增长，受施工影响，武珞路—珞喻路、中南、中北路沿线交通拥堵；汉阳地区交通运行较为平稳，三环线南段通车、江城大道建成等改善了汉阳地区交通状况。

(3) 交通流量向主要干道及高等级道路的集中程度加剧，重点路段和重点路口交通量增长迅速。

交通流量向主要干道集聚，直接造成重要路口交通量的持续快速增长，汉口、武昌、汉阳中心区主要路口高峰时段交通量均在 5000pcu/h 以上。中心区高峰小时流量大于 7000pcu 的路口由 2006 年的 23 个增加到 2007 年的 29 个，大于 10000pcu 的路口由 2006 年的 5 个增加到 2007 年的 15 个。

(4) 伴随城市向外围扩展，交通流向外围扩散趋势加剧，内外交通联系日趋频繁。

近年来，武汉城市建设重点由中心区向外围逐步扩展，二环与三环附近区域城市建设力度很大，新区开发规模不断扩展，原有交通分布特征发生相应变化，中心区与外围之间交通需求日益增大，内外交通联系问题日趋突出。

2. 过江交通

从 2003~2006 年的越江交通量调查数据来看，日过长江交通量保持在 22~23 万辆之间，日过汉江交通量保持在 22.50~25 万辆之间，总量基本保持稳定。2007 年日过长江量、过汉江量均有超过 10%的增长。受三环线武昌段通车的影响，白沙洲大桥、长丰桥交通流量迅速上升，上升幅度均达到 60%。

跨长江交通仍然以长江大桥和长江公路桥所在的城市中心区跨江交通为主，两座大桥高峰小时处于饱和状态。跨汉江交通以江汉桥、知音桥为主，跨汉江桥梁流量分布相对较为均匀。

3. 道路车速

2007 年道路车速调查显示，武汉市中心城区平均车速为 23.90 公里/小时，其中主干道平均车速为 24.50 公里/小时。

(1) 中心区主干道车速总体水平略有下降，道路交通运行总体平稳。2007 年武汉市中心区主干道平均车速为 24.50 公里/小时，较 2006 年的 26.80 公里/小时、2005 年的 26.30 公里/小时有所下降。

(2) 汉口区域总体车速水平偏低。汉口区域平均车速为21.90公里/小时,低于中心区平均车速;汉阳地区降幅较大,由2006年的32.80公里/小时降至26.60公里/小时;武昌地区有小幅下降,由2006年的26.20公里/小时降至25公里/小时。

(3) 部分路段车速下降明显。汉口轻轨施工、武昌岳家咀、武昌火车站改造等处施工影响道路正常通行,造成部分路口、路段延误增大,中南—中北路、武珞路—珞喻路、雄楚大道等沿线高峰小时车速降幅大于40%;长江二桥因解除单双号限制和受检测维修影响,流量增加导致延误增大,高峰时车速仅15公里/小时。2007年武汉市三镇平均车速变化比较见图1。

图1　　2007年武汉市三镇平均车速变化比较示意图　　单位:公里/小时

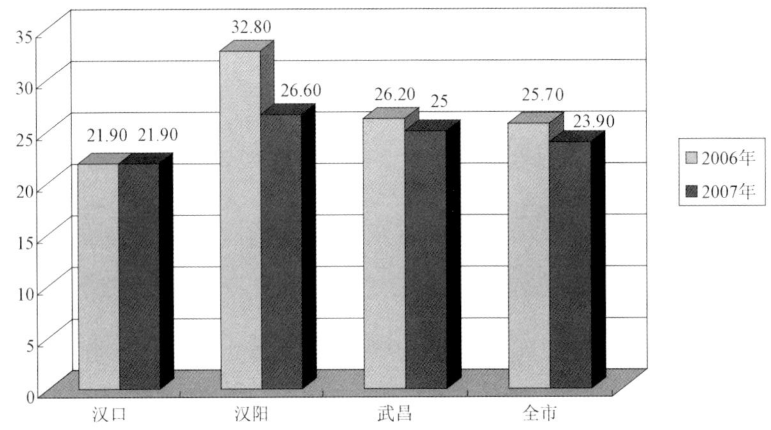

4. 进出口道路交通

公路收费站统计交通量以及部分调查结果显示,2007年进出武汉市的客车、货车、其他车比例为49∶46∶5。新岱黄公路客车比例最大,占其总流量的68%,老武黄公路的货车比例最大,占其总流量的66%。

(四) 停车设施

据不完全统计,2007年城区约有停车泊位21.60万个,停车面积约581万平方米,其中以配建及院内停车泊位为主,约17.90万个,占总停车泊位的83%;路边(面)停车泊位2.60万个,较2006年有所缩减,占总停车泊位的12%;公共停车场泊位1.20万个,占总停车泊位的5%。从停车泊位的分布来看,主要以汉口、武昌为主,分别拥有停车泊位9.70、9.50万个,共占总量的89%左右。2007年武汉市停车场(库)三镇分布比较见图2。

图2　　2007年武汉市停车场(库)三镇分布比较示意图

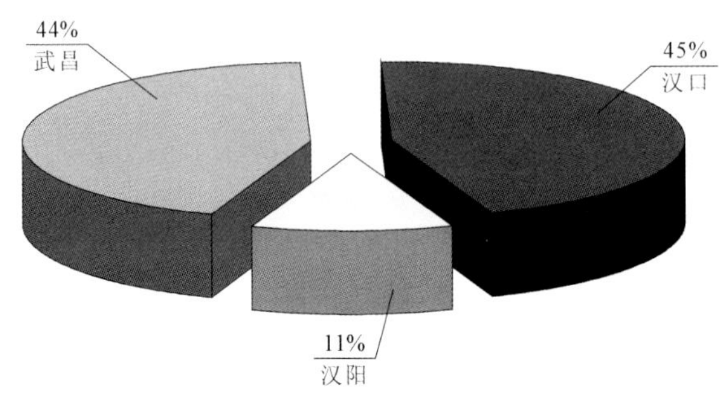

四、公共交通

（一）公交总体情况

武汉市公共交通主要包括公共汽（电）车、轨道交通、小公共汽车、出租车和轮渡。2007年，武汉市完成公交客运量约19.50亿人次，较2006年增长9.30%。其中常规公交汽（电）车年客运量13.90亿人次；轨道交通年客运量925万人次；小公共汽车年客运量1.37亿人次；出租车年客运量4.05亿人次；轮渡年客运量1035万人次。常规公共交通仍然是武汉市公共交通的主体。2007年武汉市公共交通客运量比较见图3。

图3　　2007年武汉市公共交通客运量比较示意图

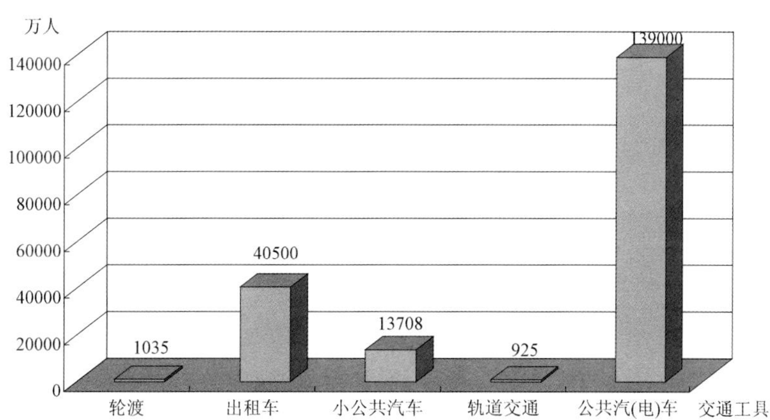

（二）公共汽（电）车

1. 客运量与运营车辆

2007年，公交运营车辆达到6600辆，较2006年增加了614辆；其中普线车980辆，专线车5102辆，小公汽518辆。

2007年，武汉市公共汽（电）车年客运量约为13.90亿人次，较2006年增加1.60亿人次，增长12.70%；日均客运量为380.80万人次，较2006年日均增加42.80万人次，增长12.70%。

2. 公交线网与场站设施

2007年，公交线路由2006年的226条增加到274条，其中普线71条，专线176条，小公汽16条，通恒公司11条。公交线网长度由2006年的846公里增加至1040公里；运行线路长度由2006年的4152公里增加至4937公里。

公交站点增加到2446个，增加幅度达到23%，其中有126个标准港湾式站点。公交首末站达到39处，占地31.40万平方米；公交保养场7处，占地33.30万平方米；大型公交枢纽6个，占地6.60万平方米。

武汉市自2002年起共设置了6条公交专用道，分别为武珞路、青年路、解放大道、中北路、珞喻路、和平大道，总长约29公里。公交专用道专用时间：早上7：00~9：00，下午4：30~7：00。

（三）轨道交通

武汉市城市轨道交通1号线一期工程10.23公里，配车48辆，4节编组，采用了居世界领先水平的移动闭塞信号系统、钢铝复合接触轨系统，于2004年开通试运营，2005年正式运营，开通非接触式自动售检票系统，实现了售票、检票、计费、结算等工作的计算机自动化管理。1号线一期每天运营15个小时，7列车上线运营，运行间隔为8分钟。目前仍采用梯形票制（6站以内1.50元，超过6站2元），采用AFC自动售检票系统。

2007年共运送乘客925万人次，日均客流2.53万人次，承担的客运量在公共交通领域内的比重较小（0.47%），但处于不断增加的趋势，较2006年增长约23.30%。

（四）小公共汽车

2007 年，武汉市小公共汽车运营线路条数 16 条，车辆数为 518 台，与 2006 年相同。但年客运量较 2006 年有所增加，从 12949 万人次增加到 13708 万人次，增加幅度为 5.90%。

（五）出租车

自 2000~2007 年以来，武汉市出租车拥有量一直保持 12137 辆不变，千人拥有 2.58 辆，符合国家标准大中城市出租车不小于 2 辆/千人的指标。

2007 年，出租车年客运量 4.05 亿人次，与 2006 年持平。全市出租车总行驶里程为 18.20 亿公里，平均每车每日载客出行次数为 61 次，平均每车次载客里程为 4.30 公里，比 2006 年增加 0.30 公里，空驶率降至 37%。

（六）轮渡

2007 年，武汉市航线数为 9 条、轮船数为 19 艘、航线长度为 49.20 公里，与 2006 年相比均保持不变。轮渡客运量较 2006 年探底回升，达到 1034.70 万人次/年，增长 10.50%；同时总运营收入也持续增长，达到 1251 万元，较 2006 年增长 11.40%。

（七）公共交通投资

2007 年，武汉市在公共交通方面共投资 9.16 亿元，较 2006 年增长 42%，其中轨道交通投资 7.93 亿元，达到历史最高水平，占公共交通投资的 86.60%，占交通建设投资的比重达到 3.80%。

五、对外交通

武汉市对外交通包含公路、铁路、水运、航空 4 种运输方式。2007 年武汉市对外运输系统整体运行良好，完成对外交通客运总量 1.70 亿人次，货物运输总量 2.30 亿吨，分别比 2006 年增长 7.10%、8.30%。2007 年武汉市对外交通运输量见表 1。

表 1　　2007 年武汉市对外交通运输量一览表

指标＼分类	公路	铁路	航空	水运	合计
客运量（万人次）	11501	5125	713	—	17339
货运量（万吨）	9918	9729	9	2899	22555

注：①数据来源于武汉市交通委员会。②铁路客运量及货运量包括了襄樊铁路分局数据。

2007 年，武汉市对外交通中，公路依然是客运交通的主体，占到总量的半数以上；货运中以公路、铁路为主，水运、航空为辅。

（一）公路运输

2007 年，武汉市公路运输客、货运量均较 2006 年有稳定增长。全年共完成客运量 11501 万人次，较 2006 年增长 6.80%，完成货运量 9918 万吨，较 2006 年增长 10.50%，增速较快。

（二）铁路运输

与 2006 年相比，2007 年武汉市铁路对外运输的客运量增长了 5.70%，货运量增长了 8.20%。全年完成客运量 5125 万人次，旅客周转量 441 亿人公里，铁路货运量 9729 万吨，货物周转量 1138 亿吨公里。

（三）水运运输

2007 年，武汉市完成港口货物吞吐量 5278 万吨，比 2006 年增长 4.90%；其中集装箱吞吐量 38.84 万 TEU，增长 31.10%。全市水路货运量 2899.40 万吨，比 2006 年增长 1.80%；货物周转量 204 亿吨公里，比 2006 年降低 9.50%。2007 年，港口货物吞吐量 5278 万吨，较 2006 年增长 4.90%。而港口集装箱年吞吐量达 38.80 万标箱，较 2006 年增长 31.10%，处于高速增长阶段。

阳逻港全年完成集装箱吞吐量 13.64 万标箱，较 2006 年增长了 27%。杨泗港集装箱吞吐量突破了 26 万标准箱，再次刷新集装箱年吞吐纪录。

（四）航空运输

2007 年，武汉天河机场在国内机场的排名由 2006 年的第 17 位提升到第 12 位；年客运量 712.60 万人次，较 2006 年增长 24.20%；货运量 8.90 万吨，比 2006 年增长 30.90%；起降航班 9.35 万架次，比 2006 年增长 39.80%。

六、交通管理与交通环境

（一）交通管理设施与技术发展

1. 交通管理设施

2007 年，武汉市路口交通信号灯共计 666 处，交通标牌 18482 块，交通标线折合 3061.40 公里，隔离护栏 102 块。调整、规范、维修交通标志、标牌共 363 块。

2. 交通管理技术发展

至 2007 年，武汉市共有“电子警察”146 个，其中汉口 57 个，汉阳 25 个，武昌 64 个。二环线以内（含二环线）88 个，二环线以外 58 个。CCTV 监测器共 140 个，其中汉口 75 个，汉阳 7 个，武昌 58 个。二环线以内（含二环线）111 个，二环线以外 29 个。流量监测点共 8 个，其中过长江桥梁 3 个，过汉江桥梁 5 个。

（二）交通安全

2007 年，武汉市深入企业、社区、学校组织交通安全课达 6846 场次，250 余万人得到教育。在全市组织宣传活动 200 场次，100 余万人次参加，悬挂宣传横幅 5342 条，播放宣传影片 6923 场，促进市民自觉遵守交通法规，市民交通安全意识得到进一步提高。

据统计，2007 年全市共发生交通事故 3145 起，死亡 396 人，伤 3477 人，经济损失 670.20 万元。事故次数比 2006 年增加了 337 次，增幅达 12%，增加主要来源于城区；死亡人数有所下降，降幅为 4%，万车死亡率指标下降至 5.20 人；受伤人数增加，总增幅为 15%；总损失大幅增加，增加幅度达到 41%，其中城区损失上升 83%，远城区损失下降 20%。

在事故统计中，交通事故的发生和损失仍然以城区为主，城区全年共发生交通事故 2436 起，占全市交通事故的 77.50%，损失 515 万元，占全部损失的 76.80%。

经对比分析，重大事故主要发生在不良的天气条件下，79.30%的重大事故发生在国道、省道、公路村口路段、城郊结合部、道路宽阔、车流较小、车速较高的主干道。从引发重大交通事故的原因分析，超速行驶、酒后驾车、逆行、闯信号、不按规定超车这 5 项违法行为导致事故占较大比重。

总体来看，2007 年的交通违章情况相对 2006 年有明显增多，全年共处理机动车违章 499.70 万车次，是 2006 年的 1.70 倍。但从各分项目的数据来看，一些比较重的违章情况比 2006 年减少很多，而轻度违章数明显增加。

交通违章包括无证驾驶、酒后驾车、超载、超速行驶、违章超车等重度的交通违章和违章停车、走禁止线、闯红灯、违反标志标线等其他轻度违章。2007 年交通违章中轻度违章占违章总量的 97.80%；重度违章以超载为主，占违规总量的 0.60%，比 2006 年减少 30%。

（三）交通环境

1. 大气环境

根据监测结果，2007 年武汉市城区环境空气中的二氧化硫、二氧化氮年日均值浓度分别为 0.048、0.05 毫克/立方米，可吸入颗粒物年日均值为 0.108 毫克/立方米，均达到国家环境空气质量二级标准。空气中二氧化硫和二氧化氮的浓度较 2006 年略有增加。

2007 年，空气质量指数达到优良的天数占全年天数的 75.60%，比 2006 年增加 0.80 个百分点，空气质量持续好转。

2. 机动车尾气

1990~2005 年，武汉市机动车尾气排放合格率持续提高。但近年来受小排量汽车限制放开的影响，自 2006 年开始机动车尾气排放合格率开始降低，且降幅达 9%。

3. 声环境

城市环境噪声声源分为交通噪声、工业噪声、施工噪声、社会生活噪声和其他噪声 5 类。影响范围最广的是社会生活噪声源，其次是交通噪声；影响强度最大的是交通噪声源，城市交通噪声污染占全市噪声污染的比例为 12.40%。2007 年，城市区域环境噪声平均值为 54.50 分贝，比 2006 年下降了 0.80 分贝。城区道路交通干线噪声平均值为 69.20 分贝，较 2006 年下降了 0.30 分贝。

（武汉市城市综合交通规划设计研究院）

第二节　科研获奖统计资料

2008年各类科技项目获奖情况一览表

<table>
<tr><th rowspan="3">时间</th><th rowspan="3">获奖类别</th><th colspan="9">奖励等级</th><th rowspan="3">合计</th><th rowspan="3">获奖单位</th></tr>
<tr><th colspan="3">国家（部）</th><th colspan="3">湖北省</th><th colspan="3">武汉市</th></tr>
<tr><th>一等奖</th><th>二等奖</th><th>三等奖</th><th>一等奖</th><th>二等奖</th><th>三等奖</th><th>一等奖</th><th>二等奖</th><th>三等奖</th></tr>
<tr><td rowspan="6">2008年</td><td rowspan="2">科技进步奖</td><td></td><td>1</td><td></td><td></td><td></td><td>1</td><td>1</td><td></td><td>2</td><td>5</td><td>武汉市城市规划信息中心
武汉市勘测设计研究院
武汉市城市规划设计研究院
武汉市城市综合交通规划设计研究院</td></tr>
<tr><td colspan="11">注：武汉市城市规划信息中心、武汉市勘测设计研究院联合获国土资源部颁发的科技进步奖二等奖1项；武汉市勘测设计研究院获省级三等奖1项，市级一等奖1项；武汉市城市规划设计研究院获市级三等奖1项；武汉市城市综合交通规划设计研究院获市级三等奖1项。</td></tr>
<tr><td rowspan="2">优秀规划设计奖</td><td></td><td>2</td><td>5</td><td>8</td><td>7</td><td>6</td><td>14</td><td>13</td><td>11</td><td>66</td><td>武汉市城市规划设计研究院
武汉市城市规划咨询服务中心
武汉市城市规划信息中心
武汉市城市综合交通规划设计研究院</td></tr>
<tr><td colspan="11">注：武汉市城市规划设计研究院获住房和城乡建设部颁发的优秀规划设计奖二等奖2项、三等奖5项，省级一等奖7项、二等奖6项、三等奖5项，市级一等奖11项、二等奖8项、三等奖4项；武汉市城市规划咨询服务中心获省级一等奖1项、二、三等奖各1项，市级1等奖1项、二等奖5项、三等奖3项；武汉市城市规划信息中心获市级一等奖1项、三等奖4项；武汉市城市综合交通规划设计研究院获市级一等奖1项。</td></tr>
<tr><td rowspan="2">优质工程奖</td><td>1</td><td>3</td><td>1</td><td>5</td><td>8</td><td>12</td><td>4</td><td>6</td><td>7</td><td>47</td><td>武汉市勘测设计研究院
武汉市城市规划设计研究院
武汉市城市规划咨询服务中心
武汉市城市规划信息中心
武汉市城市综合交通规划设计研究院</td></tr>
<tr><td colspan="11">注：武汉市城市规划信息中心、武汉市勘测设计研究院联合获中国GIS协会颁发的优质工程奖二等奖1项；武汉市城市规划信息中心获中国GIS协会颁发的优质工程奖二等奖1项；武汉市城市综合交通规划设计研究院获国家发展和改革委员会颁发的优质工程奖一等奖1项，省级一等奖1项、二等奖2项、三等奖1项；武汉市勘测设计研究院获中国测绘学会颁发的铜奖1项、省级一、二等奖各3项、三等奖4项，市级一等奖1项、二等奖2项、三等奖1项；武汉市城市规划咨询服务中心获中国工程咨询协会颁发的优质工程奖二等奖1项，省级二等奖1项、三等奖3项，市级一、二等奖各1项，三等奖3项；武汉市城市规划设计研究院获省级一等奖1项、二等奖2项、三等奖4项，市级一等奖2项、二、三等奖各3项。</td></tr>
</table>

第三节 相关统计资料

2008年国民经济和社会发展统计公报

中华人民共和国国家统计局

（2009年2月26日）

2008年，全国各族人民在党中央、国务院的领导下，以邓小平理论和“三个代表”重要思想为指导，深入贯彻落实科学发展观，万众一心，顽强拼搏，努力克服历史罕见的特大自然灾害和国际金融危机冲击的不利影响，国民经济保持较快发展，各项社会事业取得新的进步。

一、综合

初步核算，全年国内生产总值300670亿元，比2007年增长9%。分产业看，第一产业增加值34000亿元，增长5.50%；第二产业增加值146183亿元，增长9.30%；第三产业增加值120487亿元，增长9.50%。第一产业增加值占国内生产总值的比重为11.30%，比2007年上升0.20个百分点；第二产业增加值比重为48.60%，上升0.10个百分点；第三产业增加值比重为40.10%，下降0.30个百分点。2004~2008年国内生产总值及其增长速度见图1。

图1　　2004~2008年国内生产总值及其增长速度比较示意图

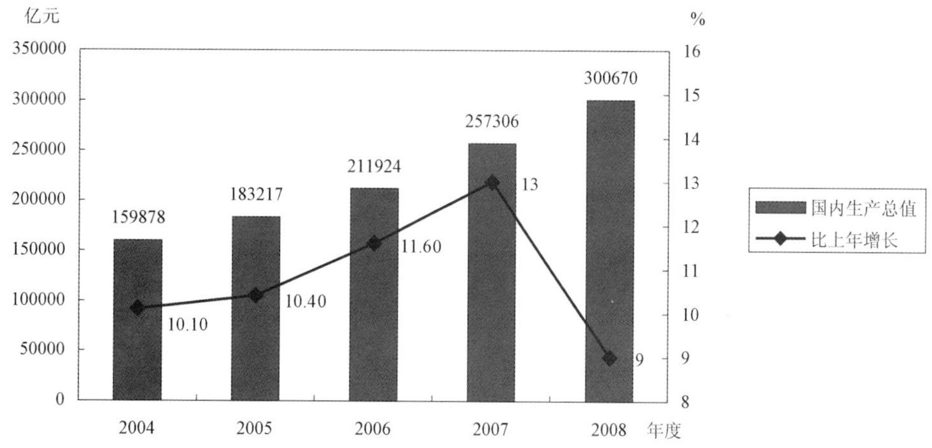

居民消费价格比2007年上涨5.90%，其中食品价格上涨14.30%，固定资产投资价格上涨8.90%。工业品出厂价格上涨6.90%，其中生产资料价格上涨7.70%，生活资料价格上涨4.10%。原材料、燃料、动力购进价格上涨10.50%。农产品生产价格上涨14.10%。农业生产资料价格上涨20.30%。70个大中城市房屋销售价格上涨6.50%，其中新建住宅价格上涨7.10%，二手住宅价格上涨6.20%；房屋租赁价格上涨1.40%。2004~2008年居民消费价格涨跌幅度见图2，2008年居民消费价格比2007年涨跌幅度见表1。

图 2　　2004~2008 年居民消费价格涨跌幅度示意图

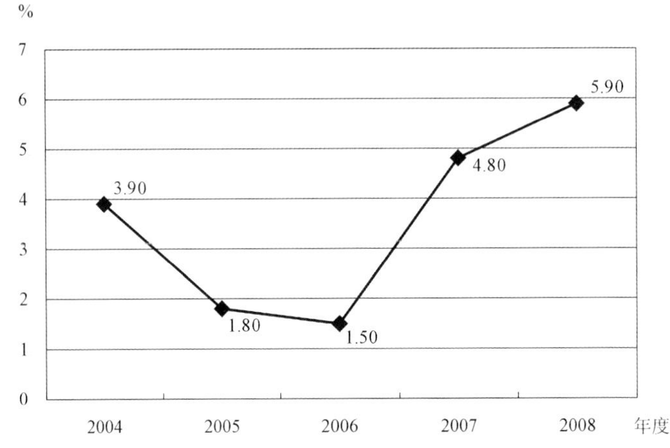

表 1　　2008 年居民消费价格比 2007 年涨跌幅度一览表　　单位：%

指　标	全　国	城　市	农　村
居民消费价格	5.90	5.60	6.50
食品	14.30	14.50	14
其中：粮食	7	7.20	6.70
肉禽及其制品	21.70	22.60	20
油脂	25.40	24.90	25.90
鲜蛋	3.70	3.80	3.60
鲜菜	10.70	10.50	11.30
鲜果	9	8.90	9.30
烟酒及用品	2.90	3.10	2.60
衣着	-1.50	-1.80	-0.60
家庭设备用品及服务	2.80	3	2.40
医疗保健及个人用品	2.90	2.80	3.20
交通和通信	-0.90	-1.60	0.70
娱乐教育文化用品及服务	-0.70	-0.90	-0.10
居住	5.50	4.30	8.20

年末全国就业人员 77480 万人，比 2007 年末增加 490 万人。其中城镇就业人员 30210 万人，净增加 860 万人，新增加 1113 万人。年末城镇登记失业率为 4.20%，比 2007 年末上升 0.20 个百分点。

年末国家外汇储备 19460 亿美元，比 2007 年末增加 4178 亿美元。年末人民币汇率为 1 美元兑 6.8346 元人民币，比 2007 年末升值 6.90%。2004~2008 年年末国家外汇储备比较见图 3。

图 3　　2004~2008 年年末国家外汇储备比较示意图

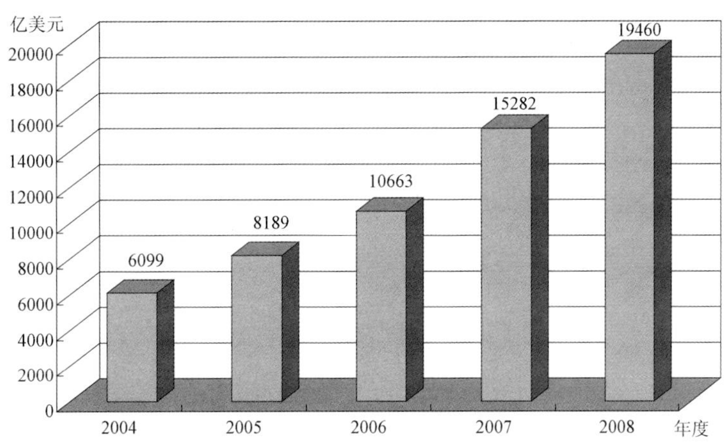

全年税收收入 57862 亿元（不包括关税、耕地占用税和契税），比 2007 年增加 8413 亿元，增长 17%。2004~2008 年税收收入及其增长速度见图 4。

图 4　　2004~2008 年税收收入及其增长速度比较示意图

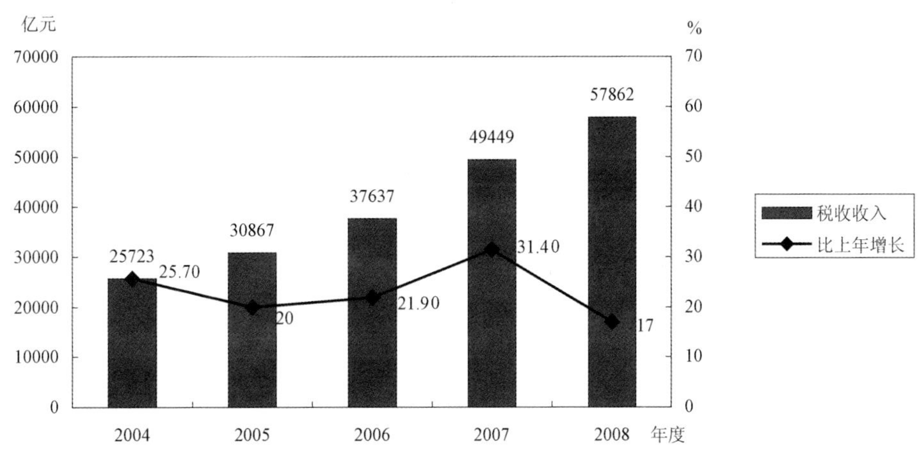

二、农业

全年粮食种植面积 10670 万公顷，比 2007 年增加 106 万公顷；棉花种植面积 576 万公顷，减少 17 万公顷；油料种植面积 1271 万公顷，增加 139 万公顷；糖料种植面积 193 万公顷，增加 13 万公顷。

全年粮食产量 52850 万吨，比 2007 年增加 2690 万吨，增产 5.40%。其中，夏粮产量 12041 万吨，增产 2.60%；早稻产量 3158 万吨，与 2007 年基本持平；秋粮产量 37651 万吨，增产 6.70%。2004~2008 年粮食产量及其增长速度见图 5。

图5　　2004~2008年粮食产量及其增长速度比较示意图

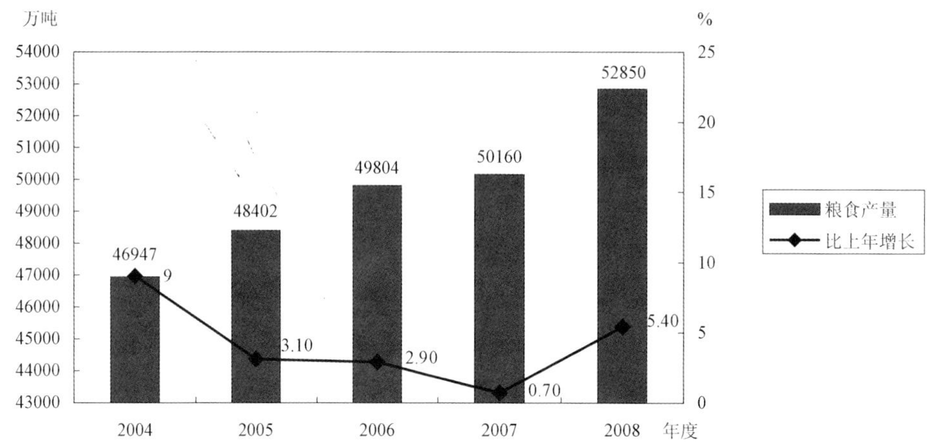

全年棉花产量750万吨，比2007年减产1.60%。油料产量2950万吨，增产14.80%。糖料产量13000万吨，增产6.70%。烤烟产量260万吨，增产19.60%。茶叶产量124万吨，增产6.40%。

全年肉类总产量7269万吨，比2007年增长5.90%。其中，猪肉产量4615万吨，增长7.60%；牛肉产量610万吨，下降0.50%；羊肉产量376万吨，下降1.80%。生猪年末存栏46264万头，增长5.20%；生猪出栏60960万头，增长7.90%。牛奶产量3651万吨，增长3.60%；禽蛋产量2638万吨，增长4.30%。

全年水产品产量4895万吨，增长3.10%。其中，养殖水产品产量3426万吨，增长4.50%；捕捞水产品产量1469万吨，与2007年持平。

全年木材产量7894万立方米，增长13.20%。

全年新增有效灌溉面积117.90万公顷，新增节水灌溉面积139万公顷。

三、工业和建筑业

全年全部工业增加值129112亿元，比2007年增长9.50%。规模以上工业增加值增长12.90%，其中国有及国有控股企业增长9.10%；集体企业增长8.10%，股份制企业增长15%，外商及港澳台商投资企业增长9.90%；私营企业增长20.40%。分轻重工业看，轻工业增长12.30%，重工业增长13.20%。2004~2008年工业增加值及其增长速度见图6。

图6　　2004~2008年工业增加值及其增长速度比较示意图

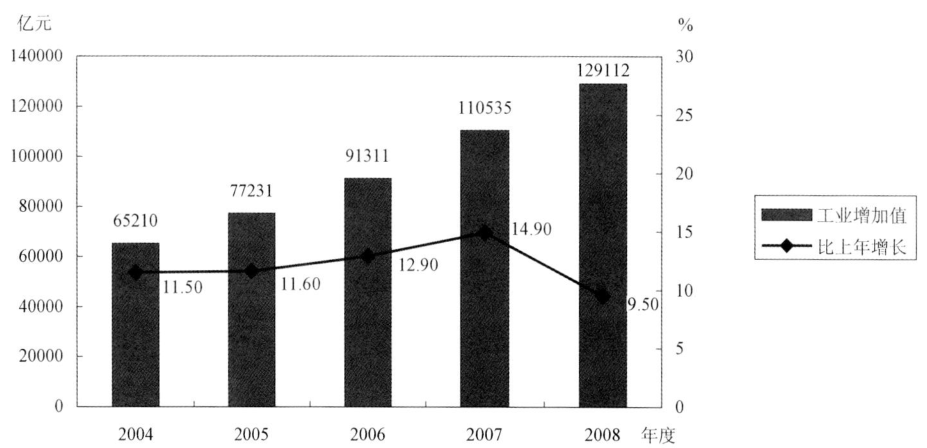

全年规模以上工业中，煤炭开采和洗选业增加值比2007年增长19.10%，石油和天然气开采业增长6.10%，文教体育用品制造业增长18.20%，燃气生产和供应业增长26.80%，农副食品加工业增长15%，通用设备制造业增长16.90%，交通运输设备制造业增长15.20%，通信设备、计算机及其他电子设备制造业增长12%，电气机械及器材制造业增长18.10%，化学纤维制造业增长2.20%。6大高耗能行业比2007年增长10%，其中，非金属矿物制品业增长16.90%，黑色金属冶炼及压延加工业增长8.20%，化学原料及化学制品制造业增长10%，有色金属冶炼及压延加工业增长12.30%，电力热力的生产和供应业增长8.60%，石油加工炼焦及核燃料加工业增长4.30%。高技术制造业增加值比2007年增长14%。2008年主要工业产品产量及其增长速度见表2。

表2　　2008年主要工业产品产量及其增长速度一览表

产品名称	单位	产量	比2007年增长（%）
纱	万吨	2148.90	3.90
布	亿米	710	5.10
化学纤维	万吨	2415	0.10
成品糖	万吨	1449.50	14
卷烟	亿支	22198.80	3.50
彩色电视机	万台	9033.10	6.50
家用电冰箱	万台	4756.90	8.20
房间空气调节器	万台	8230.90	2.70
一次能源生产总量	亿吨标准煤	26	5.20
原煤	亿吨	27.93	4.10
原油	亿吨	1.90	2.20
天然气	亿立方米	760.80	9.90
发电量	亿千瓦小时	34668.80	5.60
其中：火电	亿千瓦小时	27900.80	2.50
水电	亿千瓦小时	5851.90	20.60
粗钢	万吨	50091.50	2.40
钢材	万吨	58488.10	3.40
十种有色金属	万吨	2520.30	5.90
其中：精炼铜（铜）	万吨	378.90	10.10
电解铝	万吨	1317.60	6.80
氧化铝	万吨	2278.20	17
水泥	亿吨	14	2.90
硫酸	万吨	5132.70	-5.20

续表：

产品名称	单位	产量	比 2007 年增长（%）
纯碱	万吨	1881.30	6.60
烧碱	万吨	1852.10	5.30
乙烯	万吨	998.30	-2.90
化肥（折 100%）	万吨	6012.70	3.20
发电设备	万千瓦	13319.40	2.50
汽车	万辆	934.55	5.10
其中：轿车	万辆	503.70	5
大中型拖拉机	万台	21.70	6.90
集成电路	亿块	417.10	1.30
程控交换机	万线	4584	-14.90
移动通信手持机	万台	55964	2
微型电子计算机	万台	13666.60	13.20

1~11 月全国规模以上工业企业累计实现利润 24066 亿元，比 2007 年同期增长 4.90%。2008 年 1~11 月规模以上工业企业实现利润及其增长速度情况见表 3。

表 3　　2008 年 1~11 月规模以上工业企业实现利润及其增长速度情况表

指标	利润总额（亿元）	比 2007 年同期增长（%）
规模以上工业	24066	4.90
其中：国有及国有控股企业	7985	-14.50
集体企业	687	29.50
股份制企业	13467	11.40
外商及港澳台投资企业	6374	-3.10
其中：私营企业	5495	36.60

全年全社会建筑业实现增加值 17071 亿元，比 2007 年增长 7.10%。全国具有资质等级的总承包和专业承包建筑业企业实现利润 1756 亿元，增长 12.50%。其中国有及国有控股企业 509 亿元，增长 21.80%；上缴税金 2058 亿元，增长 20%，其中国有及国有控股企业 771 亿元，增长 24.70%。2004~2008 年建筑业增加值及其增长速度见图 7。

图 7　　2004~2008 年建筑业增加值及其增长速度比较示意图

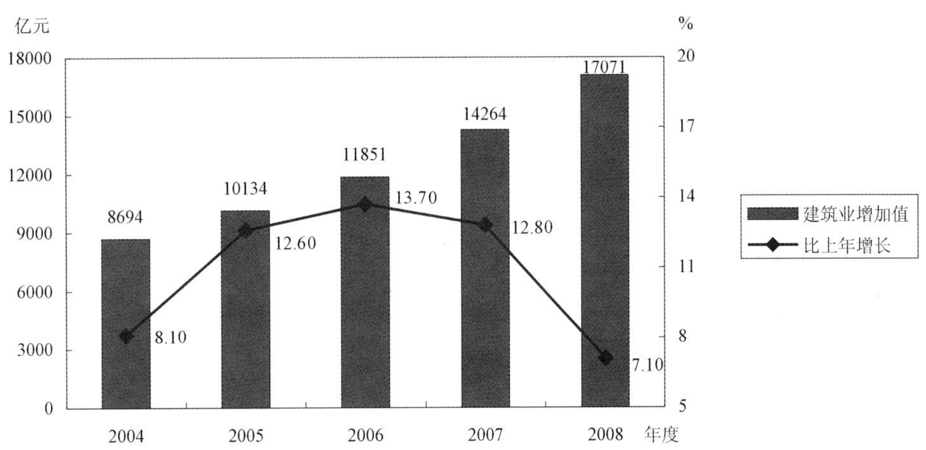

四、固定资产投资

全年全社会固定资产投资 172291 亿元，比 2007 年增长 25.50%，2004~2008 年固定资产投资及其增长速度见图 8。分城乡看，城镇投资 148167 亿元，增长 26.10%；农村投资 24124 亿元，增长 21.50%。分地区看，东部地区投资 87412 亿元，比 2007 年增长 20.90%；中部地区投资 45384 亿元，增长 32.60%；西部地区投资 35839 亿元，增长 26.90%。

图 8　　2004~2008 年固定资产投资及其增长速度比较示意图

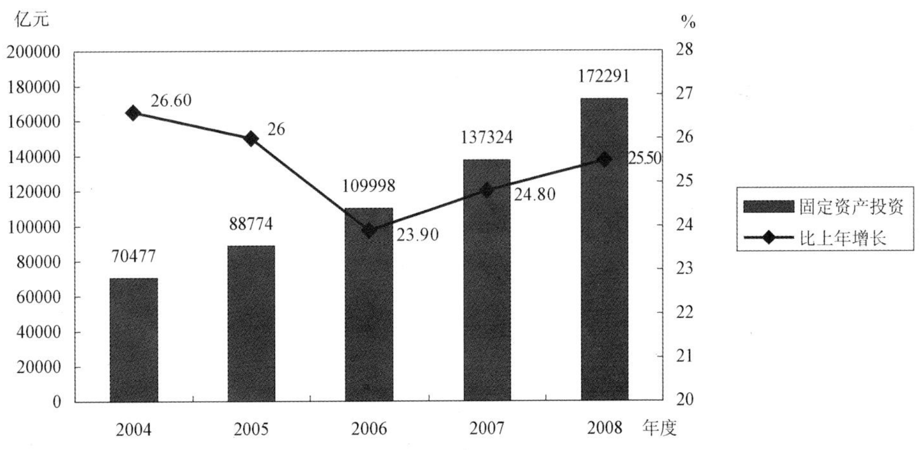

在城镇投资中，第一产业投资 2256 亿元，比 2007 年增长 54.50%；第二产业投资 65036 亿元，增长 28%；第三产业投资 80875 亿元，增长 24.10%。2008 年分行业城镇固定资产投资及其增长速度见表 4。

表 4　　2008年分行业城镇固定资产投资及其增长速度情况表

行　业	投资额（亿元）	比2007年增长（%）
总计	148167	26.10
农、林、牧、渔业	2256	54.50
采矿业	6913	31.50
其中：煤炭开采及洗选业	2411	33.60
石油和天然气开采业	2715	22
制造业	46345	30.60
其中：农副食品加工业	2058	25.70
食品制造业	1137	17.80
纺织业	1534	1.30
纺织服装、鞋、帽制造业	896	19
石油加工、炼焦及核燃料加工业	1832	29.40
化学原料及化学制品制造业	4787	35.50
非金属矿物制品业	4113	46.60
黑色金属冶炼及压延加工业	3240	23.80
有色金属冶炼及压延加工业	1854	43.10
金属制品业	2189	38.50
通用设备制造业	3224	38.30
专用设备制造业	2265	34.10
交通运输设备制造业	3787	39.10
电气机械及器材制造业	2334	45.10
通信设备、计算机及其他电子设备制造业	2463	17.60
电力、燃气及水的生产和供应业	10484	15.40
其中：电力、热力的生产与供应业	9045	14.40
建筑业	1294	30.40
交通运输、仓储和邮政业	15552	19.70
信息传输、计算机服务和软件业	2130	17.10
批发和零售业	3166	29.20
住宿和餐饮业	1735	30.50
金融业	247	62.60
房地产业	35215	23
租赁和商务服务业	1296	50.60
科学研究、技术服务和地质勘查业	708	35.90
水利、环境和公共设施管理业	12262	32.20
居民服务和其他服务业	316	34.20
教育	2355	6
卫生、社会保障和社会福利业	1057	30.60
文化、体育和娱乐业	1423	26
公共管理和社会组织	3411	23.20

全年房地产开发投资30580亿元，比2007年增长20.90%。其中，东部地区18325亿元，增长17.10%；中部地区6287亿元，增长31.70%；西部地区5967亿元，增长22.70%。按工程用途分，商品住宅投资22081亿元，增长22.60%；办公楼投资1112亿元，增长7.40%；商业营业用房投资3200亿元，增长14.90%。2008年固定资产投资新增主要生产能力各项指标见表5，2008年房地产开发和销售主要指标完成情况见表6。

表5　　2008年固定资产投资新增主要生产能力各项指标一览表

指　标	单　位	绝对数
新增发电机组容量	万千瓦	9051
22万伏及以上变电设备	万千伏安	23222
新建铁路投产里程	公里	1719
增建铁路复线投产里程	公里	1935
电气化铁路投产里程	公里	1955
新建公路	公里	99851
其中：高速公路	公里	6433
港口万吨级码头泊位新增吞吐能力	万吨	33099
新增光缆线路长度	万公里	99
新增数字蜂窝移动电话交换机容量	万户	28855

表6　　2008年房地产开发和销售主要指标完成情况一览表

指　标	单　位	绝对数	比2007年增长（%）
投资完成额	亿元	30580	20.90
其中：住宅	亿元	22081	22.60
其中：90平方米以下住宅	亿元	6416	50.70
经济适用房	亿元	983	19.70
房屋施工面积	万平方米	274149	16
其中：住宅	万平方米	216671	16
房屋新开工面积	万平方米	97574	2.30
其中：住宅	万平方米	79889	1.40
房屋竣工面积	万平方米	58502	-3.50
其中：住宅	万平方米	47750	-4.20
商品房销售面积	万平方米	62089	-19.70
其中：住宅	万平方米	55886	-20.30
本年资金来源	亿元	38146	1.80
其中：国内贷款	亿元	7257	3.40
个人按揭贷款	亿元	3573	-29.70
本年购置土地面积	万平方米	36785	-8.60
完成开发土地面积	万平方米	26033	-5.60
土地购置费	亿元	5795	10.90

五、国内贸易

全年社会消费品零售总额108488亿元，比2007年增长21.60%。分地域看，城市消费品零售额73735亿元，增长22.10%；县及县以下消费品零售额34753亿元，增长20.70%。分行业看，批发和零售业零售额91199亿元，增长21.50%；住宿和餐饮业零售额15404亿元，增长24.70%；其他行业零售额1885亿元，增长3.70%。

在限额以上批发和零售业零售额中，粮油类零售额比2007年增长22.70%，肉禽蛋类增长22.30%，服装类增长25.90%，汽车类增长25.30%，石油及制品类增长39.90%，日用品类增长17.10%，文化办公用品类增长17.90%，通讯器材类增长1.40%，家用电器和音像器材类增长14.20%，建筑及装潢材料类下降12%，家具类增长22.60%，化妆品类增长22.10%，金银珠宝类增长38.60%，中西药品类增长14.80%。2004~2008年社会消费品零售总额及其增长速度见图9。

图9　　2004~2008年社会消费品零售总额及其增长速度比较示意图

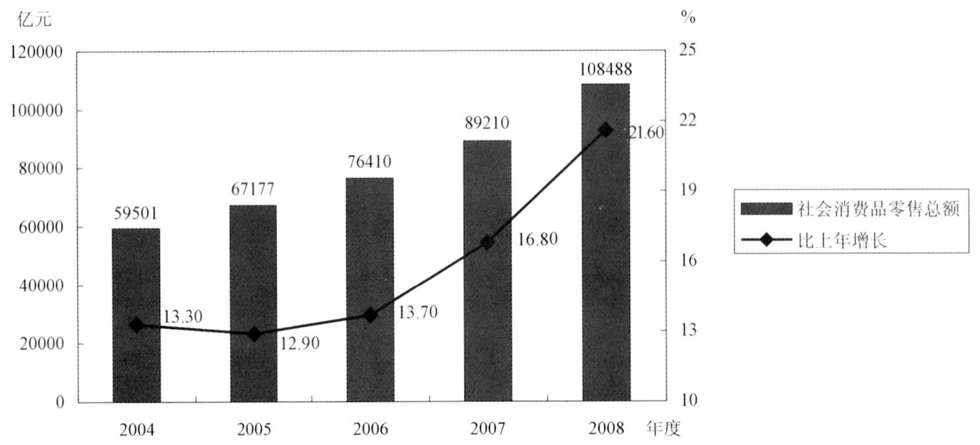

六、对外经济

全年货物进出口总额25616亿美元，比2007年增长17.80%。其中，货物出口14285亿美元，增长17.20%；货物进口11331亿美元，增长18.50%。进出口差额（出口减进口）2955亿美元，比2007年增加328亿美元。2008年货物进出口总额及其增长速度见表7，2008年主要商品出口数量、金额及其增长速度见表8，2008年主要商品进口数量、金额及其增长速度见表9，2008年对主要国家和地区货物进出口总额及其增长速度见表10，2004~2008年货物进出口总额及其增长速度见图10。

表7　　2008年货物进出口总额及其增长速度一览表

指　　标	绝对数 （亿美元）	比2007年增长 （%）
货物进出口总额	25616	17.80
货物出口额	14285	17.20
其中：一般贸易	6626	22.90
加工贸易	6752	9.30
其中：机电产品	8229	17.30
高新技术产品	4156	13.10

续表：

指　　标	绝对数（亿美元）	比 2007 年增长（%）
其中：国有企业	2572	14.40
外商投资企业	7906	13.60
其他企业	3807	27.90
货物进口额	11331	18.50
其中：一般贸易	5727	33.60
加工贸易	3784	2.70
其中：机电产品	5387	7.90
高新技术产品	3419	4.30
其中：国有企业	3538	31.10
外商投资企业	6200	10.80
其他企业	1593	25.70
进出口差额（出口减进口）	2955	—

表 8　　2008 年主要商品出口数量、金额及其增长速度一览表

商　品　名　称	单位	数量	比 2007 年增长（%）	金额（亿美元）	比 2007 年增长（%）
煤	万吨	4543	-14.60	52	58.90
钢材	万吨	5923	-5.50	634	43.80
纺织纱线、织物及制品	—	—	—	654	16.60
服装及衣着附件	—	—	—	1198	4.10
鞋类	—	—	—	297	17.20
家具及其零件	—	—	—	269	21.50
自动数据处理设备及其部件	万台	143236	-1.20	1350	9.10
手持或车载无线电话	万台	53284	10.20	385	8.20
集装箱	万个	303	-3.30	91	3.60
集成电路	百万个	48477	19.10	243	3.30
液晶显示板	万个	202666	7.80	224	13.90
汽车（包括整套散件）	万辆	64	9.40	89	32.50

表 9　　2008 年主要商品进口数量、金额及其增长速度一览表

商品名称	数量（万吨）	比 2007 年增长（%）	金额（亿美元）	比 2007 年增长（%）
谷物及谷物粉	154	-1	7	37
大豆	3744	21.50	218	90.10
食用植物油	816	-2.60	90	44
天然橡胶（包括胶乳）	168	2	43	32
合成橡胶（包括胶乳）	120	-15	33	17.50
铁矿砂及其精矿	44356	15.90	605	79.10
氧化铝	459	-10.50	18	-9.70
原油	17888	9.60	1293	62
成品油	3885	15	300	82.70
初级形状的塑料	1771	-6.70	341	5.30
纸浆	952	12.40	67	20.90
钢材	1543	-8.60	234	14
未锻造的铜及铜材	264	-5.10	192	-2.30

表 10　　2008 年对主要国家和地区货物进出口总额及其增长速度一览表

国家和地区	货物出口额（亿美元）	比 2007 年增长（%）	货物进口额（亿美元）	比 2007 年增长（%）
欧盟	2929	19.50	1327	19.60
美国	2523	8.40	814	17.40
中国香港	1907	3.40	129	0.90
日本	1161	13.80	1507	12.50
东盟	1141	20.70	1170	7.90
韩国	740	31	1122	8.10
俄罗斯	330	15.90	238	21
印度	315	31.20	203	38.70
中国台湾	259	10.30	1033	2.30

图 10　　2004~2008 年货物进出口总额及其增长速度比较示意图

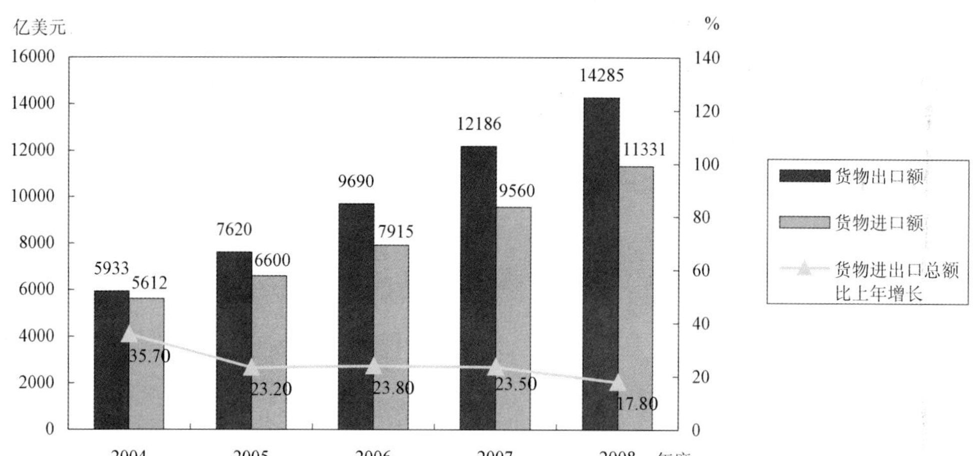

全年非金融领域新批外商直接投资企业27514 家，比 2007 年减少 27.30%。实际使用外商直接投资金额 924 亿美元，增长 23.60%。其中，制造业占 54%；房地产业占 20.10%；租赁和商务服务业占 5.50%；批发和零售业占 4.80%；交通运输、仓储和邮政业占 3.10%，2008 年分行业外商直接投资及其增长速度见表 11。

表 11　　2008 年分行业外商直接投资及其增长速度一览表

行业名称	企业数（家）	比 2007 年增长（%）	实际使用金额（亿美元）	比 2007 年增长（%）
总　　计		-27.30	924	23.60
农、林、牧、渔业	917	-12.50	11.90	28.90
采矿业	149	-36.30	5.70	17
制造业	11568	-39.70	498.90	22.10
电力、燃气及水的生产和供应业	320	-9.10	17	58.10
建筑业	262	-14.90	10.90	151.60
交通运输、仓储和邮政业	523	-20.50	28.50	42.10
信息传输、计算机服务和软件业	1286	-7.60	27.70	86.80
批发和零售业	5854	-7.60	44.30	65.60
住宿和餐饮业	633	-32.50	9.40	-9.90
金融业	25	-51	5.70	122.50
房地产业	452	-68.70	185.90	8.80
租赁和商务服务业	3138	-11.30	50.60	25.90
科学研究、技术服务和地质勘查业	1839	7.20	15.10	64.20
水利、环境和公共设施管理业	138	-10.40	3.40	24.70
居民服务和其他服务业	205	-24.10	5.70	-21.10
教育	24	60	0.40	12.20
卫生、社会保障和社会福利业	10	-23.10	0.20	63.10
文化、体育和娱乐业	170	-17.90	2.60	-42.80
公共管理和社会组织	1	—	0	—
国际组织	—	—	6	—

全年非金融领域对外直接投资额 407 亿美元，比 2007 年增长 63.60%。

全年对外承包工程完成营业额 566 亿美元，比 2007 年增长 39.40%；对外劳务合作完成营业额 81 亿美元，增长 19.10%。

七、交通、邮电和旅游

全年交通运输、仓储和邮政业增加值 16590 亿元，比 2007 年增长 7.60%。

全年规模以上港口完成货物吞吐量 58.70 亿吨，比 2007 年增长 11.50%，其中外贸货物吞吐量 19.20 亿吨，增长 7%。港口集装箱吞吐量 12835 万标准箱，增长 12.20%。2008 年各种运输方式完成货物运输量及其增长速度见表 12。

表 12　　2008 年各种运输方式完成货物运输量及其增长速度一览表

指　标	单　位	绝对数	比 2007 年增长 (%)
货物运输总量	亿吨	249	9.40
其中：铁路	亿吨	33.10	4.70
公路	亿吨	181.70	10.90
水运	亿吨	29.70	5.70
民航	万吨	407.60	1.40
管道	亿吨	4.50	15.40
货物运输周转量	亿吨公里	105512.90	3.80
其中：铁路	亿吨公里	25111.80	3.70
公路	亿吨公里	12998.50	14.50
水运	亿吨公里	65218.20	1.50
民航	亿吨公里	119.60	2.80
管道	亿吨公里	2064.70	19.50

全年旅客运输周转量 23372.20 亿人公里，比 2007 年增长 8.20%。2008 年各种运输方式完成旅客运输量及其增长速度见表 13。

表 13　　2008 年各种运输方式完成旅客运输量及其增长速度一览表

指　标	单　位	绝对数	比 2007 年增长 (%)
旅客运输总量	亿人	239.70	7.80
其中：铁路	亿人	14.60	11
公路	亿人	220.70	7.60
水运	亿人	2.40	6
民航	亿人	1.90	3.60
旅客运输周转量	亿人公里	23372.20	8.20
其中：铁路	亿人公里	7778.60	7.80
公路	亿人公里	12636	9.80
水运	亿人公里	74.80	-3.80
民航	亿人公里	2882.80	3.30

年末全国民用汽车保有量达到 6467 万辆（包括三轮汽车和低速货车 1492 万辆），比 2007 年末增长 13.50%，其中私人汽车保有量 4173 万辆，增长 18.10%。民用轿车保有量 2438 万辆，增长 24.50%，其中私人轿车 1947 万辆，增长 28%。

全年完成邮电业务总量 23841 亿元，比 2007 年增长 20.70%。其中，邮政业务总量 1402 亿元，增长 15.50%；电信业务总量 22440 亿元，增长 21%。全年减少局用交换机 156 万门，总容量 5.10 亿门。固定电话年末用户 34081 万户。其中，城市电话用户 23200 万户，农村电话用户 10881 万户。新增移动电话用户 9392 万户，年末达到 64123 万户。年末全国固定及移动电话用户总数达到 98204 万户，比 2007 年末增加 6909 万户。电话普及率达到 74.30 部/百人。互联网上网人数 3 亿人，其中宽带上网人数 2.70 亿人。2004~2008 年年末电话用户数见图 11。

图 11　　2004~2008 年年末电话用户数比较示意图

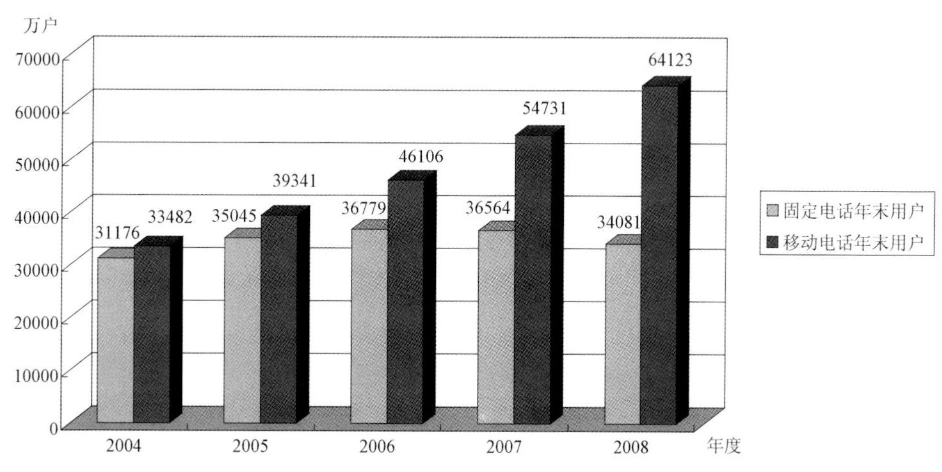

全年入境旅游人数 13003 万人次，比 2007 年下降 1.40%。其中，外国人 2433 万人次，下降 6.80%；香港、澳门和台湾同胞 10570 万人次，下降 0.10%。在入境旅游者中，过夜旅游者 5305 万人次，下降 3.10%。国际旅游外汇收入 408 亿美元，下降 2.60%。国内居民出境人数达 4584 万人次，增长 11.90%。其中因私出境 4013 万人次，增长 14.90%，占出境人数的 87.50%。国内出游人数达 17.10 亿人次，增长 6.30%；国内旅游收入 8749 亿元，增长 12.60%。

八、金融、证券和保险

年末广义货币供应量（M2）余额为 47.50 万亿元，比 2007 年末增长 17.80%；狭义货币供应量（M1）余额为 16.60 万亿元，增长 9.10%；流通中现金（M0）余额为 3.40 万亿元，增长 12.07%。年末全部金融机构本外币各项存款余额 47.80 万亿元，增长 19.30%；全部金融机构本外币各项贷款余额 32 万亿元，增长 17.90%。2008 年全部金融机构本外币存贷款及其增长速度见表 14，2004~2008 年城乡居民人民币储蓄存款余额及其增长速度见图 12。

表 14　　2008 年全部金融机构本外币存贷款及其增长速度一览表

指　标	年末数（亿元）	比 2007 年末增长（%）
各项存款余额	478444	19.30
其中：企业存款	164386	13.50
城乡居民储蓄存款	221503	25.70
其中：人民币	217885	26.30
各项贷款余额	320049	17.90
其中：短期贷款	128571	12.30
中长期贷款	164160	20.20

图 12　　2004~2008 年城乡居民人民币储蓄存款余额及其增长速度比较示意图

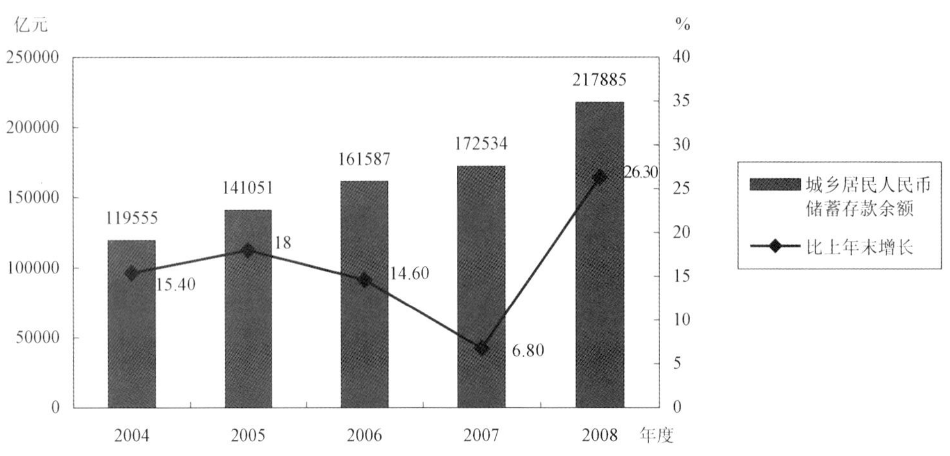

全年农村金融合作机构（农村信用社、农村合作银行、农村商业银行）人民币贷款余额 3.70 万亿元，比年初增加 5908 亿元。全部金融机构人民币消费贷款余额 3.70 万亿元，增加 4609 亿元。其中，个人短期消费贷款余额 0.40 万亿元，增加 1035 亿元；个人中长期消费贷款余额 3.30 万亿元，增加 3575 亿元。

全年上市公司通过境内市场累计筹资 3396 亿元，比 2007 年减少 3947 亿元。其中，首次公开发行 A 股 75 只，筹资 1066 亿元，减少 3487 亿元；A 股再筹资（包括配股、公开增发、非公开增发、认股权证）筹资 1332 亿元，减少 1046 亿元；上市公司通过发行可转债、可分离债、公司债筹资 998 亿元，增加 587 亿元。

全年企业共发行债券 20520 亿元，比 2007 年增加 3437 亿元。其中，金融债券 11797 亿元，减少 116 亿元；企业（公司）债券 2655 亿元，增加 834 亿元；短期融资券 4332 亿元，增加 982 亿元；中期票据 1737 亿元，增加 1737 亿元。

全年保险公司原保险保费收入 9784 亿元，比 2007 年增长 39.10%，其中，寿险业务原保险保费收入 6658 亿元；健康险和意外伤害险业务原保险保费收入789亿元；财产险业务原保险保费收入2337亿元。支付各类赔款及给付2971亿元，其中，寿险业务给付1315亿元；健康险和意外伤害险赔款及给付238亿元；财产险业务赔款1418亿元。

九、教育和科学技术

全年研究生教育招生44.60万人，在学研究生128.30万人，毕业生34.50万人。普通高等教育招生607.70万人，在校生2021万人，毕业生512万人。各类中等职业教育招生810万人，在校生2056.30万人，毕业生570.60万人。全国普通高中招生837万人，在校生2476.30万人，毕业生836.10万人。全国初中招生1856.20万人，在校生5574.20万人，毕业生1862.90万人。普通小学招生1695.70万人，在校生10331.50万人，毕业生1865万人。特殊教育招生6.20万人，在校生41.70万人。幼儿园在园幼儿2475万人。2004~2008年各类教育招生人数见图13。

图13 2004~2008年各类教育招生人数比较示意图

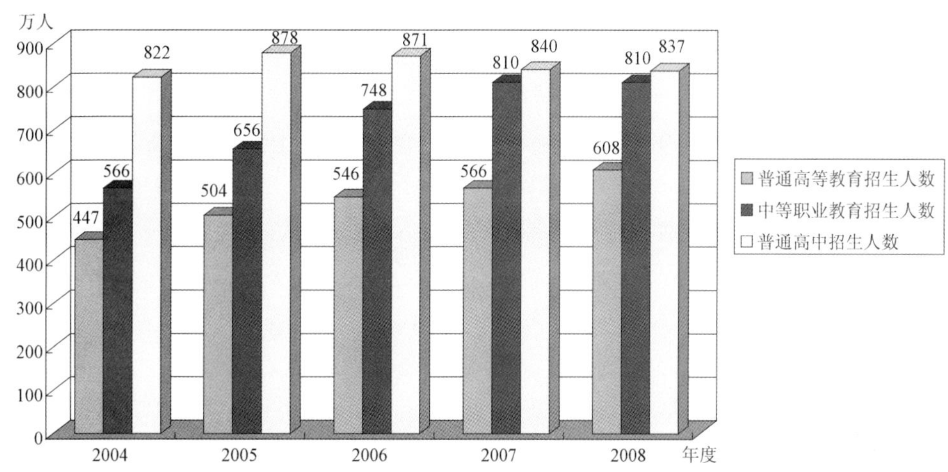

全年研究与试验发展（R&D）经费支出4570亿元，比2007年增长23.20%，占国内生产总值的1.52%，其中基础研究经费200亿元。全年国家安排了922项科技支撑计划课题，1205项“863”计划课题。新建国家工程研究中心7个，国家工程实验室51个。国家认定企业技术中心达到575家。省级企业技术中心达到4886家。全年受理国内外专利申请82.80万件，其中国内申请71.70万件，占86.60%。受理国内外发明专利申请29万件，其中国内申请19.50万件，占67.10%。全年授予专利权41.20万件，其中国内授权35.20万件，占85.50%。授予发明专利权9.40万件，其中国内授权4.70万件，占49.70%。截至2008年底，有效专利119.50万件，其中国内有效专利92.50万件，占77.40%；有效发明专利33.70万件，其中国内有效发明专利12.80万件，占37.90%。全年共签订技术合同22.60万项，技术合同成交金额2665亿元，比2007年增长19.70%。全年成功发射卫星11次，“神舟七号”载人航天飞行圆满成功。

年末全国共有产品检测实验室24300个，其中国家检测中心376个。全国现有产品质量、体系认证机构170个，已累计完成对3.80万个企业的产品认证。全国共有法定计量技术机构3701个，全年强制检定计量器具4190万台（件）。全年制定、修订国家标准6373项，其中新制定2714项。全国共有地震台站1314个，地震遥测台网31个。全国共有海洋观测站67个、海洋监测站位9200多个。测绘部门公开出版地图1834种，测绘图书309种。

十、文化、卫生和体育

年末全国共有艺术表演团体 2575 个，文化馆 3171 个，公共图书馆 2825 个，博物馆 1798 个。广播电台 257 座，电视台 277 座，广播电视台 2069 座，教育台 45 个。有线电视用户 16342 万户，有线数字电视用户 4503 万户。年末广播节目综合人口覆盖率为 96%；电视节目综合人口覆盖率为 97%。全年生产故事影片 406 部，科教、纪录、动画和特种影片 73 部。出版各类报纸 445 亿份，各类期刊 30 亿册，图书 69 亿册（张）。年末全国共有档案馆 3987 个，已开放各类档案 7267 万卷（件）。

年末全国共有卫生机构 30 万个，其中，医院、卫生院 6 万个，社区卫生服务中心（站）2.80 万个，妇幼保健院（所、站）3020 个，专科疾病防治院（所、站）1344 个，疾病预防控制中心（防疫站）3560 个，卫生监督所（中心）2591 个。卫生技术人员 492 万人，其中，执业医师和执业助理医师 205 万人，注册护士 162 万人。医院和卫生院床位 369 万张。乡镇卫生院 3.90 万个，床位 82 万张，卫生技术人员 87.40 万人。全年甲、乙类法定报告传染病发病人数 354.10 万例，报告死亡 12433 人；报告传染病发病率 268.01/10 万，死亡率 0.94/10 万。

全年运动健儿在 24 个项目中共获得了 120 个世界冠军，11 人 2 队 16 次创 16 项世界纪录。在北京奥运会上，我国运动员共获得 51 枚金牌，21 枚银牌，28 枚铜牌，奖牌总数 100 枚，位列奥运会金牌榜第一，奖牌榜第二。在北京残奥会上，我国运动员共获得 89 枚金牌，70 枚银牌，52 枚铜牌，蝉联金牌榜和奖牌榜的第一位。群众体育运动蓬勃开展。

十一、人口、人民生活和社会保障

年末全国总人口为 132802 万人，比 2007 年末增加 673 万人。全年出生人口 1608 万人，出生率为 12.14‰；死亡人口 935 万人，死亡率为 7.06‰；自然增长率为 5.08‰。出生人口性别比为 120.56。2008 年人口数及其构成见表 15。

表 15　　2008 年人口数及其构成一览表

指　　标	年末数（万人）	比　重（%）
全国总人口	132802	100
其中：城镇	60667	45.70
乡村	72135	54.30
其中：男性	68357	51.50
女性	64445	48.50
其中：0~14 岁	25166	19
15~59 岁	91647	69
60 岁及以上	15989	12
其中：65 岁及以上	10956	8.30

全年农村居民人均纯收入 4761 元，扣除价格上涨因素，比 2007 年实际增长 8%。城镇居民人均可支配收入 15781 元，实际增长 8.40%。农村居民家庭食品消费支出占家庭消费总支出的比重为 43.70%，城镇居民家庭为 37.90%。按 2008 年农村贫困标准 1196 元测算，年末农村贫困人口为 4007 万人。2004~2008 年农村居民人均纯收入及其增长速度见图 14，2004~2008 年城镇居民人均可支配收入及其增长速度见图 15。

图 14　　2004~2008 年农村居民人均纯收入及其增长速度比较示意图

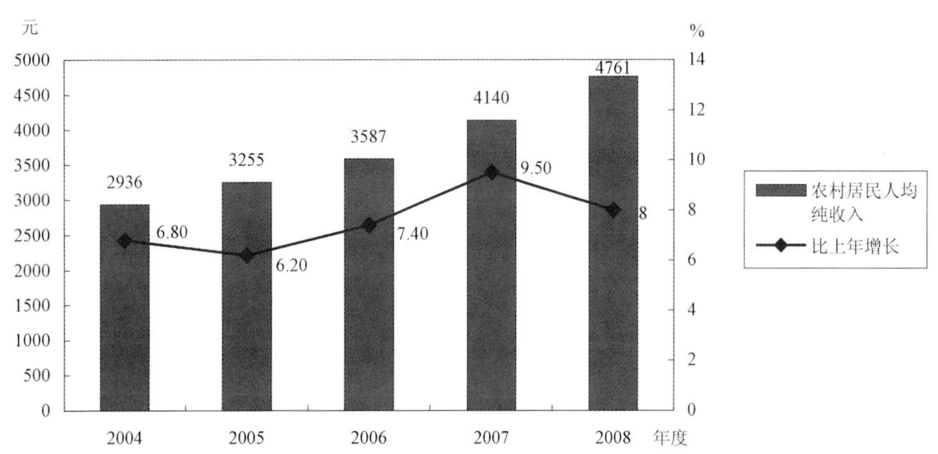

图 15　　2004~2008 年城镇居民人均可支配收入及其增长速度比较示意图

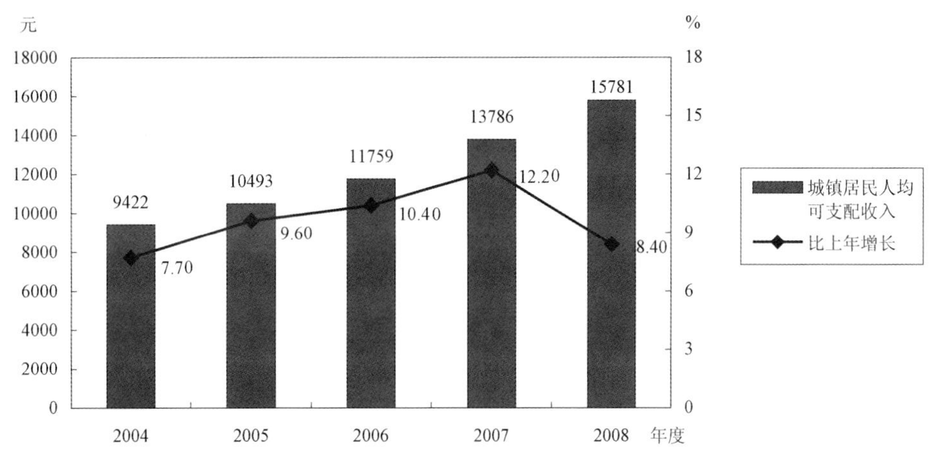

年末全国参加城镇基本养老保险人数为 21890 万人，比 2007 年末增加 1753 万人。其中，参保职工 16597 万人，参保离退休人员 5293 万人。参加城镇基本医疗保险的人数 31698 万人，增加 9387 万人。其中，参加城镇职工基本医疗保险人数 20048 万人，参加城镇居民基本医疗保险人数 11650 万人。参加城镇医疗保险的农民工 4249 万人，增加 1118 万人。参加失业保险的人数 12400 万人，增加 755 万人。参加工伤保险的人数 13810 万人，增加 1637 万人，其中参加工

伤保险农民工4976万人，增加996万人。参加生育保险的人数9181万人，增加1406万人。2729个县（市、区）开展了新型农村合作医疗工作，新型农村合作医疗参合率91.50%。新型农村合作医疗基金累计支出总额为429亿元，累积受益3.70亿人次。全年城市医疗救助513万人次，比2007年增长16%。农村医疗救助936万人次，增长148%。民政部门资助农村合作医疗的人数达2780万人次。

年末全国领取失业保险金人数为261万人。全年2334万城市居民得到政府最低生活保障，比2007年增加62万人；4291万农村居民得到政府最低生活保障，增加725万人。

年末全国各类收养性社会福利单位床位235万张，收养各类人员189万人。城镇建立各种社区服务设施10.90万个，社区服务中心9871个。全年销售社会福利彩票604亿元，筹集福利彩票公益金211亿元，直接接收社会捐赠款482亿元。

十二、资源、环境和安全生产

全年建设占用耕地19.16万公顷。灾毁耕地2.48万公顷。生态退耕0.76万公顷。因农业结构调整减少耕地2.49万公顷。土地整理复垦开发补充耕地22.96万公顷。当年净减少耕地1.93万公顷。

全年水资源总量27127亿立方米，比2007年增加7.40%；人均水资源2048立方米，增加6.90%。全年平均降水量659毫米，增加8%。年末全国大型水库蓄水总量1962亿立方米，比2007年末多蓄水93亿立方米。全年总用水量5840亿立方米，比2007年增长0.40%，其中，生活用水增长0.60%，工业用水增长1.80%，农业用水减少0.20%，生态补水减少0.70%。万元国内生产总值用水量231.80立方米，比2007年下降7.90%。万元工业增加值用水量130.30立方米，下降7%。人均用水量440.90立方米，下降0.10%。

国土资源调查及地质勘查新发现大中型矿产地209处，其中，能源矿产地38处，金属矿产地90处，非金属矿产地79处，水气矿产地2处。有57种矿产新增查明资源储量，其中，石油13.40亿吨，天然气6472亿立方米，原煤231.10亿吨。

全年完成造林面积477万公顷，其中人工造林329万公顷。林业重点工程完成造林面积312万公顷，占全部造林面积的65.40%。全民义务植树23.10亿株。截至2008年底，自然保护区达到2538个，其中国家级自然保护区303个。新增综合治理水土流失面积4.70万平方公里，新增实施水土流失地区封育保护面积2.60万平方公里。

初步测算，全年能源消费总量28.50亿吨标准煤，比2007年增长4%。煤炭消费量27.40亿吨，增长3%；原油消费量3.60亿吨，增长5.10%；天然气消费量807亿立方米，增长10.10%；电力消费量34502亿千瓦小时，增长5.60%。全国万元国内生产总值能耗下降4.59%。主要原材料消费中，钢材消费量5.40亿吨，增长4.20%；精炼铜消费量538万吨，增长6.90%；电解铝消费量1260万吨，增长4.30%；乙烯消费量998万吨，下降2.90%；水泥消费量13.70亿吨，增长3.50%。

七大水系的409个水质监测断面中，Ⅰ~Ⅲ类水质断面比例占55%，比2007年提高5.10个百分点；劣Ⅴ类水质断面比例占20.80%，比2007年下降2.80个百分点。七大水系水质总体上持续好转，部分流域污染仍然严重。

近岸海域301个海水水质监测点中，达到国家一、二类海水水质标准的监测点占70.40%，比2007年上升7.60个百分点；三类海水占11.30%，下降0.50个百分点；四类、劣四类海水占18.30%，下降7个百分点。全国海域未达到清洁海域水质标准的海域面积 13.70 万平方公里，比 2007 年减少 0.80 万平方公里，其中，严重污染海域面积为 2.50 万平方公里。渤海严重污染海域面积 0.30 万平方公里。

在监测的 519 个城市中，有 399 个城市空气质量达到二级以上（含二级）标准，占监测城市数的 76.90%；有 113 个城市为三级，占 21.80%；有 7 个城市为劣三级，占 1.30%。在监测的 392 个城市中，城市区域声环境质量好的城市占 7.90%，较好的占 63.80%，轻度污染的占 27%，中度污染的占 1.30%。

全年平均气温为 9.60℃，比 2007 年低 0.50℃。全年共有 10 个台风在我国登陆，增加 2 个。

年末城市污水处理厂日处理能力达 8295 万立方米，比 2007 年末增长 16.10%；城市污水处理率达到 65.30%，提高 2.40 个百分点；集中供热面积 32.10 亿平方米，增长 6.60%；建成区绿地率达到 31.60%，提高 0.30 个百分点。

全年各类自然灾害造成直接经济损失 11752 亿元，比 2007 年增加 4 倍。全年农作物受灾面积 3999 万公顷，下降 18.40%。其中，绝收 403 万公顷，下降 29.80%。全年共发生森林火灾 1.30 万起，上升 45.20%。全年因洪涝灾害造成直接经济损失 635 亿元，下降 23.10%；死亡 686 人，下降 41.30%。全年因旱灾造成直接经济损失 307 亿元，下降 60.90%。全年因海洋灾害造成直接经济损失 206 亿元，增加 1.30 倍。全年累计发生赤潮面积 13738 平方公里，增加 18.30%。全年低温冷冻和雪灾造成直接经济损失 1595 亿元，死亡 162 人。全年实际发生各类地质灾害 2.70 万起，直接经济损失 183.70 亿元，死亡 656 人。全年大陆地区共发生 5 级以上地震 87 次，成灾 17 次，造成直接经济损失 8523 亿元，死亡近 7 万人。其中，四川汶川地震震级达 8.0 级，造成直接经济损失 8451 亿元。

全年生产安全事故死亡 91172 人，比 2007 年下降 10.20%。亿元国内生产总值生产安全事故死亡人数为 0.31 人，下降 24.50%；工矿商贸企业就业人员 10 万人生产安全事故死亡人数为 2.82 人，下降 7.50%；煤矿百万吨死亡人数为 1.18 人，下降 20.40%。全年共发生道路交通事故 26.50 万起，造成 7.30 万人死亡，30.50 万人受伤，直接财产损失 10.10 亿元；道路交通万车死亡人数为 4.30 人，减少 0.80 人。

注：

①本公报中数据均为初步统计数。

②各项统计数据均未包括香港特别行政区、澳门特别行政区和台湾省。

③部分数据因四舍五入的原因，存在着与分项合计不等的情况。

④国内生产总值、各产业增加值绝对数按现价计算，增长速度按不变价格计算。

⑤6 大高耗能行业分别为：化学原料及化学制品制造业、非金属矿物制品业、黑色金属冶炼及压延加工业、有色金属冶炼及压延加工业、石油加工炼焦及核燃料加工业、电力热力的生产和供应业。

⑥钢材产量及消费量数据中均含部分使用钢材加工成其他钢材的重复计算因素。

⑦固定资产投资按东部、中部、西部地区计算的合计数据小于全国数据，是因为有部分跨地区的投资未计算在地区数据中。

⑧房地产业投资除房地产开发投资外，还包括建设单位自建房屋以及物业管理、中介服务和其他房地产投资。

⑨原保险保费收入是指保险企业确认的原保险合同保费收入。

⑩城镇职工基本医疗保险人数包括参保职工和参保退休人员。城镇居民基本医疗保险的参保对象是不属于城镇职工基本医疗保险覆盖范围的城镇非从业人员。

⑪农村贫困人口是根据新修订的农村贫困标准统计的，与历史数据不完全可比。

⑫万元国内生产总值用水量按 2005 年不变价格计算，邮电业务总量按 2000 年不变价格计算。

湖北省2008年国民经济和社会发展统计公报

湖北省统计局

（2008年3月5日）

2008年是极不平凡的一年。面对历史罕见的雨雪低温冰冻等严重自然灾害和严峻复杂的国际国内经济形势，全省上下深入贯彻落实科学发展观，按照党中央、国务院和省委、省政府的决策部署，同心同德，顽强拼搏，克难奋进，沉着应对各种不利因素的影响和冲击，全省经济呈现增长较快、物价回稳、结构优化、民生改善的良好格局，各项社会事业全面进步。

一、综合

2008年，全省完成生产总值11330.38亿元，按可比价格计算，比2007年增长13.40%，连续5年保持两位数增长。其中，第一产业完成增加值1780亿元，增长6%；第二产业完成增加值4963.61亿元，增长16.60%；第三产业完成增加值4586.77亿元，增长12.40%。三次产业结构由2007年的14.90∶43∶42.10调整为15.70∶43.80∶40.50。在第三产业中，金融保险业增长8.20%，批发和零售业增长12.80%，住宿和餐饮业增长12%，房地产业增长0.90%，其他服务业增长15.80%。

居民消费价格总指数为6.30%，涨幅比2007年提高1.50个百分点，其中，城市上涨5.50%，农村上涨7.40%。分类别看，食品类价格上涨15.10%，衣着类价格下降2.10%，医疗保健及个人用品类价格上涨3.50%，娱乐教育文化用品及服务类价格下降0.90%，居住类价格上涨6.90%。工业品出厂价格上涨6.10%，原材料、燃料、动力购进价格上涨10.90%，农业生产资料价格上涨27.20%。

2008年末全省从业人员3607万人，比2007年末增加23万人，其中城镇就业人员1337万

亢龙太子酒店

人，比2007年末增加15万人。据湖北省劳动和社会保障部门统计，年末城镇登记失业率为4.20%，比2007年末下降0.01个百分点。

经济和社会发展中存在的主要困难和问题有：农民工返乡增多，农民增收压力加大；工业增幅回落，亏损额上升；房地产开发走低，销售面积下降；节能减排、资源环境与就业的压力仍然较大。

二、农业

全年农林牧渔业增加值达到1780亿元，按可比价计算比2007年增长6%。粮食种植面积390.67万公顷，比2007年减少7.47万公顷；棉花种植面积54.30万公顷，增加2.88万公顷；油料种植面积133.96万公顷，增加16.79万公顷。粮食总产量2227.23万吨，比2007年增产41.79万吨，增长1.90%；棉花总产量51.30万吨，减产4.43万吨，减少7.90%；油料产量283.56万吨，增产28.81万吨，增长11.30%。2008年主要农产品产量及其增长速度见表1。

表1　　2008年主要农产品产量及其增长速度一览表

产品名称	产量（万吨）	比2007年增长（%）
粮食	2227.23	1.90
棉花	51.30	-7.90
油料	283.56	11.30
花生	57.49	18.30
油菜籽	214.89	11.20
麻类	4.76	-10.50
烟叶	11.80	22.20
茶叶	13.03	24.10
水果（不含果用瓜）	377.66	13.30
蔬菜	2890.67	8.90

2008年全省造林面积14.51万公顷，比2007年增长2.40%，零星植树达到1.80亿株，木材采伐量174.10万立方米，增长8.50%。

畜牧、水产业稳步增长。生猪出栏3498.30万头，比2007年增长11.70%；水产品产量达到313.39万吨，增长5.20%。

农村用电量97.94亿千瓦时，比2007年增长11.60%；化肥施用量326.91万吨，增长9%。

三、工业和建筑业

工业生产保持较快增长。全省规模以上工业完成增加值3842.33亿元，按可比价格计算，比2007年增长21.60%。其中，国有及国有控股企业完成增加值1721.46亿元，增长14%；国有企业增加值779.05亿元，增长15.90%；集体企业增加值47.49亿元，增长14%；股份合作企业增加值24.52亿元，增长15.60%；股份制企业增加值1969.52亿元，增长24.60%；外商及港澳台投资企业增加值812.16亿元，增长16.70%；其他经济类型企业增加值209.58亿元，增长32.80%。轻工业增加值1112.93亿元，增长23%；重工业增加值2729.40亿元，增长20.50%。轻重工业结构由2007年的28∶72变为29∶71。

工业产品结构有所改善，高新技术产业增长较快。全省高新技术产业增加值 1104.94 亿元，比 2007 年增长 24.20%，占规模以上工业增加值的比重达 28.80%。2008 年主要工业产品产量及其增长速度见表 2。

表 2　2008 年主要工业产品产量及其增长速度一览表

产品名称	单位	产量	比 2007 年增长（%）
纱	万吨	126.11	6.60
布	亿米	36.37	18.20
化纤	万吨	11.92	-15.40
卷烟	亿支	1245.66	8.20
家用电冰箱	万台	29.03	-41
房间空调器	万台	493.74	12.20
原煤	万吨	727.10	18.90
原油	万吨	83.92	-1.90
发电量	亿千瓦小时	1743.20	13.40
其中：水电	亿千瓦小时	1192.75	28.40
钢	万吨	1991.47	9.60
钢材	万吨	2150.84	15.40
十种有色金属	万吨	76.87	7.70
其中：铜	万吨	27.10	6.20
水泥	万吨	6211.95	16.70
硫酸	万吨	527	13
纯碱	万吨	90.27	3.60
烧碱	万吨	47.57	7.50
化肥（折 100%）	万吨	589.85	6.50
发电设备	万千瓦	181.14	-30.10
汽车	万辆	84.93	10
其中：轿车	万辆	31.71	-4.90
移动电话机	万部	367.53	4.40

工业产销衔接较好，经济效益继续提高。全省工业完成销售产值12108.59亿元，比2007年增长29.30%，其中：钢铁、汽车、石化、电子信息、食品5个重点行业实现销售收入超千亿元，工业产品销售率为97.90%。1~11月全省工业经济效益综合指数为208.08，比2007年提高18.79个百分点，经济效益综合指数及增幅均为近几年来最好水平。1~11月全省工业企业实现利润632.69亿元，比2007年增长8.80%；其中国有及国有控股企业实现利润385.82元，下降2%。

建筑业发展步伐加快，全年资质以内建筑企业完成施工产值2597.65亿元，比2007年增长23.10%；实现利润93.57亿元，增长74.60%；税金62.82亿元，增长28.90%。建筑单位房屋建筑施工面积16251.10万平方米，其中招投标承包面积12215.80万平方米，招投标面为75%。建筑企业劳动生产率为19万元/人，增长13.80%；新开工房屋建筑施工面积9460.10万平方米，比2007年减少688.90万平方米。

四、固定资产投资

全社会完成固定资产投资5798.56亿元，比2007年增长27.90%，其中城镇以上项目投资5332.67亿元，增长29.10%；房地产开发投资892.67亿元，增长23.70%。按经济类型划分，国有经济投资2237.52亿元，增长23.70%；集体经济投资261.45亿元，增长68%；城乡私营个体投资1242.19亿元，增长37.90%；其他经济投资2057.40亿元，增长23.20%。按产业划分，全省三次产业投资分别为231.25亿元、2344.36亿元和3222.95亿元，分别增长54.80%、37%和20.50%。

全省89个重点建设项目完成投资851.87亿元，占城镇以上项目投资的16%。新增的主要生产能力有：原煤开采79.90万吨/年、发电机组容量650万千瓦、新建高速公路76公里、电气化铁路主线正线交付运营里程186公里。

五、国内贸易

全年实现社会消费品零售总额4965.82亿元，比2007年增长23.30%。分城乡看，城市实现零售额3486.46亿元，比2007年增长23.30%；县及县以下实现零售额1479.37亿元，增长23.20%。分行业看，批发业实现零售额637.82亿元，增长25.30%；零售业3437.46亿元，增长22.60%；住宿和餐饮业661.90亿元，增长25%；其他行业228.64亿元，增长22.80%。

六、对外经济

全年实现外贸进出口总额205.67亿美元，比2007年增长38.40%，其中，出口115.92亿美元，增长41.80%；进口89.75亿美元，增长34.30%。新批外商直接投资项目343个，总投资在1000万美元以上的外商投资企业103家。全年外商直接投资及其他投资41.14亿美元，比2007年增长17.50%；其中，外商直接投资32.45亿美元，增长17.30%；外商其他投资8.70亿美元，增长18.10%。国外经济合作业务完成营业额15.20亿美元，新签合同额33.10亿美元，分别增长1.45倍和69.40%。

七、交通、邮电和旅游

全年完成货物周转量1938.01亿吨公里，比2007年增长4.80%；旅客周转量1053.70亿人公里，增长11.60%。

邮电通信业完成邮电业务总量712.10亿元，比2007年增长22.50%。长途光缆线路总长度2.76万公里；局用交换机达到1795万门，当年新增47万门；固定电话用户1178.70万户，减少100万户；移动电话用户达到2528.70万户，新增588.10万户。全省电话普及率为65.10部/百人。计算机宽带互联网用户286.40万户。

全年国内旅游人数11678.26万人次，比2007年增长15.20%；国内旅游收入713.43亿元，增长17.10%。入境旅游人数118.75万人次，比2007年下降9.90%。国际旅游外汇收入4.42亿美元，增长7.30%。

八、财政、金融和保险

全年完成财政总收入1338.04亿元，比2007年增长20%，其中地方一般预算收入710.24亿元，增长20.30%，其中，税收收入537.14亿元，增长23.80%。全年财政支出1638.03亿元，比2007年增长28.20%。

年末全省金融机构各项存款余额13574.95亿元，比年初增加2363.36亿元。其中，城乡居民储蓄存款余额6800.41亿元，增加1309.87亿元。金融机构各项贷款余额8752.01亿元，比年初增加1305.19亿元。其中，短期贷款余额3401.57亿元，增加339.80亿元；中长期贷款5001.78亿元，增加834.03亿元。

全年保费收入317.15亿元，增长63.70%。其中，财产险公司实现保费收入58.32亿元，增长22.50%；人身险公司保费收入258.83亿元，增长77.20%。支付各类赔款及给付85.89亿元，同比增长23.50%，其中，财产险公司赔款41.55亿元，同比增长42.60%；人生险公司赔付44.35元，同比增长9.70%。

九、教育和科学技术

年末全省普通高等教育招生37.60万人，在校生118.50万人，毕业生35.20万人；研究生招生3万人，在校研究生8.30万人，毕业生2.40万人；普通高等学校毛入学率达到27.80%；各类中等职业教育招生36.40万人，在校生101万人，毕业生26.50万人；普通高中招生43.90万人，在校生132.20万人，毕业生45万人；普通初中在校生261.20万人，小学在校生360.80万人，幼儿园在园幼儿74.30万人。

科学研究和技术开发取得新的成果，全年共取得省部级以上科技成果800项。其中，基础理论成果19项，应用技术成果750项，软科学成果31项。全年共签订技术合同6684项，技术合同成交金额60.80亿元，比2007年增长15.80%。

全省科学研究与实验发展（R&D）经费支出138亿元，比2007年增长16.50%，占生产总值的1.22%。全年安排“863”计划331项（课题），经费2.07亿元，“973”计划92项，经费8493万元。争取国家高技术产业发展项目23个，项目总投资12亿元，安排国家资金1.64亿元，银行贷款3亿元。

全省具备向社会出具检测报告的产品质量监督检验机构有139个，其中国家产品质量监督检验中心7个。全省通过CNAL认可的检测/校准实验室66家。累计有5226家企业通过ISO9000体系认证；企业获得强制性认证证书4002张。法定计量技术机构有106个，强制检定计量器具127.50万台件。

全省天气雷达观测站点有10个，卫星云图接受站点17个。地震前兆台站网1个，前兆台站20个；数字测震台网1个，测震台站30个。

十、文化、卫生和体育

全省共有艺术表演团体90个，群艺馆、文化馆113个，公共图书馆104个，博物馆107个，电影放映管理机构105个，放映单位1536个。广播电台11座，电视台12座，有线电视用户712.25万户。全年出版全国性和省级报纸18.8亿份，各类期刊2.29亿册，图书1.39亿册（张）。

全省共有卫生机构11151个，卫生技术人员23.60万人，病床床位16.70万张；卫生防疫、防治机构222个，卫生防疫技术人员9439人。

全省运动健儿在国际比赛中共获得9枚金牌、3枚银牌和8枚铜牌。在全国比赛中，15人获第一名，15人获第二名，24人获第三名。全年销售体育彩票16.20亿元，居全国第10位。

十一、人口、人民生活和社会保障

年末全省常住人口为5711万人。全年出生人口55.98万人，出生率为9.21‰；死亡人口39.51万人，死亡率为6.50‰，人口自然增长率为2.71‰。

城乡居民收入继续增加，城镇居民人均可支配收入13152.86元，比2007年增长14.50%；农民人均纯收入4656.38元，增长16.50%。

社会保障进一步加强，年末全省参加基本养老保险人数932.10万人，比2007年增加45万人，其中，在职职工680.40万人，离退休人员251.70万人；参加失业保险人数422.92万人；参加医疗保险人数714.80万人，增加70.30万人。年末全省企业参加基本养老保险离退休人员195.10万人，100%实现了养老金按时足额发放；全年累计领取失业保险金人数15万人。全省城镇居民最低生活保障对象143.80万人，农村居民最低生活保障人数146万人，城乡大病医疗救助7.60万人次，国家抚恤、补助各类优抚对象38.80万人。

社会福利事业不断发展，年末全省各类社会福利收养床位20.20万张，收养18.10万人，城镇社区服务设施7328个。全年销售社会福利彩票28.10亿元。

十二、资源和环境

年末全省耕地面积327.43万公顷，比2007年增加4.77万公顷，增长1.50%。单位生产总值能耗超额完成目标，化学需氧量和二氧化硫排放量分别下降2.50%和3%，均完成了减排目标。

长江干流水质总体较好，15个监测断面的水质Ⅰ~Ⅲ类的占100%。与2007年相比，长江水质总体无明显变化。

全省17个市、州、直管市、神农架林区中，按二氧化硫、二氧化氮、总悬浮颗粒物或可吸入颗粒物年均浓度综合评价，神农架林区空气质量符合国家一级标准，占重点城市的5.90%；10个城市符合国家二级标准，占重点城市的58.80%；6个城市符合国家三级标准，占重点城市的35.30%。

全省累计已发现矿种146种，累计已查明资源储量的矿种92种。2008年国土资源调查及地质勘查新发现中、小型矿产地3处。

全省各级环境监测机构100个，环境监测人员1904人。全省自然保护区达到63个，其中国家级生态示范区9个；省级自然保护区15个，自然保护区总面积109.53万公顷。

注：本公报所列数据为初步统计数。

东方大酒店

武汉市2008年国民经济和社会发展统计公报

武汉市统计局

（2008年3月10日）

2008年，在市委、市政府正确领导下，全市人民抢抓“两型社会”综合配套改革的重大机遇，沉着应对各种不利因素的挑战和考验，克难奋进、开拓创新，国民经济快速增长，社会事业全面发展，人民生活继续改善，经济社会建设取得明显成效。

一、综合

初步核算，全年地区生产总值3960.08亿元，比2007年增长15.10%。其中，第一产业增加值144.70亿元，增长3%；第二产业增加值1827.65亿元，增长17.70%；第三产业增加值1987.73亿元，增长13.50%。一、二、三产业比重3.70∶46.10∶50.20，与2007年相比，一产业下降0.40个百分点，二产业上升0.30个百分点，三产业上升0.10个百分点。地区生产总值及其增长速度见表1。

表1　地区生产总值及其增长速度一览表

指　标	2008年（亿元）	比2007年增长（%）
生产总值	3960.08	15.10
第一产业	144.70	3
第二产业	1827.65	17.70
其中：工业	1515.65	18.20
建筑业	312	14.90
第三产业	1987.73	13.50
其中：交通运输、仓储和邮政业	233.06	5.40
信息传输、计算机服务和软件业	134.91	20.30
批发和零售业	396.86	13.20
住宿和餐饮业	168.15	15
金融业	239.19	15.80
房地产业	137.62	-13.10

全年全口径财政收入791.31亿元，比2007年增长24.80%。地方财政收入376.91亿元，增长27.20%。地方一般预算收入277.32亿元，增长25.10%，其中，税收收入220.40亿元，增长25.60%；非税收入56.92亿元，增长23.10%。

全年居民消费价格比2007年上涨5.70%，其中，食品类上涨14.10%，非食品类上涨1.50%；消费品类上涨7.10%，服务项目类上涨1.50%。商品零售价格上涨5.10%。工业品出厂价格上涨5.10%，其中，轻工业品上涨1.20%，重工业品上涨7.10%；生产资料上涨7.80%，生活资料下跌0.90%。原材料、燃料、动力购进价格上涨11.90%。2007~2008年居民消费价格指数见表2。

表2　2007~2008年居民消费价格指数一览表　（上年=100）

指　　标	2008年	2007年
居民消费价格指数	105.70	104.10
食品	114.10	111.20
烟酒及用品	105.60	102.90
衣着	100.40	100.30
家庭设备用品及维修服务	98.10	98.70
医疗保健和个人用品	104.90	100.80
交通和通信	98.50	96.70
娱乐教育文化用品及服务	98.60	98
居住	105.10	103

年末全市全民创业基地面积122.86万平方米，创业培训人数11500人，新增企业2.16万户、个体工商户7.04万户。城镇单位在岗职工人数157.41万人，增加8.91万人。新增城镇就业人数14万人，下岗职工实现再就业5.50万人，转移农村富余劳动力6.30万人。城镇居民登记失业率4.20%。

二、农业

全年农林牧渔业总产值244.64亿元，比2007年增长3.50%。其中，农业132.25亿元，增长1.30%；林业1.46亿元，下降2.90%；牧业69.56亿元，增长10.90%；渔业40.11亿元，下降0.50%；农林牧渔服务业1.26亿元，增长7.60%。

年末全市蔬菜播种面积161.66千公顷，其中，无公害蔬菜种植面积71.30千公顷，比2007年增加8千公顷。名特优水产养殖面积67千公顷，增加2.30千公顷。全年推广农业实用技术16项，增加4项。农业产业化基地覆盖率57.50%，提高1.10个百分点。销售收入过亿元的农业龙头企业30家，其中，国家级重点龙头企业7家。

全年粮食产量129.73万吨，比2007年增长9.80%；棉花3.53万吨，增长2.70%；油料18.45万吨，增长12.20%；蔬菜584.91万吨，增长11.30%；生猪出栏241.62万头，增长19.80%。2008年主要农产品产量及其增长速度见表3。

表3　　2008年主要农产品产量及其增长速度一览表

主要农产品	计量单位	2008年	比2007年增长（%）
粮食	万吨	129.73	9.80
棉花	万吨	3.53	2.70
油料	万吨	18.45	12.20
蔬菜	万吨	584.91	11.30
禽蛋	万吨	13.85	38.50
水产品	万吨	40.78	9.70
生猪出栏	万头	241.62	19.80
牛奶产量	万吨	11.76	5.80
家禽出笼	万只	4650.57	13.60

年末农业机械总动力199.70万千瓦，比2007年增加6万千瓦，其中，农用排灌动力机械54.50万千瓦，增加1.01万千瓦。农田有效灌溉面积161.17千公顷，占全市耕地面积的77.60%。

三、工业和建筑业

全年工业增加值1515.65亿元，比2007年增长18.20%，其中，规模以上工业增加值1388亿元，增长20.30%。规模以上工业总产值4338.28亿元，增长25.40%。其中，轻工业总产值944.10亿元，增长24.70%；重工业总产值3394.18亿元，增长25.50%。规模以上工业企业总产值及其增长速度见表4。

表4　　规模以上工业企业总产值及其增长速度一览表

指　　标	2008年（亿元）	比2007年增长（%）
工业总产值	4338.28	25.40
其中：国有经济	1315.19	30.20
集体经济	29.63	15.90
股份制企业	1657.07	24.20
外商港澳台经济	1274.41	21.50
其中：轻工业	944.10	24.70
重工业	3394.18	25.50

全年钢材产量1307.13万吨，比2007年增长21.50%；生铁产量1359.50万吨，增长16.70%；汽车产量33.82万辆，与2007年持平；显示器1043.75万台，增长4.60%；房间空调器493.74

万台，增长 7.20%；卷烟 249.13 万箱，增长 8.20%；软饮料 169.66 万吨，增长 41.10%；啤酒 9.02 亿升，增长 9.90%；原油加工量 396.56 万吨，下降 6.60%；发电量 168.51 亿千瓦小时，下降 17.80%。

全市规模以上工业中，钢铁及深加工、汽车及零部件、石油化工、电子信息、装备制造、能源及环保、食品烟草、生物医药、纺织服装、日用轻工、建材等11个主要行业工业总产值4190.79亿元，占规模以上工业的 96.60%。分行业规模以上工业总产值及其增长速度见表 5。

表 5　　分行业规模以上工业总产值及其增长速度一览表

指　　标	2008 年（亿元）	比 2007 年增长（%）
钢铁及深加工	818.94	38.70
装备制造	749.12	35.30
汽车及零部件	635.54	13.10
食品烟草	488.03	30.90
电子信息	438.47	26.60
石油化工	299.29	15.30
能源及环保	292.49	8.10
日用轻工	201.12	15.70
建材	112.24	33.50
生物医药	78.34	25.50
纺织服装	77.21	11.50

全年中心城区规模以上工业总产值 2214.68 亿元，比 2007 年增长 26.40%；远城区 838.46 亿元，增长 38.60%；东湖新技术开发区和武汉经济技术开发区共 1586.82 亿元，增长 21.60%。其中，东湖新技术开发区 639.86 亿元，增长 36.60%；武汉经济技术开发区 946.96 亿元，增长 13.20%。

全年规模以上工业经济效益综合指数 210，比 2007 年下降 10 个点；工业产品销售率 97.92%，下降 0.48 个百分点；工业产品销售收入 4350 亿元，增长 32%；利税总额 503 亿元，下降 2.40%，其中，利润总额 205 亿元，下降 13%。

年末全市建筑企业总数 10080 家，其中，具有资质等级的建筑企业 3088 家，比 2007 年增加 427 家。实现建筑业增加值 312 亿元，增长 14.90%。

四、固定资产投资

全年全社会固定资产投资 2252.05 亿元，比 2007 年增长 30%，其中，城镇固定资产投资 2202.45 亿元，增长 30.50%。

在城镇固定资产投资中，第一产业投资 21.84 亿元，比 2007 年增长 144.50%，增幅比 2007 年提高 121.30 个百分点；第二产业投资 665.99 亿元，增长 46.50%，提高 22.80 个百分点，其中，制造业投资 589.73 亿元，增长 38.70%，提高 9.80 个百分点；第三产业投资 1514.62 亿元，增长 23.80%，下降 7.90 个百分点。全社会固定资产投资及其增长速度见表 6。

表 6　　全社会固定资产投资及其增长速度一览表

指　　标	2008年（亿元）	比2007年增长（%）
全社会固定资产投资	2252.05	30
城镇固定资产投资	2202.45	30.50
按行业分：第一产业	21.84	144.50
第二产业	665.99	46.50
其中：制造业	589.73	38.70
第三产业	1514.62	23.80
按构成分：建筑工程	1173.60	26.10
安装工程	144.33	36.70
设备购置	450.29	53.20
其他费用	434.23	21.60

全年实施市级重大项目110个，完成投资701.70亿元，比2007年增长32%。在全部在建项目中，投资超过100亿元的项目6个，投资50~100亿元的项目8个，投资超亿元的项目71个。

五、房地产业

全年房地产开发投资570.36亿元，增长24.10%，增幅比2007年下降1.50个百分点，其中，住宅开发投资424.97亿元，增长28.30%，提高7.10个百分点。房屋施工面积3798.10万平方米，增长18.90%，其中，住宅施工面积3222.14万平方米，增长21.20%。房屋新开工面积1447.28万平方米，增长23.30%，其中，住宅新开工面积1232.98万平方米，增长18.80%。房屋竣工面积869.83万平方米，下降6.80%，其中，住宅竣工面积768.23万平方米，下降5.30%。房地产开发投资及其增长速度见表7。

表 7　　房地产开发投资及其增长速度一览表

指　　标	计量单位	2008年	比2007年增长（%）
房地产开发投资	亿元	570.36	24.10
住宅开发投资	亿元	424.97	28.30
其中：经济适用房	亿元	49.29	81.50
房屋施工面积	万平方米	3798.10	18.90
住宅施工面积	万平方米	3222.14	21.20
其中：经济适用房	万平方米	589.73	61.40
房屋竣工面积	万平方米	869.83	-6.80
住宅竣工面积	万平方米	768.23	-5.30
其中：经济适用房	万平方米	122.27	47.20
房屋销售面积	万平方米	732.07	-35.50
住宅销售面积	万平方米	683.24	-36.10
其中：经济适用房	万平方米	92.39	-3.20

全年商品房销售面积 732.07 万平方米，比 2007 年下降 35.50%，其中，现房销售面积 217.46 万平方米，下降 58.20%；期房销售面积 514.61 万平方米，下降 16.30%。商品房销售额 350.01 亿元，下降 33.90%，其中，现房 99.66 亿元，下降 54.90%；期房 250.36 亿元，下降 18.80%。在商品房销售中，住宅销售面积 683.24 万平方米，下降 36.10%；住宅销售额 319.79 亿元，下降 33.80%。年末商品房空置面积 215.45 万平方米，比 2007 年末增加 63.40%，其中，住宅空置面积 135.09 万平方米，增加 166.50%。

全年经济适用房开发投资 49.29 亿元，比 2007 年增长 81.50%。经济适用房开发投资占住宅开发投资的 11.60%，提高 3.40 个百分点。经济适用房施工面积 482.04 万平方米，增长 61.40%；其中，新开工面积 299.77 万平方米，增长 159.05%。经济适用房竣工面积 122.27 万平方米，增长 47.20%。经济适用房销售面积 92.39 万平方米，下降 3.20%；销售额 25.68 亿元，增长 1.50%。

六、国内贸易

全年社会消费品零售总额 1850.05 亿元，比 2007 年增长 21.80%，增幅同比提高 4.40 个百分点。其中，批发零售业 1547.02 亿元，增长 21%，提高 2.20 个百分点；住宿餐饮业 247.03 亿元，增长 22.80%，提高 9.20 个百分点。按用途分，吃的商品零售额 486.17 亿元，增长 26.40%；穿的商品零售额 372.67 亿元，增长 20.40%；用的商品零售额 881.24 亿元，增长 16.90%；其他商品零售额 109.96 亿元，增长 45.60%。

全年限额以上批发零售企业零售额 652.23 亿元，比 2007 年增长 22.70%；占社会消费品零售总额的 35.30%，提高 0.30 个百分点。其中，百货商店零售额 152.35 亿元，增长 13.90%；超级市场 197.32 亿元，增长 21.70%；专业店 179.84 亿元，增长 34.80%；专卖店 97.27 亿元，增长 11.60%；便利店 22.64 亿元，增长 48.20%。限额以上住宿餐饮业零售额 53.67 亿元，增长 29.50%。社会消费品零售总额及其增长速度见表 8。

表 8　　社会消费品零售总额及其增长速度一览表

指　　标	2008 年（亿元）	比 2007 年增长（%）
社会消费品零售总额	1850.05	21.80
按行业分：批发零售业	1547.02	21
其中：限额以上	652.23	22.70
住宿餐饮业	247.03	22.80
其中：限额以上	53.67	29.50
其他	56	44
按业态分（限额以上）：百货商店	152.35	13.90
超级市场	197.32	21.70
专业店	179.84	34.80
专卖店	97.27	11.60
便利店	22.64	48.20
其他	2.81	—

年末各类商业零售网点12.80万家。其中，大中型综合超市108个，比2007年增加12个；便民超市、百货店、专业店、专卖店831个，增加75个。登记注册的商品交易市场623个，其中，消费品市场568个。

七、对外经济

全年外贸进出口总额139.77亿美元，比2007年增长40.30%。其中，进口70.73亿美元，增长35.80%；出口69.04亿美元，增长45.30%。在出口总额中，一般贸易出口42.75亿美元，增长45.70%；加工贸易出口23.39亿美元，增长31%。在出口产品中，机电产品出口38.34亿美元，增长42.20%；高新技术产品出口17.54亿美元，增长38.70%。出口国别和地区数187个，增加1个。

全年实际利用外资25.70亿美元，比2007年增长14.40%。引进外资在1000万美元以上的项目56项，增加2项；引进外资在3000万美元以上项目29项，增加6项。累计批准三资企业5328户，增加173家。世界500强企业在汉投资73家，增加3家；投资项目89项，增加5项。对外经济总额及其增长速度见表9。

表9　　对外经济总额及其增长速度一览表

指　　标	2008年（亿美元）	比2007年增长（%）
进出口总额	139.77	40.30
进口	70.73	35.80
出口	69.04	45.30
其中：一般贸易	42.75	45.70
加工贸易	23.39	31
实际利用外资额	25.70	14.20

全年对外签定承包工程劳务合同总金额3.85亿美元，比2007年增长29.80%。对外工程承包和劳务合作营业额2.43亿美元，增长15.80%；外派劳务人员2753人。

全年引进内资337.48亿元，比2007年增长35.40%。引进投资规模在亿元以上的项目142个，其中，10亿元以上项目32个，5~10亿元项目23个，1~5亿元项目87个。登记驻汉办事机构累计298家，增加8家。

八、交通、邮电和旅游

年末民用航线141条，比2007年增加6条。其中，国际航线12条，增加1条；国内航线129条，增加5条。公路通车里程9961.99公里，增长11.30%，其中，等级公路9732公里。公路路网密度130.51公里/百平方公里，增长11.30%。汽车拥有量55.57万辆，增长14.80%，其中，小型汽车37.28万辆，增长21.20%。全年交通客货运输换算周转量1943.20亿吨公里，增长2.30%。交通运输周转量及其增长速度见表10。

表 10 交通运输周转量及其增长速度一览表

指　　标	计量单位	2008 年	比 2007 年增长（%）
货物周转量	亿吨公里	1445.10	1.90
其中：铁路	亿吨公里	1141.73	0.30
水运	亿吨公里	223.80	9.70
公路	亿吨公里	78.55	5
航空	亿吨公里	1.02	-2.90
旅客周转量	亿人公里	627.18	4.70
其中：铁路	亿人公里	465.72	5.40
公路	亿人公里	81.07	4.30
航空	亿人公里	80.39	1.40

年末移动电话用户 917.96 万户，比 2007 年增长 20.60%，移动电话普及率 103.30 部/百人。固定电话用户 375.64 万户，下降 7.10%。其中，住宅电话用户 121.60 万户，下降 5.40%，固定电话普及率 45.10 部/百人。互联网宽带用户 98.67 万户，增长 13.50%。全年邮电业务总量 211.08 亿元，增长 16.90%。

年末旅游景区 31 个，其中，5A 级 1 个，4A 级 8 个，3A 级 4 个，3A 级以下 18 个。旅游星级以上宾馆 112 个，减少 9 个。其中，五星级 7 个，增加 1 个；四星级 24 个，与 2007 年持平；三星级 49 个，减少 4 个；三星级以下 32 个。全年接待国内旅游人数 4612.79 万人次，增长 18.60%；接待海外旅游人数 53.40 万人次，增长 0.80%。实现旅游总收入 373.68 亿元，增长 18.90%，其中，国内旅游收入 356.01 亿元，增长 19.90%；国际旅游外汇收入 2.54 亿美元，增长 11.40%。

九、金融、保险

年末金融机构 29 个，比 2007 年末增加 1 个，其中，外资银行 3 个。金融机构本外币各项存款余额 6497.92 亿元，增长 21%，其中，企事业单位存款 2845.94 亿元，增长 22.60%；城乡居民储蓄存款 2428.02 亿元，增长 24.60%。本外币各项贷款余额 5176.23 亿元，增长 20.20%，其中，短期贷款 1649.57 亿元，增长 20%；中长期贷款 3145.67 亿元，增长 20.80%。在各项贷款余额中，消费贷款 686.55 亿元，增长 6.40%，其中，个人住房贷款 583.12 亿元，个人购车贷款 44.30 亿元。银行各项贷款周转速度 1.54 次，提高 0.14 次。全市金融机构本外币存贷款及其增长额见表 11。

表 11　　全市金融机构本外币存贷款及其增长额一览表

指　　标	2008 年（亿元）	比 2007 年增长（%）
金融机构本外币各项存款余额	6497.92	21
其中：企事业存款	2845.94	22.60
居民储蓄存款	2428.02	24.60
金融机构本外币各项贷款余额	5176.23	20.20
其中：短期贷款	1649.57	20
中长期贷款	3145.67	20.80
其中：消费贷款	686.55	6.40
个人住房贷款	583.12	3.80
个人购车贷款	44.30	26.43
金融机构人民币投放（+）回笼（-）	-198.45	-3.20

全年保险机构实现保费收入 102.05 亿元，增长 61.30%，其中，财产险收入 21.64 亿元，增长 15.30%；人寿险收入 80.42 亿元，增长 70.10%。赔款、给付支出 33.17 亿元，增长 27.60%，其中，财产险支出 15.47 亿元，增长 29.70%；人寿险支出 15.16 亿元，增长 30.90%。

十、教育和科学技术

年末全市幼儿园 638 所，比 2007 年末增加 7 所；在园幼儿 12.54 万人，增加 0.65 万人。小学 752 所，减少 125 所；在校学生 41.89 万人，减少 2 万人。普通中学 426 所，减少 36 所；在校学生 45.34 万人，减少 3.48 万人。中等职业技术学校 135 所，减少 4 所；在校学生 21.01 万人，增加 1.40 万人。成人高校 7 所，增加 1 所；在校学生数 18.61 万人，减少 0.11 万人。普通高等学校 55 所，在校本专科学生 80.97 万人，增加 3.13 万人；在校研究生 8.01 万人，增加 0.46 万人。6~11 岁人口入学率 100%，12~14 岁人口入学率 99.84%，6~14 岁盲聋弱智人口入学率 99.64%，高等教育毛入学率 36.91%。全年新改扩建中小学校 240 所，扩建、改造中小学危房 4.60 万平方米。新建 62 所标准化初中，累计 124 所；新建农村寄宿制学校 44 所，累计 130 所。

年末全市科技研究机构 104 所，科技活动人员 7.10 万人，承担国家级科技计划项目 1195 项，市科技计划项目 649 项。全年研究与实验发展（R&D）经费支出占地区生产总值的比重为 2.30%，比 2007 年提高 0.15 个百分点。全年市科技局登记科技成果 358 项，其中，国际领先和国际先进水平 96 项；科技成果获市级以上奖 384 项，其中，国家奖 16 项。专利申请 11270 件，比 2007 年增加 2256 件，其中，发明专利 2905 件，增加 480 件；专利授权 5329 件，增加 1285 件。技术市场合同成交额 59.50 亿元，增长 19.40%。

年末高新技术企业 2645 个，全年实现高新技术产业产值 1734.10 亿元，比 2007 年增长

25.70%；高新技术产业增加值601.70亿元，增长25.50%。民营科技企业6297个，比2007年增加734个；实现技工贸总收入780亿元，增长41.60%。

十一、文化、卫生和体育

年末市属群众艺术馆、文化馆14个，艺术表演团体12个，文化部门艺术表演场所10个，公共图书馆16个，馆藏图书478万册。市属专业剧团全年上演剧目数54台，获国家奖13个，获省级奖35个。武汉出版社出版图书14类，出版各类图书495种、1210万册，出版报纸5.56亿份。市直图书馆接待读者428万人次，市博物馆接待观众147万人次。拥有电视台5座（不含省台），电视节目11套，电视综合覆盖率99.95%；广播电台5座（不含省台），广播节目9套，广播综合覆盖率99.16%。

年末卫生事业机构2654个，比2007年增加19个，其中，医院、卫生院240个，社区卫生服务中心116个，卫生防疫、防治机构22个，妇幼保健院、所、站15个。卫生事业床位数42635张，增加205张，其中，医院病床34843张。卫生技术人员数56515人，其中，医生22141人，护师、护士21662人。平均每千人拥有医生2.71人，拥有医院病床4.22张。法定报告传染病总发病率393.59人/10万人，儿童免疫接种率98.76%。农村新型合作医疗参合率96.40%。药品监督覆盖率96.20%，抽样合格率94.59%。食品卫生监督覆盖率99.80%，抽样合格率86.90%。居民人均预期寿命78.23岁，比2007年增加0.34岁。

年末全市体育场馆114个，其中，体育馆10个。市属优秀运动队人数109人，新增等级运动员361人。举办各类运动会16次，市级群众性体育竞赛活动66次。全年武汉市运动员在国内外体育重大比赛中获3枚世界级金牌，25枚国家级金牌。体育彩票销售额5.30亿元。

十二、人口、人民生活和社会保障

年末全市户籍人口833.24万人，比2007年末增加5.03万人。其中，农业人口296万人，减少3.59万人；非农业人口537.24万人，增加8.62万人。人口自然增长率2.46‰，下降1.21个千分点，其中，人口出生率8.20‰，上升0.50个千分点；人口死亡率5.74‰，上升1.71个千分点。人口净迁移率2.08‰，下降3.02个千分点。计划生育率98.25%，提高0.05个百分点。全年常住人口897万人，增加6万人。

全年城市居民人均可支配收入16712.44元，比2007年增长16.40%；人均消费支出11432.97元，增长7.90%，其中，食品支出4880.31元，增长11.80%。人均住房建筑面积29.28平方米，增加0.98平方米。每百户拥有电脑62.80台，空调器137台，移动电话163.80部，家用汽车4.40辆。

全年农民人均纯收入6349元，比2007年增长18.20%。人均消费支出4755元，增长12.70%，其中，食品支出2063元，增长10.60%。人均居住面积45.80平方米，增加1.10平方米。每百户拥有彩色电视机118.20台，移动电话148.40部，电冰箱68.80台，洗衣机67.20台，摩托车42.40辆。

年末城镇基本养老保险参加职工201.54万人，增长4.40%；基本医疗保险参保职工279.69万人，增长17.10%；失业保险参保人数107.98万人，增长11.10%；工伤保险参保人数123.04万人，增长38.30%；生育保险参保人数145.99万人，增长28.10%。全年发放城市居民最低生活保障金3.86亿元，增长16.60%；发放农村居民最低生活保障金4781.10万元，增长19.50%。社会福利院13家。福利彩票销售额11.70亿元。

十三、城市建设和环境保护

年末自来水厂20个，日供水能力418.50万吨。全年自来水平均每天实际供水量264.60万吨，比2007年增长8.80%，城区自来水普及率100%。全社会用电量286.43亿千瓦时，增长10.70%。其中，生产用电230.27亿千瓦时，增长9.40%；居民生活用电56.16亿千瓦时，增长16.20%。年末家庭燃气用户143.10万户，增加3.30万户，其中，管道气用户88.05万户；全年供气总量53492万立方米，增长6.90%，其中，家庭用量16948万立方米，增长2.20%；城区气化率93.31%，提高0.01个百分点。

年末建成区面积460.77平方公里，增加10平方公里。公交线路266条，公共汽（电）车6976辆，出租车12137辆。公园65个，比2007年末增加7个；公园绿地面积5511.81万平方米，增加94万平方米；人均公园绿地面积9.21平方米，增加0.05平方米。建成区绿化覆盖率37.42%，提高0.07个百分点。森林覆盖率25.12%，提高3.01个百分点。

全年限期治理老污染源26项，整治排污口50项。城市污水集中处理率80.90%，比2007年提高4.90个百分点；饮用水源水质达标率100%。城市生活垃圾无害化处理率74%，提高3个百分点。化学需氧量排放量15.16万吨，下降2.50%；二氧化硫排放量12.37万吨，下降3.80%；空气污染指数年平均值81，环境空气质量优良率80.30%，提高4.70个百分点，全年空气污染好于二级天数294天。区域环境噪声平均值54.40分贝，降低0.10分贝，其中，交通干线噪声平均值69分贝，降低0.20分贝。工业固体废弃物综合利用率89%，提高1个百分点。

十四、武汉城市圈

武汉城市圈年末国土面积58051.90平方公里，占全省的31.20%。常住人口3001.30万人，占全省52.60%。户籍人口3151.96万人，其中，农业人口1951.61万人，非农业人口1178.75万人。

武汉城市圈全年生产总值6972.11亿元，比2007年增长14.80%；占全省生产总值的61.50%，占比提高0.60个百分点。其中，第一产业增加值761.20亿元，增长4.60%，占全省42.80%；第二产业增加值3171.97亿元，增长17.80%，占全省63.90%；第三产业增加值3038.94亿元，增长14.20%，占全省66.30%。

武汉城市圈全年地方财政一般预算收入385.51亿元，增长25.60%；占全省一般预算收入的54.30%，提高1.30个百分点。

武汉城市圈全年农业总产值1261.85亿元，增长16.70%，占全省42.90%。规模以上工业总产值7740.90亿元，增长28.70%，占全省62.70%。全社会固定资产投资3738.84亿元，增长32.80%，占全省64.50%，其中，城镇固定资产投资3503.37亿元，增长34.60%，占全省65.70%。社会消费品零售总额3149.41亿元，增长23.20%，占全省66.60%。外贸进出口170.43亿美元，增长37.60%，占全省82.90%，其中，出口89.33亿美元，增长43.60%，占全省77.10%。实际利用外资33.57亿美元，增长13.50%，占全省81.60%。金融机构存款余额8993.58亿元，增长20.30%，占全省66.30%，其中，城乡居民储蓄存款4131.11亿元，增长23.10%，占全省60.70%；贷款余额6217.81亿元，增长14.30%，占全省71%。城市居民人均可支配收入13715元，增长16.20%，高出全省560元；农民人均纯收入4667元，增长16.10%，高出全省11元。

注：

①本公报数据为初步统计数，最终核定数以当年《武汉统计年鉴》为准。

②本公报中生产总值、增加值绝对数按现价计算，增长速度按可比价格计算。

③规模以上工业企业是指全部国有和年主营业务收入500万元及以上非国有工业企业；限额以上批发零售企业是指年末从业人员20人及以上，年销售额2000万元及以上的批发企业和年末从业人员60人及以上，年销售额500万元及以上零售企业。

④中心城区指江岸区、江汉区、硚口区、汉阳区、武昌区、青山区、洪山区。

⑤分区工业总产值中，开发区和行政区存在重复计算。

第五章 重 要 文 献

第一节 领 导 讲 话

武汉市市长阮成发在武汉市规划局调研时的讲话

（2008 年 7 月 9 日）

今天主要来看看大家，也和大家来研究一下城市规划工作。规划局的地位很重要，工作做得很好。刚才文彤同志全面介绍了规划局这几年来的工作成绩和下步的工作思路，何艳书记也做了重要的补充，我都赞成。这几年来规划局的工作做得非常好，在规划的编制体系、规划的管理、勘测管理、执法监察、信息化方面都做了大量的工作，成效非常显著。规划是龙头，没有良好的规划就不可能有今天这样的成绩。这几年来，我市城市建设有口皆碑，不论是外地的同志，还是我们的市民，都交口称赞。能够取得这样的成绩，首先是我们的规划做了大量的工作。所以，借这个机会，我代表市政府向同志们表示感谢！关于规划工作，我想说这么几点：

第一，作为市政府对规划局的基本要求，也是作为市长对规划局局长的几点要求。

一是要有强烈的历史责任感。规划局的地位很重要，这是由它的工作性质决定的。城市的发展，首先要有规划。规划一旦出问题，它所带来的失误、影响和损失是巨大的。有些损失是不可弥补的，具有不可逆转性。有些可以弥补，但是弥补的代价也是非常沉重的。武汉市作为一个特大城市，我觉得在规划上有些问题处理得不错。说远一点的，比如张公堤，这个规划一百多年都没有超越过，以前体会张公堤外就是农村。直到改革开放这十几年来武汉主城区才与张公堤外融为一体。大家想想看，在当时那个经济条件下，人挑肩扛能够画这样一个圈，是非常不容易的。再比如说李四光选址武汉大学，这个规划应该说在世界上也是一流的。近代建国以后，我看长江大桥这个规划也是一流的，选在龟蛇两山之间建桥，桥的单体设计到现在看都是一流的，50 年过去了都不落后。我们后来建的桥还有各种各样的议论，但对武汉长江大桥至少没有听到什么负面的议论。从整个规划来看，这些规划我觉得都是大手笔的，甚至做到了不可挑剔。改革开放以来，有些规划也是不错的，比如说武汉经济技术开发区、东湖开发区，把我们整个中心城区拉大了，成了新的增长点。现在看来，20 年前的决定显然是很英明的。这几年我觉得规划上做得最好的，第一是江滩，这个大家是有口皆碑的。再就是三环、四环，这个总体上也是不错的，使整个城市的总体功能得到了提升。还有月湖文化艺术区那整个一片，以及正在推进的武汉新区，总体上也都是不错的。这些都是我们值得总结和继承的一些东西。但是在看到好的一面的同时，也要承认我们的不足。这个不足是多方面的，多种原因造成的，但是我们现在从事这项工作要知道这是不足，然后避免再出现。一些比较明显的败笔留下来以后，给城市带来的负面影响太大了！我们从事规划的同志如果熟视无睹，不认为是问题，就会出现同样的问题，甚至更严重的问题。所以从事规划工作的同志一定要站在一个非常高的层面来思考问题。空间上要考虑全市，甚至是站在全省乃至全国、全球的角度来定位武汉。一定要有强烈的历史责任感，对武汉负责，对人民负责。

二是坚持原则，坚持追求。坚持原则，就是要坚决捍卫规划的严肃性这个原则。规划一旦确定下来，不能因为领导人的改变、领导人的好恶、领导人的权势而改变。这个原则任何时候、任何情况下都要坚持。坚持追求就是要捍卫城市利益，是我们的最高利益。规划局提出的实施“五个一”工程里面，就有建设一支忠实捍卫城市利益的规划队伍，对城市利益提得非常好。规划遇到的诸多矛盾说到底，是利益之争，是某个单位、某个群体、某个人与大多数人，与城市利益的一种较量，与城市的整体利益和长远利益的一种较量。如果你一味迁就于领导同志的好恶，迁就于开发商的利益，迁就于某些单位的利益，那你的规划要不了几年就乱七八糟。希望同志们一定要坚持原则，坚持追求，把城市利益，把武汉的整体利益、长远利益作为最高追求。

三是要坚持全局性、前瞻性、严肃性、公开性。所谓全局性，就是我们在制定规划、执行规划的过程当中，一定要充分考虑全市经济、社会各方面的要素，不能够见物不见人，见物不见其他的一些东西。因为建筑实际上是多种要素的融合，建筑不是空洞的东西，它要从全局考虑有人、有各种生产要素在里面去活动、去运行。在确定地块功能的时候，不能只看到它现在的性质，要根据中心城区各种要素的配比以及存量来确定地块的功能性。现在我们中心城区人口密度太大，要想办法往外迁。如果这个基本思路大家赞成的话，那你的住宅就得控制，而我们这么多年来住宅不仅没有控制还在高强度、大密度开发，所以就带来学校不够、医院不够、水电气路等严重不够的现象。因此，全局性就是规划要统筹考虑经济社会的各个方面要素，要考虑怎样推动促进经济社会的发展。所谓前瞻性，就是要考虑得更长远一点。你们的定位是三年创建一流的规划局，我看这个非常好。前瞻性，就是要求规划水平也应该是全国一流的，规划要做到30年或50年不变、不落后。我们现在发现一些20年前盖的房子现在都想拆了，这个带来的代价太大了。再看看我们江岸区的租界，100年过去了，看到这些房子都想去保护它，想恢复它的原貌。所以，规划一定要有前瞻性，要考虑得更长远一点。所谓严肃性，就是规划确定后，不能因为领导人的变化、领导人的好恶、社会的压力而改变。要做到这一点，得要我们共同努力。第四个是公开性，就是规划一旦确定之后该公开的必须公开，要有一个展示的平台。公开性非常重要，通过公开让人民群众监督我们，实际上也是要让人民群众帮助我们。公开性是把双刃剑，在监督我们的同时也在帮助我们。政府要靠党的领导，同时也要靠人民群众的支持，该公开的必须公开。

第二，是当前需要重点研究的几个问题。

你们提出的下步工作安排我都赞成。但有几个比较重要的问题你们要抓紧研究。

一是城市节点的城市设计问题。你们已经开始做了。我希望能用半年，根据工作量也可适当延长点时间高质量完成二环线以内重要城市节点的城市设计，然后面向社会公示、听证，把所有的规划定下来。这里面要注意这么几个重点：一是长江两岸、汉江两岸，这始终是我们的一大亮点。所以这个设计一定要做得有水平，要能充分展示武汉的风貌特点，一定要国际化，要请国际上一流的公司帮我们做。有的可能一时定不下来，不要紧，像南岸嘴那样，我们先绿化，再逐步深化。再就是重要道路的两旁，主干道、一环、二环、迎宾大道等等，这样一些重要的道路，这个城市设计就是要水平高一点。

二是城市特色的研究问题。我们现在说的比较多的城市特色是要显山露水。从规划的角度讲，还有一些基本的东西要研究，如基本色、基本元素、基本风格，要尽快形成研究成果。不同的阶段建筑有不同的风格，我们做下来的结果是现在比较凌乱，没有自身鲜明的特点。除了山水的特点可以显示外，我们规划的特点，规划所带来的建筑的特点，建筑的风格，建筑的形态都可以展示。要展示武汉独有的东西，让人眼睛一亮。我们武汉的建筑到底应该体现哪些元素、哪些符号，从而逐步建成形成我们自身的特点。这个要组成专班请专家好好研究一下，有基本的东西，要体现包容性，但是必须要有自己的东西。这些基本的东西经过专家研究比较论证确定下来之后，一以贯之的执行、推广。

三是城市功能问题。我们平时强调比较多的功能是交通功能，实际上，除了交通，武汉市还有很多东西不够，表现在具体的建筑形态上我们缺乏很多：如会展、高档宾馆、综合性的写字楼和大型的停车场、配套设施等等，这些都是城市功能的重要方面，有些东西甚至是奇缺。规划是龙头，必须规定这个地方建这个东西。高档酒店不够，你就提醒政府、建议政府采取优惠的政策刺激高档酒店的兴建。现在没几个像样的五星级酒店，服务功能不够。我对规划局要求就要更高点，你们要发挥龙头作用，经常提醒政府要研究哪些问题，向市政府提出有关政策建议，促进城市功能提升。

四是城市建设的集中区问题。通过三年时间集中建设某个区域，努力使它成为一个亮点，一个新区。希望你们就城市新的集中开发建设区好好研究一下。

五是地铁站点地面地下的综合利用问题。地铁是我们投资巨大的项目，对城市功能沿地铁的土地的增值，包括承载能力的提升，都有重要的作用，但是我们怎么把地面地下两个空间充分地利用好，你们要组织专班来研究。一定要学习国外的先进经验。这个做好之后，我们地铁开发投入缺口就会小，就是靠这一片土地。那么你们就要对这一片的土地的容积率等等有单独的指标，让它尽可能的增值。地铁建设而大幅度地提高了交通便捷性，对人口等要素的承载能力也是大幅度地提升的，有的是翻倍。所以它的投资强度，建筑强度肯定要提高。具体项目你们一定要好好去研究。

第三点，几个具体问题。

一是容积率问题。这是最敏感的一个问题，我的观点多次说了，今天你们拿的这个意见我赞成，思想比较解放。我赞成你们以一个文件的形式把它明确下来。容积率该低的地方一定要低下来，能高的地方尽可能让它高，你们已经有了具体的指标了。实际上跟容积率相关的在建筑形态和风格上，当前有三个字你们要琢磨，一是“疏”、二是“高”、三是“退”。建筑的密度尽可能低一点，绿化覆盖率尽可能大。我们现在的问题是过密，低容积率，建筑密度过密，就是摊大饼，这个带来的生活环境的舒适度极低。绿化率低了，老百姓的生活环境并不好，所以你应该疏密有度。要突出高，我们现在是高得不够，多层太多，规划上要引导开发商做高层，政策导向上要鼓励做高层，要向政府提出政策建议。退，就是临街退得太少，踩着马路红线盖房子，这个问题还没从根本上解决。有些楼房给大家的视觉效果就是踩在道路线上，为什么？它太高嘛，很压抑。那你得尽量退。武汉多年来房子临到马路线盖，后面搞个小院子。应该是倒过来，把院子放前面来，房子建在后面。所以，我就觉得我们疏不够，高不够，退不够。专门谈容积率，那只是一个指标，具体把关的时候这三个方面要记住。

新建的建筑要严格把关，不行的坚决不让建。

二是规划展示馆建设。要抓紧提方案，选一个好地方，建一个国内一流的展示馆。要列入明年的重点建设项目计划，发改委、财政局等相关部门要积极支持。要体现规划的公开性，展示城市的建筑文化，城市的历史沿革，包括城市建筑的历史，城市建筑的演变、发展，再就是城市的未来，城市节点设计在那里展示，让老百姓可以看到那个地方今后是个什么样子。要把声、光、电等技术都用上去。苏州的展示厅就比较好，要在那个的基础上把规模搞大一点。它接待的不仅仅是游客、官员，老百姓也可以进去看，让大家感受一下。

（根据记录整理，未经本人审阅）

武汉市委常委、副书记涂勇在2008年全市规划系统工作总结大会上的讲话

（2009年1月16日）

同志们：

今天，2008年度全市规划工作总结大会召开，新的市规划局正式揭牌，局徽标志正式启用，这是我市城市建设发展上的一件大事。在此，我代表市委、市政府表示热烈的祝贺！借此机会也向长期奉献在规划战线的同志们，向建设部、省建设厅领导同志，向市规划局老干部、老同志表示衷心的感谢和崇高的敬意！

同志们，城市规划是统筹经济社会发展的基本依据，是城市建设管理的龙头和基础，也是优化配置资源的有效手段。社会要发展，城市必须率先发展，在工业化、信息化、城市化、现代化、经济全球化的新形势下，城市的带动和主导作用越来越重要。与此同时，城市规划已经超越城市本身的范畴，成为城市中一项全局性、综合性、战略性工作，国内外城市发展的历史已经反复证明，城市规划的重要地位既不可削弱，更不可替代。2007年初，市委、市政府决定改革全市规划、国土和房产管理体制，将规划局单列，进一步加强规划工作。机构改革以来，市规划局围绕全面建设全国一流规划局的奋斗目标，着力实施“五个一”工程（即，建立一套科学完善的规划体系、一套精简透明的审批程序、一套严格有效的批后监督制度、一套优质高效的城乡统筹机制、一支忠实捍卫城市利益的规划队伍），2008年，全局干部、职工和全体规划工作者肩负重任、兢兢业业、遵循规律、提高水平，为武汉城市规划做了大量卓有成效的工作。

同志们，2009年是充满挑战和机遇的一年，今天的揭牌又是一个新的起点，武汉的经济发展、武汉的城市道路已经进入了一个快速发展的新时期，我们要建设“两型社会”，我们要打造8个千亿元产业，我们要作为中部崛起的战略支点，我们要加快推进城乡一体化的进程，我们要彰显滨江、滨湖的城市特色，我们要让更多的老百姓分享到改革发展的成果。在这样的形势下，全市各级党委和政府、广大规划工作者一定要从经济社会发展全局的高度、战略的高度来更加认识城市规划的重要性，必须更加认识坚持以科学发展观为指导的科学的高水平规划的重要性。努力营造重视规划、强化规划、尊重规划的良好氛围。

经过新老同志们的艰苦努力，2008年，城市规划工作创新很多、亮点很多、成果很多，我市城乡规划体系日趋完善，规划管理水平不断提高，规划在城市现代化中的引领作用得到充分发

挥，城市空间布局和功能分区进一步优化，科学规划在促进全市经济社会又好又快发展中作出了突出贡献。

希望同志们发扬成绩、再接再厉、勇于创新、埋头苦干，努力在武汉城市建设发展史上谱写新的篇章。

第一，要坚持以强烈的历史责任感对待规划工作。城市规划工作者的理念和眼光往往决定着城市今后的发展方向和水平。规划一旦出问题，它所带来的失误、影响和损失是巨大的。有的损失具有不可逆转性，是无法弥补的。有些虽然可以弥补，但是弥补的代价也是非常沉重的。从事规划工作的同志一定要以对人民和子孙后代负责的精神，充分认识规划在城市建设和发展中的引领作用，认识到城市规划的水平还不能很好的适应城市建设和经济社会发展的新要求，需要同志们系统学习现代城市规划的最新理论、基本知识、法律法规，认真吸收借鉴国内外城市规划、建设与管理的先进理念和经验，努力做到以高水平规划引领高水平建设和发展，努力给当代人带来现实利益，给后代人留下宝贵财富。

第二，要坚持不断认识和遵循城市规划的客观规律。既要强调规划的超前性，又要坚持从实际出发；既是注重遵循规划的一般规律，又要尊重城市优势和特色；既要体现现代气息，又要注重保护历史文化遗产；既要促进经济，又要注重生态环境保护和建设；既要充分依靠专家搞规划，又要鼓励和引导公众积极参与。

第三，要坚持规划的权威性。城市规划是政府行为，是政府义不容辞、责无旁贷的职责，政府必须管好城市规划。可以说，城市规划是城市的整体利益、长远利益和最高利益所在，一旦确定下来，就要认真付诸实施。要坚决捍卫规划的严肃性原则。坚持“规划一张图，审批一支笔，一张蓝图干到底”，依法加强批后监管，做到“不看条子、不给面子、不留空子”，切实引导开发项目按规划建设，引导城市按规划发展。使城市建设在科学规划的前提下蓬勃发展，使城市面貌在科学规划的引领下日新月异。

值此新春佳节来临之际，我代表市委、市政府向在座的各位同志并通过大家，向你们的家人，致以新春的祝福！祝大家在新的一年里身体健康、工作顺利、合家幸福、万事如意！

谢谢！

实施“五个一”工程，全面建设全国一流规划局

——武汉市规划局局长张文彤在全省建设工作会议上的发言

（2009 年 1 月 9 日）

为更有效地服务于全市经济和社会发展，进一步加强城乡规划工作，2007 年 3 月，武汉市委、市政府决定改革武汉市规划、国土和房产管理体制，将武汉市规划局单列。新的武汉市规划局挂牌后，为全面贯彻落实武汉市委、市政府提出加快“创新武汉”、“和谐武汉”建设，实现武汉在中部地区率先崛起的发展要求，进一步增强规划工作指导和保障城市建设和经济社会发展的能力，提高规划管理和服务水平，局领导班子认真研究，积极谋划，并于 2007 年 9 月正式提出了用 3 年左右时间全面建设全国一流规划局的奋斗目标。围绕这一目标，着力实施“五个一”工程，即：建立一套科学完善的规划体系、一套精简透明的审批程序、一套严格有效的批后监督制

度、一套优质高效的城乡统筹机制、一支忠实捍卫城市利益的规划队伍。

科学完善的规划体系，是指建立包括“城市总体规划—分区规划—控制性详细规划”3个层次、系统完善的规划主干体系，以及包括城市设计、城市特色研究、历史文化名城保护规划、山水资源保护规划、交通体系规划等在内的多层次的横向支撑体系；及时拟制规划政策和规划技术标准；及时组织、参与重大规划项目编制，促进重大决策落实。

精简透明的审批程序，是指对全局规划审批业务进行清理、优化、完善，汇编成《武汉市城市规划管理依法行政手册》，作为全局审批管理的依据。同时，按照实行并联审批，压缩办理时限，理顺管理环节，提高审批效率和质量的总要求，不断完善审批流程，形成一套精简透明的审批程序。

严格有效的批后监督制度，是指建立和完善批前、批后规划管理制度，严格建设项目批前、批后规划管理，保障城乡规划的实施。

优质高效的城乡统筹机制，是指加强对开发区、远城区城乡规划工作的领导和指导，进一步提升全市规划管理工作的服务理念，建立起全市统一的规划管理平台、管理模式、办事程序和审批标准，提高规划管理的整体性、科学性和服务区域经济发展的水平。

忠实捍卫城市利益的规划队伍，是指加强干部队伍思想、政治和组织建设，强化干部队伍综合素质和廉政教育，塑造一支具有捍卫城市利益责任心、业务水平高、德才兼备的干部队伍，进一步提升我局服务城市建设和经济社会发展的水平。按照满足工作需要、优化班子结构、促进干部成长的工作思路，统筹考虑，进一步整合优化全局人力资源，为完成全局各项目标提供人才和智力保障。

我们认为，提出用3年左右时间，全面建设全国一流规划局这一奋斗目标，既是局领导班子面对武汉市改革发展新形势提出的自我超越要求，又是基于对武汉市规划系统整体状况客观分析的基础上提出的切合实际的发展目标。

首先，市委、市政府和省建设厅高度重视规划工作。武汉市第十一次党代会报告中多处强调要“加强规划管理”和坚持“高水平规划”，市人大十二届一次全会报告中也提出要“突出规划先行”和“高水平做好城市规划工作”。从机构改革后的2007年4月至8月，不到半年的时间内，市委、市政府主要领导就先后来我局视察调研，对我局在深化行政体制改革、加强城乡规划工作等方面取得的成绩给予了高度评价和充分肯定，还对我局提出用3年左右的时间，全面建设全国一流规划局的奋斗目标表示肯定和支持。省建设厅领导也多次给予武汉市规划工作高度评价，对我局全面建设全国一流规划局的奋斗目标表示赞赏。安排我局就创建全国一流规划局的有关情况进行大会发言，正是对我局全面建设全国一流规划局的肯定、支持和鼓励。

其次，我局具备全面建设全国一流规划局的良好基础。我局很多工作已经走在了全国的前列，一是现代测绘基准体系的建立和启用。2007年8月9日，我局组织实施的“武汉市现代测绘基准体系建设”项目通过国家测绘局组织的院士专家组成果鉴定。与会专家一致认为：“该项目成果取得突破性进展，整体达到了国际先进水平”。武汉市现代测绘基准体系成果通过鉴定后即正式启用，实现了我市基准体系的跨江统筹，更新了我市自1954年以来沿用了50余年的测绘体系，是我市测绘史上的一个重要的里程碑，为全市勘测事业发展奠定了坚实的基础。二是三维数字地图系统建设和应用工作。2006年，我局在全国率先提出了建设“三维数字地图系统”的工作思路，稳步推进了项目实施，初步搭建了我市三维数字地图管理平台和辅助规划审批管理系统。截至2007年8月，已完成了60平方公里三维数字地图建设。三维数字地图实现了我市规划管理从单一项目审批到对城市空间形态统筹研究的转变，提高了规划审批和城市管理水平。

三是我局信息化和网站建设已跨入全国先进水平。我局承担的“数字武汉空间数据基础设施”建设项目通过建设部组织的专家验收，并获2006年度“全国地理信息系统优秀工程金奖”，我局门户网站多次在部、省厅和全市评比中名列前茅。

四是一些局属二级单位已走在了全国同行业前列。武汉市城市规划设计研究院综合实力已经是全国综合实力最强的规划院之一；武汉市勘测设计研究院已经跻身全国城市勘测工作设计单位的前三甲；我局信息中心在数字城市建设、电子政务建设等方面已经走在全国前列，成为引领全国城市规划信息化建设的一面旗帜。

为了使全面建设全国一流规划局这一奋斗目标具体化，局领导班子通过深入研究，从规划体系、审批流程、批后监督、城乡统筹和人才保障5个方面分别明确了标准，即通过着力实施“五个一”工程，来实现全面建设全国一流规划局的奋斗目标。一年多来，在武汉市委、市政府和省建设厅的领导下，通过全局上下的共同努力，“五个一”工程有了长足发展。

关于规划体系。新一版的武汉城市总体规划已上报国务院待批，分区规划已经实现了整个都市发展区3261平方公里的全覆盖，控规导则已经做到了整个主城区684平方公里的全覆盖，主城区控规细则编制工作正全面推进。我市“城市总体规划—分区规划—控制性详细规划”3个层次的法定规划体系已初步建立。同时，我们还系统性开展了以城市特色研究、交通体系规划和城市设计为主要内容的规划横向支撑体系的建立工作。完成了对汉口原租界区、汉阳旧城风貌区和武昌千年古城的研究工作，修编了规划总长达540公里的轨道交通线网规划，并完成了主城区道路交通系统战略规划和二环以内“30分钟畅通工程”实施方案的研究，全面启动了二环线内所有重要城市节点的城市设计工作。在规划体系建立过程中，我市基础测绘工作也起到了重要的支撑作用，我市1：500的地形图已经更新覆盖了678平方公里，1：2000的地形图已经覆盖了3200平方公里，1：10000、1：5000的地形图已

武汉天地

经覆盖了全市域8549平方公里。另外，我们还加强了各类技术规定和办法条例的拟制工作，起草了《武汉市规划管理技术规定》，《武汉市个人建设住宅管理规定》已以政府令形式出台等等。我们的规划体系已经初步建立，整个体系正在朝着比较完善、比较科学、比较丰富的状态推进。

关于审批程序。机构改革后，我局积极开展了新的业务审批流程的研究和制定工作，对原有的规划审批业务进行清理、优化、完善，按照“精简、效能”的原则，编印了《武汉市城市规划管理依法行政手册》，作为规划管理和服务的规范流程。根据今年8月武汉市委、市政府关于围绕“两型社会”建设完善城市管理体制的若干意见，我局对规划管理进行了全面的梳理，按照“统一规划、分级管理、强化监督”的原则，进一步强化“优化市局、强化分局、服务发展”的市区规划事权划分思路，83%的中心城区面积的规划管理权将下放到各分局，让分局更直接地服务于区域经济发展，市局将着重从宏观层面加强对城市发展的研究，对城市发展战略的探讨，对重点建设项目的服务。我们感到，城乡规划管理程序正日臻完善。

关于批后监督。职责不明晰，导致部门之间相互推诿，是近年来影响武汉市违法建设查处效率的一个重要原因。机构改革后，我局主动与市城管部门召开联席会议，就批后管理职责的区间划分进行多次研究。在双方的共同推动下，今年7月，《武汉市控制和查处违法建设办法》正式明确了我局批后管理的界限，即从建筑核位一直到规划竣工验收。在此基础上，我局及时出台了批后管理的实施细则，明确了违章补办的严格程序，完善了巡查机制，建立了与市城管部门互动和与各区上下联动的批后监管机制，还组织对2007年以来的304个规划批后项目开展大清查。从清查情况看，我市的规划批后监督工作取得了成效。

关于城乡统筹。在武汉城市总体规划将全市域划分为都市发展区和农业生态区的基础上，我局组织对包括主城区和远城区在内的整个都市发展区统一编制了分区规划。在统筹远城区控制性详细规划和专项规划编制中，我局采取了“以奖代补”方式，加大对远城区规划编制的支持力度，提高远城区规划编制的质量和水平，努力构建一体化的城乡规划体系。在规划管理上，建立了规划管理“一书三证”管理系统，对全市“一书三证”实行统一印制、统一编号、统一发放、统一公示，逐步建立全市统一的规划管理平台、管理模式、办事程序和审批标准，提高规划管理的整体性、科学性和服务区域经济发展的水平。另外，按照武汉城市圈“两型社会”试验区建设的需求，我局还加强了对整个城市圈范围的城乡统筹研究，完成了《武汉城市圈城镇空间布局规划》、《武汉市建设“资源节约型、环境友好型社会”城乡规划实施纲要》等一系列规划编制工作，积极推进“武汉新港”等项目规划工作。

关于规划队伍。规划队伍是搞好规划工作，建设全国一流规划局的根本。我局十分重视并大力加强干部教育培训工作，采取业务培训、法律知识培训、举办理论班等多种渠道，加强人才培养，提高干部综合素质。去年以来，我们邀请国内外知名专家来我局举办学术讲座12期。我局还与北伊利诺大学、英国阿特金斯公司、美国霍克机构香港公司、香港地铁公司等建立了学习和工作培训的良好合作关系。

以上是我局这一年多来谋划建设全国一流规划局，实施“五个一”工程的思路和取得的成效。我们的工作需要改进和提高的地方还有很多，全省建设系统以及全国规划系统还有很多好的经验和做法值得我们学习和借鉴。下一步，我们将围绕“五个一”工程建设，不断开拓进取，不断总结提高，不断完善规划体系、优化审批流程、强化批后监督、加强城乡统筹、加大人才建设，努力实现全面建设全国一流规划局的奋斗目标！

武汉市规划局局长张文彤
在全市规划系统信息化工作会议上的讲话

（2008 年 3 月 14 日）

各位领导、同志们：

今天，我们在这里召开全市规划系统信息化工作会议，总结 2007 年规划信息化工作，部署 2008 年及今后一段时期全市规划信息化重点工作。

刚才，会议表彰了一批先进单位和先进个人，在此，我代表局领导班子对获奖单位和个人表示热烈地祝贺！省建设厅、市政府办公厅和市信息办的领导在百忙之中前来参加会议，对我们提要求，充分体现了省、市主管部门领导对规划信息化的重视和支持。文涵同志作了很好的报告，全面总结了 2007 年全局信息化工作成绩，布置了 2008 年乃至今后一段时期规划信息化的工作任务，何艳书记在不同场合曾多次强调信息化工作任务，市局印发了《关于进一步加强全市规划信息化建设的通知》，希望大家认真学习，深刻领会，积极贯彻落实。

希望通过这次会议，进一步统一思想认识，增强全面推进规划信息化工作的使命感和紧迫感，贯彻落实实施“五个一”工程、建设一流规划局的要求，为进一步提高工作效益、提高服务质量作贡献。

下面，我再强调几点意见：

一、统一思想，提高认识，准确把握新形势下规划信息化的发展要求

当今世界，信息化迅速发展，信息化已成为社会发展的一大趋势。在党的十七大工作报告中，把“信息化”和工业化、城镇化、市场化、国际化并列，凸显了信息化在国民经济和社会发

水岸星城

展中的地位和作用，无论是深入贯彻落实科学发展观，促进国民经济又好又快发展，还是加快行政管理体制改革，建设服务型政府，处处都离不开信息化作为基础。

省、市领导高度重视信息化工作。全省电子政务会议提出，开展信息化建设、推行电子政务是省委、省政府贯彻落实十七大精神，站在加强执政能力建设，落实科学发展观，实现全省经济社会又好又快发展的高度，为推进全省政府系统“为民、便民、透明”办事的一项重大举措。时任省委常委、武汉市委书记苗圩曾经指出，信息化将全面改变我们的工作、生活方式乃至思维方式，可以督促我们提高效率，改进工作。市长阮成发在市人代会所作的政府工作报告中，重点部署了运用信息化技术手段提高城市网格化管理水平的任务。从经济上讲，武汉只有结合本市的科教优势，下大力气发展信息产业，才能趋利避害，减少能耗，提高城市的竞争力。

规划信息化是科学理念、先进技术以及信息技术与城市规划的结合应用，不仅对于城市规划工作本身具有重要意义，也是充分发挥城市资源最大效能的重要技术手段，是城市规划紧跟时代步伐、提高管理科学性的必然选择。武汉城市圈作为“两型”社会综合配套改革实验区，规划部门面临新的机遇和挑战。要实现区域经济一体化，实现区域的可持续发展，完善区域创新体系，优化区域经济结构，完善区域公共服务功能，探索新型城市化发展模式，实现城乡协调发展等重点领域的创新和突破，规划部门必须有所作为，必须大力借助信息化手段才能做好相应工作。

局领导班子提出，实施“五个一”工程，全面建设一流规划局的工作目标，并在全局系统开展“双提”专项活动，这些工作的开展，必须要有“一流的规划信息化”作支撑。为此，我局在信息化建设中提出了“一流的信息化理念、一流的信息化项目、一流的信息化技术、一流的信息化队伍、一流的信息化管理、一流的信息化环境”等“六个一流”的具体思路，各单位、各处室要积极配合，打造“一流的规划信息化”。信息化工作作为贯穿“五个一”工程的重要基础，我们必须予以高度重视，要将思想统一到学习贯彻十七大精神，贯彻《城乡规划法》要求，建设“两型”社会，建设“一流规划局”的高度上来，认清形势，认真研究，准确把握信息化工作的发展方向和工作要求。

二、明确目标，突出重点，扎实推进规划信息化各项任务

2007 年，我局信息化工作取得了很大成绩。通过加强信息化基础研究，提出了规划管理信息化“1 个中心、2 项工程、3 个平台、4 个体系”的工作框架；开展了规划管理信息汇交和“一张图”建设工作，初步建立了武汉市规划管理“一张图”框架体系；启用现代测绘基准体系，实现了测绘技术在大地测量领域的历史性跨越。以行政效能电子监察为抓手全面推进电子政务建设，局行政审批效能得到了有效提高。特别是三维数字地图建设工作成效显著，在调研和科学论证的基础上，初步搭建了我市三维数字地图管理平台和辅助规划审批管理系统，在全国率先启动并完成了约 90 平方公里三维数字地图建设，全视角辅助了一批建设项目的审批，实现了我市规划管理从单一项目审批向城市空间形态全方位统筹研究的转变，受到了市领导的称赞。下一步，还要根据贯彻《城乡规划法》和“五个一”工程建设的要求，进一步加以深化和提高。在此，强调以下 4 个方面的具体工作：

（一）全市城乡规划动态监管系统建设

《城乡规划法》从 2008 年 1 月 1 日正式实施，对城乡规划工作提出了新的要求。为了适应新要求，我局决定启动城乡规划动态监管系统工程，打算利用 3~5 年时间，建立一套城乡统筹的完善的规划监管体系和信息管理系统。这套系统将对全市规划编制、规划审批、批后管理等 3 个领域的规划管理行为实施全面监管，通过动态、预警和联动等 3 个机制，实现监管手段现代化、监管对象空间可视化、监管方法智能化、监管行为常态化、监管结果公开化，促进城乡规划、建设和管理又好又快发展，简称“3351 工程”。该系统是我局在全国范围内率先提出的贯彻《城乡规划法》的创新举措，必将全面提升全市规划管理水平和服务能力，必将有效推进城乡统筹工作。

（二）启动数字武汉建设二期工程

数字武汉是我局信息化建设的亮点，通过一期工程建设，我们完成了国家科技攻关计划的课题研究，在全国率先建成了城市空间数据基础设施，创新了地理空间信息的在线网络服务模式，并在规划管理、国土资源管理、交通监管等领域实现了跨行业的信息共享应用，支撑了城市网格化管理市区两级平台的运行，受到业内充分肯定，被住建部评为华夏科学技术一等奖，正在申报国家科技进步奖。从 2008 年起要启动数字武汉建设二期工程，继续引领我市“数字城市”建设，为武汉市经济社会发展和“两型”社会建设作贡献。数字武汉建设二期工程包括了国家科技支撑计划的试点研究和住建部的试点研究，包括我局对城市网格化管理的服务，也包括全市电子政务图层建设和对地理空间信息资源的整合。为了有效建设好二期工程，建立统一的信息整合与发布机制显得尤为重要，为此，必须进一步建立健全好全局的数据中心、信息汇交机制、信息资源目录与交换体系等一系列软硬件、体制机制和制定相关政策，集约利用全局信息化资源，通过资源整合，形成合力，共同提升全局信息化水平。

（三）推行全电子化和远程移动办公

《城乡规划法》颁布实施后，我局的电子政务协同办公平台需要进行新一轮的调整改造。2008 年，要结合网站信息集成改造的基础，开发新的一体化协同办公平台，并向远程移动办公延伸，全面推行全电子化办公，为彻底取消手工签字奠定基础，进一步提高工作效率、提高服务质量。

（四）继续深化规划管理“一张图”

要按照规划信息网上汇交与管理要求，继续深化规划管理“一张图”建设工作，要达到“数据、平台、规范、制度”等 4 个方面的深度集成，在一个平台的基础上，保证规划编制成果一经审

日月星城

批，及时汇交、及时入库，提供规划管理使用。同时，要将规划管理中调整的各种信息及时反映到规划编制成果中去，形成规划“编制—审批—汇交—集成—实施—反馈”等环节一体化的工作机制，为规划编制、审批、决策提供有效的信息支撑，实现规划编制、规划管理的科学化、智能化。

三、加强领导，统筹协调，确保规划信息化工作落到实处

我局信息化工作已经有了较好的基础积累，但是在一些方面依然存在比较突出的问题。比如信息共享问题、经费保障等问题，多年来一直没有得到很好地解决，还有一些是在发展中出现的问题，比如机构机制问题、搞“小而全”的问题等，要引起我们足够的重视，认真研究解决。2008年信息化工作任务繁重，各单位要进一步加强领导，采取有力措施，进一步发扬成绩，解决发展中的困难，确保规划信息化工作落到实处。

（一）加强领导，建立机制

各单位要根据机构改革和人员调整情况，及时调整完善信息化工作的组织机构，没有成立信息化工作领导小组的，要抓紧成立。各事业单位要有信息中心，各分局要明确工作机构、明确专人负责，各远城区要逐步创造条件，建立健全相应机构。同时，局信息中心要切实发挥在全局信息化方面的统领作用，加强对全局信息化工作的组织协调，整合信息资源，促进整体水平的不断提高。要严格执行上级部门关于信息化建设的有关制度，逐步建立一套行之有效的信息化管理规章制度，以制度规范管理，保证信息化建设的有序推进。

（二）优势互补，错位发展

总体上讲，我局的信息化工作发展势头是好的，但也存在一些单位搞“小而全”、信息壁垒、重复建设、各自为政的现象，对规划信息化工作造成的影响与我们所倡导的“全局一盘棋”的思想相悖，不利于信息化整体水平的提高，也是对社会公共资源的浪费。各单位要从讲政治、讲大局的高度，充分认识全局信息化集约发展的必要性和重要性，主动加强联系和沟通，增进理解，服从大局，做到“优势互补，错位发展”，共同促进全局信息化工作的健康、协调、可持续展开。

（三）强力整合，信息共享

新规划局成立后，局领导班子一直在强调信息资源的整合利用，从规划管理“一张图”的清理到统筹城乡规划工作，都贯穿着整合的理念及统一城乡规划的思想。从2008年的工作计划中，我们也可以看出，强力整合、信息共享依然是我们的工作重点。信息中心是我局的数据中心，要强化信息中心这个“中心地位”的作用，采取有力措施，将相关资料及时整合集成到局地理空间信息平台中去，为规划管理和政府决策服务。各单位必须认真思考，针对工作实际，切实解决自身信息化工作如何贴近规划管理的要求问题。各分局要按要求推广使用市局统一配发的系统，通过系统应用来整合数据资源，推动全局规划管理数据库的建设，切忌重复建设。要形成合力、一体发展。

（四）重视人才，保证经费

搞好信息化建设，关键在人才。要采取有效措施，进一步培养和引进高素质信息化人才，不断提高信息化专业技术水平和综合素质，要进一步关心信息化工作人员的待遇和成长问题。要积极争取和落实规划信息化建设经费，将信息化建设和维护运行费用纳入年度部门预算，保证经费投入。我们在2008年规划编制经费中首次增加了信息化专项费用，比例不算高，以后我们还要进一步扩大信息化专项的投入比例，争取更多的资金支持。同时，要加强对信息化经费的管理，专款专用，切实把经费管好、用好，以经费换成果，以成果换管理。

同志们，规划信息化是一项重要的基础性、技术性工作，更是一项事关规划事业发展全局的长期性、战略性的系统工程。我们必须认清形势，进一步加强领导，团结协作，真抓实干，不断创新，为我市规划信息化工作再上新台阶、为规划事业的长远发展作出新的贡献！

第二节 全局性工作总结

2008年武汉市规划工作总结报告

武汉市规划局局长 张文彤

（2009年1月16日）

同志们：

今天，我们在这里召开全市规划工作总结大会，总结2008年全市规划工作，部署2009年主要工作任务。下面，我代表局领导班子作工作报告。

一、2008年工作回顾

2008年是武汉市推进“两型社会”综合配套改革试验区建设的开局年。在武汉市委、市政府的正确领导下，市规划局认真贯彻科学发展观，进一步解放思想、开拓创新，围绕全面建设全国一流规划局的奋斗目标，着力实施“五个一”工程，完善规划体系，强化规划管理，严格批后监督，夯实规划基础，各项工作取得了新的成绩。

（一）扎实推进规划编制，城乡规划体系不断完善

按照系统性、前瞻性、实用性、时效性的原则，初步建立了包括“城市总体规划—分区规划—控制性详细规划”3个层次、系统完善的规划

圆梦·美丽家园

主干体系，以及包括城市设计、交通体系、城市特色等专项规划研究在内的多层次横向支撑体系。

全面完成了主城区和新城组群分区规划编制工作。在新一轮《武汉城市总体规划(2006~2020)》编制完成并上报国务院待批的情况下，按照市委、市政府“尽快制定下一级规划，落实法定图则”的指示精神，组织完成了主城区和新城组群分区规划，实现了3261平方公里都市发展区的分区规划全覆盖，为全市控规编制工作提供了指导，为构建法定规划体系迈出了坚实的步伐。

大力推进控制性详细规划编制工作。按照《城乡规划法》的要求，开展了主城区人口分布研究、控制性详细规划技术规程研究，制订了主城区控制性详细规划编制计划，编制了主城区684平方公里控规导则，完成了王家墩地区控制性详细规划等总面积达120平方公里的控规编制任务。

强化了重点地段的城市设计。全面启动二环线以内重点区域、道路及节点城市设计工作，编制了《二环线地区整体城市设计纲要》，制定了《主干道城市设计技术导则》。邀请国内知名专家召开了“武汉市二环线地区城市设计纲要专家研讨会”，完成了“两江四岸城市设计”、“主城区东西山系公共界面城市设计”等重点特色区域内13个城市设计项目，规划总用地面积约70平方公里，道路长度约90公里。启动城市设计三维数字专项建设工作，将设计成果采用全新的数字化方式进行表现。

开展了一批重大交通项目规划研究。修编了武汉市轨道交通线网规划并获市政府批复，形成了由3条市域快线和9条市区线构成、总长540公里的线网优化方案。开展了武汉市主城区道路交通系统战略规划和二环以内30分钟畅通工程实施方案研究，编制了《武汉市交通发展白皮书》，开展了武汉市快速公交线网规划研究，确定了武汉市快速公交的发展定位。启动了武汉市综合交通调查，开展了武汉历史上规模最大、覆盖范围最广的一次居民出行调查工作。开展了长江二桥到阳逻的快速路规划设计以及天河机场第二通道等多项前期交通规划基础研究。完成了轨道交通1号线二期、2号线一期工程站点修建性规划及施工期交通组织规划，组织了轨道交通线网用地控制规划及汉口火车站、武昌火车站、武汉火车站地区综合交通规划工作，为建设计划的

银湖翡翠

编制和项目实施提供了依据。

加强了城市特色等专项研究，彰显城市山水和人文特色。编制了《武昌千年古城保护与复兴规划》、《武汉首义文化区规划设计》等重要历史地段的保护、整治规划；编制了《东湖风景名胜区总体规划》并通过省建设厅审查，组织开展了《东湖风景区听涛景区南部地区建设规划》和《东湖路沿线景观综合整治规划及城市设计》；按照总体规划的六轴六楔空间格局，开展了《武汉市生态框架保护规划》招标工作，对新城组群之间的6个大型生态绿楔的保护和利用方式进行了研究；完成了汉阳地区“六湖连通”工程规划编制，开展了武昌地区“大东湖”生态水网构建工程规划编制研究工作。

加大对远城区规划编制支持力度，直接对远城区规划编制项目进行资金补贴，支持远城区组织编制了《汉南城乡一体化空间规划》等一批重点发展地区规划，有效引导了远城区规划体系的建立。

（二）精心组织，规划基础研究取得成效

开展了主城区用地建设强度研究，形成了精确的规划控制标准。在借鉴国内外十多个城市开发强度经验的基础上，按照基于合理的城市规模，适应经济、社会、环境等发展需要，在坚持建筑面积、人口规模等总量指标基本平衡的前提下，进行建设强度适当转移的工作思路，将不同强度区和不同类别土地的开发强度进行量化，形成了精确的控制标准。制定了高层建筑分区规划，在主城区确定了9个高层建筑密集区，从而形成城市中心及副中心区高、城市腹地低的疏密有致的空间形态。

开展提高用地强度及规范规划用地管理的研究，为规划审批提供指导依据。根据武汉市创建“两型社会”的总体要求，为落实科学发展观，有效促进土地资源集约、节约利用，引导主城区人口有序疏散，提升城市空间环境和现代服务功能，在对武汉市主城区用地建设强度研究的基础上，起草了“关于大力加强建设用地规划管理，促进‘两型社会’建设的实施意见”，并上报市政府。加强对城市生态景观控制区的建设控制，严格建筑间距及后退管理，突出了武汉市滨江滨湖的城市特色。

加强技术规程研究，为规划编制提供技术指导。完成了《武汉市控制性详细规划编制规程》，保证了控规编制成果的标准化和规范化。开展了《武汉市城市地下空间规划编制技术规程》研究，对地下空间开发利用的规划编制层次、内容、方法、成果内容深度、文件以及编制与审批的程序提出了要求。完成了《武汉市城市设计编制技术规程》，提出了具有地方特点、且具有可实施性的城市设计编制体系及内容，并与规划管理编制程序衔接，提出与规划编制体系相对应的各层次城市设计编制方法和审批要求。编制了《武汉市交通影响评价编制规程》，对交通影响评价的对象、内容、工作方法、深度、成果、实施与审批提出了要求。

开展技术规定研究，为规划管理提供依据。为进一步实现规划管理的标准化、规范化和法制化，保障公民、法人和其他组织的合法权益，解决好矛盾较为突出的民生问题，组织对基准容积率、建筑间距、建筑设计要求等核心问题进行了深入探讨与论证，按照建设项目“疏、高、退”的原则，研究起草了《武汉市规划管理技术规定（草案）》。目前，武汉市法制办公室正在就该草案广泛征求意见。

（三）及时开展相关规划研究，引导推动“两型社会”建设

完成了武汉城市圈一系列规划研究及编制工作。组织完成了武汉城市圈空间战略研究和《武汉城市圈城镇空间布局规划》，明确了城市圈的目标定位和空间发展策略，以及城市圈城镇发展战略、职能结构、规模结构、空间布局，为城市圈的发展和建设提供了总体的规划支撑。编制完成《武汉城市圈“两型社会”建设空间布局规

划》，并按程序报请国务院审批。该《规划》提出了区域空间发展的基本理念，确定了武汉城市圈和武汉市的总体发展目标，制订了武汉城市圈空间协调布局的整体框架。开展了“武汉城市圈快速轨道交通规划研究”，制定了武汉城市圈轨道交通规划方案及分期实施规划，为促进城市圈快速交通衔接提供了研究基础。

编制完成了《武汉市建设“资源节约型、环境友好型社会”城乡规划实施纲要》。通过分析“两型社会”导向下城乡规划基本思路的调整，重点研究了武汉市创建环境友好型中心城区的规划建设模式，以及远城区与中心城区空间对接和规划调控机制，为武汉市“两型社会”规划建设提供了依据。

积极推进 “武汉新港”规划工作。组织专班对阳逻、北湖至鄂州、黄冈一带江南、江北总面积2398平方公里区域从疏港系统、产业布局、土地适应性及生态安全等方面进行了专项研究，规划形成一个亿吨级的大港，辐射中西部地区，初步确定了“一轴两心，两极四楔，四城八港”的新港城镇群空间结构。

（四）加大规划审批力度，积极服务重大项目建设

完成了一大批重大市政项目的规划审批工作，有力支持了市政基础设施的发展建设。办理完成武汉站、武昌站、汉口站3大火车站城市综合配套工程有关审批工作。办理完成轨道交通1号线二期、2号线一期和4号线一期等总长共70公里的近期建设线路的相关规划手续。办理了二七路长江大桥和天兴洲公铁两用长江大桥、武汉北编组站、武汉至安康扩能提速武汉段、沪汉蓉武汉段、武汉铁路集装箱中心站、武汉站货车外绕线、武广客运佛祖岭富士康铁路专线武汉段等重大建设工程的规划选址和用地许可审批手续。办理了汉蔡、汉洪、汉英、汉麻、和左等高等级出口公路的《建设项目选址意见书》和《建设用地规划许可证》，为这些项目建设奠定了基础。

积极协调推进产业项目建设。大力服务好80万吨乙烯、富士康、国际博览中心等重大项目，为项目顺利实施奠定了基础；积极推进武商摩尔商城、长江报业园、中华数码城、华联购物中心、长江食品厂片商贸城、华中曙光创意产业基地等重大项目，分别办理了用地规划许可手续或核发了规划设计条件；协调落实宜家、江南竹木市场等项目规划选址。主动服务一批开发区、远城区重大项目。协调落实了湖北生猪期货交割中心选址定点郑店物流园，配合完成了江夏区巴登城项目的选址论证，支持推进了东西湖区水乡旅游城项目规划编制及相关工作，协调推动了江北高速规划建设等。

认真落实经济适用房、双竞双限房及拆迁还建房等民生项目建设。为改善中低收入家庭住房困难，在前两年经济适用房建设计划的基础上，根据全市住房建设计划，研究确定了2008年度300多万平方米经济适用房选址。对青山老工业区安居房项目，按照统一规划、分期实施的原则办理了78.29万平方米安居房用地规划许可手续。及时调整规划编制计划和经费安排，落实并审定了15片双竞双限房规划设计条件，可建设100余万平方米。编制了一批重大项目农民还建和产业用地选址规划，解决重点项目征地拆迁还建问题。

大力推进城中村综合改造和新农村建设工作。截至2008年底，我局已批复56个城中村综合改造规划（其中二环线内44个、二环线外12个），核发了二环线内全部44个村和二环线外已批复规划的12个村的土地储备规划要点文书，为实施改造创造了条件；核发了25个村的城中村开发项目规划设计条件。积极配合市家园办开展新农村建设规划工作。制定了《武汉市农民新村建设和管理办法》，对农民新村建设进行分类指导和管理。组织编制了《武汉市新农村建设空间规划分区指引》、《武汉市新农村建设空间规划技术要求》，为全市新农村建设空间规划提供技

强化批后管理。2008年共对全市范围内692个批后建设工程实施跟踪检查，发现违法建设项目59项，查处59项，办结57项，规划批后违法建设的查处率达100%、办结率97%。

一是开展了全市建设工程批后管理大清查。为了全面掌握全市建设工程批后管理工作情况，及时查找薄弱环节，继续保持对违法建设的高压态势，2008年5月，组织对2007年以来审批的建设项目开展了清查，依法对未严格按审批建设的9个项目进行了严厉查处。

二是建立和完善批后管理相关制度。根据“控违查违”工作的新要求和新情况，出台了《武汉市城市规划执法监察建设工程批后管理实施细则（试行）》，明确了市局及分局审批处（科）室与执法部门的项目批后管理衔接程序，强化了对放线、验线、标准层建设、规划验收等各个节点的控管，初步建立了强有力的批后监管机制。规范了行政处罚自由裁量权，明确了行政处罚的具体处罚幅度。

三是为贯彻落实《武汉市控制和查处违法建设办法》，起草了《违法建设报请市人民政府审定办法》，进一步严格了违法建设是否可以采取改正措施消除对规划实施的影响的认定程序。

四是加强了对市政建设工程的批后监管。首次将市政建设工程纳入批后管理，2008年11月启动该项工作以来，对34个市政建设工程放线及5个市政工程的验线实施跟踪检查，对其中10个不符合规划审批要求的工程下达了整改通知。

（八）加强信息化建设，全局管理技术平台进一步完善

三维数字地图建设与应用示范取得成效。完成了中心城区180余平方公里三维模型建设，有效支撑了建设管理审批工作。圆满完成了江北快速路及沿线的三维建模工作，直观有效地辅助了道路桥梁的设计审批。获批主编国家行业标准《城市三维建模技术规范》，并按计划完成了《城市三维建模技术规范》初稿的编写工作，标志着武汉市城市规划信息技术应用及研究水平走在全

南国·风华天城

国前列。

积极推进"数字武汉"建设。推进了"十一五"国家科技支撑计划研究，启动了数字武汉空间数据基础设施二期工程，完成了数字武汉地理空间信息平台升级改造，在支撑好全市数字化城市管理工作的同时，积极推进政务地理信息图层建设，促进了全市政务地理信息的共建共享，为中心城区网格化管理提供了有力支撑。与武汉大学共同组建了数字城市联合实验室，加大了武汉市数字城市建设和应用研究力度。数字武汉空间数据基础设施建设被住建部列为节能减排项目向全国推广。

电子政务建设全面推进。启动了住建部2008年城市数字化示范工程——武汉市城乡规划动态监管信息系统建设工作。开展了办公自动化系统升级改造，搭建了集业务审批、公文督办、公文处理、信访管理、档案管理于一体的规划管理协同办公平台。启动了远程移动办公研究及试点工作，对内实现了项目审批和公文事务处理的短信督办，对外实现了项目办理结果的短信通知。推进了城乡规划数字档案馆建设，新增档案扫描数字化80余万页。完成了报建通系统的开发，起草了相关技术规定，为深化电子报建应用奠定了基础。开展了远城区、开发区地理信息平台应用和协同办公系统建设。

深化政务公开和网站建设。建立了新的"数字武汉—城乡规划网"，实现了内外网信息的同步，加强了网站规划批前公示，完善了政务信息公开工作机制，印发了工作制度和维护办法，开辟了行政复议、法规宣传等专栏，注重公众互动，开展问卷调查，深受市民好评。"数字武汉—城乡规划网"已成为市民监督规划工作和获取规划服务的重要窗口。

（九）周密部署，行政管理体制改革工作稳步推进

积极落实机构改革精神。根据市委、市政府《关于改革市城市规划国土资源和房产管理体制的通知》和《市机构编制委员会关于同意调整划分市城市规划管理局所属事业单位机构编制的批复》等文件精神，完成了武汉规划局局属10家事业单位的有关人事调配和资产划转工作，保障了我局及武汉市国土资源和房产管理局各项工作的顺利推进。

认真贯彻《围绕"两型社会"建设，完善城市管理体制的若干意见》。根据"统一规划、分级管理、强化监督"的原则，按照"优化市局、强化分局、服务发展"的思路，及时制订了市局和分局规划管理实施细则并获市政府常务会通过。根据该《细则》，中心城区83%面积的规划管理权将下放到各分局，让分局更直接地服务于区域经济发展，市局将着重从宏观层面加强对城市发展的研究，对城市发展战略的探讨，对重点建设项目的服务。

扎实推进行政审批制度改革相关工作。按照《武汉市基本建设项目有限并联审批实施方案(试行)》要求，制定了《武汉市基本建设项目规划环节有限并联审批实施意见》、《武汉市基本建设项目规划环节并联审批（预审）会审制度》，并召开了24家协办单位的协调会，宣传贯彻落实并联审批制度。积极开展ISO9001质量管理体系贯标工作，目前已基本完成了四级体系文件的编写，形成了较为完善的质量管理体系。

（十）从严管理，干部队伍和廉政建设进一步加强

加强领导干部作风状况的考察考核，努力促进领导班子思想作风建设的进一步加强。积极推进局系统干部队伍建设，严格执行《党政领导干部选拔任用工作条例》，努力实现干部工作的规范化和科学化，选配了11个局属单位和机关处室的主要负责人。大力加强干部教育培训工作，采取多种渠道开展业务培训和人才培养。2008年局系统增加各类专家6人，聘请外籍员工2名。组织各类教育培训11期，选派9人赴荷兰参加为期1个月的历史街区规划考察交流活动，选派

第五批计4人赴美国芝加哥伊利诺大学参加长期培训。邀请国内外知名专家来我局举办学术讲座12期，参加了2008世界棕地开发研究大会和第44届国际规划大会等学术交流活动，并在会上作了交流发言。

认真执行党风廉政建设责任制，把党风廉政建设责任制与各项业务工作紧密结合，做到一起部署、一起落实、一起检查、一起考核，在全局系统形成了强化廉政建设的良好氛围。进一步规范党员干部廉洁从政行为。积极推进预防职务犯罪工作，以“情系民生、勤政廉政”为主题，重点开展了以收看一场廉政电教片，编印一本廉政手册，观看一部廉政电影，上一堂廉政党课为主要内容的反腐倡廉教育活动，认真开展文明执法教育活动，积极引导党员干部端正从政理念，树立廉政意识。切实抓好纪检监察信访和行政投诉处理工作，推进治理商业贿赂工作。继续深入开展城乡规划效能监察工作，对历时3年的全市城乡规划效能监察工作进行梳理和总结。在全市规划系统组织开展了以“提高办事效率，提高服务质量”为主题的“双提”活动。扎实推进行政效能电子监察工作，提高了行政效能建设水平。继续深入推进源头治腐工作。落实武汉市企业治乱减负及维权领导小组交办的各项工作，不断巩固局系统政风行风建设成果。

大力加强党的建设。调整完善了机关支部建设，充分发挥基层党组织作用，大力加强党的思想建设、组织建设和作风建设，党员干部队伍的思想认识、大局意识得到了提高，促进了全局稳定。

此外，我局还按时办理湖北省、武汉市人大、政协议提案86件，得到有关方面的好评。切实抓好全局社会治安综合治理和信访稳定工作。加强财务管理，规范预算编报、执行和固定资产管理。工会、老干、共青团等工作有声有色，后勤保障等工作得到加强，有效保证了全局各项工作的顺利推进。

二、2009年主要工作打算

（一）创新管理，切实提高规划管理的效率和质量

按照《市委、市人民政府围绕“两型社会”建设完善城市管理体制的若干意见》，深入推进规划管理体制和机制改革，加强全市规划统筹管理，进一步提高全局执法能力和行政效能。全面贯彻落实市委、市政府围绕“两型社会”建设完善城市管理体制的有关精神，进一步明晰市局和各分局管理权限和办事程序，进一步强化分局贴近基层的管理和服务职能。大力加强对开发区、远城区规划管理工作的领导和指导。按照《市规划局贯彻落实〈中共武汉市委、武汉市人民政府关于围绕“两型社会”建设完善城市管理体制的若干意见〉的实施细则》文件要求，完善开发区、远城区规划管理有关制度，大力推进开发区、远城区法定规划体系建设，明确控制性详细规划审批程序，建立全市城乡规划协同办公平台，进一步加强开发区、远城区规划管理的支持指导和监督检查，努力实现全市城乡规划统筹管理。

进一步加强日常审批管理和服务，提高行政效能。认真贯彻落实中央、省、市扩大内需促进经济增长工作部署的有关精神，健全重大项目审批“绿色通道”制度。根据市委、市政府“服务企业年”的部署要求，加大现场服务力度，推进重大项目、重点工程建设。建立工作专班，加快“城中村”改造项目规划审批速度。

（二）充分发挥市规委会作用，促进规划决策的科学性

进一步推动规划管理的公开化和法制化，加大规划的公众参与力度，提高规划决策的科学性和民主性，围绕加强依法管理、政府主导、民主决策、部门协调、社会参与的原则，对原武汉市城市规划委员会（以下简称规委会）的机构和组成进行调整，成立新的市规委会，规委会的作用得到充分发挥。

一是在重组规委会组成机构的基础上，重点

加强和明确规委会常务委员会的职能。发挥规委会规划审议、部门协调、监督规划实施的职责，依法审议全市各类城乡建设重大规划事项，对规划实施情况进行监督检查。

二是在保留规委会部门席位制的基础上，完善规委会组建方案。设立常务委员会、4个专题会议（城市综合发展战略委员会、控制性详细规划委员会、城市设计及建筑景观委员会、城市交通及市政工程委员会）和办公室。并在全国范围内邀请城市规划界知名专家，作为武汉市规委会的顾问专家委员，根据专业方向和审议工作需要，应邀参加规委会相关工作会议。

三是进一步明确规委会的会议制度。制定各类会议定期召开的时限、议事规则、会议召集的基本程序，进一步规范规委会的议事程序，促进规划决策的法制化、规范化、科学化。

（三）大力加强规划编制和规划研究，进一步完善武汉市城乡规划体系

在继续努力争取城市总体规划尽早获得审批的同时，积极做好城市总体规划的深化细化工作。

一是继续深化城市总体规划。尽快完成武汉市主城分区规划审查报批工作，按照都市发展区控规全覆盖的要求，全面完成新城组群控规导则的编制，完成200平方公里的主城区控规细则编制，进一步完善规划体系。

二是深化完善都市发展区规划“五线”。在2008年主城区“五线”划定的基础上，划定6个新城组群地区的“五线”，形成完整的“五线”体系并纳入武汉市城乡规划管理“一张图”系统。

三是深化农业生态区城乡建设统筹专项规划。在完成武汉市城乡统筹规划国际招标方案的基础上，进行深化落实，形成操作性强、符合实际的“本土化”规划方案，指导远城区村镇布局、产业布局、公共服务设施、道路交通、市政设施、生态保护和农业生产布局。

四是推进主城区重点地段城市设计。按照市委、市政府关于“加快二环线内建设性详细规划编制和城市节点设计，务必做到全覆盖”的部署要求，全面完成二环线沿线的武珞路、金桥大道、雄楚大街、沙湖周边、南湖周边、武昌旧城

锦绣龙城

等9个重点地段的城市设计。

五是加强历史文化街区及历史文化风貌区保护规划。依据《武汉城市总体规划》、《武汉历史文化名城保护规划》以及《城市紫线划定》，在整合既有规划的基础上，形成历史文化街区和风貌区体系规划和保护规划。至2010年，全面实现都市发展区历史街区及风貌区保护规划全覆盖。

六是大力推进城市综合交通规划。根据市委十一届七次全会精神，全面提升武汉在全国交通枢纽中的地位，提高市内交通的畅通水平。重点完成《都市发展区停车场空间布局及实施规划》、《轨道交通沿线及周边用地控制规划》、《主城区自行车交通系统规划》等6项综合交通规划。

七是深入开展地下空间专项规划。按照“两型社会”建设要求，充分利用地下空间资源，提高开发强度。在《地下空间总体规划纲要》及各专项规划的基础上，2009年重点完成地下空间总体布局规划及重点地段地下空间规划。

（四）进一步加强勘测管理，为城市建设提供综合性保障服务

结合规划管理体制调整工作，推进局属分局和各远城区局勘测管理职能的落实。加强全市测绘管理工作，规范武汉市测绘市场；创新测绘管理思路，促进地理信息产业发展。进一步加强基础勘测工作，着力推进基于规划的信息化勘测服务体系建设，做好规划管理的批前、批中、批后的服务工作。拓展地理信息服务产品，为规划管理提供良好的地理信息服务支撑。做好地下管线跟踪测量服务，为规划审批工作提供勘测保障。继续推进“十一五”基础测绘工作，全面完成好年度计划任务，开展城区易塌陷地区形变监测体系建设，做好“2009年地理信息蓝皮书”发布工作。进一步完善武汉市地理信息公共服务平台，推动该平台为政府、企业及社会公众的服务和应用。

（五）加大法规研究拟制力度，推进规划勘测管理规范化、法制化

结合贯彻实施《城乡规划法》和武汉市围绕“两型社会”建设完善城市管理体制的若干意见，积极组织深入开展规划工作调查研究，及时清理规划管理有关法规政策。进行《武汉市城市规划条例》的调研修订工作，完成《武汉市规划管理技术规定》、《武汉市城乡规划编制审批管理办法》和《武汉市测绘管理办法》等政府规章的修改制定工作。

（六）加强执法监察力度，提高执法监察工作水平

在建立建设工程规划批后管理制度体系的基础上，通过执法实践，不断完善市区执法监察管理网络和巡查机制，建立建设项目在线监控系统，促进市局与分局、市局与远城区局、规划与城管等部门的联动以及职能处室之间执法配合，强化执法手段，加大对违法建设的控、监、管力度，从严控制和查处违法建设。加强对“区审区办”项目批后管理工作的监督检查。按照完善规划管理体制的要求，落实规划管理监督检查办法，加强对各分局批后管理工作的指导和监督检查。

（七）大力加强信息化建设，提高管理和服务的科技水平

继续加大对重点信息化项目的投入，逐步深化“数字规划”工程。基本完成中心城区三维建模任务，推进三维数字地图系统在规划管理和城市设计中的应用，完成《城市三维建模技术规范》编写和上报；以“两型社会”建设和体制机制改革为契机，全面推行城乡统筹的规划管理协同办公平台，实施全电子化和远程移动办公；按照“分工采集、定责汇交、统一管理、共享利用”的原则，建立信息汇交共享的工作框架体系，理顺关系、完善制度，规范信息利用行为，实施信息资源的集约利用，促进城乡规划信息化工作健康可持续发展；深化数字档案馆建设，进一步完善规划管理“一张图”；推进全市城乡规划动态监管系统建设，加强对城乡规划编制、审批、实施、修改的监督检查和批后管理。

（八）加强机关建设，全面提升规划部门形象

继续深入开展以“提高办事效率、提高服务质量”为主题的“双提”活动。进一步加大行政效能电子监察系统和电子审批系统建设，推行电子化报建，完善相关管理办法，提高办事效率。加强组织领导，进一步简化审批流程。以效能监察为抓手，切实推进行政监察工作。继续推进ISO9001质量管理体系贯标工作，通过贯标工作，切实提高规划管理质量。加大政务公开工作力度，利用网站等信息化手段，进一步增强规划编制、审批、执法的公开透明度。

围绕规划中心工作，进一步加强和完善党的基层组织建设，发挥各级党组织在改革、发展中的作用，发挥党员先锋模范作用，促进规划管理工作。按照市委部署，认真组织开展学习实践科学发展观活动。强化反腐倡廉教育，促进领导干部廉洁从政。认真谋划好惩防体系建设工作，抓好相关制度建设，结合实际开展工作，把惩防体系建设各项工作引向深入。以贯彻落实各项监督制度为手段，切实加强对领导干部，特别是主要领导干部的监督。加大案件查处力度，坚决纠正损害群众利益的不正之风。

加强舆论宣传，让社会和服务对象感受规划部门不断开拓进取、不断改进服务的决心和勇气，增强社会各界对规划工作的了解、理解和支持，为规划的实施创造良好的社会氛围。

根据市委、市政府有关要求，积极稳妥地做好分局管理体制改革工作，按照满足工作需要、优化班子结构、促进干部成长的工作思路，统筹考虑，进一步加强干部队伍建设。认真贯彻《干部教育培训工作条例（试行）》，全面落实“十一五”干部培训计划。做好参照公务员管理、公务员招录分配、专家选拔、职称评审等公务员队伍和人才队伍建设工作，继续坚持公务员初任培训、任职培训、专门业务培训和更新知识培训，坚持专业技术人员继续教育工作。进一步整合优化全局人力资源。按照党的十七大精神，全面落实科学发展观，坚持以人为本，围绕构建和谐社会的要求，结合全局工作实际，认真贯彻落实武汉市第十一次党代会及全市组织人事工作会议精神，切实加强领导班子和干部队伍建设，努力建设一支忠实捍卫城市利益的规划队伍。认真制定落实局系统人才发展规划，打造全国一流的专业人才队伍，为完成全局各项目标提供人才和智力保障。

同志们，回顾过去一年取得的成绩，我们倍感欣慰，展望新一年的工作任务，我们深感责任重大。新的一年里，让我们继续发扬求真务实精神，在市委、市人大、市政府、市政协以及省建设厅的领导下，振奋精神，开拓进取，顽强拼搏，勤奋工作，努力推动全市规划工作再上新台阶，为促进全市城市建设和经济社会又好又快发展，实现武汉在中部地区率先崛起作出新的贡献！以优异的成绩迎接建局30周年和新中国成立60周年！

武汉市规划局2008年政府信息公开工作总结

根据《武汉市政府信息公开暂行规定》（武汉市人民政府令第156号，以下简称《暂行规定》）、《市人民政府办公厅关于〈武汉市政府信息公开暂行规定〉的实施意见》（武政办[2004]148号）的精神，按照《武汉市城市规划管理局政府信息公开目录》和《武汉市城市规划管理局政府信息公开指南》的要求，2008年，武汉市规划局认真开展了政府信息公开的各项工作，主

要情况如下：

一、主动公开政府信息的情况

（一）网站信息公开情况

2008年，按照武汉市政府信息网上公开要求，武汉市规划局进一步加强了“数字武汉—城乡规划网”网站建设，除抓好网站栏目的日常维护外，着重从加强批前公示、完善网站管理制度、丰富网站内容、加强互动交流等方面进一步开展工作，取得了较好的效果。2008年，网站共发布各类信息10558条，其中相关行业信息2652条，审批进度查询1909项，批后公示4379项，红线图316幅，回复局长信箱来信254封，批前公示368项（收到反馈意见509条），美好家园图片560幅，世界之窗摄影作品120幅。网站年度访问量达到134万人次，比2007年增长50%，总访问量464万人次，总浏览量1738万次。

（二）其他方式的政府信息公开情况

武汉市规划局政府信息公开除了以该局国际互联网站外，还以新闻媒体发布、触摸屏、大屏幕、查阅点资料查询和现场公示等多种方式同时开展了政府信息公开工作。

通过在申报大厅设置的大屏幕、触摸屏及时公示审批结果、收费事项、办事指南等信息，将每天的收件情况、行政许可决定、项目办理情况滚动显示，2008年通过大屏幕公开项目办理情况1909条；建设单位也可通过触摸屏自行查询了解项目受理与审批工作进展情况。

二、依申请公开政府信息的情况

全年规划局受理书面政府信息公开申请5起，均全部同意公开，并在规定的时间内及时回复。

为满足建设单位及广大市民对城市规划管理信息的查询需求。2008年共接待查询1867人次，调阅案卷11162卷次，其中，接待局各处室及局属单位查询641人次，调阅9771卷次；为社会公众提供查询1226人次，调阅1391卷次。在报建窗口放置各类行政许可申请登记表格，方便用户查阅及使用。

2008年，网站的“局长信箱”栏目共收到市民来信254封，全部进行了回复。

2008年，武汉市规划局受理的政府信息公开复议0起。

三、主要做法

（一）升级信息公开发布平台

2007年机构改革后，武汉市规划局在原有网站的基础上，对网站进行了升级改造，建立了“数字武汉—城乡规划网”，新网站于2008年1月1日上线运行，7月29日，武汉市副市长尹维真等领导亲自开通网站。网站以“两室两厅一窗一园”（规划展示室、网上会客室、申报大厅、公示大厅、世界之窗、美好家园）为主线，“两室两厅”主要体现规划管理与服务特色。“一窗”主要表达城乡规划面向世界、走向世界的理念。“一园”主要展现城乡规划的过去、现在和未来。网站使用了Ajax、RSS、Tag、异步调用、URL静态化等一系列技术，改善了网站访问体验，实现了内外网信息集成，提高了搜索引擎索引量，为顺利开展政务信息公开与服务提供了保障。

（二）加强城乡规划公示工作

2008年，为贯彻落实《城乡规划法》，重点加强了城乡规划批前公示工作，组织公布规划草案、总平面规划、规划设计条件（调整件）、选址意见书、建设用地规划许可证等批前公示368项，并通过现场公示、网站公示、固定场所公示等多种公示方式，广泛征求群众意见，切实保障公民的知情权。通过书信、电话、网站收集各类意见509条，通过吸纳合理化建议，对建设项目规划进行更全面的考量。批前公示工作对提高建设项目审批透明度，接受人民群众监督，贯彻以人为本的思想，加强城市规划管理起到了积极作用。

（三）完善政府信息公开制度

2008年，武汉市规划局完善了政务信息公开工作机制。印发了《武汉市规划局网站管理规定》、《市规划局关于做好“数字武汉—城乡规划网”维护管理工作的通知》、《城乡规划公示制度》、《城乡规划听取公众意见制度》，修订了《武汉市城市规划管理局政府信息公开管理规定》、《武汉市城市规划管理局政府信息公开指南》、《武汉市城市规划管理局政府信息公开目录》、《武汉市城市规划管理局网站局长信箱回复制度》、《武汉市城市规划管理局政府信息依申请公开处理规定》等一系列政府信息公开制度、文件，认真开展了政府信息公开工作。

（四）不断丰富网站内容

网站发布了《武汉市城乡建设统筹规划》、《武汉市主城区东西山系景观轴线（蛇山—九峰森林公园）城市设计》等征集公告，公开征集规划设计方案。

对《首届三维数字城市建设论坛暨第三届虚拟地理环境学术研讨会》进行专题报道，网站及时发布相关信息报道，方便社会公众了解大会最新动向。

开辟了行政复议专栏，发布了行政复议指南、行政复议程序示意图和行政复议问答，提供行政复议网上申请和查看复议结果，增加了公民、法人和其他组织行政复议的申请方式，这是适应信息时代的发展趋势而采取的一项重要举措。

制作测绘法宣传专栏，发布了《武汉市基础测绘“十一五”规划基本情况》、测绘法相关的政策法规、测绘法宣传口号等一系列测绘法宣传的相关内容。

（五）注重公众互动，开展问卷调查

为更大限度地展现武汉“江城”的活力与魅力，创造舒适优美的生活和工作环境，使未来两江四岸滨水地区真正成为让市民感到自豪和喜爱的乐园，利用报纸、网站开展了《武汉两江四岸滨水区城市设计》问卷调查，收到网上、信件等各种方式的问卷共计500多份，通过公众参与，促使城市规划具有更强的可操作性和指向性，为规划实施打下良好基础。

四、工作打算

下一步，为实现全面建设一流规划局的奋斗目标，武汉市规划局将主要采取以下措施，不断加强政府信息公开各项工作。

（一）继续做好网站维护管理

按照《武汉市规划局网站管理规定》、《市规划局关于做好“数字武汉—城乡规划网”维护管理工作的通知》，进一步落实网站更新维护工作分工，做好“数字武汉—城乡规划网”的管理维护工作。

（二）完善城乡规划公示工作

在继续做好公示工作的前提下，加强规范管理，规范城市规划的行政行为。

（三）坚持信息公开服务创新

在做好信息公开工作的基础上，还要努力探索信息公开服务新思路，坚持不断创新，为社会提供更加优质的城乡规划信息服务。

武汉市规划局开展文明执法教育活动总结

根据武汉市委、市政府和湖北省建设厅的统一部署，武汉市规划局开展了“文明执法”教育活动。从2008年5月23日开始，历经4个阶段，历时4个月。以紧紧围绕要务、紧贴中心、依法行政、执法为民，服务城市经济和社会发展，全面建设和谐社会为大局，以提高广大行政执法人员的素质和单位文明执法程度为主线，抓住“效能”这个关键，突出“整改”这个重点，把文明执法教育活动与充分履行职能相结合，扎实开展工作，取得可喜成果。市文明执法教育活动办公室对武汉市规划局文明执法教育活动给予了充分肯定，武汉市规划局纪检组长刘锦智应邀在全市大会上作了经验交流。主要情况总结如下：

一、加强领导，精心组织，全面营造文明执法教育活动的良好氛围

（一）及时动员部署教育活动

武汉市规划局领导高度重视，及时研究贯彻落实措施，成立了以局长张文彤、党组书记何艳任组长，其他局领导任副组长的领导小组。领导小组下设办公室，并明确专人负责日常工作，做到明确分工、责任到人，强化对教育活动的组织领导。5月23日，召开了文明执法教育活动动员大会，会议由局党组书记何艳主持，局长张文彤作了动员讲话。会议印发了《市规划局开展文明执法教育活动实施方案》。会后，各单位按照市局要求，层层传达会议精神，制定实施方案，成立工作专班，结合各自实际，充分利用简报、板报、电子显示屏等形式大力宣传文明执法的意义和要求。

全局掀起学习的热潮。如东湖分局在学习教育过程中，组织两场专家报告会，邀请督察局专员王德信、规划院的领导进行了专题讲座。武汉市文明执法教育办公室主任会议召开后，武汉市规划局于5月30日下午，再次召开文明执法教育活动工作会议，传达了武汉市监察局副局长刘生华的指示精神，并就文明执法教育的学习动员和自我分析两个阶段的主要任务作了说明，对下一步工作提出了要求。

（二）明确要求，有序推进教育活动的开展

为开展好该次教育活动，武汉市规划局要求各单位、部门在开展教育活动第一和第二阶段中要落实好“八个一”的要求。即：召开一次动员大会、制定一个工作方案、悬挂一条主题标语、办好一期宣传专栏、学习一本文明执法教育活动资料、开展一次案例剖析讲评会、组织一次行政相对人座谈会、组织一次行政执法人员考试。为使活动取得实效，还重点落实了保证措施，为确保教育活动有组织、有步骤地开展，领导小组加强了对整个活动组织指导，各单位都按要求在每个活动阶段结束后进行了小结。市局领导小组办公室制发了统计表格，及时了解各单位进展情况。确保教育活动有重点、有针对性地开展。把“执法教育”、“执法检查”、“建章立制”作为该次活动的重要环节来抓，把教育的重点落实到业务受理和送达、“一书两证”、规划验收和审批、执法监察检查的各个执法环节。确保教育活动与其他教育活动紧密结合、相互促进。

将既有区分，又相互联系的文明执法教育活动与“双提”活动和“情系民生，勤政廉政”主题教育活动结合起来，一同部署、一同检查。工作专班深入基层、建设单位进行调研，了解服务对象对武汉市规划局工作的意见和建议，尤其是了解执法人员工作纪律和工作作风等方面存在的问题。认真做好了开门征求意见的工作。市局于6月10日召开了行政相对人座谈会，邀请武汉城投建设有限公司、武汉瑞安天地房地产有限公司等12家建设单位参加了会议，与会建设单位充分肯定了武汉市规划局近年来在依法行政、文明执法方面所做的大量工作，同时，也诚恳地就怎样进一步做好文明执法工作提出了很好的意见和建议。执法支队和8个分局也采取多种形式开展了开门征求意见的工作。如洪山分局在学习过程中，坚持做到了“四有”：每个执法人员有学习资料、有学习笔记、有学习心得、有案例剖析，单位做到有动员、有方案、有讨论、有专栏。

（三）加强督促检查，确保教育活动落实到位

为保证各阶段教育活动不走过场，武汉市规划局领导多次带队对8个分局和规划执法支队的活动开展情况进行检查、抽查和暗访。全局系统参加文明执法教育活动人达350人，组织学习讨论32场次，组织辅导讲座、报告会12场次；建立开通了网上宣传专栏，市局领导小组办公室编发了5期简报，充分利用横幅、简报、宣传栏等开展宣传工作，为文明执法教育活动营造氛围，

全局系统共收集社会各界意见和建议 25 条。

自教育活动开展以来，武汉市规划局共购买《文明执法教育活动学习资料》360 本，做到了局系统执法人员人手一本；印制《廉洁自律手册》1200 册，做到了局系统工作人员人手一册。在学习讨论阶段，结合实际开展了形式多样，内容丰富的教育活动：邀请武汉市委党校常务副校长王观松为局机关干部讲专题党课，武汉市规划执法支队组织学习湖北宜昌市兴山县建设局局长王忠平同志先进事迹，观看了《生命铸就忠诚——记抗灾英雄李彬》的党建教育片，教育干部职工学习先进人物，树立立党为公、执政为民的执法理念。各处、室除参加局组织的活动外，还采取讨论和组织学习相结合的办法，认真学习了文明执法教育活动学习资料。武汉市规划局系统执法人员都认真撰写个人分析材料，各单位、部门都写了综合分析材料。

（四）认真组织法规知识考试

7 月 2 日，武汉市规划局文明执法教育活动领导小组组织召开全局文明执法教育活动工作会议，会议对前一段工作情况进行了总结，对如何组织好法规知识考试进行了安排和部署。会上，武汉市规划局领导对参加考试人员范围、考试组织准备、时间安排、考场纪律等相关内容提出了明确要求。7 月 5 日上午 9 时，全局所有行政执法人员参加考试，全局系统共设 9 个考场，市局机关和规划执法支队统一在市局七楼大会议室进行考试，其他 8 个分局在各单位统一组织考试，参考人数共 350 人，其中巡视、监考人员和 7 名因公出差人员，也进行了补考。各分局明确了两名纪检组的同志为监考人员，市局机关和执法支队的考试组织工作由法规监督检查处负责，设监考人 3 名。武汉市规划局还组织 2 个巡视组对 9 个考场进行了巡视。考试过程中，各巡视组、监考人员认真负责，认真检查巡查，各考场秩序井然，所有参加考试人员能够按照规定，严格遵守考场纪律，期间，没有发生一起考试违纪现象。

二、抓住“效能建设”重点，把文明执法教育活动引向深入

针对开门征求的群众意见进行自我对照分析中，湖北省委书记罗清泉指出的“5 个突出问题”虽然没有发生，但执法效率不高的问题，或多或少地存在于执法过程中，客观上是因为规划执法程序多、要求严，主观上是执法人员效能观念不强。2007 年 9 月，武汉市规划局提出了要用 3 年时间建设全国一流规划局的奋斗目标，并在全局开展了实施“五个一”工程活动，其中就有建立一套优质高效的城乡统筹机制。 2007 年 12 月，全局开展了“提高办事效率，提高服务质量”的“双提”活动，主要也是为了解决效率不高的问题。在文明执法教育活动过程中，强调把教育活动与效能建设结合起来，促进全局人员增强效能观念，提高执法效率。

（一）开展执法案例讲评活动，查找影响效能的薄弱环节

2008 年 4 月，按照市局统一部署，全局自下而上开展了执法案例讲评活动。各分局、执法支队和机关业务处室在对 2007 年承办的规划项目进行全面清理的基础上，分别召开案例讲评会议，组织经办人员开展讨论，对承办的项目进行客观的解剖分析，对发现的问题进行深入反思，注意从内部管理、思想作风、工作方法等主客观两个方面深入查找原因。武昌分局还请了 3 家建设单位的代表参加案例讲评会，帮助该分局分析问题、提建议、出点子。5 月 28 日，市局召开了集中讲评会。通过该次案例分析讲评活动，达到了自我反省、自我加压、自我提高的目的，增强了效能观念，也探索了一些提高执法效率的好办法。如在项目审批中积极做好前置服务，做到一次性告知，避免建设单位多次往返跑的现象；专人督办，拟制《选址意见函》指导建设单位选址定点；建立行政审批 AB 角制度、定期召开各类例会制度和规范项目审批的挂起制度等来避免

审批时间过长的问题。

（二）深入推进城乡规划效能监察工作，加强对规划执法的督促检查

按照住建部、监察部的统一部署，武汉市规划局与武汉市监察局一道从2006年1月份开始，开展了为期3年的城乡规划效能监察工作，着重解决当前城乡规划工作中存在的滥用职权、不严格推行城乡规划的有关法规，规划许可拖沓、推诿、扯皮和违规办事以及城乡规划实施缺乏有效事前、事中监督，失职、渎职等问题。在前两年抽查、交叉检查和年终检查的基础上，2008年6月初，武汉市规划局纪检组长刘锦智带队对中心城区各分局的规划效能监察工作开展情况进行了抽查，重点检查规划执法的效能情况，针对存在的问题，提出整改意见，明确要求城乡规划效能监察要与文明执法教育活动结合起来，部门和个人存在的问题要写进个人分析材料和单位综合分析材料，落实整改措施，限期进行整改。

（三）认真实施行政审批电子监察工作，对执法行为实行时限管理和全程监督

武汉市规划局作为全市行政审批电子监察系统建设试点单位之一，自首批实现了全市行政审批电子监察系统对接以来，充分利用这一系统，采取得力措施，加强对审批过程的监督和审批时限的管理。建立了联席会议制度，及时通报情况、研究问题、分析原因、提出意见和建议。

建立了短信提示系统。利用移动通信技术，将城市规划管理业务办公自动化系统中的项目办理情况以短信的方式自动发送到全局相关经办人、责任人，进行预警和催办。2008年5月在局二楼报建大厅安装了电子大屏幕，对所有项目审批情况进行全程公布，审批过程一目了然，建设单位可以随时看到项目审批进展情况，把内部监督与外部监督有效结合起来，受到媒体的肯定，《楚天都市报》还对该事进行了报道。行政审批电子监察的成果与年终绩效考核挂钩。建立了绩效考核办法，每月对局系统各业务部门和分局的项目办理情况进行打分，排出名次，并将排名情况在全局范围通报，年终各部门和分局的汇总分纳入绩效考核，作为评先的重要依据。自实施行政审批电子监察以来，行政效能得到了极大提高，全局没有一起延时项目，没有发现一起乱作为的行为，提前办结率达30%以上。

三、抓住整改关键，采取多种措施，确保文明执法教育活动落到实处

（一）认真收集建设单位意见并及时整改

在文明执法教育活动整改阶段，市局机关和各分局、执法支队广泛收集服务对象的意见和建议，召开了建设单位座谈会，有的单位还进行了问卷调查，武汉市规划局专门召开专题会议，讨论整改措施。市局文明执法教育领导小组办公室在对存在的问题进行归类整理的基础上，详细排列出需要整改的条目，以文件形式转发各单位、处室，并明确要求各单位、处室针对上述问题，认真研究和分析，要求具备整改条件的问题，立即整改；对于群众反映强烈、通过努力能够解决的问题，限期整改；对于那些应该解决，但由于受客观条件限制一时解决不了的问题，向群众说明情况；对情况复杂、涉及政策法规的问题，积极向上级反映。按市里要求，在一楼大厅和二楼报建窗口对外公示了两个问题的整改情况：一是建设单位提出在办理建设工程规划方案审查时，武汉市规划局要求必须提供《国有土地使用证》，而办理《国有土地使用证》需要较长时间，影响了项目的申报和实施。武汉市规划局对这个问题进行整改，并进行了公示，受到建设单位肯定。二是建设单位反映的武汉市规划局一些处室因工作事务比较繁忙，造成工作环境比较忙乱，建设单位时有等候或扑空的现象，对此各业务处室也进行了整改，要求工作人员根据每日工作安排主动约见建设单位，主动告知建设项目办理情况及遇到的问题，不能办理的项目需主动向建设单位说明理由；因会议暂时离开岗位的工作人员应对前

来办事的建设单位报建人员明确告知去向。各分局和执法支队也分别按要求对外公示了1~2个主要问题的整改结果。青山分局在窗口和政务中心窗口公布了监督举报电话，准备了征求意见本，广泛征求社会各界对分局执法过程中的意见和建议。

（二）以“局长直通车”千家企业问卷调查活动为契机，落实整改措施

7月30日，武汉市监察局组织召开了服务企业“局长直通车”千家企业调查问卷情况通报会。当得知反映武汉市规划局存在的问题比较多后，局领导高度重视，局长张文彤责成局文明执法教育办公室召开专题会议，落实整改措施。8月11日下午，武汉市规划局局长张文彤、副局长马文涵、纪检组长刘锦智等共同召集机关各处室主要负责人召开了整改工作布置会。会上，局领导和相关处室负责人对局文明执法教育办公室分类整理后的6个方面的主要问题，进行了认真分析和研究。局长张文彤明确提出不要强调客观，多从主观找原因，要从思想上、作风上剖析，找准问题的症结，对症下药，要针对问题落实整改。将企业反映的6个方面的问题进行了任务分解，同时要求各处室、分局和执法支队结合文明执法教育活动，开展一次自查，针对以上问题分别制定整改措施，整改情况于8月底报市局监察室汇总后，监察室将整改情况向市监察局报送书面整改意见。

（三）认真开展对建设单位的走访活动

8月13日，为检验文明执法教育活动的成效，反馈整改意见，进一步了解企业的诉求，根据武汉市规划局开展文明执法教育活动的安排，市局文明执法教育领导小组办公室，分别到武汉地产开发投资集团有限公司、武汉万科房地产有限公司、福星惠誉房地产有限公司等3家建设单位进行了走访。在一一反馈整改意见后，认真倾听了企业的意见、建议。建设单位对武汉市规划局以走访方式回复整改情况及了解企业的诉求表示欢迎和肯定，并认为武汉市规划局办事程序日益规范、工作人员服务意识不断增强，对工作敬业，能热情接待建设单位，对有关问题耐心作出解释，办事效率有所提高，能将原则性和灵活性有机结合，能切实为建设单位解决困难。对怎样进一步搞好规划执法工作，3家企业负责人和经办人员也提了很好的意见和建议。硚口分局在开展教育活动过程中，对批后的建设项目进行不间断的跟踪管理，结合工作实际制定并严格落实7项制度。

（四）认真开展了检查验收工作

2008年8月8日和12日，集中两天时间对武汉市规划局系统8个分局和执法支队开展文明执法教育活动情况进行了全面检查验收。检查验收采取听汇报、查阅资料的方式进行，听取了各单位开展文明执法教育活动的情况汇报；检查了各单位开展文明执法教育活动相关资料；查阅了各单位行政执法人员的学习笔记、心得体会及查找出存在的问题和整改措施。各分局和执法支队都能严格按市局的要求，扎实抓好文明执法教育各阶段的工作，并且探索出一些好的经验和做法。如汉阳分局为便于执法人员加深理解，提高学习效果，编印了学习提纲，人手一册；江汉分局委托区监察局在区里聘请了特邀监察员，从外部加强对执法人员的监督；江岸分局严把剖析材料关，对3位个人剖析材料不深刻的同志，责令进行了重写，直至达到要求为止。从开展文明执法教育活动情况来看，全局执法人员在“端正执法理念、改进执法作风、规范执法行为”等方面发生了比较明显的改变，取得了一定成效，但是文明执法工作是一项长期的工作，文明执法教育需要坚持不懈抓下去，需要在抓巩固、抓深入、抓提高上下功夫。因此，下一步全局各单位和部门要在抓好文明执法工作的同时，深入持久地抓好教育工作，努力为城市建设、经济发展和社会稳定营造良好的服务环境。

第三节 专题文章

30年，与改革开放同步

——武汉市城市规划设计研究院发展回顾

吴之凌

1978~2008年，我国改革开放走过了30年历程。30年来，武汉市城市发展建设突飞猛进，武汉规划人艰苦奋斗、顽强拼搏，描绘了一幅又一幅美好的蓝图，为城市建设做出了巨大贡献，推动了武汉社会经济的发展和城市综合实力的跃升。武汉市城市规划设计研究院作为武汉市城市规划领域的核心技术力量，自1979年建立以来，始终紧跟改革开放的潮流，锐意进取，不断创新，已成为华中地区乃至全国极具实力的规划科研和设计单位。

一、与改革同步，与发展同行——武汉市城市规划设计研究院成长历程回顾

30年风雨历程，伴随着国家从计划经济走向市场经济，武汉市城市规划设计研究院的发展紧密结合城市发展战略和目标，及时转变经营方针和工作重点，始终坚持以规划编制为核心，引导和促进城市健康有序发展。总体而言，武汉市城市规划设计研究院近30年来的发展，大致可以分为4个阶段：

（一）应运而生，拉开改革开放序幕（1979~1983年）

1978年12月，党的十一届三中全会作出了把工作重点转移到社会主义现代化建设上来的战略决策，拉开了改革开放的序幕。在改革开放的旗帜指引下，武汉市开放小商品市场，实行价格改革，成为全国综合改革试点城市之一。

为了顺应改革开放的要求，1979年5月，武汉市正式成立了由30余名规划专业人员组成的“武汉市城市规划科研所”，即武汉市城市规划设计研究院的前身，隶属武汉市城市规划管理局。城市规划科研所主要承担城市总体规划和一些中小型的规划研究工作，重点完成了1982年的武汉市城市总体规划编制工作，该规划是改革开放以来的第一轮城市总体规划，对此后的城市空间布局产生了深远影响。

（二）服务“两通”，促进武汉产业升级（1984~1991年）

1984年，党的十二届三中全会确定我国实行有计划的商品经济。同年，武汉市被批准为经济体制综合改革试点城市，实行计划单列。武汉市委、市政府适时作出了“敞开城门、两通突破”的战略决策，武汉市的经济体制改革正式破题。

为了适应“两通突破”的新要求，1984年城市规划科研所改建为“武汉市城市规划设计研究院”。这一阶段的工作重点是为武汉市战略调整带来的城市大规模发展提供规划编制服务，完成了1988年的城市总体规划编制，开展了三环线、武汉轿车产业开发区、汉口新火车站等大量重大城市建设项目规划，奠定了武汉市城市空间格局框架。

（三）围绕指令、开拓市场，影响力迈向全国（1992~2001年）

1992年，邓小平南巡讲话和中共十四大的召开，确定了建立社会主义市场经济体制，我国改革开放步入了市场经济的快车道。与此同时，武汉市被批准为沿江对外开放城市，东湖新技术开发区和武汉经济技术开发区相继被批准为国家级开发区，城市空间迅速拓展。

大量的建设项目带来了城市规划市场的蓬勃发展。武汉市城市规划设计研究院在完成指令性规划任务前提下，主动参与市场竞争，积极开拓业务范围，高水平地完成了一大批委托性规划项目，促进了自身技术水平的快速提升。《武汉市城市总体规划（1996~2020年）》、《武汉市创建山水园林城市综合规划纲要》等规划的编制和获奖，该院在全国规划行业取得了较高的知名度和影响力。

（四）深化改革，全面争创全国一流规划院（2002~2008年）

2002年，党的十六大提出全面建设小康社会的奋斗目标和建成完善的社会主义市场经济体制的战略部署，标志着我国踏上了改革开放的新征程。伴随着国家“中部崛起”战略实施和武汉城市圈“两型”社会综合配套改革试验，武汉市进入前所未有的快速发展阶段。

面对机遇与挑战，该院紧紧围绕武汉市规划局“五个一工程”建设，坚持“市场化、国际化、本土化”相结合的改革方向，进一步树立“面向社会、面向管理、面向未来”的企业价值观，不断深化体制机构、人事制度、人才培养、技术创新和信息化管理等方面的改革，全面提出了“争创全国一流规划院”的发展目标。

二、开拓进取、不断创新——武汉市城市规划设计研究院发展的主要思路

改革开放30年来，武汉市城市规划设计研究院在武汉市委市政府的关心和指导下，在武汉市规划局的直接领导下，开拓进取、不断创新，已经成为武汉市城市规划、设计与研究领域的主要力量。其改革与发展30年的主要思路，主要包括以下几个方面：

（一）顺应改革开放潮流，全面参与武汉城市发展和建设

一流城市才能塑造一流规划院，城市是规划院生存、发展和壮大的土壤和基石，规划院的发展必须依托城市氛围、立足城市建设、服务城市发展，共同向全国一流行列迈进。武汉市城市规划设计研究院建院以来，伴随着国家改革开放和武汉城市建设的逐步深入，始终坚持“规划服务于城市发展，服务于城市建设”的信念，紧跟城市发展的步伐。

一是把握城市大局，适时提出城市空间发展新格局。针对武汉城市社会、经济高速发展的不同需求，该院分别于1982年、1988年、1996年和2006年4次修编了武汉市城市总体规划，不断修正了城市发展目标、功能和规模，有序提出了“三镇均衡，圈层发展”、“圈层+轴向发展”、“多中心组团式发展”、“以主城区为核、多轴多心发展”的空间发展格局，引导不同时期城市空间拓展，为城市经济和社会的可持续发展、永续经营起到了宏观调控和推进作用。

二是跟踪城市发展，积极参与政府重大建设项目。建院以来，该院始终以政府重大项目为核心，开展规划研究和设计工作。从20世纪80年代的黄孝河综合改造到90年代的武汉经济技术开发区、汉口火车站，再到21世纪初的武汉新区、汉口江滩、东湖科技新城、王家墩商务区等，城市的重大项目从选址、规划到建设实施，每一个脚步都留有该院的辛勤汗水，城市的空间拓展和功能提升，每一个进步都留有该院的鲜明印记。

三是强化咨询策划，充分发挥政府“智囊团”的专业优势。为城市发展提供了规划实施政策、政府投资运作等专业的技术服务，在“两通突破”、1998年抗洪、城市圈发展、土地储备、新农村建设、“两型社会”综合配套改革等一系

列关系城市长远发展的重大战略举措中，该院都提供了十分重要的决策咨询意见。

（二）强化规划编制研究工作，坚定不移地服务规划管理

作为武汉市规划局的重要下属单位，武汉市城市规划设计研究院始终坚持以城市发展研究为基础，以规划编制为重点，为武汉市的城乡规划管理提供雄厚的技术支持。据不完全统计，1995~2006年，该院编制完成各类城乡规划设计、研究项目520余项，占全市的30%以上，是武汉市城乡规划的主要力量。

一是强化规划编制工作，构建科学完善的规划体系。30年来，该院在历次总体规划编制完成之后，均逐步开展了分区规划、控制性详细规划和相关专项规划的编制工作，对武汉市规划管理发挥了重要的作用。特别是2006年新一轮城市总体规划修编完成后，按照武汉市规划局构建法定规划体系的要求，该院系统地编制完成了新城组群分区规划、主城区分区规划和控规导则等法定规划，为规划管理的市域全覆盖奠定了基础。

二是开展前瞻性基础研究，提高管理的视野和水平。该院一直将基础研究作为重点支持、长期坚持的工作之一，既有依托城市总体规划等大型规划项目的专题研究，也有通过自身组织或邀请知名专家领衔等方式，及时对城市发展的重大问题进行前瞻性、储备性研究。仅2000年以来，就先后对空间重组、规划体系、开发强度、城市色彩、现代服务业、城市集中区等重大课题进行了专题研究，为武汉市规划局的规划管理提供了重要的理论保障。

三是制定规划技术标准，促进全市规划编制的规范化。为切实服务规划管理，该院及时总结规划编制中的经验，结合武汉的实际，制定了一大批地方性规划技术标准，实现规划编制管理的规范化。新一轮总体规划完成后，为便于分区规划的编制，制定了《武汉市组群分区规划技术规程》、《武汉市主城区控规规程》、《武汉市开发建设强度管理规定》等，成为武汉市规划局规划审批的重要依据。

四是积极进行对外协调，保障规划管理顺利推进。一直以来，该院积极发挥主观能动性，在规划编制、审批等各个阶段积极与相关部门进行协调沟通，为规划的顺利实施奠定了基础。作为编研职能的体现，该院还承担了规划设计项目招标、方案征集的组织工作和规划编制预审工作。仅2008年，就组织了大型规划项目招标10项，完成规划预审70余项，代武汉市规划局回复各类函件300余项。

（三）适应多元化市场需求，不断深化体制改革

建院以来，武汉市城市规划设计研究院按照“精简高效、职责明晰、有利业务拓展、便于对外交流”的原则，不断拓展业务职能，优化内设机构，先后进行了4次全院范围的体制改革，为该院的成长、发展和壮大注入了源源不断的活力。到目前为止，该院由最初的30人发展到250余人，由最早的科研所发展到拥有城市规划、建筑工程、工程咨询甲级资质和市政公用行业乙级资质的“三甲一乙”综合性规划院。

一是应对工业化和城镇化发展，及时扩大为综合性规划院。随着改革开放后武汉市工业化与城市化发展，规划任务不断增加，及时将原来的规划科研所扩大为综合性规划院，由最初重点编制总体规划逐步扩展到详细规划、市政规划、城市设计、建筑设计等各个规划设计领域，形成业务体系完善的综合性规划设计研究院。

二是面对多元化市场需求，不断强化生产部门。一线生产部门从最初的规划编制组向编制室、编制所和分院发展，综合性、独立性和自主性逐渐增强。为了进一步贴近武汉市规划局的日常管理，成立了规划研究所；为服务武汉新区和东湖新技术开发区的发展，适时成立了新区分院和东湖分院；为面对规划国际化趋势，专门组建了国际工作室。

三是理顺管理机制，提高生产效率。按照

"强化一线、精简二线"的原则，将原来计划经济时期形成的7个二线部门优化为4个，将一线生产部门由5个扩充至9个，强化了对市场经济的适应性，提高了生产效率。

（四）实施"科技兴院"战略，大力推进规划创新和技术进步

武汉市城市规划设计研究院按照"科技创新，质量第一"的治院方针和建设"专业齐全、技术先进、产品一流、服务优质"的全国一流规划院的发展目标，积极倡导从新角度提出问题、以新思路分析问题、用新办法解决问题，不断探索各种有效途径和得力措施，提高了规划设计和科研水平。

一是发挥院领导率先垂范效应，营造科技创新氛围。2003年以来，实施了院领导"四个一"的考核标准（即"在全国性刊物上发表一篇学术文章、在院内作一次学术报告、带领研究小组开展一项课题研究、抓一个样板规划项目"），定期举办"质量效益年"和"科技节"等活动，积极鼓励新理论的研究与应用、新技术的开发与推广，在全院掀起了深入研究、精心规划、锐意创新的热潮。建院至今，在各种期刊，专著和国际国内会议上公开发表、宣读科技论文350余篇，其中发表在《城市规划》、《城市规划学刊》等国家级核心期刊的论文60余篇，在国际国内会议上宣读交流学术论文50余篇，出版专著7部。

二是规范技术管理，严把设计质量关。不断完善该院技术委员会制度、项目负责人制度和校对审核制度，加强了对重大项目的"事前指导"、"跟踪检查"和"质量回访"，并将产品质量与部门效益相结合，实施"质量一票否决制"，规划设计水平稳步提升。据统计，该院共获得部、省、市级奖励规划项目达260余项，其中，《武汉市城市总体规划（1996~2020年）》、《东湖科技新城控制性详细规划》、《汉口江滩防洪与综合建设规划》等125项获得部、省级奖励。

三是倡导"开门规划"理念，加强与国内外一流设计机构合作。通过项目招标、邀标等的方式，与众多的国内外知名设计机构、大专院校、科研院所展开了广泛的合作与交流，引进了先进的规划理念，丰富了规划设计手段，拓展了规划视野。仅近5年来，共合作完成规划设计项目100余项，与58个境外设计机构展开合作，完成了杨春湖城市副中心、首义文化区等一大批重大项目设计任务，有力促进了武汉市整体规划设计水平的提升。

四是强化信息化建设，构建网络管理平台。大力推进以GIS为核心技术的信息化建设，开发了CAD环境下辅助设计、Internet规划咨询平台、三维地图和各专项信息系统，建成了具有规划院特色的办公自动化系统与即时通讯平台，为规划设计项目创新和管理创新提供了新方法、新思路。

（五）坚持以人为本，不断改进用人机制和人才培养机制

武汉市城市规划设计研究院30年的发展历程，也是规划人才不断成长成熟的过程。为了适应不同阶段的规划设计研究要求，该院通过用人机制的不断优化调整，强化了团队意识、危机意识和竞争意识，形成了有利于人才快速成长的环境，打造了"一支忠实捍卫城市利益的规划队伍"。

一是改进用人机制，使人才结构更趋优化。在人员引进方面，该院一直坚持定编定岗定责的用人原则，严把进人关，逢进必考，人员结构始终保持高学历、高素质。在部门人员配置方面，实现了部门与职工的双向选择，科学配置人力资源。在中层干部任免方面，按照"公平、公开、公正"的原则，通过竞聘上岗，一大批德才兼备的年轻人走上了管理岗位。从2004年起，建立了首席制，通过"首席"的学术模范带头作用，激发全院学习和钻研技术的积极性。目前，该院享受武汉市政府专项津贴的专家5人，"213"人才工程人员4人，武汉市突出贡献中青年专家2人，高中级职称占66%，本科以上学历者占90%，已经发展成为一个名副其实的多学科、多专业综合的"联合舰队"。

二是改进人才培养机制，创造良好的人才成

长环境。在充分发挥技术骨干“传、帮、带”作用的基础上，通过人才交流、与高校联合办学、国内外学习培训、聘请境外专家顾问等形式，培养了一支素质精良、专业综合、结构合理的人才队伍。据统计，6年来，共选派20人赴芝加哥伊利诺伊大学学习、200人次赴国外考察，共组织900余人次参加了各种学术交流和学术讲座活动。

（六）坚持精神文明和企业文化建设，努力构建和谐规划院

30年来，武汉市城市规划设计研究院在大力拓展城市规划业务的同时，不断加强党建工作和精神文明建设，促进了自身健康发展和职工的全面发展。

一是坚持思想作风建设，增强凝聚力和战斗力。多年来，该院坚持认真学习贯彻中央有关方针、政策，认真执行省市各级领导关于党建工作的部署和要求，把思想理论素质培养作为提高规划专业技术水平的基础。党员由建院之初的10名提高到2008年的130余名，占职工总数的一半以上，全院凝聚力、战斗力得到提高。

二是坚持科学的规划价值观，维护城市整体利益。通过多种方式开展规划师的职业道德教育，树立了为城市大多数市民服务的理念，把保障城市公共利益、整体利益和长远利益放在首位。30年来，该院在城市山水湖泊保护、人居环境建设、城市防灾体系构建等公共资源配置方面，坚守规划底线毫不动摇。

三是坚持两个文明一起抓，实现和谐发展。物质文明和精神文明建设两手抓、两手硬，使全院的生产工作和党务、工会、团员和离退休职工工作得到了同步发展，着力解决职工健康、医疗保障等后顾之忧，定期组织运动会，开展乒乓球、羽毛球、足球、篮球等竞技活动，丰富了职工生活，实现了全院的和谐发展。

三、抢抓机遇，再创辉煌——武汉市城市规划设计研究院未来展望

伴随着国家改革开放的不断深入、中部崛起战略的实施和两型社会试验区的建设，武汉市城市规划设计研究院将为城市发展发挥更大的作用。在新的发展阶段，将继续做好以下几个方面的工作：

一是跟踪城市发展，提供持续和全方位的规划服务。继续关注城市宏观政策实施和发展中的新现象、新问题，加强与各级政府、各管理部门的沟通和协作，全面参与城市重大项目建设，为政府决策和项目实施提供专业规划咨询意见。

二是立足规划编制，服务城乡建设。未来武汉市城市规划设计研究院将继续把规划编制尤其是法定规划的编制作为工作的中心。通过各层次、各类型的规划，深化落实城市总体规划，实现法定规划的市域全覆盖，引导城乡空间有序发展。

三是深化内部改革，提高综合实力和核心竞争力。结合该院实际，按照现代企业的管理模式，深化体制改革，建立一套科学合理的管理体系，全面实现ISO9001质量体系认证，更加优质地服务城市发展，更加灵活地应对市场挑战。

四是鼓励技术创新，树立专业权威性和企业品牌效应。重视提高科研水平，加大人才培养力度，提升规划人员的专业技术水平，广泛开展技术和学术交流活动，加大规划宣传和公共参与活动，在规划技术创新方面走在全国同行前列。

五是培养企业文化，增强员工认同感和企业归属感。全面改善办公条件和生活条件；采取多种宣传手段，扩大社会影响；发挥工会、共青团等组织作用，开展适合青年人特点的文体活动，活跃业余生活，使规划院更加朝气蓬勃，充满活力。

面对新世纪、新挑战、新机遇，该院将继续发扬“团结、求实、严谨、创新”的院风，坚持解放思想、实事求是、与时俱进，勇于变革、勇于创新，加快发展，努力提高该院的综合实力和市场竞争力，全力打造全国一流规划院，为武汉的城市发展、“两型”社会建设做出新的、更大的贡献！

武汉市勘测设计研究院改革发展30年回顾与展望

肖建华

2008年，我国改革开放走过了30年历程。30年的改革开放，给中国带来了历史性的变化，极大地提升了我国的综合国力，改善了人民群众的生活，开创了中国特色社会主义伟大事业的新局面。历史记录着辉煌的成就，岁月见证着惊人的巨变。改革开放30年，伴随着我国社会主义建设的突飞猛进和城市勘测行业的快速发展，武汉市勘测设计研究院作为一家全国大型城市综合甲级勘测设计单位，在改革开放中不断发展壮大，综合实力不断增强，服务水平不断提升，实现了勘测事业的又好又快发展，为促进武汉市的城市建设和经济社会发展以及推动城市勘测行业的发展和进步作出了较大贡献。

一、历程

武汉市勘测设计研究院成立于1950年，具有工程勘察综合类甲级资质，测绘甲级资质，地质灾害危险性评估甲级和地质灾害治理勘查、地质灾害治理设计、地质灾害治理施工三项乙级资质，以及土地代理登记资质等多项业务资质，是湖北省首家通过国家档案一级达标的科技事业单位，是武汉市高新技术企业（正在申报湖北省高新技术企业），已通过ISO9000国际质量管理体系认证。主要从事城市勘测生产、科研、开发、应用等基础工作，担负着为武汉市城市建设和经济发展及社会各界提供基础地理信息及勘测技术服务的任务。现有在职职工588人（含聘用制员工），各类专业技术人员270人，其中正高职高级工程师15人，高级工程师51人，博士、硕士等高级人才50余人，入选国家、部（省）、市级专家或优秀人才12人次，享受国务院或武汉市政府专项津贴10人次。业务领域涵盖地理信息工程及系统集成、信息咨询、测绘工程（卫星大地测量、遥感与航空摄影测量、工程测量、房产测绘、地籍测绘、地下管线探测、地图制印）、岩土工程（岩土工程勘察、设计、施工、监测、检测、测试、监理）、桩基工程与地基处理、土地登记代理等。

回顾58年来，特别是改革开放30年来的创业历程，该院经历了几个大的发展阶段：

（一）建院至改革初期的第一次创业时期（1950~1984年）

建立了较为完整的模拟勘测体系，为武汉市的城市建设和经济发展作出了不可磨灭的贡献，也为该院勘测事业的发展奠定了坚实的基础。

武汉市勘测设计研究院成立之初仅是一个小小的测量队，随着不断的发展和人员、机构调整，历经武汉市城市测量队、武汉市勘测公司、武汉市测绘大队等几个阶段，1984年7月，经中共武汉市委党政机构改革办公室以武政[1984]202号文批准，将武汉市测绘大队与武汉市勘察大队合并，组建成立了武汉市勘测院。这一时期，该院在测绘工作方面，形成了外业测量主要采用经纬仪、水准仪、平板仪、钢尺等光学和机械仪器，内业以解析测图仪器为主要标志的传统模拟测绘技术体系；在工程勘察方面，主要是开展工程地质勘察工作，外业生产和室内土工试验主要采用人工方式，数据计算与处理也使用人工或计算器等。

（二）改革开放至21世纪初的第二次创业时期（1985~2000年）

建立了较为完备的数字勘测体系，城市勘测体系的建设更臻完善，服务功能进一步增强，为勘测事业的全面发展搭建了良好的平台，武汉市勘测设计研究院步入了行业先进水平。

这一时期，是该院勘测事业快速发展的16年，在测绘工作方面，基本建立了以卫星定位技术、遥感技术、地理信息系统技术等为核心的数字化测绘技术体系，基本形成了将卫星定位、遥感、数字化测图和地理信息系统等有机结合的地理信息数据获取与采集、加工与处理、管理和应用服务的数字化生产模式，测绘成果从传统的纸质地图变成了4D（即：DEM数字高程模型、DLG数字线划地图、DRG数字栅格地图、DOM数字正射影像地图）产品；在工程勘察方面，工作重点由工程地质向岩土工程方向转化，勘察工作方式和手段也有了较快发展，由原有的人工操作方式向自动采集发展，完成了大量的工程项目，积累了较为丰富的城市地层地质数据基础。1993年1月，武汉市勘测院正式更名为武汉市勘测设计研究院。

（三）“十五”以来的第三次创业时期（2001年至今）

初步建立了信息化的城市勘测体系并正在逐步完善，勘测产品的服务领域更为宽广，在国民经济和社会建设中的作用也越来越重要。

步入21世纪，空间技术和信息技术进一步发展，城市勘测作为建设发展的基础性、前期性工作，社会各界对地理信息资源需求迅速增长，武汉市勘测设计研究院迎来了第三次创业的大好时机，面向全社会提供地理信息服务已经成为新时期城市勘测工作发展的主要任务，该院的工作由单一的服务城市建设和规划管理逐步转向到为整个国民经济和社会发展服务，这标志着该院已步入由数字化向信息化的转换阶段，其正在探索中的信息化勘测体系建设，将进一步开展地理信息的综合分析与深层次应用，实现实时、有效的地理信息综合服务，进一步提高地理信息产品的覆盖领域和服务效率。

二、业绩

改革开放30年，是武汉市勘测设计研究院快速发展壮大的30年。30年来，该院秉承着“团结、奋进、求实、创新”的精神，坚持“改革兴院、科技立院、依法治院、勤俭建院”的工作方针，求实创新、与时俱进、团结拼搏、开拓进取，勘测事业的改革与发展取得了明显成效。

（一）积极深化改革，增强勘测事业发展活力

改革是顺应时代进步的必然要求，通过改革创新从而促进事业发展，实现该院的兴旺发达就是“改革兴院”的最好诠释。改革开放以来，武汉市勘测设计研究院积极稳妥地推行各项行之有效的创新举措，为事业的持续健康发展注入源源不绝的动力。

改革开放推进了市场经济体制的建立，随着改革的渐进，经济体制的转轨，该院面临着一方面要参与市场竞争，力争多创效益，保证勘测事业发展；另一方面又要及时无偿地完成政府和主管部门下达的各项指令性、基础性、公益性勘测任务。1984年起，该院在改革上试行了技术经济责任制，积极从计划生产模式向生产经营型转变，勘测生产力得到极大的解放与发展。1992年，为适应新形势变化，该院及时提出了“一个宗旨、二个确保、三个统一、四个自主”（即：城市勘测为城市规划、建设服务的宗旨；确保国有资产的保值增值、确保上交；合同管理统一、财务管理统一、技术管理统一；经营、生产、用人和分配自主）的改革方案，建立了有效的目标质量效益责任制，充分调动了干部职工参与市场竞争，开拓市场的积极性和创造性。同时，积极以市场为导向，提出了“一业为主、两头延伸、立足武汉、四面辐射”的市场经营策略，在不同时期，分别在上海、海口、东莞、北海、湛江等地设立了分支机构，开展了相关勘测业务，提高了该院在全国的知名度。“十五”以来，随着时代对城市勘测工作提出的新要求，该院又及时调整经营策略，提出了“抓重点、靠科技、多层面、优服务”（即：以为城市建设和经济发展提供勘测保障服务为重点；不断提高勘测生产的科

技含量，构建具有核心竞争力的信息化勘测服务体系；满足市场不同层面需求，延伸地理信息产业链，不断拓展勘测服务领域；用优质的服务和产品赢得市场，推动勘测事业发展）的经营方针，调整改善经营方式，树立全新的经营理念，进一步拓展勘测服务领域，促进勘测事业的不断发展和壮大。

为进一步理顺生产关系，该院对内设机构适时进行调整，更好地促进了勘测事业发展。为促进单一的工程地质向岩土工程方向转化，1997~1998 年，在原有勘察生产部门的基础上，该院先后组建成立了岩土工程室和测试中心，积极开拓深基坑工程设计与施工、深基坑监测及桩基检测业务，逐步在竞争激烈的岩土工程市场占有了一席之地；2003 年，根据服务对象和用户需求，该院对测绘部门实行了专业化分工，各司其职，更好地为用户提供优质、高效的服务；2003~2005 年，该院先后组建成立了土地登记代理服务中心、东湖分院、新区分院、河南分部等机构，拓宽了经营领域，扩大了业务范围；2005 年，通过“优、并、转、撤”等手段，该院对内设机构进行了精简优化，促进了勘测专业和信息化产业不断优化与壮大，增强核心竞争力；对岩土专业进行合并与整合，组建了岩土工程公司和钻探工程队，实行“劳技分离”，提高市场开拓能力；对由于技术发展等因素而发生专业转型的部门实行了转轨运作；对缺乏发展前景和市场竞争能力的生产部门予以撤消。通过优化调整，全院内设机构由 30 个缩减为 22 个，提高了工作效率，降低了运作成本。2008 年，又对钻探工程队再次进行了改制，转为了民营化公司，并取得了初步成效；随着主管部门机制调整的变化和勘测事业自身发展的需要，该院即将再次对内设机构进行一次较大的调整，更好地优化生产和管理组织结构。

在大力拓展市场，狠抓结构调整，优化勘测生产力资源配置的同时，该院在内部分配制度上也围绕“效率优先、兼顾公平”的原则进行了相应的改革，更好地调动了职工的积极性和主动性。1992 年，该院首次开展了工资制度改革工作。1998 年，又从原有基本工资部分中，剥离 40%作为效益工资，在盈余中兑现，一定程度上调动了职工的积极性。2001 年，进一步深化了分配制度改革，把管理、技术、经营等生产要素纳入分配体系，加大了“以岗定酬、按责计酬、拉开档次”的分配力度。2005 年，该院大胆改革创新，首次建立了较为科学、系统、具有可操作性的薪酬与绩效考核体系，并针对新时期勘测事业发展的特点，提出了分配向掌握核心技术、专业技术的人才倾斜，向诚实劳动、扎实工作的职工倾斜的原则，将分配与履行的职责、工作业绩和实际贡献挂钩，从机制上、制度上激活和调动了职工的积极性、主动性和创造性。同时，在院与部门内部核算和分配上，也根据情况适时调整，以质量、目标、效益为中心，调整核算方式和完善内部分配制度，向直接创效部门、生产一线（包括信息化建设部门）实行倾斜政策，充分调动了独立核算部门的生产经营积极性，进一步增强了企业内部活力。

（二）强化内部管理，夯实勘测事业发展基础

管理也是生产力。随着改革的深入和市场的变化，武汉市勘测设计研究院在不断深化改革的同时，在加强内部管理上狠下力气，增强“管理出效益”的观念，努力在管理的深、精、细方面下工夫，促进了勘测事业的稳步发展。

百年大计，质量第一，质量是企业的生命，也是促进勘测事业发展的根本保障。改革开放以来，该院不断加强和完善技术质量管理，从 1991 年的湖北省工程勘察设计 TQC 达标先进单位，2001 年的 ISO9001：2000 质量管理体系国际标准认证，到现在正着手开展的 ISO9000 质量管理体系、ISO14000 环境管理体系、OHSAS18000 职业安全健康管理体系的一体化认证，逐步建立了一套较为完善的质量保证体系。1988 年，该

院实施了全面质量管理，提出了“以质取胜、占领市场、降低成本、提高效益”的基本思想，贯彻落实了“质量第一”的方针，并于1989年顺利通过了湖北省组织TQC达标验收，1991年被评为先进单位。1994~1997年，先后实施了“工程负责人制”、“质量保证金、创优保证金管理办法”、“质量例会制度”，设立了“质量监控岗”，坚持开展了“质量月活动”和“勘测产品质量优胜班组评比”等，将产品质量与经济效益、分配直接挂钩，逐步建立了行之有效的质量监控和奖惩制度。1999年，该院在全国首次进行的“测绘行业质量信得过单位”评比活动中，被评为质量信得过单位（全国仅16家）。2000年，全面推行了ISO质量管理体系，并于2001年顺利通过了认证，建立了一套适用于该院质量运行机制的ISO9001∶2000标准要求的管理模式。近年来，该院又先后制定下发了《勘测科技成果奖励暂行办法》、《优秀工程负责人评选办法》，编写了《勘测生产作业指导书》，优化了生产流程，指导、规范了工作人员生产行为方式，进一步完善了勘测项目监控检审机制，强化工程项目的事前指导、中间检查、成果检审、质量抽检等环节的管理力度，变过去的事后防守型为事前指导、引导型管理，对稳定和提高勘测产品质量起到了重要作用。多年来，该院各项产品质量始终保持合格率100%，优良品率97%以上，在国家、省、市多次组织的各类产品质量检查均获优胜，2007年，该院又顺利通过了国家建设部组织的质量大检查。近年来，该院有百余项成果获得国家、部省、市级优秀工程奖或科技进步奖。具有高技术含量和优良质量的勘测产品以及优质的服务为该院赢得了信誉，受到了用户的高度好评。

“人”是一切社会活动和思想活动的根本，“以人为本”是科学发展观的本质要求。要推动事业发展，必须要“以人为本”，切实加强人力资源管理。在20世纪90年代，该院就开展了人员配置优化方案的初步探索，按照“裁减冗员，增加效益”的要求，思考了人员分流的基本渠道和办法，为优化劳动力资源配置打下了良好的基础。2000年，为实现以“干部能上能下，职工

世纪华庭

能进能出”为主要特征的干部人事制度和劳动用工制度改革，积极推行了全员合同聘用制，并取得初步成果。2003 年，首次采用公开竞聘的方式选拔干部，将 2 个正科职岗位在全院范围内进行竞聘，这种用人方式得到了上级党组的赞许和广大职工的欢迎，取得了很好的效果。2005 年，在实行全员聘用制的基础上，又大刀阔斧地进行了改革，根据事业发展的需要，通过公开竞聘和交流调整的形式，对全院中层干部进行优化调整，打破干部任职“终身制”，实行“能上能下”的新机制，为优秀人才的脱颖而出提供了良好的发展空间，使干部队伍的知识结构、年龄结构、专业结构都发生了较大变化，整体素质普遍提高；同时，按照“按需设岗，以岗聘用，双向选择，协商解决”的原则，在全院职工中推行了全员竞聘，创造性地提出了“三治三不治”（治“软、散、懒”，不治“老、弱、病”）的方针，解除了少数职工的思想顾虑，引导职工进一步解放思想，转变观念，积极参与竞聘，激发了全体员工的创造力和工作热情。在用人机制上，于 2002 年、2004 年分别引入了人事代理和人事派遣方式，从制度上激活人事管理，改变单一的用工方式，促进了人力资源配置的社会化和市场化，并不断规范劳动用工管理，实行人才分类管理及相应的晋升和身份转化规定，逐步实现在人力资源管理上的身份管理向岗位管理的转变。为进一步提高人力资源管理水平，优化劳动力资源配制，该院正着手开展内部的“强身”、“健体”、“瘦身”工作，进行一次较大规模的调整，进一步优化干部职工队伍，调整人才结构，为事业发展提供根本保障。

在抓好技术质量和人力资源两项管理的同时，该院对生产和财务管理也进行了切实的改进。在生产管理上，全面推进“勘测项目管理信息系统”，实现了从传统管理模式向网络一体化管理模式跨越，使勘测生产管理更加高效、透明和制度化，初步形成了物资流、资金流和信息流“三流合一”的先进管理模式；在财务管理上，针对勘测市场的实际情况和内部管理的实际问题，提出了“统一、规范、监督、协调”的“八字方针”，进一步加强了财务资金的综合管理，提高资金运转的效率，细化了财务审计管理的规章制度，提高财务管理和审计监督能力，有效规范了财务管理，切实提高了财务管理水平。

（三）加大科技创新，增添勘测事业发展后劲

“科技立院”是武汉市勘测设计研究院一贯坚持的建院方针。改革开放以来，该院进一步加强科技创新力度，加大高新技术在引进、开发、应用上的投入，大力发展勘测信息化建设，将此作为事业可持续发展的重要工作来抓。

从 1984 年该院第一台计算机（长城 0520）的引进，到如今 GPSRTK 等各类新型技术设备的普遍使用；从 1985 年 PC-1500 测量计算程序在工作中的首次应用，到如今“3S”技术的广泛应用；从早期的人工计算、手工制图，到如今的内外业一体数据采集；从原来单一的纸质地图，到如今丰富的 4D 产品；从 1992 年计算机室的成立，到如今即将挂牌的武汉市地理信息中心，这一切都见证着该院信息化建设的全过程，也见证着勘测行业改革开放 30 年发展的过程。这些年来，特别是近年来，该院的信息化建设取得了较大进展，科研开发成果不断涌现，社会化应用程度不断提高，信息化勘测体系已逐步建立并不断完善，为该院勘测事业发展增添了核心竞争力。

近年来，针对勘测事业的发展与信息化建设的紧密联系，该院进一步加大了信息化建设力度，将信息化建设作为全院工作的重中之重来抓。坚持“以我为主，开放协作，需求牵引，项目驱动”的指导思想，以开发利用地理空间信息资源为中心内容，立足应用，着眼发展，务实创新，全面推进信息化建设。为明确阶段目标，从 2005 年起，根据信息化建设的年度侧重点不同，分别开展了“信息化建设年”、“信息化服务年”、“信息化应用年”、“信息化提高年”、“信息化推广年”

等主题年活动，通过这些主题年活动的开展，分阶段、有步骤地持续推动该院信息化建设的步伐，并取得了明显的效果。从2006年开始，该院坚持实施了信息化例会制度，使之成为推广新技术应用、研讨技术问题、发布科研成果的有效平台，并能及时通报全院的信息化建设情况，协调院各方面的关系和落实各项工作任务，解决了“开发、应用两张皮”的问题；同时，通过举办“信息化建设论坛”、“信息化建设务虚会”，形成了全院互动的良好氛围；实行信息化建设的目标责任制，将各项工作分解落实到每个部门，并将目标的完成情况作为各部门年度工作的一个重要考核指标，有效推动了信息化建设项目的落实。

过去，该院长期将信息化建设部门定位于辅助生产部门，人才的价值无法体现。随着勘测技术的发展，特别是“3S”技术在勘测生产一线的广泛应用，信息化建设对勘测事业发展的作用越来越重要。为此，该院在2005年提出了“信息化建设也是生产一线”的基础上，2006年又进一步提出了“信息化建设是生产一线”的观点，这一字之差，充分反映了该院对信息化的思想认识有了质的飞跃，同样也是“科学技术是第一生产力”、“人才是第一资源”的思想在该院的具体体现和实践，这为信息化建设提供了强有力的思想保障。在信息化建设上该院始终坚持以人为本，加大了人才的培养、使用、管理的力度，充分调动广大科技工作者的积极性。近年来，该院先后制订实施了《勘测科技成果奖励暂行办法》、《首席专家、技术精英和岗位能手管理办法（试行)》等多项管理规定，针对不同的人才层次，进行奖励和培养。同时，坚持“事业留人、感情留人、待遇留人”的理念，分配向掌握核心技术并努力为勘测事业作贡献的优秀人才倾斜，充分发挥各种人才的作用，对科技进步起到了强有力的推动作用。进一步加强人才培养，选派有培养前途的职工深造，邀请国内外优秀专家来院讲学，组织高新技术的学术交流，选送技术人员出国进修，组团赴国外考察等，为信息化建设提供了有

名都花园

力的人才保障。

近年来，该院有一大批科研成果通过专家鉴定或荣获国家、部（省）、市级科技进步奖，仅近 3 年，就有“城市勘测电子档案管理方法研究”、“武汉地区深基坑工程设计优化技术研究”、“数字武汉三维影像服务系统”、“武汉市基础地理信息集成与管理系统”、“数字武汉空间数据基础设施”等10多项成果获得省（部）、市级科技进步奖。这些科研成果的研制成功，并广泛用于生产实践，为武汉市城市信息化建设提供了服务，为推动国民经济信息化发展和实现全面建设小康社会目标提供了有力的技术支持，具有重要的现实意义和广阔的应用前景。同时，该院还积极发展地理信息产业，顺应市场需求，延伸地理信息服务链，全面提升地理信息产业社会化应用程度，通过为各行各业提供优质的地理信息产品服务，实现经济效益和社会效益的共赢。近年来，该院先后为武汉市公安局、市规划局、市农业局、市物价局、市人民防空办公室、市环保局等多家政府职能部门、武汉市硚口区、江汉区等政府部门、王家墩商务区及杨春湖城市副中心等重点开发区域提供了地理信息服务，并为其量身定制开发了适应不同技术要求的 GIS 系统，受到了委托单位的好评，树立了该院地理信息工程品牌。

（四）开展基础测绘，提升勘测服务保障能力

基础测绘是国民经济和社会发展的一项前期性、基础性和公益性事业，其成果——地理信息是人们认识世界、利用自然不可或缺的媒介，是经济社会发展的基础性、战略性资源，是“数字城市”建设的核心和基础，广泛服务于国民经济建设、国防建设、科学研究以及人们日常生活的方方面面。

该院自成立以来，特别是改革开放以来，经过多年不断的努力，在 20 世纪 90 年代初，就已建立了覆盖城区的平面和高程测量控制网，测制了主城区和近郊区各种比例尺地形图，初步构建了武汉市基础地理空间的基准框架，基础测绘工作逐步形成了一定规模，有力地保障了全市经济发展和城市建设的需要。但由于经费的匮乏和当时技术条件的限制，基础地理信息的系统性和完整性较差、标准不统一，导致了武汉市基础测绘工作相对落后的状况。为了进一步提高测绘保障能力，按照国家有关加强基础测绘工作的要求和武汉市基础测绘工作的迫切需要，2001 年，武汉市批准并启动了《武汉市“十五”期间基础测绘实施计划》。“十五”以来，在武汉市委、市政府的高度重视下和市规划局等相关部门的支持下，武汉市基础测绘工作得到了较快发展，测绘保障能力和服务水平得到显著提高，填补了武汉市测绘工作的多项历史空白，实现了 6 个首次：一是首次施测精密跨河水准测量，结束武汉三镇高程起算平面不统一的历史；二是首次实现了中心城区 1∶2000 数字地形图全覆盖；三是首次进行中心城区大规模 1∶500 数字地形图测量，改变了长期单纯依靠 1∶2000 图的窘迫局面；四是首次进行中心城区大面积城市地下管线普查整测，测绘服务领域由地上拓展至地下；五是首次进行 1∶2000 数字正射影像图生产，服务手段更趋多元化；六是首次实现了数字武汉数据源由单一的地形图数据到数字正射影像图、数字高程模型、数字栅格图等多源数据的跨跃。“十五”期间的各项基础测绘成果不仅全面通过了国家、省测绘产品质量监督检验部门的验收，而且获得了国家、省、市多项奖励，其中，“武汉市地下管线普查整测工程”、“武汉市城区 1∶500 地形图全数字化航空摄影测量与建库工程”分获国家测绘界最高奖励——全国优质工程金奖和银奖，“武汉市地下管线信息系统”、“武汉市城市基础空间信息系统”等分别获得国家、省测绘科技进步奖，使武汉市的基础测绘工作走在了全国副省级城市的前列。

“十一五”期间，随着《武汉市基础测绘“十一五”规划》以市政府文件公布实施，武汉市基础测绘工作又取得了新的进展，测绘的资源、保

障和服务能力进一步得到加强。2008 年 5 月，在武汉市人大组织的全市“十一五”规划中期评估中，获得了“规划编制得好、执行得好”的高度评价。实施 3 年多来，在各项工作上不断取得新突破：一是完成武汉市现代测绘基准体系建设，实现测绘基准全市域覆盖，在 2005 年完成武汉市连续卫星定位服务系统（WHCORS）的基础上，于 2007 年建立起覆盖全市的高精度 GPS 网、精密水准网和大地水准面精化模型，在全国城市中率先完成了与国家空间定位基准框架严密对接的城市现代基准体系建设，经专家鉴定“整体达到了国际先进水平，部分属于国际领先水平”；二是加强推进系列比例尺地形图测绘，着力提高空间地理信息的覆盖率，为满足急需，武汉市勘测设计研究院于 2008 年提前完成了“十一五”基础测绘规划重点项目——“武汉市 1：10000 城市版地形图市域全覆盖与数据库建设”项目，构建起了武汉市地域完整的空间地理信息框架，是武汉市基础测绘工作的又一新的里程碑，同时 1：500、1：2000 数字地形图全覆盖工作也进展顺利；三是实施城市圈基准站系统建设，保障基础设施一体化，2007 年底，该院启动了城市圈基准站系统建设，充分发挥技术优势，完成了城市圈基准站鄂州站建设，并于 2008 年 4 月启用，率先实现了武汉、鄂州两地测绘基准的一体化，为推进城市圈“两型社会”建设作出了努力；四是探索成果集成新模式，发布全国首部地理信息蓝皮书，2007 年底，该院针对城市经济和社会发展的热点，开展经济和社会重要信息综合采集及建库工作，按照社会各界的需求，编研发布了国内首部《地理信息蓝皮书》，2008 版的编研工作已完成；五是开展重大课题和关键技术研究，着力提高基础保障能力，“十一五”以来，该院相继开展了武汉市地理信息公共服务平台建设、武汉市岩溶地面塌陷研究、城市违法建设快速动态监测和基础地理信息快速更新研究、应急处理测绘保障体系研究、基础地理信息系统与导航定位技术的集成及其社会化应用研究等，目前已取得了阶段性成果。

2008 年 11 月 28 日，该院与武汉大学、湖北

南国·中央花园

省测绘局联合建设的“精密工程与工业测量国家测绘局重点实验室”正式揭牌。精密工程测量是城市工程建设不可或缺的测绘保障手段，是测绘科技水平的重要体现。随着城市建设的发展，过江隧道、地铁和日益增多的高层建设对测绘工作提出了更高的要求，该重点实验室的设立具有非常重要的意义，它不仅为我国的精密工程与工业测量在理论与方法、多传感器集成技术、重大工程安全监测与灾害预警、三维工业测量和测绘工程的信息增值服务等方面作出重大贡献，同时还将进一步增强武汉市测绘科技创新能力，提升测量保障水平，为武汉市培养一批高素质的技术人才。作为担负实验室建设任务的主要单位，武汉市勘测设计研究院将认真履行职责，完成各项任务，与武汉大学、湖北省测绘局一起，努力把“精密工程与工业测量国家测绘局重点实验室”建设成为国家一流的实验室，进一步提升测绘自主创新能力，为国家重大工程与工业测量提供强大的测绘保障。

三、展望

改革开放30年来，武汉市勘测设计研究院勘测事业得到了长足的发展，经济效益持续增长、管理水平显著提升、科技进步成效明显、综合实力不断增强，先后荣获了“全国城市勘测设计先进单位（金奖）”、“全国城市规划行业新技术应用单位”、“全国测绘质量优秀单位”、“全国青年文明号”、“中国勘察设计优秀单位”、“中国建设职工行业文明单位”、“湖北省勘察设计企业综合实力10强”、“湖北省测绘服务行业排头企业”、“湖北省建设系统先进集体”、“武汉市高新技术企业”、“武汉市五一劳动奖状”、“武汉市青年文明号”等多项荣誉称号，“数字武汉空间数据基础设施建设”、“武汉市基础地理信息系统”、“武汉市地下管线系统”、“中国·武汉电子地图”等百余项成果获得国家、部省、市级优秀工程奖或科技进步奖，先后涌现出国家、省、市级专家，“213”人才，省、市劳模40余名。

随着社会的飞速发展与进步，作为城市建设的先行者，城市勘测工作将会在政府宏观决策、城市建设的各个领域以及百姓的日常生活中发挥出越来越重要的作用，服务领域由过去的为城市规划、建设服务向为国民经济和社会发展服务转变，经济增长模式由过去的劳动密集型向集成创

大洋彼岸

新型转变，勘测产品和服务由过去的平面、二维、静态、专业向立体、三维、动态、普适转变。面对新的形势与任务，在机遇与挑战面前，武汉市勘测设计研究院将始终围绕勘测事业发展的中心工作，深入贯彻落实科学发展观，与时俱进、开拓创新，力争尽早实现“一个体系、两业并举、三轮驱动、四大目标”（即：构建一个信息化勘测体系为国民经济和社会发展服务；大力发展勘测事业和努力拓展地理信息产业；进一步深化改革、科技创新、优化管理；建设一个适应发展需要的新的勘测生产科研基地、发展一个以地理信息产业为主的新的勘测事业、构建一个现代企业管理体制的新的科技型单位、培养一支掌握专业技术和核心技术的新的人才队伍）的阶段性任务，实现勘测事业新的跨越式发展，在“两型社会”建设中谱写出新的灿烂篇章！

武汉市交通规划事业发展历程与前景展望

何继斌　李建忠　佘世英

城市交通是城市经济生活的命脉，是衡量一个城市文明进步的标志之一。城市交通事业的发展与城市社会经济发展密不可分。武汉市城市综合交通规划设计研究院作为武汉市规划局下设处级单位，是专门从事城市交通规划设计研究的专业机构，是武汉市城市交通规划发展的重要决策支持单位以及全国较早成立的交通规划研究院所之一。自1993年正式成立以来，已经历了15年的长足发展。15年的发展历程，见证了改革开放带来中国社会经济的蓬勃发展和武汉市城市面貌翻天覆地的变化，同时也收获了城市交通规划事业发展的丰硕成果。

随着城市经济的迅猛发展和城市化、机动化进程的加快，城市交通矛盾日益突出，由此引发的交通拥挤阻塞、交通事故以及环境污染等城市交通问题已成为城市的首要问题，严重影响了城市功能的正常发挥和城市的可持续发展。城市交通从来没有像现在这样受到各级政府和社会各界的关注和重视，也从来没有感受到如此大的需求压力。回顾过去，可以温故而知新，更重要的是从城市交通和规划技术的发展过程中，去探索城市交通发展的规律，为今后武汉城市交通的建设和发展寻求一条科学之路。

一、武汉市交通规划机构建立的背景

西方国家的城市交通工程、城市交通规划思想在20世纪70年代陆续传入我国，人们开始认识到城市交通丰富的内涵。1979年，在全国城市规划学术委员会下成立了大城市交通学组，针对当时的城市交通状况，提出了一系列城市交通建设的指导思想。在此前后，我国几个大城市相继开始了交通调查，拉开了我国城市交通规划起步的序幕。1985年，大城市交通学组升格为中国建筑学会城市交通规划学术委员会，在成立大会上，专家们指出城市交通有进一步恶化的可能，现代城市交通已经发展成为一个复杂的系统，根本出路在于综合治理。为落实大会精神，武汉市于1987年开展了武汉市首次综合交通调查工作，对了解武汉城市交通的基本状况、探索交通流的特征奠定了基础。

20世纪80年代末90年代初，武汉市与全国其他很多大中城市一样，“乘车难”的现象急剧恶化。提起当年，人们常常用“几（挤）内亚（压）”、“赞（站）比亚（压）”来形容当时坐公交车的窘况，扒车、抢车是那个时代特有的记忆，人多的时候，扒车门、跳车窗更是司空见惯。据统计显示，1990~1992年期间，武汉市公共交通年平均客运量达到了12.70亿人次，公交线路平均客运强度达到了2833人次/公里·日，是2000~2003年期间平均水平的5.50倍，是现状的3.50倍，拥挤状况可想而知，如何缓解乘车难成为社会广泛关注的焦点。在此背景下，1992年5月，武汉市城市综合交通规划领导小组正式成立，时任副市长王守海任组长、时任市规划局局长眭录明任办公室主任，下设办公室，全面协调武汉市交通规划发展工作。

经过一段时间的运转，城市交通规划工作的复杂性和长期性逐渐得到市领导的重视，与此同时，1992年春，邓小平南巡讲话以后，掀起了全国上下深入贯彻“科学技术是第一生产力”、重视科学技术、重视研究的高潮。为确保武汉市城市交通规划工作的长期有效开展，成立并培养一支专门并长期开展城市交通规划设计的研究队伍显得非常必要。武汉市规划局果断决定，提交了成立武汉市城市综合交通规划研究院的申请，1993年5月14日，武编[1993]074号文批复同意，武汉市城市综合交通规划设计研究院由市规划局领导。1993年8月30日，武汉市城市综合交通规划设计研究院正式成立。

二、武汉市交通规划事业发展历程

城市交通规划事业的发展与城市交通的发展紧密联系在一起，也与城市社会经济发展程度以及人们的认知水平密切相关。回顾武汉市交通规划事业的发展历程，可以划分为艰难起步、摸索前进，开拓创新、锐意进取，快速发展、大胆超越3个发展阶段。

（一）艰难起步、摸索前进阶段

武汉市城市综合交通规划设计研究院成立之初，正值武汉市遭遇乘车难问题最严重时期。狭窄的街道，低容量的路网，高负荷的公共交通和混乱的交通秩序，引发了一场形势严峻的交通紧张局面。然而，除了1987年综合交通调查所掌握的初步资料之外，当时开展的武汉市交通规划研究工作基础却极度匮乏，交通工程学及交通规划设计理论思想还极不成熟。在武汉市规划局领导重视与关怀下，该院采取了务实的工作方针，克服了任务重、人员少的困难，努力开展业务，对城市交通基础资料进行收集和调研，并根据交通发展需要开展专题研究和咨询，为上级部门和业务部门提供城市交通工程建设、政策、管理法规方面的决策参考意见。从1994年开始，武汉市治理乘车难问题首见成效，并逐渐好转。1995年武汉长江二桥建成通车，“三镇交通一线牵”的旧有格局彻底改变，城市过江交通矛盾也迅速缓解。

1993年，武汉市启动了历史上第五次总体规划修编工作，为城市规划及交通规划事业的全面发展带来了良好的发展机遇。以此为契机，在武汉市在城市总体规划体系下编制了综合交通专项规划，对城市对外交通及市内交通的建设和发展提出了指导性意见。1994年，为配合“武汉市轻轨一号线可行性研究报告”项目评审，编制完成《武汉市快速轨道交通网络规划》，该规划是武汉市轨道交通线网规划的雏形，它揭开了武汉市城市快速轨道交通线网规划工作的序幕。

然而，从1993年到1998年前，武汉市城市交通规划事业的发展都十分缓慢，这一方面受制于基础资料的限制，另一方面也与技术手段的发展缓慢有关。在很长一段时间内，规划设计的图纸还停留在手绘阶段，1995年才开始引进第一台电子计算机。依靠自我摸索，武汉市城市综合交通规划设计研究院自编程序建立了简化的武汉市四阶段预测模型，但一次运行往往长达十几个小时，交通规划研究很难得到定量技术支撑。

（二）开拓创新、锐意进取阶段

1998年，武汉市开展了历史上第一次大规模城市综合交通调查，随后开展了公交客流调查和小样本补充调查，由此获得了庞大、系统、全面的第一手武汉市交通特征数据资料，全面解脱了基础数据困扰武汉市交通规划事业发展的制约。1999年又通过引进加拿大国际权威交通规划预测软件 EMME/2，建立了真正意义上的武汉市交通预测模型，开始了对综合交通调查数据进行深度挖掘。武汉市交通规划事业从此步入开拓创新、锐意进取的道路。从 1999 年开始，首次实现交通规划成果电子档案管理工作，与此同时，结合世界银行专家、国外交通公司指导，交通预测模型进行了多次改进和范围扩展，制定了不同时期交通发展战略、城市轨道规划、交通建设计划等。

（三）快速发展、大胆超越阶段

2007 年开始，武汉市交通规划事业的发展开始步入快速发展、大胆超越阶段。这一方面源于武汉市新一轮城市总体规划修编基本结束，城市规划发展格局面临结构性调整，城市规划发展范围也由原来的主城扩展到了都市发展区；另一方面，2007 年底，武汉城市圈作为“两型社会”综合配套改革试验区正式获国家批复，区域经济和社会一体化发展正式提速，节约、集约利用的新型城市化发展模式亟待探索。武汉市交通规划事业的发展也同时吹响了跻身国内领先水平的号角。突出表现在以下方面：

一是制定了完善的城市交通规划编制体系，交通影响评价等相关技术规程日趋健全。

二是规划编制成果从引进国际国内经验向国际合作、整合提升迈进。2008 年武汉市开展的轨道交通线网规划修编工作，武汉市站在国际国内两家顶尖机构基础上开展工作，无论是从工作组织、规划设计理念到最终设计方案都实现了历史性超越。

三是技术创新与规划研究工作全面展开，基础研究与人才培养工作稳步推进。城市规划事业的发展离不开数据资料的积累、人才的培养和技术创新。2008 年武汉市实施了历史上第三轮城市综合交通调查工作，同时开展了交通预测模型、交通与土地利用协调发展、基于交通分析的城市道路建设决策支持系统、交通影响评价技术规程等一系列基础性研究工作，连续派出多人去国外进行技术交流与学习考察。

四是业内影响力逐渐加强。近年来武汉市交通规划设计多项成果获国家省部级以及市级科技进步奖项，在国内核心刊物发表论文数量逐年递增，

保利花园

多人次在国内、国际学术研讨会宣读、交流论文。

三、武汉市交通规划服务于城市建设与管理

（一）交通规划服务于政府决策

交通规划设计研究机构的首要职责，就是为政府决策提供专业技术支撑。武汉市城市综合交通规划设计研究院成立15年来，多次参与武汉市重大交通建设项目的政府决策支持工作。这其中既有涉及武汉市长远发展的城市交通发展战略的研究制定，又有涉及近期建设的城市交通发展5年计划、轨道交通近期建设规划等。同时，还有如武昌火车站、武汉火车站综合改造、青岛路隧道前期规划研究、内环线综合整治等重大交通建设项目。其中，又以城市交通发展战略的制定最为典型，从2000年至今，为适应不同阶段工作重心调整的需要，武汉市多次制定武汉市城市交通发展战略，为未来交通发展指明方向，并直接成为政府各个阶段制定城市交通发展政策的导向。

第一次交通发展战略的制定始于2001年，在世界银行交通专家的支持下开展工作，首次明确了武汉市近、中、远期交通发展思路以及2012年前道路、公交、交管方面的建设重点，武汉市现阶段大部分交通建设工程仍在当时的战略框架指引下进行，为政府近期交通建设决策提供了直接依据。

第二次交通发展战略的制定始于2003年，通过本地机构与英国ATKINS联合编制完成，重点对武汉市未来城市发展空间布局结构、交通与土地利用相互关系展开研究，提出了基于公共交通与小汽车均衡发展的交通发展战略和“指状”发展的城市空间布局结构。该成果直接为政府制定新一轮城市总体规划修编以及武汉市土地利用及交通空间发展结构方面提供决策依据。

2008年，遵照武汉市政府关于二环以内“30分钟畅通工程”和快速进出城通道规划建设的工作部署，武汉市又编制完成了《武汉市主城区道路交通系统战略规划》，为“30分钟畅通工程”的实施提供规划支撑。目前，武汉市正抓紧制定适应“两型社会”建设及新发展形势的第三轮城市交通发展战略工作。

（二）交通规划服务于规划管理

服务于城市规划管理是交通规划设计研究机构的根本职责。自武汉市1998年开展了大规模综合交通调查以后，相继开展了一系列交通规划工作，包括具体的交通规划项目，以及为规划编制奠定基础开展的交通研究、交通调查和交通模型建立（交通数据库）、信息化平台建立等工作累计达500项。总结起来大致有5个层次：一是交通战略规划、综合交通规划等指导性规划，暂可将其称为交通总体规划；二是分区交通规划，如新区综合交通规划，青山区道路交通系统规划研究、新区公共交通规划等；三是轨道交通、道路交通、公共交通、交通管理、加油气站、步行系统规划等交通专项规划；四是交通工程设计、交通影响评价、交通综合整治等交通实施性规划；五是交通建设规划，如近期交通建设和组织规划、“十一五”交通规划等。

在深入总结的基础上，武汉市于2008年研究制定了武汉市城市交通规划编制体系，并研究和参与制定了《武汉市交通影响评价技术规程》、《武汉市城市道路平面交叉口规划、设计、管理技术规定》等相关技术规范，进一步丰富和完善了武汉市城市规划管理技术体系。

（三）交通规划服务于城市建设

服务于城市建设是武汉市城市交通规划事业的核心，所有相关规划设计研究工作的成果最终目的都直接或间接的为武汉城市建设服务。相比于其他部门，交通规划研究机构为城市建设服务更偏向于建设的前期阶段。

1. 轨道交通建设

轨道交通建设投资大，建设周期长，对城市交通发展影响深远，特别是近10年来步入城市轨道交通大发展时期，轨道交通成为城市建设的重点，武汉市也在此方面开展了大量密集的规划研究工作。首先是轨道交通线网规划，由于涉及

到武汉市轨道交通建设的整体布局，在不同时期收到诸如城市经济发展实力、规划设计思路等方面影响不同，经过了多轮的修改和完善。2008 年通过采取国际合作模式，武汉市完成了 12 条线路、总长 540 公里的远景轨道交通线网方案，在规模及成果水平方面都实现了历史性的超越。其次是轨道交通建设规划，作为城市轨道交通近期建设和国家审批的依据，武汉市于 2004 年编制完成第一轮建设规划并获国家批复，近期轨道 1 号线、2 号线一期以及 4 号线一期已经全面开工建设。另外，关于近期建设线路的具体规划设计研究工作，包括轨道交通客流预测、施工期交通组织方案、车站及车辆段综合开发交通优化等，为轨道交通建设提供了直接依据。

2. 桥梁及隧道建设

从 1999 年白沙洲大桥开始，到在建的天兴洲大桥、青岛路隧道、二七路大桥以及筹建的鹦鹉洲隧道等，武汉市近年来每一座桥梁和隧道的发展，都倾注了交通规划设计工作者的大量心血。这其中包括选址、建设规模的确定、流量预测及方案评价，两岸交通疏解及接线工程，交通工程设计等。其中又以青岛路隧道最为典型，作为万里长江第一隧，政府给予了高度的重视，从 20 世纪 90 年代方案的提出，到 2004 年正式开工建设，再到目前针对建设过程中的跟踪研究，前后研究历经 10 余年，光汽车隧道与地铁隧道分合建就差不多研究了两年，其后关于四、六车道又研究了近 1 年，前后比选了 20 余个两岸交通疏解与交通组织方案。

3. 综合交通枢纽建设

武汉作为全国重要的综合交通枢纽城市，提升交通枢纽功能一直是武汉市城市建设的重要目标。从武昌火车站改造开始，到高铁武汉新客站建设、汉口火车站综合改造，近年来武汉市掀起了城市综合交通枢纽建设的高潮，同时也为武汉市交通规划事业发展提供了广阔的舞台。

4. 道路、立交、天桥等交通设施建设，片区综合交通整治

东方世家

为提高近期道路建设综合效益，武汉市研究制定了城市道路建设项目库，并进行了基于交通分析的城市道路建设决策支持系统研究，对每年城市道路建设计划进行项目排序。完善制定中心区人行天桥及地道布局规划。实施了内环线综合交通整治规划、武昌地区综合交通整治规划、长江一桥、二桥桥头区域交通改善规划等，为改善城市面貌提供了重要建设支撑。

四、武汉市交通规划领域的技术革新与探索

（一）交通预测模型的更新与发展

交通预测模型是交通状况同诸有关因素之间的定量描述。合理、科学的交通规划，模型的作用不可替代。交通预测模型使规划的定量分析成为可能，有了定量分析，才能对定性分析所得到的概念进行量化界定，对由定性分析得出的结论进行测试检验。

交通预测模型是在一系列的基础资料上建立起来的，它包括人口、社会经济、土地利用资料和交通调查得到的一些基础数据等。武汉市利用1998年大型交通调查的资料和每年进行的小样本调查数据，建立并不断更新了武汉市 EMME/2 交通预测模型。交通预测模型的建立，综合考虑包括了人口、社会经济、土地利用等因素对城市交通的影响。从模型建立和发展的过程来说，武汉市交通预测模型的发展主要经历了以下几个主要阶段：

第一阶段：1998~1999 年，在综合交通调查及公交客流调查的基础上，建立了初步完善的武汉市交通预测模型。

第二阶段：2001~2002 年，通过世界银行贷款武汉交通建设项目，与世行专家合作完成了车辆模型与客流模型之间的衔接，增强了模型的敏感性。

第三阶段：2003~2004 年，通过武汉交通发展战略规划国际招标项目，将模型扩展到市域范围。

第四阶段：2005~2006 年，结合 2004 年居民出行调查与公交客流调查，以及随后开展 SP 调查和部分小样本补充调查，更新了客流预测模型，增强了轨道客流预测的真实性与敏感性。

第五阶段：2006 年至今，结合轨道网络修编，进一步细化市域客流模型与车流模型，并作为 2008 综合交通调查后新模型的工作基础。

武汉市 EMME/3 交通预测模型的建立至今已有 10 年，该预测模型已经广泛应用于武汉市世行贷款武汉市交通发展战略研究、经济评价、武汉市交通发展战略规划、武汉市快速轨道交通网络规划以及多项大型交通建设项目前期研究中，为武汉市的城市建设、交通发展和决策提供了不可或缺的定量支撑依据。

（二）微观仿真技术的应用

微观交通仿真通过建立交通系统的数学模型来分析复杂的交通现象，是一项重现交通流时空变化的交通分析技术。通过微观交通仿真，可以分析现状交通运行状况，研究规划中的交通系统行为，对于交通系统中的某些危险情况或灾难性后果，新交通技术和设想的测试等诸多应用领域，微观交通仿真都是很有效的研究手段。2003年，武汉市引进了国际广泛应用的微观交通仿真软件 VISSIM，结合武汉市交通特性对模型参数进行了全面校核，在二环线建设、城市副中心建设、过江通道建设等多项重大交通工程项目中进行了成功运用，以平均延误、平均速度、平均排队长度等效率评价指标，以及客观逼真的三维仿真视频为重大项目的决策提供了科学依据。

武汉市成功应用VISSIM进行交通分析的案例有：武汉市二环线理工大学—东湖宾馆段设计方案仿真分析，武汉市青山城市副中心交通工程设计仿真分析，武汉市青岛路过江隧道汉口岸交通疏解仿真分析，武汉市二七路过江通道汉口岸交通疏解仿真分析，武汉市首义广场下穿通道施工期间交通组织仿真分析，武汉市中驰江南春城项目地块交通组织仿真分析，武汉市岳家嘴路口立体交通方案比选仿真分析，武汉市徐东路口渠化设计仿真分析，武汉市小东门路口渠化设计仿真分析等。

五、新时期交通事业发展前景与展望

城市交通规划仍然处于发展之中，我国紧凑

的城市布局形态、高密度的城市开发、高速度的城市化进程、复杂的城市交通构成，都给城市交通规划提出了特殊的要求。在今后一段时期内，城市发展的背景、城市交通的外部环境也会给城市交通规划工作提出新的挑战。

（一）建立可持续化发展的城市交通系统

建立可持续化发展的城市交通系统是21世纪城市交通发展的首要问题，1992年的《全球21世纪议程》和1996年的《全球人居议程》分别对可持续发展的城市交通问题作了较全面的阐述，提出了相应的实施战略和行动领域。可持续发展的概念，使城市交通的内涵进一步扩展到资源、生态、社会、经济等领域。武汉城市圈2007年12月8日获批成为全国资源节约型和环境友好型社会建设综合配套改革试验区，对城市交通的可持续发展提出了进一步要求，武汉市未来交通建设将以可持续发展为导向。

（二）加速高新技术在城市交通领域的应用

智能化城市交通系统是高新技术在城市交通领域的综合体现，智能化交通充分利用了信息传输和处理的技术，在提高现有交通设施的利用率方面发挥着极为重要的作用。武汉市自2005年开始实施区域交通控制系统，目前已经实现了汉口地区、武汉经济技术开发区的联动控制，武昌地区、汉阳地区正在着手建设区域控制系统。在机动化飞速发展的未来，提高交通效率，建设、优化全市的交通控制系统将是武汉市交通发展的大趋势。

（三）充分发挥城市公共交通的作用

城市公共交通将在城市交通中发挥更大的作用，这是城市发展的需要，也是城市交通可持续发展的需要。目前，武汉市正在建设轨道交通1号线二期、2号线一期、4号线一期，2020年将会形成220公里的轨道交通网络，城市轨道交通作为城市公共交通的重要组成部分，将得到迅速的发展，以城市轨道交通为骨架的公共交通网络将逐步形成。同时，在轨道网骨架地位还未形成时，公共汽车专用道、专用路、优先道路等保障公共汽车运行条件的一系列工程、管理措施也正在实施。

（四）深化交通需求管理技术

随着城市发展，城市交通容量在到达一定程度后将难以持续快速增加，但随着经济发展，小汽车拥有量会保持一定水平持续增加。要保证交通顺畅、出行时间稳定就必须要实施交通需求管理政策。随着需求管理政策的实施和完善，其内涵将扩大到政策、经济、用地、行为等更广阔的领域，逐步从“交通总量控制”的手段，到利用经济杠杆的作用，调控城市交通的构成，进一步理顺汽车产业发展、城市用地发展和交通发展的关系。

总之，未来10~20年，武汉市交通建设将面临着城市化和机动化的双重压力，观念和技术的更新将是这一时期交通发展的核心内容，更需要交通规划理论和技术的指导，可以说，交通规划的机遇和挑战共存。

武汉市城乡规划信息化20年回顾

李宗华

武汉市规划局信息化建设起步于20世纪80年代中期，经过近20年的建设发展，信息化工作取得了显著成绩。通过信息化和电子政务建设，极大地促进了规划管理依法行政和政务公开，加强了对规划管理行政行为的监控和督办，提高了行政效能和工作透明度，搭建起了规划管理部门与建设单位、社会公众之间的桥梁，为社会各界提供了优质服务。通过信息化建设，提高了规划编制和勘测生产的工作效率，提升了城乡规划的科学化和规范化水平。通过信息化建设，城乡规划工作逐步向信息网络化、办公自动化、决策智能化、政务公开化和服务社会化迈进，促进了城市管理科学化、民主化和法制化进程。通过“数字武汉”研究和空间数据基础设施建设，促进了全市“数字武汉”建设发展，成为“创新武汉”、“和谐武汉”建设的生力军。

一、发展历程

武汉市规划局坚持研究探索城市规划信息化建设创新之路，一年一个主题，一年一个台阶，扎扎实实地稳步推进信息化建设，促进了规划管理和依法行政水平的不断提升。其间大致经历了4个阶段：

（一）准备阶段（1985~1991年）

主要是熟悉计算机技术，用于科学计算、文字打印以及规划审批项目的结果管理与数据统计。

（二）起步阶段（1992~1995年）

确立了“大力引进人才、广泛应用计算机技术”的方针，市局机关形成了一个多用户录入环境，规划设计和勘测生产开始推行计算机辅助设计以及内外业一体化数据采集与成图。

（三）发展阶段（1996~1999年）

确立了规划土地管理信息化总体目标和实施计划，成立了局信息化工作领导小组和办公室。1999年5月，成立局信息中心。同年，建成了局机关内部网络，开发并运行了局办公自动化系统。

（四）全面推进阶段（2000~2005年）

以“数字武汉”建设为目标，坚持“自主创新，立足前沿，需求驱动，共建共享”的原则，全面推进规划信息化建设。开展了“数字武汉”建设研究，建立了“数字武汉空间数据基础设施”，升级、改版了业务办公自动化系统和电子政务信息交换平台，搭建了以“数字武汉—规划国土在线”网站为主体的公共服务系统。

（五）深化完善阶段（2006年至今）

建立了行政效能电子监察系统，首批实现了与武汉市全市行政效能电子监察系统的对接。启

东风阳光城

动了全市三维数字地图系统建设，开始实施城市规划管理的三维审批与决策支持。与武汉大学共同组建了数字城市联合实验室，基于“数字武汉空间数据基础设施”，建立的“武汉市城市网格化管理与服务系统”在全市得到普及应用。启动了“十一五”国家科技支撑计划项目“城市数字化关键技术研究与示范”子课题的研究工作。

二、主要工作与业绩

（一）长远谋划，城乡规划信息化新格局基本形成

根据职能调整情况，武汉市规划局在长期信息化探索与实践基础上，对城乡信息化工作进行了再思考，针对建设“一流规划局”、实施“五个一工程”和《城乡规划法》颁布实施的要求，进一步理清思路，部署新的全局信息化工作格局。通过开展城乡规划信息化发展战略研究，确立了信息化“1 个中心、2 项工程、3 个平台、4 个体系”的工作框架，为全局信息化健康有序发展奠定了基础。

“1 个中心”即数据中心，建立了涵盖城市规划全部业务和覆盖全市域范围的规划管理基础和业务数据库；“2 项工程”即“数字规划”工程和“数字城市”工程，分别指向城市规划信息化的内涵与外延两个领域；“3 个平台”即协同办公平台、地理空间信息平台、政务公开与服务平台，对应了信息化服务管理、服务决策、服务社会等 3 个服务方向；“4 个体系”是指信息化规划编制体系、信息化勘测生产体系、信息化技术支撑体系（基础研究、网络、标准、规范、安全）和信息化管理工作体系（制度、政策、机制）。

“1234”工作框架是基于武汉市规划局信息化建设现状提出的，充分考虑了国家、政府、行业主管部门和人民群众对规划管理信息化的要求，考虑了规划管理信息化的长远发展，对武汉市规划局未来信息化工作具有重要的指导意义。

（二）依托效能监察，电子政务建设全面深入发展

武汉市规划局本着“2 个再造”、“3 个一体化”、“4 个强化”（即业务审批的模式再造和流程再造，市局分局业务审批一体化、图文信息管理一体化、业务办公和档案管理一体化，强化信息共享功能、信息服务功能、统计分析功能、批后管理功能）理念，开展业务办公自动化系统建设，大力推进全局系统的数据汇交、信息共享和效能监察，全面提升规划管理行政服务能力。

通过推行电子政务，对规划管理所有业务的行政许可和管理事项进行了清理，对工作流程进行了优化，提高了办事效率。以行政效能电子监察为抓手，加强了对规划管理行政行为的监控和督办，不仅实现了对规划建筑方案审查例会的管理，还在市直机关范围内率先建立了行政效能电子监察系统短信平台，依托移动通讯技术实现了实时监察及预警纠错，提高了监管能力。

通过推行电子政务，规划审批信息“一书三证”集成管理得以进一步深化，形成了全市规划“一书两证”证书信息“区、市、省”三级间的网上报送，建立了市局、分局统一的规划审批信息管理机制，做到了网络化、制度化、日常化。并在此基础上形成了规划审批信息管理模式及全市统一的建设项目“一书三证”数据库，实现了“一书三证”信息的集中统一管理。

通过推行电子政务，实现了公文事务处理的电子化。市局机关已开始使用全市公文交换系统对外统一进行公文接收和发送，机关内部公文电子化工作进一步推进，通过深化电子政务信息交换平台、公文督办信息系统、公文拟文系统、信息报送系统等 4 套系统的应用，逐步形成了对公文、日常办公事务信息资源整合管理。

（三）引领“数字城市”建设，建成全国首个城市空间数据基础设施

按照武汉市委、市政府要求，武汉市规划局负责了“数字武汉”总体框架和实施策略的研究工作，并积极开展了“数字武汉·空间数据基础设施建设”。该项目 2001 年被建设部列为全国“城市数字化工程示范项目”以及“十五”国家

科技攻关计划的示范工程。2006年3月，顺利通过建设部科技司组织的专家验收，被认定为全国第一个建成的数字城市空间基础设施，项目成果总体达到国内领先水平，部分成果达到国际先进水平。武汉市规划局数字城市建设理念和建设模式得到全国同行业和上级主管部门的充分认可，数字武汉空间数据基础设施被评为建设部华夏科学技术一等奖，后续研究已列入“十一五”国家科技支撑计划，该项目被建设部确定为节能减排先进技术在全国推广。

该项目按照“数字城市”理念和框架，采用统一的数据模型和数据标准，建立了全市多源、多尺度、多时态的城市空间数据管理平台，提出并实现了跨行业、跨部门、跨平台地理空间信息共享与服务模式，打破了城市不同行业、不同部门间的信息壁垒。

通过数字武汉空间数据基础设施的建设，形成了一个数据中心、一个网络体系、一套数据标准、一套更新维护机制、一种在线网络服务模式、一个共享服务平台的建设和应用模式。不仅广泛应用在城市规划、国土资源日常管理工作，同时还在城市网格化管理、城市市政建设监管、城市交通监管以及社会公众服务等多部门、多领域得到成功应用，提升了城市管理与服务能力。

（四）推进政务公开，规划公众信息服务平台受到好评

公众信息服务平台是武汉市规划局面向社会、面向公众服务的重要窗口。该平台以网站为核心，辅以大屏幕、触摸屏、语音信箱等多种手段，向社会提供多层面、全方面、内容丰富的信息服务。武汉市规划局原来的门户网站“数字武汉—规划国土在线”在政务公开、公众服务、宣传规划国土工作等方面发挥了积极作用。机构改革后，网站更名为“数字武汉—城乡规划网”，该网站以网上“两室两厅一窗一园”为主线，共有13个主栏目，75个子栏目，其中“公示大厅、申报大厅、规划成果展示室、网上会客室”是政务公开、网上办事和在线互动的主栏目，“美好家园”是武汉市规划成果的综合体现，“世界之

紫菘枫林上城

窗”收录世界各地的规划成果，建成并在全国首创了“在建项目查询”、“四线控制规划查询”等有特色的精品栏目，成为武汉市规划局政务公开的亮点品牌。

按照《城乡规划法》要求，2008年，武汉市规划局加强了规划公示工作，出台了公示工作制度，重点加强了城乡规划批前公示，组织了规划草案、总平面规划、规划设计条件调整、规划方案、选址意见书、建设用地规划许可证等批前公示91项，收集反馈意见120条，历年实施批后公示15910项，发布在建项目303项，建设项目选址项目100项。网站通过现场公示、网站公示、固定场所公示广泛征求群众意见，并在网上设置留言栏目，收集公示反馈意见，受到上级部门和社会各界的广泛好评。

（五）统筹空间利用，三维数字地图系统建设成效显著

三维数字地图系统是武汉市创新城市规划管理的重要技术平台，计划用3~5年的时间，建立覆盖武汉市域的多尺度三维模型数据库并进行集成动态管理，建立服务于城市规划设计与审批，城市建设和运营管理的多维数字城市信息平台。2007年5月，该系统被建设部列为“十一五”城市数字化工程示范项目。受建设部委托，武汉市规划局正在主持全国行业标准《三维城市建模技术规范》的起草工作。

三维数字地图系统的主要任务是建立“一个标准、两个平台、三项研究、四张图”，一是建立健全三维数字地图系统建设的一套标准；二是同时推出三维数字系统集成管理与发布平台和规划审批决策支持平台；三是做好关键技术三项研究；四是建立四张图，第一张是反映地形地貌的框架模型，第二张是基础模型，基本反应建筑外观，体现武汉市城区的现状，第三张图主要表现城市重点地区和新建地区的空间状况，第四张图是精细模型，对城市的标志性建筑、历史性建筑以及重要的景观进行精确刻画。

目前，项目建设已经取得初步成效，第一张图与管理平台逐步完善，应用三维数字模型辅助规划审批系统，实现了场景实时漫游、数据分层管理、多方案比较、属性查询检索、立面调整、高度调整、日照分析、通视分析等功能，辅助了多个重点项目审批。以项目审批决策支持为基础，成片推进了三维模型建设，不断推进主城区精细模型建设，共完成了100多平方公里的主城区三维模型建设。

三维数字地图系统建设是一项复杂的系统工程，在项目的建设过程中，武汉市规划局从实际出发，边建设边应用，以应用促发展。一是实现了辅助规划审批，提高了规划决策的能力，实现了从单一项目审批到对城市空间形态统筹研究的转变。二是辅助城市设计，利用该平台对城市空间的物理环境、视觉环境以及城市空间结构进行分析。三是对控制性详细规划的管理和应用，以基础模型应用于控制性详细规划，突破平面管理的局限，为控规的编制和展示提供高效智能的技术手段。四是利用平台有丰富的数据内容，直观的表达效果，良好的开放性，为相关的行业提供了空间信息服务。

（六）深化基础研究，各项专题及应用系统取得丰硕成果

在基础研究与宏观决策方面，承担了“十一五”国家科技支撑计划“城市空间数据基础设施共享关键技术研究与示范”，开展了建设部城市数字化工程示范项目“空间数据基础设施在城市网格化管理中的应用与示范”等4个部级示范项目研究工作。联合湖北省建设厅信息中心起草了关于城市规划地理信息系统空间数据库建设的湖北省4个地方标准草案，参与了《城市基础地理信息系统技术规范》、《城市空间基础信息框架数据标准》等多个国家和行业标准的制订工作。

在规划编制方面，建立了城市总体规划和控制性详细规划辅助设计信息系统、规划道路与市政信息管理信息系统，开展了交通规划数据信息

库和交通预测模型建设，开展了规划编制“一张图”建设。

在城市勘测方面，建立了基础地理信息系统、地下管线信息系统以及工程勘察信息系统，基本建成了GPS连续运行多基准站系统，为基础地理信息的采集自动化奠定了基础。

在批后管理方面，建立了“管理手段现代化、执法对象可视化、监督管理常态化、违法处置程序化、处置结果公开化”的数字执法信息系统。

武汉市规划局的信息化工作在全国同行业具有较大影响，受中国城市规划协会委托，该局创办了中国城市规划协会专题会刊《城市规划信息化》，由赵宝江会长提写刊名并任编委会主任，目前已经出版了6期，成为该局引导全国规划信息化的重要平台。

三、做法和体会

多年的信息化建设，武汉市规划局取得了成果，促进了管理，获得了荣誉并深刻地认识到，要做好信息化工作，必须在“5个坚持”上下工夫。

（一）坚持“一把手”工程，做好“四个统一”

政务信息化建设是“一把手”工程，武汉市规划局坚持主要领导亲自抓，业务分管领导协助抓，做到“统一规划、统一组织、统一平台、统一标准”。信息化不能简单理解为是各单项业务的信息化，而是综合性系统工程，必须要抓好数据中心和统一平台建设，不仅要统一软件平台，而且要建立统一的工作平台，加强各业务间的资源整合。

（二）坚持应用驱动，抓好“两个结合”

政务信息化要解决好管理工作中的重点和难点问题，在“能用、好用、用好”上下工夫，切实通过信息化建设促进管理工作的科学化、民主化、规范化，提高工作效率和服务质量。要搞好应用，必须抓好两个结合，一是信息化工作与日常工作相结合，将信息化工作日常化；二是日常工作要与信息化工作相结合，通过信息技术促进日常工作上水平。

（三）坚持管理创新，发挥好信息化工作机构的作用

政务信息化是一项重要基础性、长期性和前瞻性工作，各单位、各部门要围绕一个目标，明确各自任务，健康协调发展。要通过管理创新，形成统筹安排、分工协作、共建共享、集成应用的一体化协同工作机制。在工作组织上，要注意维护信息化工作机构的权威性，发挥其在信息化工作中的组织协调、技术探索和引导带动作用。

（四）坚持技术创新，抓好“三个优先”

政务信息化是一项技术性很强的工作，一定要把握技术发展前沿，将当前各项先进技术灵活地应用到项目建设中，同时在应用中不断创新。要做到这一点，一是要优先解决好人才基础培养与储备问题；二是要优先解决好技术基础研究与应用问题；三是要优先解决好经费基础的保障问题。

（五）坚持服务创新，抓好“四个服务”

政务信息化要以应用服务为核心，要在“服务政务管理、服务政府决策、服务建设单位和服务社会公众”上下工夫。政务信息化建设一方面要切实促进管理工作上水平、上台阶，又要为政府决策、国民经济发展提供决策依据和调控手段，还要注意解决好为企业和社会大众的服务问题，为转变政府职能、促进社会和谐作出应有的贡献。

四、发展展望

武汉市规划局的信息化建设虽然取得了一定成绩，但也存在一些不足，一是发展不平衡的问题，区级应用还是存在不足；二是机构改革后，给空间信息资源整合与利用带来了新的挑战。下一步，武汉市规划局将进一步加强城乡规划信息化和电子政务建设，以信息化建设的发展促进城乡规划工作的不断完善。

（一）继续加大投入，推进城乡规划信息化重点项目建设

2008年，武汉市规划局已经启动了一批重点信息化建设项目，部分项目已经列入市级工作

目标。下一步还将继续加大对重点信息化项目的投入，全面推进三维数字地图建设，大力推进武汉市城乡规划动态监管系统工程，推行全电子化和远程移动办公，深化规划管理“一张图”建设，启动数字武汉建设二期工程，完善规划政务信息网上公开和规划公示，推进城乡规划数字档案馆建设，进一步提高工作效率、提高服务质量，实现规划编制、项目审批、批后管理的科学化、智能化，继续引领武汉市“数字城市”建设，为武汉市经济社会发展和“两型社会”建设作贡献。

（二）开展信息资源整合，促进城乡规划信息资源集约利用

信息资源清理与汇交工作是规划管理工作的需要，是信息化发展的必然，是全面建设一流规划局的要求，是集约利用资源、建设资源节约型、环境友好型社会的体现。要按照“分工采集、定责汇交、统一管理、共享利用”的原则，建立信息汇交共享的工作框架体系。摸清武汉市规划局信息资源现状，按照国家政务信息资源目录与交换体系的建设要求，建立健全好该局的数据中心、信息汇交机制等一系列软硬件、体制机制和相关政策，理顺关系、完善制度，规范信息利用行为，实现信息资源的集约利用。通过资源整合，形成合力，促进城乡规划信息化规划健康可持续发展。

（三）深化“数字武汉”的应用，提升规划信息化成果社会化服务能力

“数字武汉”是武汉市信息化的品牌，要以承担“十一五”国家科技支撑计划项目和建设部城市数字化工程示范项目为契机，在继续做好对国土资源信息化的维护和服务的同时，研究全市空间地理信息整合以及跨平台、跨行业、跨部门城市数字化关键技术，解决好城市规划信息化前沿技术问题。有效集成城市社会经济信息，积极开展武汉市电子政务地理信息系统建设，将规划信息化建设成果的应用辐射到全市其他部门，推动全市信息化建设进程。

沐浴着改革开放春风快速成长壮大的武汉市城市规划咨询服务中心

杨维祥

历史像本厚重的书卷一样一页页翻过，古老的中国也因为改革开放而发生着翻天覆地的变化。看今天中国的发展聚焦着世界的目光，2008年是不平凡的一年，不仅仅因为它是奥运年，更需要记住它还是我国改革开放30周年。30年时光荏苒，国家、时代与规划人的命运在这30年中紧紧交叠，互相印证。每一位城市规划工作者，都亲历了改革开放以来城市规划事业的点滴变化，在武汉市的城市发展、演进过程中，深深地铭刻着城乡规划的烙印。沐浴着改革开放的春风，规划咨询中心从无到有，从弱小到壮大，用7年的时间快速发展到现在的规模和影响，无不辉映着改革开放的伟大光辉，无不积淀着科学发展观的累累硕果。

一、充满艰辛又无比自豪的成长历程

在2000年全国城乡规划工作会议上，时任建设部部长俞正声强调城市规划管理改革的重点是变重形体报建审批为重指标控制，使政府的主要精力和职能集中到决策管理，将大量技术性、事务性工作职能转移出去。湖北省政府2000年3号文《关于加强全省城乡规划工作的通知》专题指出要加强规划报建咨询工作，由规划报建咨询中心进行方案论证和报建服务。据此，湖北省建设厅联合省物价局先后出台相关文件，明确要

求以武汉市为试点开展规划报建咨询服务工作。

2001年4月，武汉市编办批准成立了武汉市城市规划咨询服务中心，其目的是通过开展规划咨询工作，将规划管理中前期技术性、事务性工作交由相应的规划咨询机构完成，使行政机关的主要精力集中到指标控制和宏观管理决策上来，实现“政事分开”，以利于加强城市规划管理，方便建设单位，提高行政审批工作效率和决策水平。

在这一基本原则的指引下，7年来，武汉市城市规划咨询服务中心领导班子和全体成员团结一心，艰苦奋斗，经历了筹建机构、整合人员、开拓业务，抢抓机遇、快速发展，巩固提高等几个发展阶段，初步实现了武汉市规划局成立咨询中心的初衷，在服务主体、业务范围、技术标准、成果质量及社会认知等方面全面创新，开拓进取，成为全省范围内规划咨询机构的一面旗帜。

（一）筹建机构，整合人员，开拓业务（2001年6月~2002年底）

咨询中心2001年6月1日正式对外办公，时有工作人员8人。这一阶段的主要工作是“搭班子、探路子、挂牌子”，努力探索业务构成，认真分析研究，以服务土地中心项目为契机，迅速找准了发展定位和突破口，全年共完成规划咨询项目170余项，产值突破500万元，重点在研究编制规划咨询成果标准、土地“招拍挂”项目前期规划可行性和开发强度论证、大型重点建设项目引资建设全程参与、提高决策门槛等技术建设和业务拓展方面做了有益探索。

（二）抢抓机遇，快速发展（2003~2004年）

这两年该中心进入全面快速发展期，共完成规划咨询项目1100余项、产值逾2000万元。这一阶段的主要工作是通过租用湖北省电影发行总公司办公楼（三层，约1000平方米），初步改善办公条件；健全内设机构，配备了中层干部；推行人事制度改革，采用人事代理和聘用制，招录应届大学毕业生和有一定工作经验的专业技术人员；精神文明建设成效显著，获得了“青年文明号”、“区级文明单位”等光荣称号；完善规章制度建设，建立了中心办公会、技术审查会等一系列内部管理和技术决策制度，细化了人事管理、财务管理、职工福利、廉政建设、技术管理等方面的管理制度，使内部管理上了一个新的台阶；2003年7月9日顺利通过湖北省建设厅和湖北省物价局的联合复检评估，武汉市“有独立的机构，独立的法人，独立的办公场所，规范经营，注重质量和技术含量，服务规划管理，服务城市建设”的做法得到了省市领导和业内同行的高度评价，深受建设单位欢迎，被湖北省建设厅誉为“武汉模式”，号召全省各地市向武汉学习；成功取得规划设计资质、工程咨询资质、规划报建咨询执业资格；档案管理高分通过省一级达标验收。

（三）发挥优势，巩固提高（2005~2006年）

2005~2006年，该中心的工作重点是发挥优势，巩固已经取得的发展成果，深化技术建设和内部管理，提升综合实力。主要是健全中心领导班子，对内设机构和工作人员进行了优化组合，建立了江南分部，成立了工会；应对土地交易中心分设及宏观政策调整，深化完善了成果内容和技术审核环节，大幅度提高了成果质量和实用性；进一步强化了服务规划管理，服务土地资产经营职能，承担了大量省市领导和武汉市规划局交办的研究论证咨询工作，为行政审批提供了科学有效的技术支撑；在服务区级经济建设和规划管理方面取得了重大突破，除在武昌区设点办公外，还同东西湖、黄陂、新洲、江夏等远城区建立了良好的合作关系；2005年产值突破2500万元，2006年产值实现3000万元，为该中心的进一步发展积累了物质基础。

（四）积极应对，在变革中发展（2007~2008年）

2007年的机构改革和国家宏观调控，2008年新的《城乡规划法》颁布执行和武汉市规划管理体制的改革对咨询中心的工作带来了一定影响。为此，该中心积极应对，及时调整思路，以进一步突出服务城市规划管理这一主导职能为主线，在转型中突出自身特色。2007~2008年，该中心的任务构成发生了较大变化：一是土地中心、交易中心委托项目大幅萎缩，实现收入不足1/3；二是市场委托项目比例提升，占到了近2/3；三是远城区规划管理工作对规划咨询的需要和要求越来越高；四是武汉市规划局指令性任务工作量加大，这两年完成的各级领导及市局安排的各类指令性任务都在逐年增加。此外，该中心还承担了越来越多的财政预算规划编制项目。

总结这7年来的发展，在业务建设方面，武汉市城市规划咨询服务中心承担的职能范围主要包括以下几个方面：一是服务武汉市规划局规划管理，完成规划管理审批中有关技术性、事务性工作及理论研究工作；二是服务土地资产经营工作，为“招拍挂”项目提供规划控制指标论证；三是服务招商引资及大型建设项目，为投资方及政府决策提供全程规划咨询论证；四是服务区级经济建设，为区委、区政府及有关部门的管理决策提供近身服务；五是服务广大建设单位，构筑沟通政府和建设单位的桥梁和纽带；六是承担基础理论研究工作，为城市规划管理提供技术导则性文件；七是在武汉市规划协会的领导下承担行业管理规范、技术标准等的研究、实践和推广工作。

在内部建设方面，该中心十分重视企业文化和团队精神建设。近几年来，该中心党支部、工会、团支部组织开展了书画比赛、演讲比赛、摄影比赛、乒乓球比赛等丰富多彩的职工文化活动；每年都组织十余次专题学习讲座，内容涉及规划管理及设计、工程咨询、法律法规、党建知识、廉政建设、武汉风情、道德修养、职工保健等方面；在武汉市规划局的统一领导下组织了境内外学习考察活动，每年都有十余批、几十人次参加；结合年轻员工多的特点，积极倡导大家参与社会公益活动，以团支部为主体，全程资助了司思同学完成义务教育阶段的学习、承担援藏项目及黄陂茶庙的驻点扶贫工作、大力参与江岸区及所在社区的文明创建等。通过全面而系统的精神文明建设，该中心内部已经形成了团结、勤奋、创新、务实的良好风气，干部职工队伍团结健康而充满朝气。经过多年的努力，该中心也获得了众多荣誉，如全国“城市雕塑展优秀组织奖”、武汉市“五一劳动奖状”、市“农村小康建设先进工作组”、市“青年文明号”、市“五四红旗团支部”、市“双创示范岗”、市“援藏工作优秀单位”、市“扶贫工作优秀单位”、“区佳文明单位”及市“劳动模范”、市“三八红旗手”等各类集体和个人光荣称号。

二、荆棘满途又光辉美好的远大前景

武汉市城市规划咨询服务中心现正处于由事业初创向做大做强转变的关键时期，该中心领导班子和全体职工通过认真研究分析近年来的发展轨迹、规划咨询事业发展的趋势以及规划国土管理体制调整后的规划管理工作对中心新的要求，总结经验，谋划未来，对规划咨询工作的定位、发展方向及工作重点等方面形成了完整的思路。该中心将在武汉市规划局的正确领导下迎来无比美好的远大发展前景。

（一）服务城市规划管理，突出衔接作用

近年来，武汉市城市规划咨询服务中心结合规划编制体系的建立和规划管理要求，开展了大量的规划研究工作，如《武汉市城市建筑基色调研究》、《武汉市主城居住区开发强度研究》、《武汉市建筑与气候关系研究》等，在此基础上，积极参与城市规划管理政策和城市规划技术规定等基础性研究、新一轮控规、城市设计的编制与修订以及重大项目方案征集策划、规划（建筑）方案的咨询评审等方面的工作，更好的服务于规划编制和规划管理。

在引导土地计划的健康发展方面，发挥其既有优势，树立城市规划的龙头管理地位，积极协调统筹城乡规划与土地开发建设的规划管理，参与编制土地规划前期的有关专项课题研究，建立起衔接规划管理和土地管理的纽带。

（二）巩固优势，拓展领域

规划编制和管理的科学化、法制化是现阶段城市和经济建设快速发展的前提和必要保证，《城乡规划法》明确提出“一书一证”的核发必须依据控制性详细规划，按照武汉市已基本确定的控规导则和控规细则两个层次的编制体系，以控规编制单元进行用地性质、建设总量及公共服务配套（市政基础）设施控制作为武汉市新一轮控规的主要文件内容，并以开发强度导则、公共服务设施标准等为支撑的新的控规体系标准，针对规划编制单元内的具体街坊和具体建设项目的规划要求进一步进行研究论证以指导具体项目的用地管理。咨询中心多年来在用地管理阶段中提供前期论证咨询工作，为用地规划管理提供了良好的技术支撑。现结合武汉市规划局新的审批制度的调整，配合《城乡规划法》的实施，武汉市城市规划咨询服务中心承担控规的深化论证工作，在重大项目的选址定点和建设用地规划管理阶段提供规划咨询，既能发挥该中心的优势，又对应建设项目具体要求细化落实上位规划的发展目标。

（三）贴近管理，突出特色

作为武汉市规划局规划管理层面的技术支撑部门，武汉市城市规划咨询服务中心在城市特色研究及城市设计、城市重点地区建设控制等领域发挥更大的作用。

由于控制性详细规划编制范围较大及其本身的层次所限定，对具体城市空间和建筑组群形态的控制较粗放，对建设工程管理阶段的指导力度有限，需要通过城市设计来塑造城市特色，优化景观环境品质，指导具体建设项目的方案审批。因此在建设工程管理阶段，武汉市城市规划咨询服务中心可结合已有的宏观和中观层次的城市设计研究成果，强化微观阶段即建设工程管理阶段中具体建设项目的城市设计研究论证工作。

对于城市重点地段内重要项目，不仅对报建方案的技术经济指标进行校核，还应从维护项目所在地段整体城市公共空间品质出发，对报建方案是否满足规划设计条件要求、上层次城市设计要求，以及报建方案自身的空间结构与布局、建筑形态、建筑色彩、日照分析、交通组织、建筑节能减排等多方面进行详细的城市设计和规划咨询论证，并可利用专家咨询平台，建立“N+1”模式，提高建筑方案审批门槛，增强建设工程管理阶段前期技术咨询，提高建设工程管理阶段的管理力度和决策水平。

（四）发挥特长，加强服务

对应城区规划管理的需要，武汉市城市规划咨询服务中心发挥其“小快灵”的特长，积极在具体建设项目中为城区规划管理部门提供前期技术审查和咨询论证，提高城区的规划审批决策水平和工作效率。结合新一轮总规新城组群规划，配合远城区规划管理，真正落实城市规划发展战略目标，构筑项目建设与规划管理、区域经济发展与规划管理的有效衔接。

（五）加强宣传，扩大影响力

规划咨询是一个新兴行业，正确宣传和引导工作十分重要，一是依托规划规划管理专业委员会的系列活动，全面宣传规划管理及规划咨询工作；二是加强国际交流与合作，建立高水平的咨询论证和决策支撑的技术平台；三是通过高质量的规划咨询成果，扩大咨询中心在规划管理和咨询行业的影响。

新的时期，该中心领导班子和全体干部职工将更加团结一心，以党的“十七大”精神为指导，高举科学发展观的伟大旗帜，根据“两型社会”建设的要求，以武汉市规划局实施“五个一”工程创建全国一流规划局的战略目标为指引，突出发展主导方向，进一步贴近规划管理，以“提高办事效率、提高服务质量”为手段，继续发扬艰苦奋斗的优良作风，积聚力量，调整思路，开拓进取，勇挑重担，贯彻落实武汉市规划局对中心新的要求，全力实现市局赋予中心的新的职能。

第四节　法　规　文　件

中华人民共和国主席令

（第 74 号）

《中华人民共和国城乡规划法》已由中华人民共和国第十届全国人民代表大会常务委员会第三十次会议于 2007 年 10 月 28 日通过，现予公布，自 2008 年 1 月 1 日起施行。

中华人民共和国主席　胡锦涛

2007 年 10 月 28 日

中华人民共和国城乡规划法

（2007 年 10 月 28 日第十届全国人民代表大会常务委员会第三十次会议通过）

第一章　总　　则

第一条　为了加强城乡规划管理，协调城乡空间布局，改善人居环境，促进城乡经济社会全面协调可持续发展，制定本法。

第二条　制定和实施城乡规划，在规划区内进行建设活动，必须遵守本法。

本法所称城乡规划，包括城镇体系规划、城市规划、镇规划、乡规划和村庄规划。城市规划、镇规划分为总体规划和详细规划。详细规划分为控制性详细规划和修建性详细规划。

本法所称规划区，是指城市、镇和村庄的建成区以及因城乡建设和发展需要，必须实行规划控制的区域。规划区的具体范围由有关人民政府在组织编制的城市总体规划、镇总体规划、乡规划和村庄规划中，根据城乡经济社会发展水平和统筹城乡发展的需要划定。

第三条　城市和镇应当依照本法制定城市规划和镇规划。城市、镇规划区内的建设活动应当符合规划要求。

县级以上地方人民政府根据本地农村经济社会发展水平，按照因地制宜、切实可行的原则，确定应当制定乡规划、村庄规划的区域。在确定区域内的乡、村庄，应当依照本法制定规划，规划区内的乡、村庄建设应当符合规划要求。

县级以上地方人民政府鼓励、指导前款规定以外的区域的乡、村庄制定和实施乡规划、村庄规划。

第四条　制定和实施城乡规划，应当遵循城乡统筹、合理布局、节约土地、集约发展和先规划后建设的原则，改善生态环境，促进资源、能源节约和综合利用，保护耕地等自然资源和历史文化遗产，保持地方特色、民族特色和传统风貌，防止污染和其他公害，并符合区域人口发展、国防建设、防灾减灾和公共卫生、公共安全的需要。

在规划区内进行建设活动，应当遵守土地管理、自然资源和环境保护等法律、法规的规定。

县级以上地方人民政府应当根据当地经济社会发展的实际，在城市总体规划、镇总体规划中合理确定城市、镇的发展规模、步骤和建设标准。

第五条 城市总体规划、镇总体规划以及乡规划和村庄规划的编制，应当依据国民经济和社会发展规划，并与土地利用总体规划相衔接。

第六条 各级人民政府应当将城乡规划的编制和管理经费纳入本级财政预算。

第七条 经依法批准的城乡规划，是城乡建设和规划管理的依据，未经法定程序不得修改。

第八条 城乡规划组织编制机关应当及时公布经依法批准的城乡规划。但是，法律、行政法规规定不得公开的内容除外。

第九条 任何单位和个人都应当遵守经依法批准并公布的城乡规划，服从规划管理，并有权就涉及其利害关系的建设活动是否符合规划的要求向城乡规划主管部门查询。

任何单位和个人都有权向城乡规划主管部门或者其他有关部门举报或者控告违反城乡规划的行为。城乡规划主管部门或者其他有关部门对举报或者控告，应当及时受理并组织核查、处理。

第十条 国家鼓励采用先进的科学技术，增强城乡规划的科学性，提高城乡规划实施及监督管理的效能。

第十一条 国务院城乡规划主管部门负责全国的城乡规划管理工作。

县级以上地方人民政府城乡规划主管部门负责本行政区域内的城乡规划管理工作。

第二章 城乡规划的制定

第十二条 国务院城乡规划主管部门会同国务院有关部门组织编制全国城镇体系规划，用于指导省域城镇体系规划、城市总体规划的编制。

全国城镇体系规划由国务院城乡规划主管部门报国务院审批。

第十三条 省、自治区人民政府组织编制省域城镇体系规划，报国务院审批。

省域城镇体系规划的内容应当包括：城镇空间布局和规模控制，重大基础设施的布局，为保护生态环境、资源等需要严格控制的区域。

第十四条 城市人民政府组织编制城市总体规划。

直辖市的城市总体规划由直辖市人民政府报国务院审批。省、自治区人民政府所在地的城市以及国务院确定的城市的总体规划，由省、自治区人民政府审查同意后，报国务院审批。其他城市的总体规划，由城市人民政府报省、自治区人民政府审批。

第十五条 县人民政府组织编制县人民政府所在地镇的总体规划，报上一级人民政府审批。其他镇的总体规划由镇人民政府组织编制，报上一级人民政府审批。

第十六条 省、自治区人民政府组织编制的省域城镇体系规划，城市、县人民政府组织编制的总体规划，在报上一级人民政府审批前，应当先经本级人民代表大会常务委员会审议，常务委员会组成人员的审议意见交由本级人民政府研究处理。

镇人民政府组织编制的镇总体规划，在报上一级人民政府审批前，应当先经镇人民代表大会审议，代表的审议意见交由本级人民政府研究处理。

规划的组织编制机关报送审批省域城镇体系规划、城市总体规划或者镇总体规划，应当将本级人民代表大会常务委员会组成人员或者镇人民代表大会代表的审议意见和根据审议意见修改规划的情况一并报送。

第十七条 城市总体规划、镇总体规划的内容应当包括：城市、镇的发展布局，功能分区，用地布局，综合交通体系，禁止、限制和适宜建设的地域范围，各类专项规划等。

规划区范围、规划区内建设用地规模、基础

设施和公共服务设施用地、水源地和水系、基本农田和绿化用地、环境保护、自然与历史文化遗产保护以及防灾减灾等内容，应当作为城市总体规划、镇总体规划的强制性内容。

城市总体规划、镇总体规划的规划期限一般为 20 年。城市总体规划还应当对城市更长远的发展作出预测性安排。

第十八条　乡规划、村庄规划应当从农村实际出发，尊重村民意愿，体现地方和农村特色。

乡规划、村庄规划的内容应当包括：规划区范围，住宅、道路、供水、排水、供电、垃圾收集、畜禽养殖场所等农村生产、生活服务设施、公益事业等各项建设的用地布局、建设要求，以及对耕地等自然资源和历史文化遗产保护、防灾减灾等的具体安排。乡规划还应当包括本行政区域内的村庄发展布局。

第十九条　城市人民政府城乡规划主管部门根据城市总体规划的要求，组织编制城市的控制性详细规划，经本级人民政府批准后，报本级人民代表大会常务委员会和上一级人民政府备案。

第二十条　镇人民政府根据镇总体规划的要求，组织编制镇的控制性详细规划，报上一级人民政府审批。县人民政府所在地镇的控制性详细规划，由县人民政府城乡规划主管部门根据镇总体规划的要求组织编制，经县人民政府批准后，报本级人民代表大会常务委员会和上一级人民政府备案。

第二十一条　城市、县人民政府城乡规划主管部门和镇人民政府可以组织编制重要地块的修建性详细规划。修建性详细规划应当符合控制性详细规划。

第二十二条　乡、镇人民政府组织编制乡规划、村庄规划，报上一级人民政府审批。村庄规划在报送审批前，应当经村民会议或者村民代表会议讨论同意。

第二十三条　首都的总体规划、详细规划应当统筹考虑中央国家机关用地布局和空间安排的需要。

第二十四条　城乡规划组织编制机关应当委托具有相应资质等级的单位承担城乡规划的具体编制工作。

从事城乡规划编制工作应当具备下列条件，并经国务院城乡规划主管部门或者省、自治区、直辖市人民政府城乡规划主管部门依法审查合格，取得相应等级的资质证书后，方可在资质等级许可的范围内从事城乡规划编制工作：

（一）有法人资格；

（二）有规定数量的经国务院城乡规划主管部门注册的规划师；

（三）有规定数量的相关专业技术人员；

（四）有相应的技术装备；

（五）有健全的技术、质量、财务管理制度。

规划师执业资格管理办法，由国务院城乡规划主管部门会同国务院人事行政部门制定。

编制城乡规划必须遵守国家有关标准。

第二十五条　编制城乡规划，应当具备国家规定的勘察、测绘、气象、地震、水文、环境等基础资料。

县级以上地方人民政府有关主管部门应当根据编制城乡规划的需要，及时提供有关基础资料。

第二十六条　城乡规划报送审批前，组织编制机关应当依法将城乡规划草案予以公告，并采取论证会、听证会或者其他方式征求专家和公众的意见。公告的时间不得少于 30 日。

组织编制机关应当充分考虑专家和公众的意见，并在报送审批的材料中附具意见采纳情况及理由。

第二十七条　省域城镇体系规划、城市总体规划、镇总体规划批准前，审批机关应当组织专家和有关部门进行审查。

第三章　城乡规划的实施

第二十八条　地方各级人民政府应当根据当地经济社会发展水平，量力而行，尊重群众意愿，有计划、分步骤地组织实施城乡规划。

第二十九条 城市的建设和发展，应当优先安排基础设施以及公共服务设施的建设，妥善处理新区开发与旧区改建的关系，统筹兼顾进城务工人员生活和周边农村经济社会发展、村民生产与生活的需要。

镇的建设和发展，应当结合农村经济社会发展和产业结构调整，优先安排供水、排水、供电、供气、道路、通信、广播电视等基础设施和学校、卫生院、文化站、幼儿园、福利院等公共服务设施的建设，为周边农村提供服务。

乡、村庄的建设和发展，应当因地制宜、节约用地，发挥村民自治组织的作用，引导村民合理进行建设，改善农村生产、生活条件。

第三十条 城市新区的开发和建设，应当合理确定建设规模和时序，充分利用现有市政基础设施和公共服务设施，严格保护自然资源和生态环境，体现地方特色。

在城市总体规划、镇总体规划确定的建设用地范围以外，不得设立各类开发区和城市新区。

第三十一条 旧城区的改建，应当保护历史文化遗产和传统风貌，合理确定拆迁和建设规模，有计划地对危房集中、基础设施落后等地段进行改建。

历史文化名城、名镇、名村的保护以及受保护建筑物的维护和使用，应当遵守有关法律、行政法规和国务院的规定。

第三十二条 城乡建设和发展，应当依法保护和合理利用风景名胜资源，统筹安排风景名胜区及周边乡、镇、村庄的建设。

风景名胜区的规划、建设和管理，应当遵守有关法律、行政法规和国务院的规定。

第三十三条 城市地下空间的开发和利用，应当与经济和技术发展水平相适应，遵循统筹安排、综合开发、合理利用的原则，充分考虑防灾减灾、人民防空和通信等需要，并符合城市规划，履行规划审批手续。

第三十四条 城市、县、镇人民政府应当根据城市总体规划、镇总体规划、土地利用总体规划和年度计划以及国民经济和社会发展规划，制定近期建设规划，报总体规划审批机关备案。

近期建设规划应当以重要基础设施、公共服务设施和中低收入居民住房建设以及生态环境保护为重点内容，明确近期建设的时序、发展方向和空间布局。近期建设规划的规划期限为五年。

第三十五条 城乡规划确定的铁路、公路、港口、机场、道路、绿地、输配电设施及输电线路走廊、通信设施、广播电视设施、管道设施、河道、水库、水源地、自然保护区、防汛通道、消防通道、核电站、垃圾填埋场及焚烧厂、污水处理厂和公共服务设施的用地以及其他需要依法保护的用地，禁止擅自改变用途。

第三十六条 按照国家规定需要有关部门批准或者核准的建设项目，以划拨方式提供国有土地使用权的，建设单位在报送有关部门批准或者核准前，应当向城乡规划主管部门申请核发选址意见书。

前款规定以外的建设项目不需要申请选址意见书。

第三十七条 在城市、镇规划区内以划拨方式提供国有土地使用权的建设项目，经有关部门批准、核准、备案后，建设单位应当向城市、县人民政府城乡规划主管部门提出建设用地规划许可申请，由城市、县人民政府城乡规划主管部门依据控制性详细规划核定建设用地的位置、面积、允许建设的范围，核发建设用地规划许可证。

建设单位在取得建设用地规划许可证后，方可向县级以上地方人民政府土地主管部门申请用地，经县级以上人民政府审批后，由土地主管部门划拨土地。

第三十八条 在城市、镇规划区内以出让方式提供国有土地使用权的，在国有土地使用权出让前，城市、县人民政府城乡规划主管部门应当依据控制性详细规划，提出出让地块的位置、使用性质、开发强度等规划条件，作为国有土地使用权出让合同的组成部分。未确定规划条件的地块，不得出让国有土地使用权。

以出让方式取得国有土地使用权的建设项目，在签订国有土地使用权出让合同后，建设单位应当持建设项目的批准、核准、备案文件和国有土地使用权出让合同，向城市、县人民政府城乡规划主管部门领取建设用地规划许可证。

城市、县人民政府城乡规划主管部门不得在建设用地规划许可证中，擅自改变作为国有土地使用权出让合同组成部分的规划条件。

第三十九条 规划条件未纳入国有土地使用权出让合同的，该国有土地使用权出让合同无效；对未取得建设用地规划许可证的建设单位批准用地的，由县级以上人民政府撤销有关批准文件；占用土地的，应当及时退回；给当事人造成损失的，应当依法给予赔偿。

第四十条 在城市、镇规划区内进行建筑物、构筑物、道路、管线和其他工程建设的，建设单位或者个人应当向城市、县人民政府城乡规划主管部门或者省、自治区、直辖市人民政府确定的镇人民政府申请办理建设工程规划许可证。

申请办理建设工程规划许可证，应当提交使用土地的有关证明文件、建设工程设计方案等材料。需要建设单位编制修建性详细规划的建设项目，还应当提交修建性详细规划。对符合控制性详细规划和规划条件的，由城市、县人民政府城乡规划主管部门或者省、自治区、直辖市人民政府确定的镇人民政府核发建设工程规划许可证。

城市、县人民政府城乡规划主管部门或者省、自治区、直辖市人民政府确定的镇人民政府应当依法将经审定的修建性详细规划、建设工程设计方案的总平面图予以公布。

第四十一条 在乡、村庄规划区内进行乡镇企业、乡村公共设施和公益事业建设的，建设单位或者个人应当向乡、镇人民政府提出申请，由乡、镇人民政府报城市、县人民政府城乡规划主管部门核发乡村建设规划许可证。

在乡、村庄规划区内使用原有宅基地进行农村村民住宅建设的规划管理办法，由省、自治区、直辖市制定。

在乡、村庄规划区内进行乡镇企业、乡村公共设施和公益事业建设以及农村村民住宅建设，不得占用农用地；确需占用农用地的，应当依照《中华人民共和国土地管理法》有关规定办理农用地转用审批手续后，由城市、县人民政府城乡规划主管部门核发乡村建设规划许可证。

建设单位或者个人在取得乡村建设规划许可证后，方可办理用地审批手续。

第四十二条 城乡规划主管部门不得在城乡规划确定的建设用地范围以外作出规划许可。

第四十三条 建设单位应当按照规划条件进行建设；确需变更的，必须向城市、县人民政府城乡规划主管部门提出申请。变更内容不符合控制性详细规划的，城乡规划主管部门不得批准。城市、县人民政府城乡规划主管部门应当及时将依法变更后的规划条件通报同级土地主管部门并公示。

建设单位应当及时将依法变更后的规划条件报有关人民政府土地主管部门备案。

第四十四条 在城市、镇规划区内进行临时建设的，应当经城市、县人民政府城乡规划主管部门批准。临时建设影响近期建设规划或者控制性详细规划的实施以及交通、市容、安全等的，不得批准。

临时建设应当在批准的使用期限内自行拆除。

临时建设和临时用地规划管理的具体办法，由省、自治区、直辖市人民政府制定。

第四十五条 县级以上地方人民政府城乡规划主管部门按照国务院规定对建设工程是否符合规划条件予以核实。未经核实或者经核实不符合规划条件的，建设单位不得组织竣工验收。

建设单位应当在竣工验收后6个月内向城乡规划主管部门报送有关竣工验收资料。

第四章　城乡规划的修改

第四十六条　省域城镇体系规划、城市总体规划、镇总体规划的组织编制机关，应当组织有关部门和专家定期对规划实施情况进行评估，并采取论证会、听证会或者其他方式征求公众意见。组织编制机关应当向本级人民代表大会常务委员会、镇人民代表大会和原审批机关提出评估报告并附具征求意见的情况。

第四十七条　有下列情形之一的，组织编制机关方可按照规定的权限和程序修改省域城镇体系规划、城市总体规划、镇总体规划：

（一）上级人民政府制定的城乡规划发生变更，提出修改规划要求的；

（二）行政区划调整确需修改规划的；

（三）因国务院批准重大建设工程确需修改规划的；

（四）经评估确需修改规划的；

（五）城乡规划的审批机关认为应当修改规划的其他情形。

修改省域城镇体系规划、城市总体规划、镇总体规划前，组织编制机关应当对原规划的实施情况进行总结，并向原审批机关报告；修改涉及城市总体规划、镇总体规划强制性内容的，应当先向原审批机关提出专题报告，经同意后，方可编制修改方案。

修改后的省域城镇体系规划、城市总体规划、镇总体规划，应当依照本法第十三条、第十四条、第十五条和第十六条规定的审批程序报批。

第四十八条　修改控制性详细规划的，组织编制机关应当对修改的必要性进行论证，征求规划地段内利害关系人的意见，并向原审批机关提出专题报告，经原审批机关同意后，方可编制修改方案。修改后的控制性详细规划，应当依照本法第十九条、第二十条规定的审批程序报批。控制性详细规划修改涉及城市总体规划、镇总体规划的强制性内容的，应当先修改总体规划。

修改乡规划、村庄规划的，应当依照本法第二十二条规定的审批程序报批。

第四十九条　城市、县、镇人民政府修改近期建设规划的，应当将修改后的近期建设规划报总体规划审批机关备案。

第五十条　在选址意见书、建设用地规划许可证、建设工程规划许可证或者乡村建设规划许可证发放后，因依法修改城乡规划给被许可人合法权益造成损失的，应当依法给予补偿。

经依法审定的修建性详细规划、建设工程设计方案的总平面图不得随意修改；确需修改的，城乡规划主管部门应当采取听证会等形式，听取利害关系人的意见；因修改给利害关系人合法权益造成损失的，应当依法给予补偿。

第五章　监督检查

第五十一条　县级以上人民政府及其城乡规划主管部门应当加强对城乡规划编制、审批、实施、修改的监督检查。

第五十二条　地方各级人民政府应当向本级人民代表大会常务委员会或者乡、镇人民代表大会报告城乡规划的实施情况，并接受监督。

第五十三条　县级以上人民政府城乡规划主管部门对城乡规划的实施情况进行监督检查，有权采取以下措施：

（一）要求有关单位和人员提供与监督事项有关的文件、资料，并进行复制；

（二）要求有关单位和人员就监督事项涉及的问题作出解释和说明，并根据需要进入现场进行勘测；

（三）责令有关单位和人员停止违反有关城乡规划的法律、法规的行为。

城乡规划主管部门的工作人员履行前款规定的监督检查职责，应当出示执法证件。被监督检查的单位和人员应当予以配合，不得妨碍和阻挠依法进行的监督检查活动。

第五十四条　监督检查情况和处理结果应当依法公开，供公众查阅和监督。

第五十五条　城乡规划主管部门在查处违反

本法规定的行为时，发现国家机关工作人员依法应当给予行政处分的，应当向其任免机关或者监察机关提出处分建议。

第五十六条 依照本法规定应当给予行政处罚，而有关城乡规划主管部门不给予行政处罚的，上级人民政府城乡规划主管部门有权责令其作出行政处罚决定或者建议有关人民政府责令其给予行政处罚。

第五十七条 城乡规划主管部门违反本法规定作出行政许可的，上级人民政府城乡规划主管部门有权责令其撤销或者直接撤销该行政许可。因撤销行政许可给当事人合法权益造成损失的，应当依法给予赔偿。

第六章 法律责任

第五十八条 对依法应当编制城乡规划而未组织编制，或者未按法定程序编制、审批、修改城乡规划的，由上级人民政府责令改正，通报批评；对有关人民政府负责人和其他直接责任人员依法给予处分。

第五十九条 城乡规划组织编制机关委托不具有相应资质等级的单位编制城乡规划的，由上级人民政府责令改正，通报批评；对有关人民政府负责人和其他直接责任人员依法给予处分。

第六十条 镇人民政府或者县级以上人民政府城乡规划主管部门有下列行为之一的，由本级人民政府、上级人民政府城乡规划主管部门或者监察机关依据职权责令改正，通报批评；对直接负责的主管人员和其他直接责任人员依法给予处分：

（一）未依法组织编制城市的控制性详细规划、县人民政府所在地镇的控制性详细规划的；

（二）超越职权或者对不符合法定条件的申请人核发选址意见书、建设用地规划许可证、建设工程规划许可证、乡村建设规划许可证的；

（三）对符合法定条件的申请人未在法定期限内核发选址意见书、建设用地规划许可证、建设工程规划许可证、乡村建设规划许可证的；

（四）未依法对经审定的修建性详细规划、建设工程设计方案的总平面图予以公布的；

（五）同意修改修建性详细规划、建设工程设计方案的总平面图前未采取听证会等形式听取利害关系人的意见的；

（六）发现未依法取得规划许可或者违反规划许可的规定在规划区内进行建设的行为，而不予查处或者接到举报后不依法处理的。

第六十一条 县级以上人民政府有关部门有下列行为之一的，由本级人民政府或者上级人民政府有关部门责令改正，通报批评；对直接负责的主管人员和其他直接责任人员依法给予处分：

（一）对未依法取得选址意见书的建设项目核发建设项目批准文件的；

（二）未依法在国有土地使用权出让合同中确定规划条件或者改变国有土地使用权出让合同中依法确定的规划条件的；

（三）对未依法取得建设用地规划许可证的建设单位划拨国有土地使用权的。

第六十二条 城乡规划编制单位有下列行为之一的，由所在地城市、县人民政府城乡规划主管部门责令限期改正，处合同约定的规划编制费1倍以上2倍以下的罚款；情节严重的，责令停业整顿，由原发证机关降低资质等级或者吊销资质证书；造成损失的，依法承担赔偿责任：

（一）超越资质等级许可的范围承揽城乡规划编制工作的；

（二）违反国家有关标准编制城乡规划的。

未依法取得资质证书承揽城乡规划编制工作的，由县级以上地方人民政府城乡规划主管部门责令停止违法行为，依照前款规定处以罚款；造成损失的，依法承担赔偿责任。

以欺骗手段取得资质证书承揽城乡规划编制工作的，由原发证机关吊销资质证书，依照本条第一款规定处以罚款；造成损失的，依法承担赔偿责任。

第六十三条 城乡规划编制单位取得资质证

书后，不再符合相应的资质条件的，由原发证机关责令限期改正；逾期不改正的，降低资质等级或者吊销资质证书。

第六十四条 未取得建设工程规划许可证或者未按照建设工程规划许可证的规定进行建设的，由县级以上地方人民政府城乡规划主管部门责令停止建设；尚可采取改正措施消除对规划实施的影响的，限期改正，处建设工程造价5%以上10%以下的罚款；无法采取改正措施消除影响的，限期拆除，不能拆除的，没收实物或者违法收入，可以并处建设工程造价10%以下的罚款。

第六十五条 在乡、村庄规划区内未依法取得乡村建设规划许可证或者未按照乡村建设规划许可证的规定进行建设的，由乡、镇人民政府责令停止建设、限期改正；逾期不改正的，可以拆除。

第六十六条 建设单位或者个人有下列行为之一的，由所在地城市、县人民政府城乡规划主管部门责令限期拆除，可以并处临时建设工程造价1倍以下的罚款：

（一）未经批准进行临时建设的；

（二）未按照批准内容进行临时建设的；

（三）临时建筑物、构筑物超过批准期限不拆除的。

第六十七条 建设单位未在建设工程竣工验收后六个月内向城乡规划主管部门报送有关竣工验收资料的，由所在地城市、县人民政府城乡规划主管部门责令限期补报；逾期不补报的，处1万元以上5万元以下的罚款。

第六十八条 城乡规划主管部门作出责令停止建设或者限期拆除的决定后，当事人不停止建设或者逾期不拆除的，建设工程所在地县级以上地方人民政府可以责成有关部门采取查封施工现场、强制拆除等措施。

第六十九条 违反本法规定，构成犯罪的，依法追究刑事责任。

第七章 附 则

第七十条 本法自2008年1月1日起施行。《中华人民共和国城市规划法》同时废止。

武 汉 市 人 民 政 府 令

（第189号）

《武汉市控制和查处违法建设办法》已于2008年6月30日经武汉市人民政府第38次常务会议审议通过，现予公布，自2008年9月1日起施行。

市长 阮成发

2008年7月25日

武汉市控制和查处违法建设办法

第一章 总 则

第一条 为加强城乡规划管理，及时制止和查处违法建设，营造良好城市环境，根据《中华人民共和国城乡规划法》、《武汉市城市规划条例》等有关法律、法规，结合本市实际，制定本办法。

第二条 本办法适用于本市下列区域：

（一）江岸区、江汉区、硚口区、汉阳区、武昌区、青山区、洪山区、东湖新技术开发区、武汉经济技术开发区、东湖生态旅游风景区；

（二）蔡甸区、江夏区、东西湖区、汉南区、黄陂区、新洲区经市人民政府批准开展相对集中行政处罚权工作的区域。

本办法所称违法建设，是指未取得建设工程规划许可证或者未按照建设工程规划许可证的规定建设的建筑物、构筑物或者其他设施。

第三条 本市对违法建设的控制和查处工作实行绩效目标管理，绩效考核的办法由市人民政府另行制定。

各区人民政府和东湖新技术开发区、武汉经济技术开发区、东湖生态旅游风景区管理委员会（以下简称区政府和管委会），以及市相关部门应当制定和完善目标管理责任制，层层分解并落实市人民政府下达的绩效考核目标。

第四条 市、区人民政府建立控制和查处违法建设工作的协调机制，定期研究、通报违法建设综合治理情况，协调处理查处违法建设中出现的突出问题。协调办公室设在市、区城市管理执法部门，具体负责组织、协调、考核控制和查处违法建设工作。

第五条 本市对违法建设的监督管理实行以区为主和谁主管、谁负责的原则，突出重点，源头控制，快速处置，协作配合，依法追责，实施综合治理和长效管理。

第六条 各区政府和管委会负责在辖区和管理范围内组织实施本办法。

市规划、城管、国土资源、房产、建设、水务、交通、园林、公安、监察等部门按照各自职责，依法做好违法建设控制和查处相关工作，配合区政府和管委会做好违法建设的查处工作。

市人民政府相关部门的派出机构应当全力配合所在区政府和管委会，在其职责范围内做好控制和查处违法建设工作。

广播、电视、报刊等新闻单位应当配合相关部门做好控制和查处违法建设的宣传工作。

第二章 职责分工

第七条 区政府和管委会是其辖区和管理范围内控制和查处违法建设工作的责任主体，全面组织领导辖区和管理范围内违法建设的控制和查处工作。主要职责是：

（一）明确街道办事处、乡镇人民政府（以下简称街道、乡镇）和所属相关部门控制和查处违法建设工作责任，确定本辖区和管理范围内控制和查处违法建设的工作目标；

（二）督促街道、乡镇和所属相关部门制订具体的巡查和控管措施，开展巡查控管工作；对发现的违法建设，责成相关部门依法采取查封、拆除等相关措施；

（三）处理因查处违法建设引发的影响社会稳定和社会治安等问题；

（四）对辖区和管理范围内单位和居（村）民进行规划、土地管理等法律、法规和政策的宣传教育；

（五）完成市人民政府下达的控制和查处违法建设的绩效考核目标。

第八条 规划行政主管部门负责依照规划管理法律、法规、规章的规定，查处在建筑核位放线至规划验收前，未按照建设工程规划许可规定建设的建筑物、构筑物或者其他设施。

城市管理执法部门负责依法查处未取得建设工程规划许可证建设的建筑物、构筑物或者其他设施。

位于河道堤防管理范围和湖泊水域线内的违法建设，由水务部门负责依法查处；位于公路两侧的建筑控制区内的违法建设，由交通部门负责依法查处。

第九条 国土资源部门负责依法查处违法用地行为。

房产部门负责依法查处危房鉴定中的违法行为。

园林部门负责依法查处非法占用城市公园、

单位绿地、绿化广场等绿地的行为。

建设部门负责依法查处无施工资质施工和违反施工资质管理的违法行为。

公安部门负责依法维护拆除违法建设现场秩序，及时制止和查处阻碍国家机关工作人员依法执行职务等违法犯罪的行为。

工商、卫生、文化、环境保护等行政部门在核发有关许可证和执照时，应当严格审核把关，对利用违法建设开展经营、不能提供合法经营场所使用证明的，不予核发有关许可证、执照。

供水、供电、供气等企业在受理用水、用电、用气报装申请时，应当按照行业规定的条件严格审核，对不能提供规划许可证件的，不得办理报装手续。

第十条 监察部门负责行政过错责任追究工作的监督检查，依法调查处理影响较大的行政过错责任案件、国家行政机关及其工作人员等监察对象参与违法建设的案件。

第三章 巡 查

第十一条 区政府和管委会应当建立由街道、乡镇、社区（村）和相关部门组成的巡查网络，整合资源，形成合力，提高巡查控管效率。

区政府和管委会应当制订巡查控管方案，组织街道、乡镇按照路段具体划定责任单位和责任区域，分类别确定巡查时段和巡查重点。

第十二条 规划行政主管部门应当加强对取得建设工程规划许可证的建设工程的巡查，制订巡查控管方案，确定批后管理责任人，严把放线、验线、规划验收等各个建设环节，及时发现和制止违法建设行为。

第十三条 城市管理执法部门应当建立健全违法建设巡查制度，并对下列区域实行重点巡查：

（一）主次干道，重要景观地带；

（二）党政机关和部队驻地、大专院校及重点工程项目周边；

（三）列入旧城改造和城中村综合改造的区域；

（四）区政府和管委会确定的其他区域。

第十四条 街道、乡镇应当以社区和村组为单位，开展日常巡查工作，及时发现和劝阻违法建设行为；对辖区内的国家重点项目和城中村以及纳入旧城改造的地区，应当制订巡查措施，落实巡查人员，强化巡查控管。

第十五条 国土资源、交通、水务、园林等相关部门应当在各自管理范围内制订巡查控管方案，明确责任人、责任区域、巡查时段和巡查重点。

第十六条 负有违法建设巡查责任的工作人员应当遵守下列规定：

（一）按照巡查控管方案规定的时段和责任区域巡查，做好巡查记录；

（二）发现违法建设及时制止、报告并采取摄像、照相或者现场勘验等方式取证；

（三）对发现的违法建设，属于其他部门管辖的，在2个工作日内移送相关部门处理；

（四）发现堆有建筑材料的，及时登记并跟踪监控；发现有违法使用粘土砖的，及时通知建设管理部门依法处理。

第十七条 市、区控制和查处违法建设协调办公室应当建立违法建设控制和查处信息平台，负责收集、整理和通报相关信息。

负有违法建设管理控制和查处责任的单位，应当配合控制和查处违法建设协调办公室做好违法建设信息的收集工作，及时报送相关信息资料。

第十八条 市、区人民政府及其派出机构和相关部门建立违法建设举报制度，公布举报电话，做好举报记录，及时处理举报的问题，并将办理情况反馈举报人。

任何单位和个人有权举报违法建设行为。对举报违法建设行为，经查证属实的，给予举报人适当奖励。

第十九条 行政执法部门对于群众举报、上级交办的违法建设信息应当在1日内进行核查。

经核查属于本部门职责范围的，应当在2个工作日内予以立案并及时采取相关控制措施。

经核查不属于本部门职责范围的，应当在2个工作日内将案件移送相关部门。接受案件移送的部门应当在2个工作日内立案并及时采取相关控制措施。

第四章 处 置

第二十条 违法建设一经发现，相关部门和单位应当及时制止，依法快速拆除。

第二十一条 城市管理执法部门对发现的未取得建设工程规划许可证建设的建筑物、构筑物或者其他设施，应当责令当事人立即停止施工，并同时下达限期拆除通知书，责令当事人在规定期限内自行拆除。

逾期不自行拆除的，由区政府和管委会责成相关部门按照下列规定强制拆除：

（一）违法建设建至一层尚未盖顶的，1~3日内拆除完毕；

（二）违法建设由一层建至二层的，3~6日内拆除完毕；

（三）违法建设建至二层以上的，6~10日内拆除完毕。

因特殊情况不能在前款规定期限内拆除完毕的，经区政府和管委会批准，可适当延长。无法拆除的，依法没收实物，可以并处罚款。

第二十二条 对未按照建设工程规划许可证规定建设的建筑物、构筑物或者其他设施，由规划行政主管部门责令停止建设；对无法采取改正措施消除对规划实施的影响的，责令当事人在规定限期内自行拆除；逾期不自行拆除的，按照本办法第二十一条中（二）、（三）项的规定处理；对确属尚可采取改正措施消除影响的，限期改正，并处以罚款。

是否可以采取改正措施消除对规划实施的影响，规划行政主管部门应当从严审核，建立集体会审制度提出意见，并报市人民政府同意。具体会审办法由市规划行政主管部门制定，报市人民政府批准。

第二十三条 城市管理执法部门对所查处的违法建设，涉及违反土地、建设、园林、房产等方面法律、法规规定的，应当在2个工作日内通知相关部门。相关部门接到通知后，应当在各自职责范围内根据法律、法规规定的期限及时依法处理，处理结果及时反馈城市管理执法部门。

国土资源、园林、房产等部门依法查处的违法行为涉及违法建设的，在实施行政处罚的同时，应当及时通知规划行政主管部门或者城市管理执法部门依法查处。规划行政主管部门或者城市管理执法部门应当在各自职责范围内根据法律、法规规定的期限及时依法处理，处理结果及时反馈给相关部门。

行政执法部门之间发生执法管辖不明或者有争议的，应当协商解决或者报请同级人民政府处理。

第二十四条 水务、交通部门应当在各自职责范围内，参照本办法第二十一条、第二十三条规定的程序，制订处置办法，及时有效地控制和查处违法建设。

第二十五条 规划行政主管部门和城市管理执法部门依法责令违法建设当事人停止施工，当事人拒不停止施工的，由区政府和管委会责成有关部门依法查封现场，必要时通知供电、供水企业停止施工用电用水。

第二十六条 因违法建设发生安全事故，区政府和管委会应当组织力量及时进行处置，并向市人民政府和有关部门报告。对事故的调查处理，按照国务院制发的《生产安全事故报告和调查处理条例》的规定执行。

第二十七条 在当事人自拆期限内，相关部门应当明确专人实施跟踪监督检查，实时监控，防止发生抢建行为。

行政执法部门对违法建设依法实施强制拆除的费用，由违法当事人承担；拒不承担的，由作出强制拆除决定的行政执法部门申请人民法院执行。

第二十八条 在征地拆迁中，对违法建设一律不予补偿。

对屡拆屡建或者有组织实施违法建设的行为依法从重处理；对构成违反治安管理行为的，按照《中华人民共和国治安管理处罚法》的规定处理；对涉嫌犯罪的，提请司法机关依法追究刑事责任。

第五章 行政过错责任追究

第二十九条 区政府和管委会1年内4次控制和查处违法建设月度绩效考核不达标的，予以通报批评并取消当年绩效考核评先资格；情节严重的，追究主要领导、分管领导和直接责任人的责任。

第三十条 街道、乡镇、区政府和管委会所属相关部门，在控制和查处违法建设绩效考核中有下列情形之一的，按照下列规定追究责任：

（一）1年内累计2次月度绩效考核不达标的，对分管领导予以诫勉谈话；

（二）1年内累计3次月度绩效考核不达标的，对单位予以通报批评，并对主要领导、分管领导给予组织处理或者警告处分；

（三）1年内累计4次月度绩效考核不达标的，取消单位绩效考核评先资格，对主要领导和分管领导给予警告或者记过处分。

第三十一条 市人民政府相关部门不按照本办法规定协助、配合控制和查处违法建设工作，不制定巡查控管方案和处置办法的，对单位予以通报批评；1年内受到3次通报批评的，取消单位当年绩效考核评先资格。

市人民政府相关部门的派出机构不按照本办法的规定，接受所在区政府和管委会的组织、协调，造成违法建设控制和查处不力的，对单位予以通报批评；情节严重的，取消当年绩效考核评先资格，并依照有关规定和程序追究主要领导、分管领导和直接责任人的责任。

第三十二条 相关部门工作人员有下列行为之一的，按照《武汉市行政机关工作人员行政过错责任追究试行办法》的规定，单独或者合并给予责令作出书面检查、通报批评、取消当年评优评先资格、扣发奖金、诫勉谈话等组织处理；对造成严重后果的，给予降级及以下行政处分：

（一）违法审批、越权审批、违法办理权属登记或者进行危房安全鉴定的；

（二）不按规定巡查的；

（三）对于举报或者巡查发现的违法建设，不按照规定报告、制止、移送或者立案处理的；

（四）对违法建设涉及的其他违法行为，未依法查处的；

（五）谎报、瞒报、拒报违法建设信息的；

（六）其他玩忽职守、滥用职权的行为。

对受到警告以上处分的人员，可以同时调离审批或者执法岗位。

第三十三条 违法建设行政过错责任人有下列行为之一的，应当从重处理：

（一）1年内出现2次以上应予追究行政过错情形的；

（二）干扰、阻碍、不配合对其行政过错行为进行调查的；

（三）对申诉人、控告人、检举人或者责任追究承办人员进行打击报复的；

（四）在履行职责过程中有徇私舞弊行为或者收受当事人财物、接受当事人宴请、参加当事人提供的旅游或者娱乐活动的；

（五）其他严重的行政过错行为。

第三十四条 因控制和查处违法建设不力造成严重社会影响，或者发生安全事故造成生命财产损失的，对相关责任单位的主要领导和分管领导按照有关规定给予组织处理；情节较重的，给予警告、记过、记大过处分；情节严重的，给予降级、撤职、开除处分。

第三十五条 在控制和查处违法建设的行政执法活动中，供水、供电、供气企业应当提供协作和配合而不提供的，对单位予以通报批评；情节严重的，取消文明单位评选资格并追究主要领导、分管领导和直接责任人的责任。

第三十六条 国家机关、企事业单位及其工作人员实施、参与、包庇违法建设，阻挠违法建设查处工作的，由规划行政主管部门或者城市管理执法部门建议由其所在单位、上级主管部门或者行政监察机关给予警告、记过或者记大过处分；情节较重的，给予降级或者撤职处分；情节严重的，给予开除处分。

国家机关、企事业单位及其工作人员所在单位、上级主管部门或者监察部门，未按照前款规定处理的，取消文明单位评选资格。

第三十七条 本办法所涉及的行政过错责任追究，依照人事管理权限和行政处分审批权限的有关规定办理。各有关行政执法部门应当按照各自职责及管理权限，负责追究行政过错责任人的行政过错责任；对涉嫌犯罪的，移送司法机关处理。

第六章 附 则

第三十八条 蔡甸区、江夏区、东西湖区、汉南区、黄陂区、新洲区，未实施城市管理相对集中行政处罚权工作区域内违法建设的控制和查处工作，依据《中华人民共和国城乡规划法》和《中华人民共和国土地管理法》等法律、法规的规定处理，具体办法由各区人民政府制定。

第三十九条 本办法自 2008 年 9 月 1 日起施行。

武汉市人民政府令

（第 192 号）

《武汉市个人建设住宅管理规定》已于 2008 年 10 月 6 日经武汉市人民政府第 50 次常务会议审议通过，现予公布，自 2008 年 12 月 1 日起施行。

市长 阮成发

2008 年 10 月 20 日

武汉市个人建设住宅管理规定

第一章 总 则

第一条 为了加强个人建设住宅的管理，规范个人建设住宅行为，确保土地利用总体规划和城乡规划的实施，根据土地、规划、建设、房屋安全管理等法律、法规和规章的规定，结合本市实际，制定本规定。

第二条 本规定适用于本市行政区域内个人建设住宅的管理。

第三条 本规定所称个人建设住宅，是指个人依法对城市国有土地上原有自用住宅进行改建、扩建以及农村村民依法在集体土地上新建、改建、扩建自用住宅的行为。

第四条 各区人民政府，武汉东湖新技术开发区、武汉经济技术开发区、东湖生态旅游风景区管理委员会是本行政区域或者管理区域内个人建设住宅监管的责任主体，负责本规定的组织实施。

规划行政主管部门负责个人建设住宅的规划管理工作。

土地行政主管部门负责个人建设住宅的土地管理工作。

建设行政主管部门负责个人建设住宅施工质

量安全的监管、指导工作。

各乡（镇）人民政府、街道办事处和城管执法、房产、监察等有关行政主管部门按照各自职责做好个人建设住宅的相关管理工作。

第五条 个人建设住宅应当按照本规定和有关法律、法规的规定，依法办理土地、规划和建设等审批手续。

第二章 用地管理

第六条 个人建设住宅用地，应当符合土地利用总体规划和城乡规划的要求。

第七条 本市国有土地上不得批准新增个人建设住宅用地，个人原有住宅的改建、扩建，不得超过原土地使用权范围，原土地使用权边界不规则或者压占城市道路规划路幅、消防通道的，经规划行政主管部门和土地行政主管部门批准，可以适当调整原土地使用权边界，但不得扩大原土地使用面积。

第八条 农村村民建设住宅应当坚持合理用地、节约用地、集约用地的原则，充分利用原有宅基地和村内空闲地，严格控制占用农用地。

凡村内原有宅基地未利用或者有空闲地的，不得批准占用耕地。

农村村民一户只能申请一处宅基地。

第九条 列入“城中村”改造范围的农村村民个人住宅建设，应当按“城中村”规划集中统一建设多层及多层以上住宅楼，不单独新审批宅基地。

第十条 未列入“城中村”改造范围符合单独申请宅基地条件的农村村民住宅建设，每户宅基地应当符合下列标准：

（一）三环线内占用农用地的，每户宅基地面积不超过80平方米；占用其他土地的，每户宅基地面积不超过100平方米；

（二）三环线外占用农用地的，每户宅基地面积不超过100平方米；占用其他土地的，每户宅基地面积不超过120平方米。

第十一条 农村村民符合下列条件之一的，可以申请使用宅基地：

（一）无宅基地的；

（二）外来人口落户，成为本集体经济组织成员且承担村民义务，需要建设住宅而无宅基地的；

（三）因发生或防御自然灾害、实施村镇规划以及进行乡村公共设施和公益事业建设，必须调整搬迁的；

（四）法律、法规或者规章规定的其他条件。

第十二条 农村村民申请宅基地，应当向本集体经济组织提出书面申请，经村民代表会议或者村民会议讨论通过，由村民委员会报乡（镇）人民政府、街道办事处审核同意后，报土地行政主管部门，并由土地行政主管部门报有审批权的人民政府批准。报审批时，应当提交下列资料：

（一）农村村民申请宅基地的书面申请；

（二）申请家庭常住人口户籍证明、身份证明；

（三）村民代表会议或者村民会议讨论纪录及决议；

（四）符合第十一条规定条件的证明文件或者资料；

（五）乡（镇）人民政府或者街道办事处审核意见。

在乡、村庄规划区内个人建设住宅占用农用地的，还应当在依法办理农用地转用审批手续后，提交规划行政主管部门核发的乡村建设规划许可证。

第十三条 农村村民申请宅基地，有下列情形之一的，不予批准：

（一）原有房屋或者宅基地出卖、出租、赠与他人或者改作他用后再申请宅基地的；

（二）户人均建筑面积超过50平方米，新分户后申请宅基地的；

（三）未满18周岁申请宅基地的；

（四）法律、法规、规章以及国家和省规定的其他情形。

第三章 规划管理

第十四条 市规划行政主管部门应当按照因

地制宜、合理布局、节约用地等原则编制本市村庄建设规划设计导则。

各区人民政府应当根据村庄建设规划设计导则，组织乡（镇）人民政府、街道办事处编制村庄建设规划，引导村民合理进行住宅建设。

第十五条 个人建设住宅总层数不超过 3 层，每层层高不超过 3.20 米，并应当符合城乡规划和武汉市规划管理技术规定有关房屋间距的要求。

原合法建筑经鉴定为 D 级危房需拆除改建的，可以按照不扩大原占地面积、不扩大原建筑面积、不超出原建筑高度的要求拆除改建，不受前款规定的限制；所在区人民政府经与 D 级危房产权人协商，也可以依法予以收购。

第十六条 风景名胜区和文物保护单位所划定的禁止建设范围、城市绿化用地、山体和湖泊保护用地、城市道路、公路、铁路、轨道交通线、车站、码头、市政公用设施，以及城乡规划确定的其他控制区域，禁止个人建设住宅，但 D 级危房拆除改建的除外。

第十七条 旧城风貌区内和优秀历史建筑保护范围内个人建设住宅除应当符合本规定外，还应当符合《武汉市旧城风貌区和优秀历史建筑保护管理办法》的规定。

在文物保护单位的建设控制地带内个人建设住宅，还应当符合文物保护法律、法规的规定。

第十八条 在城市、镇规划区内个人建设住宅应当依法办理规划审批手续；申请办理建设工程规划许可时，应当向所在区规划行政主管部门或市规划行政主管部门的派出机构提交下列资料：

（一）书面申请；

（二）常住人口户籍证明、身份证明；

（三）使用土地的有关证明文件；

（四）法律、法规、规章规定的其他资料。

除提交前款规定的资料外，农村村民申请建设住宅的还应当提交乡（镇）人民政府、街道办事处对其建房资格的核查意见；申请改、扩建房屋的还应当提交房屋权属证明，涉及毗连房屋的还应当提交与毗连房屋所有人的书面协议，申请加层的还应当提交有资质的单位出具的加层鉴定报告，申请 D 级危房拆除改建的还应当提交 D 级危房的《武汉市房屋安全鉴定书》和《危险房屋通知书》。

规划行政主管部门应当自受理申请之日起20日内对其是否符合规划要求审查完毕，对拟批准的内容在项目现场进行公示，公示期不得少于 10 日。经审查符合规划要求的，由规划行政主管部门划定建筑核位红线、实地放线后依法予以规划许可；不符合规划要求的，应当书面告知申请人并说明理由。

第十九条 在乡、村庄规划区内个人建设住宅，涉及新增用地的，应当先向乡（镇）人民政府、街道办事处申请，由乡（镇）人民政府、街道办事处报所在区规划行政主管部门或者市规划行政主管部门的派出机构核发乡村建设规划许可证后方可办理用地审批手续；确需占用农用地的，应当依法办理农用地转用审批手续后再办理乡村建设规划许可证。

在乡、村庄规划区内使用原有宅基地进行住宅建设的，向乡（镇）人民政府、街道办事处申请，由乡（镇）人民政府、街道办事处报所在区规划行政主管部门或市规划行政主管部门的派出机构核发乡村建设规划许可证。湖北省对在乡、村庄规划区内使用原有宅基地进行农村村民住宅建设的规划管理有新规定的，从其规定。

规划行政主管部门在核发乡村建设规划许可证前，应当对拟批准的内容在项目现场进行公示，公示期不少于 10 日。

第二十条 个人建设住宅基础施工至正负零时，建设人应当向原审批的规划行政主管部门申请红线验线，经验线合格的，方可进行正负零以上施工。

第二十一条 建设人应当在施工现场的醒目位置悬挂规划许可公示牌，标明许可机关、批准文号、批准内容，接受有关管理部门的监督检查。

第二十二条 住宅竣工后，建设人应当向原审批的规划行政主管部门申请建设工程规划竣工验收。

第四章 工程质量和安全管理

第二十三条 各区人民政府和乡（镇）人民政府、街道办事处负责组织有关部门和机构对个人建设住宅施工质量进行安全监管、技术指导和服务，加强对个人建设住宅地基基础、房屋结构等重点部位质量、安全巡查，发现问题及时纠正。

第二十四条 市建设行政主管部门应当结合本地实际情况，组织编制本市个人建设低层住宅的设计导则和施工技术指南。

第二十五条 个人建设3层以上或者投资额在30万元以上或者建筑面积在300平方米以上（以下简称限额以上）的住宅（含一、二层既有个人住宅加层），必须由具有相应勘查、设计、施工资质的单位进行勘察、设计、施工，并按照《中华人民共和国建筑法》的规定到所在区建设行政主管部门申请办理施工许可手续。

限额以上个人建设住宅工程竣工后，建设人应当组织竣工验收，并按有关规定向区建设行政主管部门或者其委托的乡（镇）、街道专门机构办理竣工验收备案手续。

第二十六条 区建设行政主管部门应当按照下列规定加强对个人建设两层及两层以下、投资额在30万元以下且建筑面积在300平方米以下（以下简称限额以下）住宅的技术指导和服务：

（一）限额以下住宅工程，建设人在动土施工前应到乡（镇）人民政府或街道办事处办理报建备案手续；

（二）建设人开工时，可与乡（镇）、街道专门机构签订建房服务协议，明确双方的权利义务。乡（镇）、街道专门机构可指导建设人选用合适的设计通用图及其配套基础形式或者联系有关技术人员提供服务。建房协议应作为乡（镇）、街道专门机构对其工程进行技术指导和服务的依据；

（三）建设人应当选择具有勘察、设计和施工承包资质的勘察、设计和施工企业进行勘察、设计和施工，也可委托具有执业资格的岩土工程师、建筑师、结构工程师以个人名义进行勘察、设计，选择有资格的建造师、监理工程师组织的施工队伍或者具有劳务资质的施工队伍，并由勘察、设计、施工单位或者岩土工程师、建筑师、建造师、监理工程师分别对勘察、设计、施工质量和安全负责。由建设人自行组织施工的，由建设人对工程质量和施工安全负责；

（四）区建设行政主管部门应当对有关人员提供培训服务，并通过发放挂图、基本知识读本等方式宣传推广识图、施工管理方法等基本常识。乡（镇）、街道专门机构在开挖地基、砌筑墙体、安装预制楼板、拌制混凝土、防水层施工、安装拆卸模板、搭拆脚手架等重要工序上，依据建房服务协议，进行必要的技术指导。

第二十七条 个人建设住宅的施工方应当严格按照设计图纸施工，确保施工质量，不得使用不合格的建筑材料和建筑构件。

鼓励个人建设住宅使用新工艺、新型节能材料。

第五章 法律责任

第二十八条 个人建设住宅违反规划、土地、施工等管理规定的，由有关行政主管部门按照有关法律、法规、规章的规定予以处理。

第六章 附 则

第二十九条 本市国有农场农工在本农场土地上建设住宅参照集体土地上个人建设住宅的规定执行。

第三十条 本规定自2008年12月1日起施行。

第六章　全市规划管理机构概况

第一节　武汉市规划管理机构

2007年3月，《中共武汉市委、武汉市人民政府关于改革市城市规划国土资源和房产管理体制的通知》（武文［2007］15号）决定，调整改革武汉市城市规划、国土资源和房产管理体制，将武汉市国土资源管理局与武汉市城市规划管理局分开，独立设置武汉市城市规划管理局。2007年4月，根据《武汉市机构编制委员会关于印发〈武汉市城市规划管理局职能配置内设机构和人员编制规定〉的通知》（武编［2007］4号）精神，设置武汉市城市规划管理局，是主管全市规划、勘察测绘工作的武汉市人民政府工作部门。2008年8月，根据《武汉市机构编制委员会关于同意市城市规划管理局更名的批复》（武编［2008］32号），武汉市城市规划管理局更名为武汉市规划局。

2001年11月，根据《武汉市机构编制委员会关于印发武汉市城市规划管理局武汉市国土资源管理局各分局职能配置内设机构和人员编制规定的通知》（武编［2001］263号）精神，武汉市城市规划管理局、武汉市国土资源管理局下设江岸、江汉、硚口、汉阳、武昌、青山、洪山、东湖风景区8个分局，为市局派出的行政管理机构（正处级），是主管辖区城市规划、国土资源和拆迁管理的职能部门。2006年6月，根据《中共武汉市委、武汉市人民政府关于改革东湖风景区管理体制的通知》（武发［2006］10号），东湖风景区分局更名为东湖生态旅游风景区分局。

根据《武汉市机构编制委员会关于同意调整划分市城市规划管理局所属事业单位机构编制的批复》（武编［2008］4号）精神，对原武汉市城市规划管理局所属事业单位进行了调整，调整后武汉市规划局辖武汉市城市规划设计研究院、武汉市勘测设计研究院、武汉市城市综合交通规划设计研究院、武汉市城市规划执法监察支队、武汉市城市规划信息中心、武汉市城市规划咨询服务中心、武汉市城市规划管理局机关后勤服务中心等7个事业单位。

一、武汉市规划局机构设置图

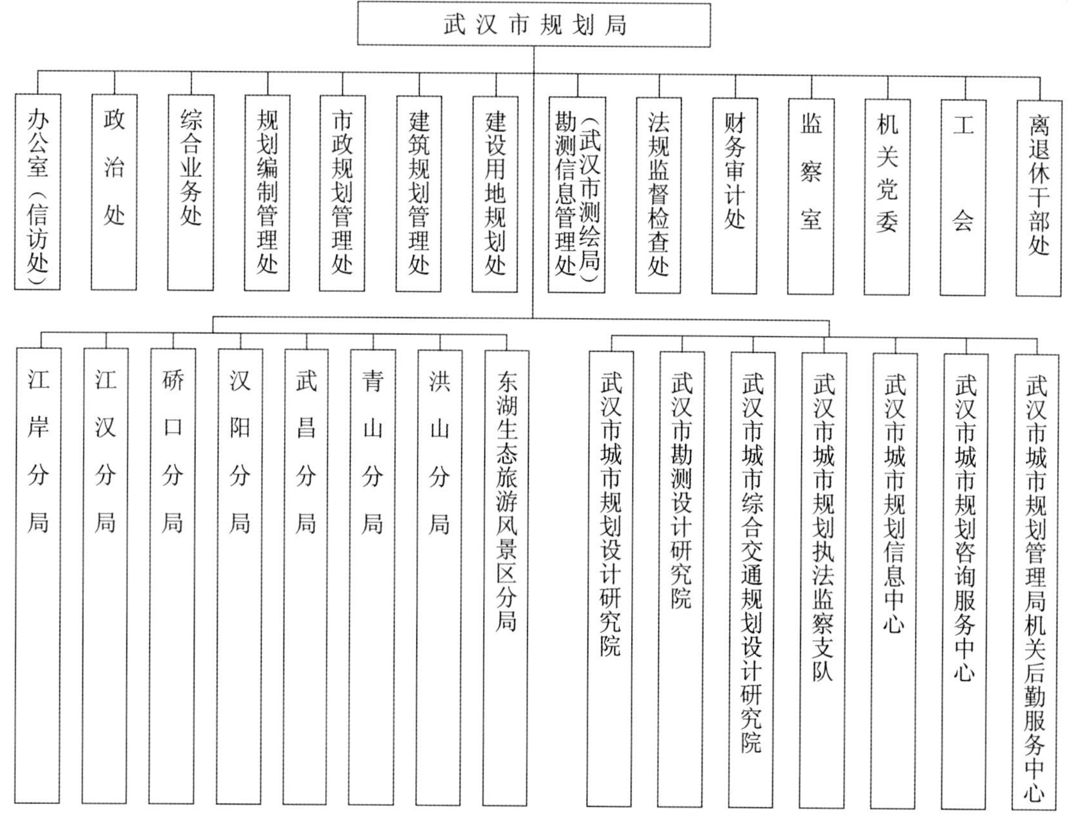

二、武汉市规划局人员编制和领导职数

武汉市规划局机关行政编制 70 名，其中：局长 1 名、副局长 4 名、纪检组长 1 名、总规划师 1 名；正处级领导职数 15 名（含纪检监察、机关党委、工会各 1 名，副总工程师 2 名），副处级领导职数 9 名。

设立离退休干部处，离退休干部工作人员编制 8 名，其中设处长 1 名、副处长 1 名。

2008 年底，武汉市规划局实际在编人数 61 名，其中：局长 1 名、党组书记 1 名、副局长 3 名、纪检组长 1 名、副巡视员 1 名；正处级领导干部 12 名、副处级领导干部 10 名。

三、武汉市规划局主要职责

（一）贯彻执行国家、省和市关于城市规划、村镇规划、规划勘测管理的法律、法规、规章和方针、政策；拟（制、修）订城市规划、规划勘测的地方性法规、规章、规定，并依法组织实施和监督检查。

（二）负责组织编制、修订城镇体系规划、城市总体规划、分区规划、详细规划、法定图则和城市设计；综合协调城市历史文化名城保护、山水资源保护、综合交通体系等各类专业规划；依法组织审查、审批各类城乡规划；负责城乡规划的组织实施和监督检查。

（三）参与制订全市经济社会发展中长期规划和年度计划、土地利用总体规划、资源综合利用规划、区域经济发展规划、年度建设计划及土地利用、储备供应计划。

（四）负责中心城区（含东湖生态旅游风景区）建设工程（包括各类建筑物、构筑物、道路、管线及其他工程设施）和武汉经济技术开发区、东湖新技术开发区、远城区重要建设工程的规划选址、定点，依法办理建设工程用地规划审批手续，核发《建设项目选址意见书》和《建设用地规划许可证》；对武汉经济技术开发区、东湖新技术开发区、远城区一般性建设工程的规划审批进行备案管理。

（五）负责中心城区的建设工程规划管理，依法办理建设工程规划设计方案的审批手续，核发《建设工程规划许可证》；负责审核武汉经济技术开发区、东湖新技术开发区、远城区重要建设工程规划设计方案。

（六）负责全市重点地段城市设计、城市规划道路两侧景观工程规划设计管理；负责中心城区建设工程立面改建规划方案的审批工作。

（七）负责全市测绘管理工作，组织编制测绘发展规划，会同有关部门编制全市基础测绘年度计划，管理测绘成果和测量标志，监管地图的编制、出版、展示及登载。

（八）负责全市城市规划设计、规划勘测的行业管理工作，负责研究、推广和应用各类技术。负责城乡规划、规划勘测管理方面的行政复议、赔偿和应诉工作。

（九）负责中心城区建设工程规划验收工作，核发《建设工程规划验收合格证》；依据有关法律法规和市政府规章查处中心城区内经规划主管部门审批但未按审批规定执行的违法建设行为；负责对经规划审查保留的违法建设进行处理；负责查处测绘违法违规行为。

（十）依法监管武汉经济技术开发区、东湖新技术开发区的规划工作；指导和监督检查远城区规划管理工作。

（十一）负责建立和完善全市基础地理信息系统，管理基础地理信息数据；负责规划信息化建设、规划政务信息公开和规划展示工作；负责全市建设工程规划审批情况的综合统计和分析工作，管理专业档案。

（十二）负责局系统绩效和目标管理工作；负责局机关和直属单位的机构编制、组织人事、宣传、教育培训、财务审计等工作；根据有关法规、规章收取、代收有关费用。

（十三）承办上级交办的其他工作。

四、武汉市规划局领导班子组成人员

局　长：张文彤

党组书记：何艳

副局长：盛洪涛、刘奇志、马文涵

纪检组长：刘锦智

副巡视员：袁海军

第二节　武汉市规划管理各分局

一、各分局内设机构和人员编制

（一）江岸分局

武汉市城市规划国土资源管理局江岸分局是武汉市规划局派驻江岸区的行政管理机构（正处级）。内设：办公室、建筑规划管理科、地籍地政管理科、法规执法科、拆迁征地管理科。人员编制40名（其中含后勤服务人员事业编制3名），现有人员39人，其中中共党员30人。在职人员中，研究生学历11人，大学本科学历19人，专科学历2人。

2008年底领导班子成员：

局长、党组书记：高成喜

纪检组长：邓宝航

副调研员：刘尚勇

（二）江汉分局

武汉市城市规划国土资源管理局江汉分局为武汉市规划局派驻江汉区的行政管理机构（正处级）。内设：办公室（综合业务管理科）、建筑规划管理科、地籍地政管理科、拆迁征地管理科、法规执法科。人员编制42名（其中含后勤服务人员事业编制4名)，现有人员42人，其中中共党员27人。在职人员中，研究生学历4人，大学本科学历11人，专科学历22人。

2008年底领导班子成员：

局长、党组书记：张海华

调研员：王飞鹏

副局长：李汉明

纪检组长：田守文

（三）硚口分局

武汉市城市规划国土资源管理局硚口分局为武汉市规划局派驻硚口区的行政管理机构（正处级)。内设：办公室（综合业务管理科)、建筑规划科、地籍地政科、拆迁征地科、法规执法科。人员编制41名（其中含后勤服务人员事业编制4名)，现有人员39人，其中中共党员28人。在职人员中，研究生学历8人，大学本科学历19人，专科学历11人。

2008年底领导班子成员：

局长、党组书记：朱龙华

副局长：房德龙

纪检组长：毛汉城

副调研员：张水生

（四）汉阳分局

武汉市城市规划国土资源管理局汉阳分局为武汉市规划局派驻汉阳区的行政管理机构（正处级)。内设：办公室（综合业务管理科)、建筑规划管理科（村镇建设管理科)、地籍地政管理科（矿产资源管理科)、拆迁征地管理科、法规执法科。人员编制42名（其中含后勤服务人员事业编制3名)。现有人员41人，其中中共党员36人。在职人员中，研究生学历8人，大学本科学历25人，专科学历6人。

2008年底领导班子成员：

局长、党组书记：沈己东

调研员：刘立文

副局长：宋光灿、聂胜利

纪检组长：肖逢春

（五）武昌分局

武汉市城市规划国土资源管理局武昌分局为武汉市规划局派驻武昌区的行政管理机构（正处级)。内设：办公室（综合业务管理科)、建筑规划管理科、地籍地政管理科、拆迁征地管理科、法规执法科。人员编制40名（其中含后勤服务人员事业编制3名)，现有职工37人，其中中共党员20人。在职人员中，大学专科以上学历30人。

2008年底领导班子成员：

局长、党组书记：黄大勇

调研员：李政权

副局长：尹文清

纪检组长：朱明乔

（六）青山分局

武汉市城市规划国土资源管理局青山分局为武汉市规划局派驻青山区的行政管理机构（正处级)。内设：办公室（综合业务管理科)、建筑规划管理科、地籍地政管理科、拆迁征地管理科、法规执法科。人员编制31名（其中含后勤服务人员事业编制4名)，现有人员29人，其中中共党员20人。在职人员中，研究生学历2人，大学本科学历16人，专科学历7人。

2008年底领导班子成员：

局长、党组书记：刘益德

调研员：江俊海

副局长：张振华

纪检组长：吴小民

（七）洪山分局

武汉市城市规划国土资源管理局洪山分局为武汉市规划局派驻洪山区的行政管理机构。内设：办公室、建筑规划管理科（村镇管理科)、地籍地政管理科（矿产管理科)、拆迁征地管理科、法规执法科。人员编制48名（其中含后勤服务人员事业编制4名)，现有人员43人，其中中共党员34人。在职人员中，研究生学历3人，大学本科学历32人，专科学历4人。

2008年底领导班子成员：

局长、党组书记：文应华

调研员：雷金水

副局长：邓国伏

纪检组长：龚冬香

（八）东湖分局

武汉市城市规划国土资源管理局东湖生态旅游风景区分局为武汉市规划局派驻东湖生态旅游风景区的行政管理机构（正处级）。内设：办公室（综合业务管理科）、建筑规划管理科（拆迁征地管理科）、地籍地政管理科、法规执法科。人员编制26名（其中含后勤服务人员事业编制2名），现有人员25名，其中中共党员21名。在职人员中，大学本科以上学历24人。

2008年底领导班子成员：

副局长、党组副书记：张勇强（主持工作）

副局长：冯必高

二、各分局主要职责

（一）宣传和贯彻执行国家关于城市规划、土地、拆迁管理等方面的法律、法规、规章和方针、政策。

（二）负责辖区内各项规划的具体实施监督检查；负责分局责任范围内建设项目的规划选址、定点，审查办理建设用地规划审批手续，负责建设项目的建设规划管理，审核有关建设工程方案。

（三）贯彻执行土地利用总体规划；负责组织辖区内征地补偿安置方案的实施；完成市局下达的农用地转用、耕地保有量计划、土地开发和整理计划指标的工作任务。

（四）负责审核分局责任范围内建设用地的划拨、出让、转让以及土地资产处置方案，规范土地市场；负责辖区内土地权属管理，依法进行土地登记，核发土地证书，调查处理土地权属纠纷。

（五）负责辖区内拆迁管理工作；审核拆迁补偿安置协议和拆迁安置方案；核准房屋拆迁单位资质；依法调查处理拆迁中的纠纷。

（六）负责辖区内建设工程批后监察管理，对符合规划经批准保留的违法建设进行处理；依法查处辖区内土地违法行为。承担辖区内矿产资源的管理工作，对矿产资源的勘察、开采进行监督检查。

（七）负责收集、整理辖区内城市规划、国土资源和拆迁管理的基础资料，管理专业档案。

（八）负责职责范围内的城市规划、国土资源管理方面的听证、应诉和赔偿。

（九）处理辖区内有关城市规划、国土资源、拆迁管理等方面的来信来访，承办人大、政协相关议、提案。

（十）完成上级下达的目标管理工作；做好城市规划、国土资源、拆迁管理中市局与有关部门的衔接和沟通工作。

（十一）根据有关法规、规章收取或代收有关费用，并依法管理。

（十二）指导乡、镇、场的土地利用和规划工作。

（十三）依据有关法律、法规和《东湖风景区总体规划》，对景区内城市规划和国土资源进行管理。

（十四）完成上级交办的其他工作。

第三节　武汉市规划局各事业单位

一、武汉市城市规划设计研究院

武汉市城市规划设计研究院成立于1979年，是国家首批审定的甲级规划院之一。现有城市规划编制甲级、土地规划甲级、建筑工程甲级、工程咨询甲级、市政公用行业（排水、道路）乙级资质证书。内设：办公室（党办）、技术管理部、经营管理部、财务管理部、规划研究所、土地利用规划所、规划设计一所、规划设计二所、市政规划设计所、国际工作室、数字规划中心、建筑分院、东湖分院和新区分院等14个二级部门。在职固定岗位职工总数188人，其中高级职称76人，中级职称61人；研究生及以上学历63人，大学本科学历104人；各类注册执业人员77人；享受武汉市政府津贴专家10人。

该院成立以来，曾3次编制、修编《武汉城市总体规划》，以及众多分区规划、专项规划和控规。先后有160多个项目获国家、建设部和湖北省科技进步奖与优秀设计奖奖励，在各类专业杂志和学术会议上发表论文250余篇，出版了科技专著7部，位列全国同类设计单位前茅。

该院面向全国，积极组织专业技术力量，参加国内国际规划方案征集或竞标，规划业务已遍及国内各省、市、自治区。设立国际工作室，先后与美国、荷兰、德国、英国、芬兰、澳大利亚、香港等国家和地区的规划界同行合作开展规划设计和研究。

2008年底领导班子成员：

院长、党委副书记：吴之凌

副院长兼总工程师：于一丁

副院长：胡忆东、陈韦、张晓达、何梅

纪委书记：李奇彬

二、武汉市勘测设计研究院

武汉市勘测设计研究院是武汉市规划局下属的正处级事业单位。内设：办公室（综合管理部）、党群工作部、人力资源部、技术质量部（ISO办）、财务审计部、市场开发部、竣工测绘分院、地籍测绘分院、工程测绘分院、管线测绘分院、岩土工程分院、地图编研中心、基础测绘部、红线办、土地登记代理服务中心、东湖分院、东莞分院（南方分院）、钻探工程队、基础地理信息中心、档案资料中心、运输保障部、《城市勘测》杂志社。全院编制378人，实有职工总数438人；其中，正高职高级工程师12人，高级及中级技术职称142人。拥有国家工程勘察综合类和地质灾害危险性评估甲级资质，地基与基础工程一级资质，地质灾害治理工程勘查、地质灾害治理工程施工、地质灾害治理工程设计乙级资质。2001年通过ISO9001∶2000国际质量管理体系论证。2008年获湖北省高新技术企业证书，2005~2007年连续获“湖北省勘察设计企业综合实力10强”称号。

2008年底领导班子成员：

院长、党委副书记：肖建华

党委副书记兼纪委书记：肖波

副院长：廖建生、彭汉发

总工程师：王厚之

副院长：高光星

三、武汉市城市综合交通规划设计研究院

武汉市城市综合交通规划设计研究院为武汉市规划局下属正处级事业单位。该院具有城市规划编制乙级资质、工程咨询乙级资质。内设：综合办公室、技术经营部、交通研究室、规划设计室、轨道交通室。在职人员53名，各类专业技术人员中、高级职称占47%，本科以上学历占94%。现有注册规划师7人，注册咨询师5人，享受武汉市政府专家专项津贴1人。

2008年底领导班子成员：

院　长：何继斌

党总支副书记：肖敬宪

副院长：郭新建、刘东兴

四、武汉市城市规划执法监察支队

武汉市城市规划执法监察支队为武汉市规划局下属的正处级事业单位，参照公务员管理。2008年1月，根据《武汉市机构编制委员会关于同意调整划分市城市规划管理局所属事业单位机构编制的批复》（武编［2008］4号）精神，原武汉市规划土地监察大队更名为武汉市城市规划执法监察支队，原有土地、矿产执法监察职能及大队部分人员调整划转至武汉市国土资源和房产管理局。负责全市规划和勘察测绘执法监察工作。内设：办公室，综合监察科，执法一大队、二大队、三大队。列执法专项编制23名。

2008年底领导班子成员：

支队长、党委副书记：黄正移（兼任）

副支队长：徐琳虹（兼任）、任志辉、邹磊

五、武汉市城市规划信息中心

武汉市城市规划信息中心（原武汉市规划土地管理信息中心）为武汉市规划局下属的正处级事业单位，专门从事城市规划信息化和“数字城市”建设。其专业涉及信息工程、城市规划、土地管理、3S 技术、计算机应用等。现有员工 92 名，其中博士 3 名、硕士 21 名，正高职高级工程（规划）师 3 名、高级工程（规划、政工）师 7 名、中级技术职称 16 名，享受国务院政府专家津贴 1 名，湖北省突出贡献中青年专家 1 名，享受武汉市政府专项津贴 2 名，武汉市跨世纪学术与技术带头人 2 名。

2008 年底领导班子成员：

主　任：李宗华

副主任：黄　新

总工程师：赵中元

六、武汉市城市规划咨询服务中心

武汉市城市规划咨询服务中心是武汉市规划局下属正处级事业单位。内设：办公室、综合部、咨询策划部、规划设计部、信息部、江南分部。现有职工 70 余人，其中教授级高工、高级工程师、工程师及注册规划师、注册建筑师、注册咨询师等 30 余人，有 4 人享受武汉市政府专家津贴。现有专业技术人员中本科以上学历占 98%，包括城市规划、建筑学、土地资源管理、交通工程、计算机应用等专业。

2008 年底领导班子成员：

主　任：杨维祥

副主任：刘汉桥

总工程师：卢斌

七、武汉市城市规划管理局机关后勤服务中心

武汉市城市规划管理局机关后勤服务中心为武汉市规划局下属的正处级事业单位。根据武汉市规划国土局《关于局机关后勤服务中心职能配置内设机构和人员编制规定的通知》（武规土资人字［2002］14 号）精神，内设：综合计财部、接待餐饮部、运动保障部、物业管理部、开发经营部。在编干部 2 人，在编职工 5 人。在职干部中，大学本科学历 1 人，专科学历 1 人。

2008 年底领导班子成员：

主　任：陈祖新

第四节　武汉市规划局开发区分局

一、武汉市城市规划管理局东湖新技术开发区分局

武汉市城市规划管理局东湖新技术开发区分局为武汉东湖新技术开发区管理委员会下属机构，受武汉市规划局业务指导。内设：办公室、土地办、规划办、房产办。编制 24 名，在职人员 30 人，其中中共党员 16 人；在职干部中，研究生学历 7 人，大学本科学历 14 人。

2008 年底领导班子成员：

局　长：袁云华

分管规划副局长：许伟

党支部书记：陈吉庆

二、武汉市城市规划土地管理局武汉经济技术开发区分局

武汉市城市规划土地管理局武汉经济技术开发区分局为武汉经济技术开发区管理委员会下属机构。内设：规划、土地两个综合办公室。编制 25 名，其中：中共党员 24 人。在职干部中，博士学历 1 人，研究生学历 4 人，大学本科学历 16 人。

2008 年底领导班子成员：

局　长：张德华

副局长：盛勃、万分洪、胡伍喜、郭宗学

党支部书记：张德华

第五节　武汉市市郊各区规划管理机构

一、东西湖区国土资源管理局 东西湖区城市规划管理局

东西湖区国土资源管理局、东西湖区城市规划管理局是主管全区城市规划和国土资源工作的东西湖区人民政府职能部门。局机关内设：办公室、规划管理科、地籍管理科、耕保土地利用科、执法监察局；局辖：土地储备中心、信息中心、综合档案室、建设测绘管理中心、拆迁中心、执法监察中队、国有土地征收事务中心、勘测队、矿产中心、规划设计室、项目呈报咨询中心、金河所、长青所、高桥所、东山所、柏泉所、汇通所、新沟镇所、金银湖所、金银潭所等20个事业单位。

现有在编在岗人员56人，其中机关行政编制11人，实有人员10人；事业编制68人，实有人员46人；另外聘用合同制人员39人。在职干部中，处级干部5人；正科级干部23人，副科干部12人，科员16人。

2008年底领导班子成员：

局长兼党组书记：林五毛

党组副书记兼纪检组长：汪文仲

副局长：叶忠无、宋春生

总工程师：何强

办公室主任：高章勤

二、汉南区国土资源管理局 汉南区城市规划管理局

根据中共汉南区委汉编[2002]10号文件精神，不再保留汉南区规划土地局，重新组建汉南区国土资源管理局和汉南区城市规划管理局，两块牌子，一个机构，一套班子。汉南区国土资源管理局和汉南区城市规划管理局是主管汉南区国土资源和城市规划工作的汉南区人民政府职能部门。内设：办公室、规划管理科、耕地保护土地利用科、地籍科、法制监察科、矿产资源管理科6个行政科室。下设：武汉市汉南区国土资源管理局邓南国土资源管理所、湘口国土资源管理所、东荆国土资源管理所、纱帽国土资源管理所、城市规划设计室（丙级）、信息中心、土地开发整理复垦中心、土地储备交易中心、执法监察中队9个二级事业单位。2008年底，全局编制71名，其中行政编制10名、工勤编制2名、事业编制59名，在岗64人。

2008年底领导班子成员：

局长兼党组书记：朱伸荣

副局长、党组副书记：杨中华

副局长、党组成员：胡福生、高章木

纪检组长、党组成员：何书祥

副调研员、党组成员：徐世鸿

副调研员：张双平

三、蔡甸区城市规划管理局

蔡甸区城市规划管理局是主管全区城乡规划的政府职能部门，局机关内设：综合科、办公室、用地规划科、建筑规划（市政规划）科、法规监查科等职能科室。共有干部职工24人。下辖：城乡规划研究院、勘察测绘设计院、城乡规划监察大队3个直属二级单位。

2008年底领导班子成员：

局长兼党组书记：袁俊

副局长：周正华、刘纪恩

党组副书记、纪委书记：章琦

四、江夏区国土资源管理局 江夏区城市规划管理局

2001年12月28日，江夏区编委（夏机编[2001]59号）文通知：将土地管理局、矿产资源管理办公室、规划办公室行政职能合并，重新组建国土资源管理局、城市规划管理局，实行“一个机构，两块牌子”，为主管江夏区国土资源管理和城市规划工作的区属正处级单位。2003年，城市规划管理局与国土资源管理局正式合署

办公。局机关设：办公室、人事科、财务科、政策法规科、规划管理科、耕地保护科、地籍管理科、基层土地督导科、执法监察科、技术管理科（总工办）、建筑规划管理科、村镇用地管理科等12个科室和纪检监察室、工会和团委共15个机构。另外，设置非常设机构：目标办、预算办和政务窗口。

江夏区国土规划局下辖25个局属事业机构、2个民间组织（土地学会、规划协会）、12个国土资源管理所为区局延伸到各街镇乡的派出机构和11个城乡建设服务中心。

江夏区国土规划局机关编制23名，各局属单位的事业编制均未定编到人，部分局属单位编制数核定不足。除金水国土资源管理所外，其他11个国土资源管理所共核定编制48名（编制已定到人）。城乡建设服务中心未核编。

目前，局系统在册干部职工660人，其中在职599人：局机关84人（不含借用“两所”人员），局属单位181人，国土资源管理所150人，城乡建设服务中心184人。

在职干部中，博士学历1人，研究生学历3人，大学本科学历113人，专科学历235人。高级职称4人，中级职称41人，初级职称281人。

2008年底领导班子成员：

党委书记：刘成贵

局　长：郭红

党委副书记：李明淼

党委副书记、纪委书记：王太清

副局长：李和平、胡俊、黄多策、汪训保、康春

总工程师：程君

调研员：尹家伦、马昭

副调研员：谢远荣、张国兴、王家斌

五、黄陂区国土资源管理局　黄陂区城市规划管理局

黄陂区城市规划管理局与黄陂区国土资源管理局实行合署办公，实行两块牌子一套班子，是黄陂区政府职能部门之一。负责全区城乡规划、国土资源、矿产资源、房屋拆迁、基础测绘等管理工作。内设：办公室（人事科）、土地利用（耕地保护）科、规划科、市政建筑管理科、地籍管理科、财务科、法规监察科、拆迁管理科。局下辖7个直属事业单位和19个基层国土资源所（分局），现在编在岗干部职工总人数269人。

2008年底领导班子成员：

局　长：杨枫

党组书记：李智文

副局长：王德顺、张达、王致刚、周久久

纪检组长：罗洪武

总工程师：闻汉启

党组成员：梅伟、何波、白力军

六、新洲区国土资源管理局　新洲区规划管理局

新洲区国土资源管理局、新洲区规划管理局是新洲区人民政府职能部门，主管全区国土资源和城乡规划工作。内设：办公室、人事教育科、规划管理科、耕地保护科、拆迁管理科、地籍管理科、矿产资源管理科、法规监察科、监察室、工会。另下设7个二级事业单位、12个国土资源管理所。局机关核定编制24人。主要职责包括：贯彻执行国家关于城乡规划、土地、拆迁、勘察测量和矿产资源管理的法律、法规、规章和方针、政策，依法实施监督检查；负责组织编制、修订城市总体规划、土地利用总体规划、矿产资源规划；统一管理全区土地资源和土地资产；统一管理全区矿产资源。

2008年底领导班子成员：

党委书记：李冬生

局　长：张辉平

副局长：陶维仁、魏泽初、李福东、操文亮、王玉成

纪委书记：叶春华

副调研员：余朋生、柳新峰

党委委员：吴继年

阳逻规划土地分局局长：李冬生（兼）

阳逻规划土地分局副局长：刘有生、范万里

附　　录

附录一

2008年武汉市城乡规划大事记

1月8日，由武汉市勘测设计研究院研制的《中国·武汉电子地图2008》（CD-ROM）公开出版发行。

1月19~20日，武汉市规划局副巡视员袁海军及法规检查处、规划协会有关负责人参加了中国城市规划协会在深圳召开的贯彻实施《城乡规划法》座谈会。

2月2日，武汉市规划局召开全市规划工作总结表彰大会，会议总结了2007年全市规划工作，部署了2008年工作，表彰了2007年度武汉市城市规划系统先进集体和先进工作者。

2月28日，武汉市规划局纪检组长刘锦智主持召开全局行政效能电子监察工作会议。

3月14日，武汉市规划局召开全市规划系统信息化工作会议。会议总结了2007年全市规划信息化工作取得的主要成绩，表彰了2007年度信息化工作先进集体和先进工作者。

3月28日，武汉市人大副主任肖常谷、副秘书长王波和武汉市人大城环委负责人一行到武汉市规划局调研。

4月13日，湖北省档案局、湖北省建设厅、武汉市档案局联合组成评审组，评审同意武汉市规划局机关档案工作目标管理通过省特级复查。

4月16日，武汉市城市规划协会推荐武汉市城市规划设计研究院院长吴之凌、武汉市规划局建设用地规划处处长吴俊勤两名同志增补入中国城市规划协会专家库。

4月26日，武汉市规划局接待出席“第三次中国中部投资贸易博览会市长论坛”的住房和城乡建设部领导赵宝江等同志，武汉市规划局领导张文彤、袁海军，武汉市城市规划协会秘书长饶淑华等列席会议。

5月17~18日，武汉市规划局和武汉大学、中国GIS协会城委会联合主办了全国首届三维数字城市建设论坛暨第三届国际虚拟地理环境学术研讨会。武汉市规划局和武汉大学共同组建的数字城市联合实验室正式揭牌。

5月23日，武汉市规划局召开全市规划系统绩效工作会议，部署2008年度绩效工作目标。相关处室和单位与分管局领导签定了绩效目标责任书。

5月29日，武汉市规划局局长张文彤率有关处室负责人赴天津市规划局，学习考察天津在改革完善城乡规划管理体制、建立严格有效的批后监督制度、科学完善的规划编制体系等方面的经验。

6月6~7日，《武汉天河国际机场航站区规划方案国际征集》专家评审会在汉召开。

6月18日，根据国家及湖北省有关部门的要求，武汉市城市规划协会会同主管局组织开展了2007年度武汉市优秀城乡规划设计评选活动，评出2007年度武汉市优秀城乡规划作品一等奖《武汉城市总体规划（2006~2020年）》等13项、二等奖14项、三等奖12项、表扬奖6项。推荐一、二等奖及部分有代表性的规划项目共31项参加全省、全国优秀项目评比。

6月25日，武汉市人民政府批复《武汉市轨道交通线网规划（修编）》（武政办[2008]114号），原则同意武汉市规划局与地铁集团共同组织编制的轨道线网规划成果，标志着武汉市轨道交通建设进入快速发展阶段。

7月9日，武汉市市长阮成发到武汉市规划局调研规划工作，听取了工作汇报，观看了武汉市规划局三维数字地图建设、政务交换平台和城乡规划网等规划信息化建设成果，还听取了用地建设强度管理汇报。

7月18日，武汉市历史上规模最大的居民出行调查工作率先在硚口区开始，全市13个城区，3.75万户，12万余居民接受交通出行问卷调查，标志着武汉市第二次综合交通调查工作进入正式实施阶段。

7月29日，武汉市规划局举行"数字武汉—城乡规划网"开通暨武汉市城市规划执法监察支队、武汉市城市规划信息中心和武汉市规划局机关后勤服务中心等3家事业单位揭牌仪式。

8月1日，武汉市委办公厅主持召开关于武汉市建成区面积数据使用问题的专题会议，与会部门一致认为武汉市规划局界定的武汉市2007年建成区面积（450.77平方公里）符合武汉市城市建设实际，同意该数据正式取代原统计年鉴的数据。

8月18日，国家行业标准《城市三维建设技术规范》编制启动会暨编委会第一次全体会议在汉召开。武汉市规划局是该项国家行业标准的主编单位。

8月19日，"武汉市基础测绘成果发布会暨地理信息数据共建共享协议签字仪式"在武汉市规划局举行。武汉市副市长尹维真、湖北省测绘局局长张建仁，武汉市直属相关部门以及各区人民政府、开发区管理委员会有关领导出席会议。发布会上，武汉市规划局分别与武汉市建设委员会、武汉市环保局签订了地理信息数据共建共享协议。

8月22日，中国城市规划协会会长赵宝江，九三学社中央副主席、住房和城乡建设部科技司司长赖明一行来汉，考察了武汉市城乡规划信息化工作和武汉市规划局承担的建设部城市数字化工程示范项目。

9月9日，武汉市规划局主持召开了《2008年武汉市交通发展年度报告》发布会。

9月19日，武汉市城市规划协会组织会员单位参加了在大连召开的中国城市规划学会2008年年会。武汉市十余篇论文入选大会论文集。

10月9日，武汉市规划局组织召开了武汉市2008年测绘工作会议。

10月15日，武汉市规划局组织召开了武汉市城市设计编制技术规程及二环线地区城市设计纲要专家研讨会。

10月23日，武汉市规划局倡议并举办了第一届武汉城市圈测绘信息化论坛。

10月27日，"2008年ESRI中国北方区用户大会"召开，武汉市规划信息中心以"数字武汉空间数据基础设施建设"项目在会上获"GIS特别成就奖"。

11月14~16日，武汉市规划局与武汉市城市规划协会参加了中国城市规划协会在南京市召开的第三届会员代表大会暨改革开放30周年纪念活动。会议选举产生了中国规划协会第三届理事，武汉市规划局局长张文彤、副巡视员袁海军、武汉市城市规划设计研究院院长吴之凌、武汉市勘测设计研究院院长肖建华等4位同志当选为中国规划协会常务理事。

11月28日，湖北省副省长段轮一和国家测绘局副局长李维森向武汉市勘测设计研究院颁授"精密工程与工业测量国家测绘局重点实验室"的金字牌匾。标志着武汉市勘测设计研究院成为全国首家参与国家级重点实验室共建的城市勘测单位。

12月20日，住房和城乡建设部"武汉市数字化城市管理信息系统"验收组专家来武汉市规划局视察空间数据基础设施和地理空间信息共享平台。

12月25日，国家行业标准《城市三维建模技术规范》编委会第二次全体会议在武汉市规划局召开。

附录二

重要法律、法规、文件目录

序号	名称	文号	发布日期
法律			
1	中华人民共和国城乡规划法	中华人民共和国主席令第74号	2007年10月28日
地方政府规章			
2	武汉市控制和查处违法建设办法	武汉市人民政府令第189号	2008年7月25日
3	武汉市个人建设住宅管理规定	武汉市人民政府令第192号	2008年10月20日
规范性文件			
4	武汉市城市规划管理局关于印发《城乡规划公示制度和城乡规划听取公众意见制度》的通知	武规发［2008］45号	2008年5月19日
5	武汉市城市规划管理局关于印发《武汉市城市规划管理局重点项目绿色通道制度》的通知	武规发［2008］53号	2008年6月1日
6	武汉市城市规划管理局关于印发《武汉市城市规划管理局政府信息公开管理规定等5项制度》的通知	武规发［2008］55号	2008年6月3日
7	武汉市城市规划管理局关于印发《武汉市基本建设项目规划环节有限并联审批实施细则》的通知	武规发［2008］64号	2008年7月8日
8	武汉市规划局关于印发《武汉市测绘质量监督管理暂行办法》的通知	武规发［2008］95号	2008年10月8日
9	武汉市规划局关于印发《武汉市规划局网上信访工作制度（试行）》的通知	武规发［2008］105号	2008年10月23日
10	武汉市规划局关于印发《武汉市规划局行政复议办法》的通知	武规发［2008］131号	2008年11月20日
11	武汉市规划局关于印发《武汉市控制性详细规划成果制图规范（试行）》的通知	武规发［2008］116号	2008年11月25日
12	武汉市规划局关于进一步明确东湖开发区及其相邻单位规划管理范围的通知	武规发［2008］127号	2008年11月26日
13	武汉市规划局关于印发《武汉市规划局实施〈武汉市个人建设住宅管理规定〉办法》的通知	武规发［2008］130号	2008年12月31日

附录三

办　事　指　南

建设项目规划选址和用地规划许可

一、划拨方式供地项目

（一）申报《建设项目选址意见书》阶段

1. 申报必备资料

（1）申请（原件）；

（2）自用地项目需提供自用地土地证（复印件），非自用地项目需提供有关土地权属的说明（原件）；

（3）项目建议书、可行性研究报告、主管部门意见等依据文件（原件或复印件）；

（4）企业法人工商执照或组织机构代码证（复印件）；

（5）法定代表人身份证明（委托他人申报手续的还应提供由法定代表人出具的委托书和被委托人身份证明）；

（6）1∶2000地形图（原件）及电子文件。

2. 审批流程和时限

审批流程：申报—市局窗口受理—用地规划处初审—市局业务例会研究—用地规划处审查—分管局长审核—局长签发—公示—核发《建设项目选址意见书》—窗口出件。

审批时限：15个工作日（不含公示时间）。

3. 审批结果及下步办理提示

审批结果：《建设项目选址意见书》及规划选址范围线。

下步办理提示：建设单位向发改委、环保局等部门申请办理计划立项审批（或核准、备案）、环境影响评价等相关手续。

（二）申报《建设用地规划许可证》阶段

1. 申报必备资料

（1）申请（原件）；

（2）自用地项目需提供自用地土地证（复印件），使用其他单位土地需提供与原土地使用者的补偿协议（原件）及土地证（复印件、社会拆迁除外）；

（3）项目批准、核准、备案文件（原件或复印件）；

（4）规划咨询报告、单位用地总平面规划等技术性文件（原件）；

（5）已取得的《建设项目选址意见书》（复印件）及要求提供的环保局等部门意见（原件）；

（6）企业法人工商执照或组织机构代码证（复印件）；

（7）法定代表人身份证明（委托他人申报手续的还应提供由法定代表人出具的委托书和被委托

人身份证明）；

（8）1∶2000地形图（原件）及电子文件；

（9）重大项目需提供场地工程地质条件评估报告（原件）；

（10）根据需要提供国土部门对划拨方式供地的确认文件（原件）。

2. 审批流程和时限

审批流程：申报—市局窗口受理—用地规划处初审—市局业务例会研究—用地规划处审查—分管局长审核—局长签发—公示及用地红线放线—核发《建设用地规划许可证》—窗口出件。

审批时限：15个工作日（不含公示时间）。

3. 审批结果及下步办理提示

审批结果：《建设用地规划许可证》、规划设计条件及规划用地范围线。

下步办理提示：建设单位向国土部门申请办理土地划拨手续并取得《国有土地使用证》；委托设计单位编制规划（建筑）方案，申报规划（建筑）方案审批手续。

二、出让方式供地项目

（一）出让前期项目申报规划设计条件阶段

1. 申报必备资料

（1）申请报告（原件）；

（2）使用土地的有关证明文件（原件）；

（3）国土部门对出让方式供地的确认文件（原件）或年度土地出让（储备、交易等）计划（复印件）；

（4）规划咨询报告等技术性文件（原件，申请土地储备规划要点不必提供）；

（5）组织机构代码证（复印件）；

（6）法定代表人身份证明（委托他人申报手续的还应提供由法定代表人出具的委托书和被委托人身份证明）；

（7）1∶2000地形图（原件）及电子文件。

2. 审批流程和时限

审批流程：申报—市局窗口受理—用地规划处初审—市局业务例会研究—用地规划处审查—分管局长审核—局长签发—公示及用地红线放线—核发规划设计条件—窗口出件。

审批时限：15个工作日（不含公示时间）。

3. 审批结果及下步办理提示

审批结果：规划设计条件和规划用地范围线。

下步办理提示：申报单位向国土部门申请供地。

（二）已出让项目申报《建设用地规划许可证》阶段

1. 申报必备资料

（1）申请（原件）；

（2）国有土地使用权出让合同或国有土地使用权成交确认书（复印件）；

（3）原核发的规划设计条件（复印件）；

（4）项目批准、核准、备案文件（原件或复印件）；

（5）企业法人工商执照、房地产开发资质证书（复印件）；

(6) 法定代表人身份证明（委托他人申报手续的还应提供由法定代表人出具的委托书和被委托人身份证明）；

(7) 1∶2000 地形图（原件）及电子文件。

2. 审批流程和时限

审批流程：申报—市局窗口受理—用地规划处审查—分管局长签发—公示—核发《建设用地规划许可证》—窗口出件。

审批时限：15 个工作日（不含公示时间）。

3. 审批结果及下步办理提示

审批结果：《建设用地规划许可证》、规划设计条件和规划用地范围线。

下步办理提示：建设单位向国土部门申请办理土地证，委托设计机构编制规划（建筑）设计方案，再申报规划（建筑）方案审批手续。

建筑工程规划许可

一、建筑工程规划（建筑）方案审批

（一）申报必备资料

1. 申请（原件）；

2. 法定代表人身份证明（委托他人申报手续的还应提供由法定代表人出具的委托书和被委托人身份证明）；

3. 设计单位的资质证明（外地设计单位需提供备案证明、复印件）；

4.《建设项目选址意见书》、《建设用地规划许可证》（附规划设计条件和规划用地范围线复印件，出让用地项目不提供《建设项目选址意见书》）；

5. 土地证（复印件，提供原件对照核实）或使用土地的有关证明文件（原件）；

6. 1∶500 地形图（原件）及电子文件（附道路红线，重要建筑工程项目根据需要提供 1∶500 地下管线图）；

7. 规划（建筑）方案图纸（原件）及电子文件（含效果图）；

8. 各类技术评估论证报告（原件，含日照、交通、指标校核等方面技术报告）；

9. 三维数字地图电子文件（重要建筑工程项目需提供）。

（二）审批流程和时限

审批流程：建设单位申报—技术论证—市局窗口—建筑规划管理处初审—市局分管局长审查或签批（市规委会专题会议审议项目需局长签批）—公示—核发《规划（建筑）方案批准意见书》或《规划（建筑）方案修改意见书》—窗口出件。

审批时限：10 个工作日。

（三）审批结果及下步办理提示

审批结果：《规划（建筑）方案批准意见书》。

下步办理提示：建设单位根据批准的规划（建筑）方案进行扩初设计或施工图设计；并按照《规划（建筑）方案批准意见书》的要求征求相关部门的意见。

二、建筑施工图核准

（一）申报必备资料

1. 申请（原件）；

2. 土地证（复印件，提供原件对照核实）或使用土地的有关证明文件（原件）；

3. 建筑施工图4套（原件）及电子文件；

4. 建筑核位红线图6套（原件）及电子文件；

5. 建筑效果图一式三份及电子文件；

6.《规划（建筑）方案批准意见书》确定的相关部门审查意见或回执（原件）。

（二）审批流程和时限

审批流程：建设单位申报—窗口受理—建筑规划管理处核准建筑施工图和建筑核位红线图—建管处签发（一般建筑工程项目）—分管局长签发（重要建筑工程项目）—核发建筑工程施工图核准通知。

审批时限：10个工作日。

（三）审批结果及下步办理提示

审批结果：建筑工程施工图核准通知及相关图件。

下步办理提示：建设单位到红线办办理建筑放线手续；凭收费联系单办理缴纳城市基础设施配套费相关手续；凭工作联系单到人防等部门办理相关手续；到综合业务处（科）办理《建设工程规划许可证》。

建筑施工图核准流程图如下：

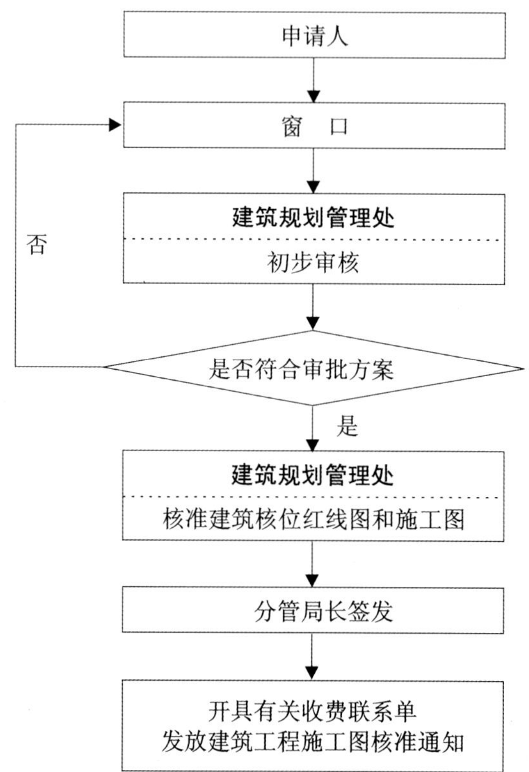

三、申报《建设工程规划许可证》

(一) 申报必备资料

1. 建筑工程施工图核准通知（原件）；
2. 城市基础设施配套费等费用缴讫收据或减免缓审批文件（原件）；
3. 办理人防工作联系单回执（原件）；
4.《建筑红线定位册》（原件）。

(二) 审批流程和时限

审批流程：建设单位—局综合业务处受理—核发《建设工程规划许可证》—窗口出件。

审批时限：10 个工作日。

(三) 审批结果及下步办理提示

审批结果：《建设工程规划许可证》及附图。

下步办理提示：建设单位持《建设工程规划许可证》到建设行政主管部门办理施工相关手续；待工程竣工后，申报《建设工程规划验收合格证》。

市政工程申报指南

一、申报事项分类

1. 划拨方式供地项目申请核发《建设项目选址意见书》；
2. 划拨方式供地项目申请核发《建设用地规划许可证》；
3. 出让前期项目申请核发规划条件；
4. 已出让项目申请核发《建设用地规划许可证》；
5. 市政项目申报修建性详细规划审批；
6. 市政设施工程申报规划（建筑）方案审批；
7. 市政设施工程申报施工图核准；
8. 道路交通工程申报施工图核准；
9. 市政管线工程申报施工图核准；
10. 申报《建设工程规划许可证》。

二、申报必备资料

(一) 划拨方式供地项目申请核发《建设项目选址意见书》阶段

1. 申请（原件）；
2. 项目建议书及批复文件（复印件）；
3. 市政工程专项规划、详细规划或规划咨询报告等技术性文件（原件）；
4. 企业法人工商执照或组织机构代码证（复印件）；
5. 法人代表身份证明（委托他人的应出具委托书和被委托人身份证明）；

6. 1∶2000地形图附道路红线（原件）及电子文件。

（二）划拨方式供地项目申请核发《建设用地规划许可证》阶段

1. 申请（原件）；

2. 项目批准或核准备案文件（原件或复印件）；

3. 已取得的《建设项目选址意见书》（复印件）和工可报告及批复的相关部门意见（复印件）；

4. 市政工程专项规划、详细规划或规划咨询报告等（原件）；

5. 企业法人工商执照或组织机构代码证（复印件）；

6. 法人代表身份证明（委托他人的应出具委托书和被委托人身份证明）；

7. 1∶2000地形图附道路红线（原件）及电子文件。

（三）出让前期项目申请核发规划条件阶段

1. 申请（原件）；

2. 国土部门对出让方式供地的确认文件（原件）或年度土地储备及出让（储备、交易等）计划（复印件）；

3. 规划方案等技术性文件（原件）；

4. 企业法人工商执照或组织机构代码证（复印件）；

5. 法定代表人身份证明（委托他人申报手续的还应提供由法定代表人出具的委托书和被委托人身份证明）；

6. 1∶2000地形图（原件）及电子文件。

（四）已出让项目申请核发《建设用地规划许可证》阶段

1. 申请（原件）；

2. 国有土地使用权出让合同或国有土地成交确认书（复印件）；

3. 原核发的规划条件（复印件）；

4. 项目批准或核准、备案文件（原件或复印件）；

5. 企业法人工商执照或组织机构代码证（复印件）；

6. 法定代表人身份证明（委托他人申报手续的还应提供由法定代表人出具的委托书和被委托人身份证明）；

7. 1∶2000地形图（原件）及电子文件。

（五）市政项目申报修建性详细规划审批阶段

1. 申请（原件）；

2. 武汉市城建计划或工程立项文件（包括项目建议书或可行性研究报告及批复）（复印件）；

3. 市政工程修建性详细规划（原件）；

4. 设计单位的资质证明（复印件）。

（六）市政设施工程申报规划（建筑）方案审批阶段

1. 申请（原件）；

2.《建设项目选址意见书》、《建设用地规划许可证》及附件（复印件，出让供地项目不提供《建设项目选址意见书》)；

3. 土地证（复印件，提供原件对照核实）或使用土地的有关证明文件（原件）；

4. 规划（建筑）方案图纸及电子文件；

5. 1∶500现状地形图附道路红线（原件）及电子文件、1∶500现状管线图；

6. 法人代表身份证明（委托他人的应出具委托书和被委托人身份证明）；

7. 设计单位的资质证明。

（七）市政设施工程申报施工图核准阶段

1. 申请（原件）；

2. 土地证（复印件，提供原件对照核实）或使用土地的有关证明文件（原件）；

3. 施工图（原件）及电子文件；

4.《市政项目规划方案批准意见书》（复印件）；

5.《市政项目规划方案批准意见书》要求的相关部门审查意见或回执；

6. 法人代表身份证明（委托他人的应出具委托书和被委托人身份证明）；

7. 1∶2000地形图附道路红线（原件）及电子文件、1∶500现状管线图。

（八）道路交通工程申报施工图核准阶段

1. 申请（原件）；

2. 使用土地的有关证明文件（原件）；

3. 施工图（原件）及电子文件；

4. 市相关部门审查意见；

5. 工程的修建性详细规划及批复文件；

6.《建设项目选址意见书》、《建设用地规划许可证》及附件（复印件）；

7. 法人代表身份证明（委托他人的应出具委托书和被委托人身份证明）；

8. 1∶2000地形图附道路红线（原件）及电子文件、1∶500现状管线图。

（九）市政管线工程申报施工图核准阶段

1. 申请（原件）；

2. 项目批准文件或管线用户建设申请报告；

3. 管线工程设计方案；

4. 企业法人工商执照或组织机构代码证（复印件）；

5. 法人代表身份证明（委托他人的应出具委托书和被委托人身份证明）；

6. 1∶500现状管线资料（原件）；

7. 1∶2000地形图附道路红线（原件）及电子文件；

（十）申报《建设工程规划许可证》阶段

1. 市政工程施工图核准通知（原件）；

2. 城市基础设施配套费等费用缴讫收据或减免缓审批文件（原件，根据需要提供）；

3.《市政工程红线定位册》（原件）；

4. 管线工程竣工测量前期手续。

三、办理程序

（一）划拨方式供地项目申请核发《建设项目选址意见书》

建设单位申报—窗口受理—市政规划管理处审查—分管局长审核、签发—公示—核发《建设项目选址意见书》或不同意选址定点通知书—窗口出件。

市政工程《建设项目选址意见书》审批流程图如下：

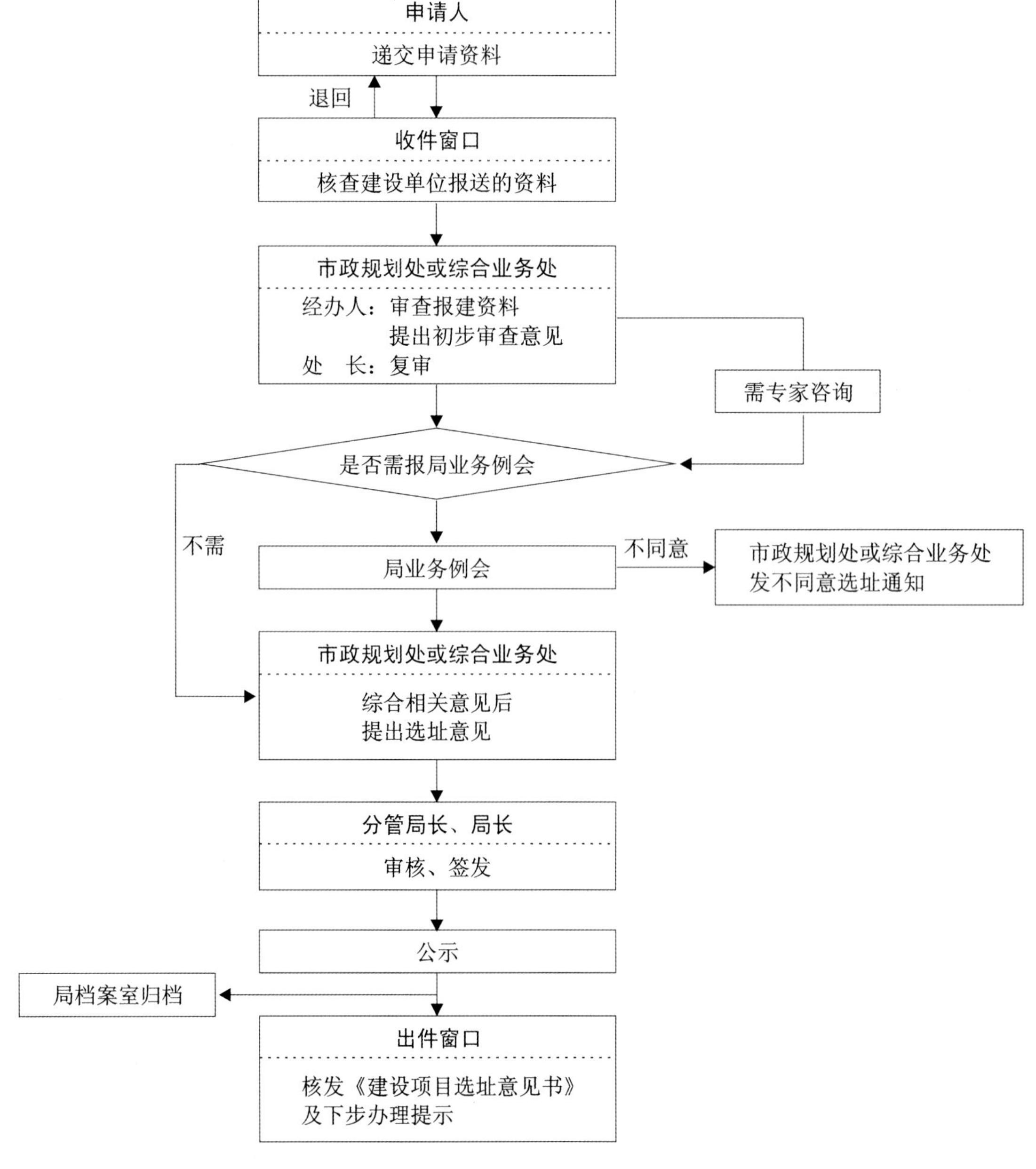

（二）划拨方式供地项目申请核发《建设用地规划许可证》

建设单位申报—窗口受理—市政规划管理处审查—分管局长审核、签发—公示及用地红线放线—核发《建设用地规划许可证》—窗口出件。

（三）出让前期项目申请核发规划条件

建设单位申报—窗口受理—市政规划管理处审查—分管局长审核、签发—公示及用地红线放线—核发规划条件（土地储备规划要点）—窗口出件。

（四）已出让项目申请核发《建设用地规划许可证》

建设单位申报—窗口受理—市政规划管理处审查—分管局长签发—公示—核发《建设用地规划许可证》—窗口出件。

市政工程《建设用地规划许可证》审批流程图如下：

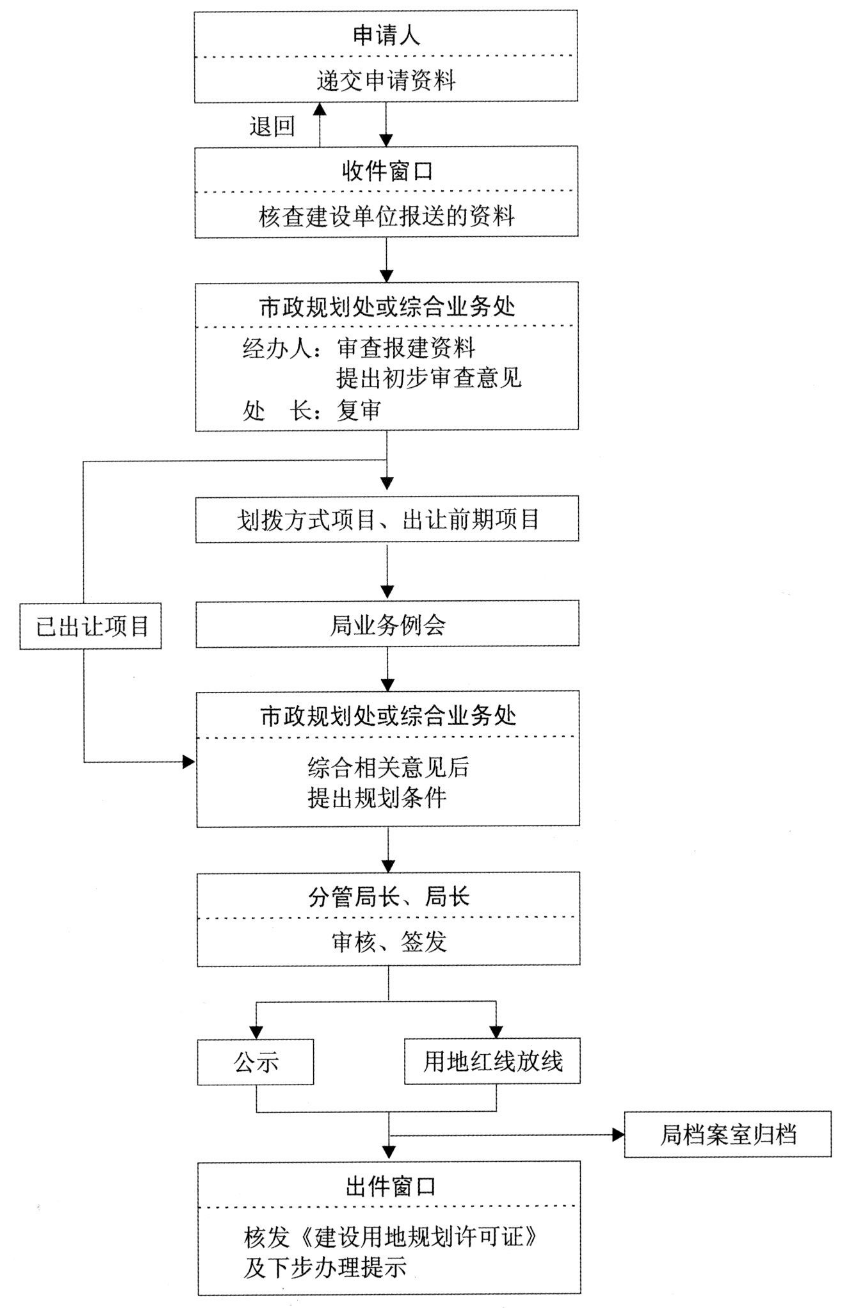

（五）市政项目申报修建性详细规划审批

建设单位申报—窗口受理—市政规划管理处审查—分管局长审核—局长签发—核发修建性详细规划批复函—窗口出件。

（六）市政设施工程申报规划（建筑）方案审批

建设单位申报—窗口受理—市政规划管理处踏勘现场—市政规划管理处初审（不符合要求的项目填写《退回规划（建筑）方案意见书》转窗口）—建筑规划管理处协审—分管局长签发—市政规划管理处核发《规划（建筑）方案批准意见书》或《规划（建筑）方案修改意见书》—窗口出件。

（七）市政工程（含所有类型）申报施工图核准

建设单位申报—窗口受理—市政规划管理处审核施工图—市政规划管理处审核核位红线图—分管局长签发—核发市政工程施工图核准通知。

（八）申报《建设工程规划许可证》

建设单位申报—综合业务处核发《建设工程规划许可证》—窗口出件。

四、审批时限

修建性详细规划、《建设项目选址意见书》、《建设用地规划许可证》、规划设计条件和市政设施工程方案审批事项各为15个工作日（不含公示时间）；其余每个审批事项时限均为10个工作日。

五、审批结果及下步办理提示

（一）划拨方式供地项目申报《建设项目选址意见书》阶段

1. 审批结果：《建设项目选址意见书》及规划选址范围线。

2. 下步办理提示：建设单位向发改委、环保局等部门申请办理项目批准或核准备案、环境影响评价等相关手续。

（二）划拨方式供地项目申报《建设用地规划许可证》阶段

1. 审批结果：《建设用地规划许可证》及规划条件、规划用地范围线。

2. 下步办理提示：建设单位向国土部门申请办理土地审批手续，委托设计机构编制规划设计方案（或施工图）后申报规划（建筑）方案审批（或施工图核准）手续。

（三）出让前期项目申请核发规划条件阶段

1. 审批结果：规划设计条件、规划用地范围线。

2. 下步办理提示：申报单位向国土部门申请供地。

（四）已出让项目申请核发《建设用地规划许可证》阶段

1. 审批结果：《建设用地规划许可证》、规划条件和规划用地范围线。

2. 下步办理提示：建设单位向国土部门申请办理土地证，委托设计机构编制规划（建筑）设计方案，再申报规划（建筑）方案审批手续。

（五）市政项目申报修建性详细规划的批复

1. 审批结果：对申报的修建性详细规划的批复。

2. 下步办理提示：建设单位凭此批复办理规划选址和用地许可手续。

（六）市政设施工程申报规划（建筑）方案审批阶段

1. 审批结果：市政项目《规划（建筑）方案批准意见书》。

2. 下步办理提示：建设单位根据批准的规划（建筑）方案进行初步设计或施工图设计；按照《规划（建筑）方案批准意见书》的要求征求相关部门的意见。

（七）市政工程（含所有类型）申报施工图核准阶段

1. 审批结果：市政工程施工图核准通知及相关图件。

2. 下步办理提示：建设单位到红线办办理放线手续，办理《市政工程红线定位册》，缴纳城市基础设施配套费；管线工程到管线办办理竣工测量前期手续；到综合业务处（科）办理《建设工程规划许可证》。

（八）申报《建设工程规划许可证》

1. 审批结果：《建设工程规划许可证》及附图。

2. 下步办理提示：建设单位持《建设工程规划许可证》到市建设行政主管部门办理施工相关手续；到红线办办理灰线检测及施工至正负零时的验线手续；待工程竣工后，申报《建设工程规划验收合格证》。

建设工程规划验收

一、申报事项分类

1. 建筑工程申报核发《建设工程规划验收合格证》；

2. 市政设施工程申报核发《建设工程规划验收合格证》；

3. 市政道路交通和管线工程申报核发《建设工程规划验收合格证》。

二、申报资料

1.《建设工程规划验收申请表》（原件）；

2. 符合武汉市统一坐标系统、统一标准要求的竣工图（原件）；

3.《建设用地规划许可证》、《建设工程规划许可证》及其附图（复印件）；

4. 经批准的规划方案（复印件）；

5. 一套经核准的建筑施工图（复印件，现场验收时需提供原件）；

6. 经红线放线、灰线检测及红线验线合格后的建设工程红线定位图册（复印件）；

7. 使用土地的有关证明文件（复印件）；

8. 企业法人工商执照或组织机构代码证（复印件）；

9. 法定代表人身份证明（原件，委托他人申报手续的还应提供由法定代表人出具的委托书和受委托人身份证明）；

10. 其他相关材料。

市政道路交通和管线工程规划验收时，不需要提供第 4、7 项资料。

三、办理程序

建设单位申报—窗口受理—法规监督检查处（科）踏勘、审查—分管局长审批—符合验收条件的项目核发《建设工程规划验收合格证》，需补缴规费通知相关处（科）室补收；不符合验收条件的项目核发《不予规划验收通知书》—窗口出件。

《建设工程规划验收合格证》审批流程图如下：

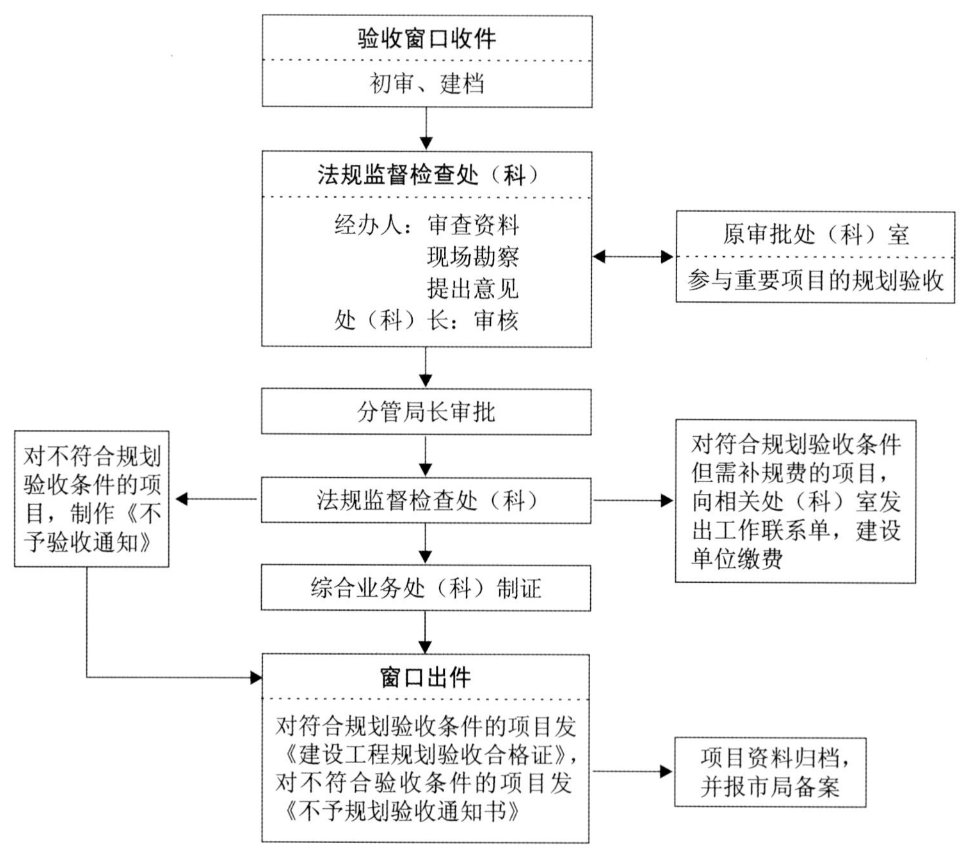

四、审批时限

审批时限：15个工作日。

五、审批结果及下步办理提示

1. 审批结果：《建设工程规划验收合格证》或《不予规划验收通知书》。

2. 下步办理提示：取得《建设工程规划验收合格证》的项目，建设单位方可组织竣工验收，持《建设工程规划验收合格证》等向房产部门申请办理房屋产权登记；对需要整改的项目，下达《不予规划验收通知书》，建设单位按要求整改合格后，重新申报规划验收。

附录四

全市规划系统机构名称、地址及电话

机构名称	地址	邮编	电话
武汉市规划局	武汉市江岸区三阳路 13 号	430014	(027) 82700008 (027) 82700060
武汉市城市规划国土资源管理局江岸分局	武汉市江岸区四唯街麟趾小区 55 号	430010	(027) 82712060
武汉市城市规划国土资源管理局江汉分局	武汉市江岸区台北一路 86—88 号	430015	(027) 85484032
武汉市城市规划国土资源管理局硚口分局	武汉市硚口区沿河大道 418 号	430033	(027) 83872485
武汉市城市规划国土资源管理局汉阳分局	武汉市汉阳区翠微横路 25 号	430050	(027) 84843012
武汉市城市规划国土资源管理局武昌分局	武汉市武昌区友谊大道 178 号	430061	(027) 88933100
武汉市城市规划国土资源管理局青山分局	武汉市青山区临江大道 811—2 号	430080	(027) 86840030
武汉市城市规划国土资源管理局洪山分局	武汉市洪山区珞狮路 326 号	430070	(027) 87225947
武汉市城市规划国土资源管理局东湖生态旅游风景区分局	武汉市武昌区东湖翠柳村特 1 号	430077	(027) 86775465
武汉市城市规划设计研究院	武汉市江岸区三阳路 13 号	430014	(027) 82804686
武汉市勘测设计研究院	武汉市江汉区万松园路 209 号	430022	(027) 85790192
武汉市城市综合交通规划设计研究院	武汉市江岸区四唯路 6 号	430017	(027) 82731691

续表：

机构名称	地址	邮编	电话
武汉市城市规划执法监察支队	武汉市江岸区四唯路特1号	430017	（027）82736895
武汉市城市规划信息中心	武汉市江岸区三阳路13号	430014	（027）82700057
武汉市城市规划咨询服务中心	武汉市江岸区三阳路13号	430014	（027）82788745
武汉市城市规划管理局机关后勤服务中心	武汉市江岸区三阳路13号	430014	（027）82827197
武汉市城市规划管理局东湖新技术开发区分局	武汉市珞喻路546号	430079	（027）67880318
武汉市城市规划土地管理局武汉经济技术开发区分局	武汉市武汉经济技术开发区沌阳大厦3楼	430056	（027）84891408 （027）84891107
东西湖区国土资源管理局 东西湖区城市规划管理局	武汉市东西湖区东吴大道二雅路	430040	（027）83891227
汉南区国土资源管理局 汉南区城市规划管理局	武汉市汉南区纱帽街银莲路169号	430090	（027）84851420
蔡甸区城市规划管理局	武汉市蔡甸区工农路莲花大道	430100	（027）69606579
江夏区国土资源管理局 江夏区城市规划管理局	武汉市江夏区纸坊街熊廷弼路92号	430200	（027）87952626
黄陂区国土资源管理局 黄陂区城市规划管理局	武汉市黄陂区前川街黄陂大道382号	430300	（027）61003143
新洲区国土资源管理局 新洲区规划管理局	武汉市新洲区邾城衡州大街	430400	（027）89359919